本书出版得到国家古籍整理出版专项经费资助

主编　王文章　副主编　刘文峰

傅惜华藏古典戏曲珍本丛刊提要

学苑出版社

图书在版编目（CIP）数据

傅惜华藏古本戏曲珍本丛刊提要/王文章主编. —北京：学苑出版社，2010. 1

ISBN 978 -7 -5077 -3470 -6

Ⅰ. ①傅… Ⅱ. ①王… Ⅲ. ①古代戏曲—内容提要—中国 Ⅳ. ①Z89：I237

中国版本图书馆 CIP 数据核字（2021）第 006150 号

责任编辑： 战葆红
出版发行： 学苑出版社
社　　址： 北京市丰台区南方庄 2 号院 1 号楼　100079
网　　址： www. book001. com
电子信箱： xueyuan@ public. bta. net. cn
销售电话： 010 -67675512、67678944、67601101（邮购）
印 刷 厂： 北京华艺斋古籍印务有限责任公司
开本尺寸： 880 ×1230　1/32
印　　张： 15. 25
字　　数： 310 千字
版　　次： 2010 年 4 月北京第 1 版
印　　次： 2010 年 4 月北京第 1 次印刷
印　　数： 1 -500 册
定　　价： 150. 00 元

编 辑 委 员 会

编 审 委 员 会

编 辑 部

前言

傅惜华先生（1907—1970）是我国著名的古典文献和俗文学研究专家及藏书家。他原名傅宝泉，曾用名佩涵，别号碧蕖馆主，1907 年农历五月初五，出生在北京的一个满族家庭。1924 年，傅惜华从北京蒙藏专门学校毕业之后，因家庭生活困难，没有能够继续升学深造，在兄长傅芸子的影响和帮助下，他通过刻苦自学，走上了学术研究的道路。20 世纪 20 至 40 年代，傅惜华在北京、上海、天津等地的报刊杂志上，发表了大量的学术研究文章，先后担任《北京画报》、《南金》杂志编辑，《民言报·戏剧周刊》、《大公报·剧坛》、《晨报·剧学》周刊、《华北日报·俗文学》周刊等副刊的主编，陆续出版了《北平国剧学会图书馆书目》、《缀玉轩藏曲志》、《南北曲选》、《明代版画书籍展览会目录》、《中国小说史略补编》、《六朝志怪小说之存逸》等著作。他还被聘为北京大学文学院讲师及中国大学国文系教授，讲授中国戏曲及中国小说史。

傅惜华曾参与发起组织了多个戏曲民间组织。1923 年春，傅氏兄弟与作家宗澹云一起，共同发起创办了业余曲社醉韶社。1929 年，傅惜华又组织了昆曲研究会。1931 年以后，傅惜华在余叔岩、梅兰芳、齐如山等组织的北平国剧学会中任编纂部主任，兼任北平戏曲专科学校京剧剧本审查委员会委员，国剧学会图书馆主任，国立北平图书馆戏曲音乐文献展览会筹委会委员，并在国剧学会创办的《国剧画报》、《戏剧丛刊》等期刊担任主编，参与编辑《中国戏剧大辞典》。1933年底，他与刘半农、郑振铎、陆宗达、余上沅、孙楷第、马隅卿、许之衡一起，共同发起组织了昆弋学会，并被推举为学会的常务委员。1937年，北平国剧学会改组为北京国剧学会。1938年，他发起组织了昆曲研究会，任会长。之后的两年间，他又先后组织了中国音乐研究会和中国京剧研究会。傅惜华发起的这些戏曲民间组织，为弘扬我国的戏曲艺术及民族文化做出了贡献。

新中国成立以后，傅惜华经梅兰芳、阿英、马彦祥介绍，到中国戏曲研究院工作，曾担任中国戏曲研究院研究员、《戏曲研究》编委、中国戏曲学院图书馆馆长、学院学术委员会委员等。这一时期是傅惜华学术研究的鼎盛时期，他撰著、校点编选、编订编纂的著作达十几部，主要有《汉代画像全集》、《宝卷总录》、《曲艺论丛》、《子弟书总目》、《宋元话本集》、《白蛇传集》、《西厢记说唱集》、《古典戏曲声乐论著丛编》、《明清民歌选》（与路工合编）、《十五贯戏曲资料汇编》（与路工合编）、《元代杂剧全目》、《明代杂剧全目》、《明代传奇全目》、《水浒戏曲集》（初集系与杜颖陶合编）、《中国古典戏曲论著集成》（与杜颖陶合编）、《北京传统曲艺总录》、《清代杂剧全目》、《中国古典文学版画选集》等。

傅惜华不仅是著名的俗文学研究专家，而且也是著名的藏书家，其碧蕖馆藏书早就蜚声中外。作为一位藏书大家，他将毕生的精力和财力均倾注到对中国古籍善本的收藏上。他数十年节衣缩食，积少成多，集腋成裘，经过不懈努力，终于使碧蕖馆藏书从初具规模到名扬四海。傅惜华搜藏图书的目的是为了学术研究的需要，郑振铎、吴晓铃先生的《古本戏曲丛刊》各集影印的剧本中，均有傅惜华提供的珍籍善本。他在文章及著作中所引用的珍贵资料，大部分均来自他的私人收藏。他不主张对自己的藏书秘不示人，经常撰文介绍自己新得到的好书，让同仁分享他的快乐。在旧中国动荡的年代，他不忍看着那些展示中华民族悠久文化历史的珍贵图书损毁流失，为抢救这批珍贵图书，他尽量倾其所有，把它们囊入馆中。从这点来说，傅惜华也是一位民间文化的保护者。

傅惜华生前曾表示要将自己的藏书服务于社会，但在文化大革命中，他却受到不公正的待遇，碧蕖馆藏书全部被抄，在登名造册之后，大部分图书被封存起来，但其中的极品、珍品却相继落入康生等权贵手中，傅惜华本人则含冤去世。文化大革命结束后，被康生巧取豪夺的珍贵图书终于回到国家手中。傅惜华的子女遵照父亲生前的遗愿，将碧蕖馆全部藏书捐献给中国艺术研究院收藏。

在碧蕖馆全部藏书中，大约有七成左右属集部曲类（包括戏曲、散曲、俗曲、曲艺等），此外，还有部分说部、版画等类书籍。这之中，有大量明清两代的官刻、家刻、坊刻图书以及稿本、抄本珍籍。在戏曲类图书中，有不少为清代宫廷演出本及民间戏班私用本，有些剧本中常附有宫谱、身段谱、锣鼓谱等。不少书籍钤有名人藏章，书有名人题记，更显书籍的弥足珍贵。如碧蕖馆所藏饮流斋手抄校订戏曲剧本就是这样。饮流斋是曲学专家许之衡（1877—1935）的室名。他曾著有《戏曲史》、《曲律易知》等著作，并撰《玉虎坠》、《锦瑟记》、《霓裳艳》剧作3种。他平生非常喜好收集昆班艺人的演出本，然后亲自予以重抄校订，所抄校之本称为“饮流斋本”。许氏去世后，“饮流斋本”也散佚在外。据有关资料得知，周明泰几礼居曾藏有两种（现归上海图书馆），吴晓铃双楷书屋曾藏有31种（现归首都图书馆），而傅氏碧蕖馆内也收藏十几种。饮流斋本校订精良，字体娟秀，且卷首多有许之衡题识，在考证剧情源流及作者生平时，常提出精辟独到的观点。因此，饮流斋手抄剧本是戏曲界公认的珍品。

作为一名通俗文学研究专家，傅惜华对各种传统的艺术形式均十分喜爱。在傅氏碧蕖馆中，曾藏有数千种全国各地的说唱曲本。他尤对子弟书情有独钟，认为子弟书之价值，不在其歌曲音节，而在其文章。词句虽有时近于俚浅，妇孺易晓，然其写情则沁人心脾，写景则在人耳目，述事则如出其口，极其真善美之致。其意境之妙，恐元曲而外殊无能与伦者也。正基于此，傅惜华在治曲之暇，一直四方网罗，无论抄刻，并为收藏。如今，他收藏的子弟书曲本以及他撰写的《子弟书总目》、《子弟书考》等著作和专文，已成为研究子弟书这种艺术形式难得的宝贵资料。

在碧蕖馆旧藏中，说部类图书占傅氏藏书总数的比例虽不是很大，但其中也不乏诸多精品。仅以《红楼梦》而论，便有各种版本以及清人诠释、研究该书或关于其人物绘画的著作共二十余种。又如署名“鹫林斗山学者初编，圣水艾衲老人漫订”的话本小说集《跨天虹》，虽然只残存三、四、五卷，共三篇短篇小说，却是海内外孤本。而其订正者艾衲老人（艾衲居士）

扑朔迷离的生平事迹，历来就是古典小说研究者们关注的热点，此书的学术价值可想而知。

碧蕖馆藏书展示了中华民族的文化历史，是我国优秀文化遗产的组成部分。为纪念傅惜华先生，也为了能将这批图书更好地服务于社会，供广大学者研究和使用，中国艺术研究院决定开发傅氏藏书，启动了《傅惜华藏戏曲、小说、曲艺丛刊》，这一工程，将碧蕖馆中的戏曲、小说、曲艺类图书，进行筛选和整理，将其中的精品分卷影印出版。拟出版的各卷分别为：《傅惜华藏古典戏曲珍本丛刊》、《傅惜华藏古本小说丛刊》、《傅惜华藏古本曲艺丛刊》、《傅惜华藏古本戏曲曲谱、身段谱丛刊》、《傅惜华藏地方戏丛刊》。此卷为《傅惜华藏古典戏曲珍本丛刊》附录零册《傅惜华藏古典戏曲珍本丛刊提要》，共收剧曲目 367 种，涉及曲目 564 种。丛刊由于傅惜华藏戏曲中常见或近年戏曲丛刊已出版者不收，共收傅惜华先生所藏古典戏曲类珍本图书 343 种，涉及曲目 551 种。丛刊各卷在影印出版的同时，还配有相应的总目，并附有索引以便读者检索查阅。

天若有情，使傅惜华先生在天之灵看到自己毕生辛勤收藏的珍籍善本能得以影印出版，服务于社会，他一定会感到高兴的。

编　　者

二〇〇九年一月十日

凡　例

一、本提要为《傅惜华藏古典戏曲珍本丛刊》之零册。但《丛刊》中由于常见或近年戏曲丛刊已出版者不收，故所收戏曲共343种，涉及曲目551种。本提要则囊收傅惜华先生所藏古典戏曲共367余种，涉及曲目约564余种。

二、条目按元代戏曲、明代戏曲、清代戏曲、民国戏曲排列，各类条目凡有时序可循者，按照时间先后排列；无时序可循者，按照一定的逻辑关系排列。少数清末民初剧作家的作品刊印于清末，其作品划归清代。

三、条目内容：介绍剧曲目的基本情况、作者生平及剧情。若同一著者撰写多部剧曲目，其生平仅在首部剧曲目条目中加以介绍。

四、剧曲目的基本情况著录包括：剧曲目名称（含卷数和出数）、著者（著者不详者一律写为“无名氏撰”）、刊刻或抄写的地区年代、剧曲目册数、行款、批校题跋、藏书印章等。版框或叶心的尺寸以正文首叶为准，按厘米计算。

五、作者生平包括：作者生卒年、字号、籍贯、主要经历、代表著述等。作者生卒年不详则用“顺康间人”、“乾嘉间人”、“道咸间在世”等方式表述，以确定曲家所处的年代位置。

六、剧曲目提要包括剧曲目又名、前人著录情况（以最早见诸著录的文献为准，只写一种，未见著录者不写）、本事来源、出目名称、剧情介绍、前人权威评语及影响（后世改编、演出等）。对演出本尽量说明与通行本不同之处。

七、提要中凡朝代纪年、卷数、出数等数字，均以汉字著录，公元年代、原书版框或叶心尺寸以阿拉伯数字著录。

八、提要使用简化字，在可能产生歧义时，酌用繁体字或异体字。凡遇缺字或漫漶不清字，以“□”表示。

九、卷末附录剧曲目与著者的音序索引及笔划索引。

十、《傅惜华藏古典戏曲珍本丛刊》剧曲目的音序索引及笔划索引见此《提要》的剧曲目音序索引及笔划索引，剧曲目所在册数用汉字数字“（一）”、“（二）”…等表示，放在《提要》页码阿拉伯数字后面。

《提要》的目录中亦表示《丛刊》所在册数如上，以便检索。无汉字数字的条目为《丛刊》未收之本。

《提要》的著者音序索引及笔划索引不表示《丛刊》所在册数。

目　　录

注：本目录为提要目录。收录在《傅惜华藏古典戏曲珍本丛刊》的剧曲目所在册数用汉字数字“（一）”、“（二）”…等表示，放在《提要》页码阿拉伯数字后面。提要中无标注汉字数字的剧曲目为《丛刊》未收本。

元代戏曲

明代戏曲

清 代 戏 曲

民国戏曲

附　录

提　　要

元 代 戏 曲

王实甫

《满汉合璧西厢记》

满汉合璧西厢记四卷十六出　杂剧。元王实甫原撰。清初刻本。四册。行文自左而右，满、汉文对照间排。半叶满汉文一般各六行，小字行款不等，白口，四周双边，单鱼尾。叶心高宽：16.2×11.9。书衣墨笔题："四才子"，并分标"元"、"亨"、"利"、贞"。封面题："合璧西厢记"。板心题："满汉西厢记"。卷首康熙四十九年（1710）序。目录之首有"共十六出"字样，但正文称"章"。

王实甫（生卒年不详），名德信，大都（今北京）人。生平事迹不详。据其所作散曲推断，他早年或曾为官，仕途不畅，晚年归隐。其创作活动主要在元成宗元贞、大德年间（1295—1307）。所撰杂剧 14 种，仅存《西厢记》、《丽春堂》、《破窑记》三种，《芙蓉亭》、《贩茶船》仅存佚曲，其余如《双蕖怨》、《进梅谏》、《于公高门》、《明达卖子》、《七步成章》、《陆绩怀橘》、《丽春园》、《娇红记》、《多月亭》均佚。朱权《太和正音谱》称"王实甫之词如花间美人，铺叙委婉，深得骚人之趣。极有佳句，如玉环之出浴华清，绿珠之采莲洛浦。"

该剧一卷目：惊艳、借厢、酬韵、闹斋；二卷目：惊寺（正文作"警寺"）、请宴、赖婚、琴心；三卷目：前候、闹简、赖简、后候；四卷目：酬简、拷艳、哭宴、惊梦。述张生赴京应试途经河中府，顺便探望好友，统领十万大军镇守蒲关的白马将军杜确。在游普救寺时，遇崔相国家小姐莺莺带丫鬟红娘来寺中进香，张生主动上前搭讪。莺莺随母郑氏护送其父棺柩至博陵安葬，为兵乱所阻，在寺中西厢暂住。张生慕莺莺美貌，决定与琴童夜宿寺中，与莺莺仅一墙之隔。二人彼此有情，隔墙和诗，却不能相见。后河桥发生兵变，贼将孙飞虎听说莺莺乃绝色佳人，便兵围普救寺，要抢莺莺做妻子。老夫人情急之下宣布，能退贼兵者，乃将小姐与他为妻。张生挺身而出，修书给好友杜确，请他前来解围。待贼兵退后，老夫人设宴款待张生，却言早将女儿许于侄儿郑恒。张生因老夫人变卦而病，莺莺遣红娘探望。张生托红娘递柬传情，与莺莺私会。此事终于被老夫人知晓，她拷问红娘，红娘言老夫人有过错。老夫人怕家丑外扬，命二人立即完婚，并以崔家三代不招白衣女婿为由，婚后便命张生启程赴考。二人长亭依依惜别，张生草桥惊梦，醒后十分惆怅。后张生终于得中，衣锦归来与莺莺团圆。（戴霞）

《合订西厢记文机活趣全解》

合订西厢记文机活趣全解八卷　杂剧。元王实甫原撰，清邓温书编。《元代杂剧全目》著录。清乾隆十七年（1752）新德堂刻本。五册。半叶十行，行二十二字。白口，四周单边，单鱼尾。版框高宽：19.3×13.6。三卷之后有眉栏。首册书衣有康生朱笔题：“西厢记，乾隆十七年新德堂刊贯华堂本”，并“大公无私”章。封面右栏题：“齐昌邓汝宁集解，潭水刘大登庚定”、“新增国胜朝制□，蒲东珠玉诗”；中栏题：“绣像注解第六才子书”，左栏题：“贯华堂原本，新德堂梓行”；上方横栏题：“金圣叹先生外书，乾隆十七年新刊”。上书口题：“增补注解第六才子书”，下书口题：“新德堂”。卷端题：“合订西厢记文机活趣全解，圣叹外书”。有“康生看过”及“景（？）挹氏”章。卷首内容有：一、雍正九年（1731）何闻广“显合订西厢记文机活趣全解”序；二、崔氏莺莺小像一帧；三、唐元微之、杨巨源、王涣，元陶九成，明杨慎、徐渭、祝允明、闵裖声跋；四、西厢记图四十帧；　五、西厢诗赞二十篇；六、四明张楷著，潭水刘堂大登氏庚定之“新精订西厢蒲东珠玉诗”；七、合订西厢记文机活趣全解目录八卷；八、何誉海书“词学先贤姓氏”（包括关汉卿、王实甫、周德清、沈伯时、王元美、屠赤水、沈宁庵、汤若士、祝枝山、何元朗、徐文长、梁少白、焦漪园、王伯良、臧晋叔、唐伯虎）；九、合订西厢记文机活趣全解序，署："雍正五年丁未岁重阳后一日齐昌邓温书汝宁氏漫题于德馨居之山房；十、凡例十六则；十一、金圣叹先生批评西厢记摘录。正文内容均为"圣叹外书"，其中卷一有"恸哭古人"、"留赠后人"二序，卷二为西厢记考实，卷三为唐元微之撰《会真记》，卷四收《西厢记》中惊艳、借厢、酬韵、闹斋四出，卷五收警寺、请宴、赖婚、琴心四出，卷六收前候、闹简、赖简、后候四出，卷七收酬简、拷艳、哭宴、惊梦四出，卷八收《西厢记》续书四章。题目正名曰："小琴童传捷报，崔莺莺寄汗衫。郑伯常干舍命，张君瑞庆团圆。"每卷均有金圣叹评语。其中卷八评《西厢记》续书时云："此续《西厢记》四篇，不知出何人之手"云云。（戴霞）

《西厢引墨》

西厢引墨二卷十六折　杂剧。元王实甫原著，清戴华使评阅。《元代杂剧全目》著录。清光绪间朱墨稿本。二册。半叶八行，行二十一字，叶心高宽：25.4×12.2。书衣签题："西厢引墨"，并题卷数。卷首墨笔题："渤海沧州蔚州学正戴君华使遗墨"；次为评阅者序，署："光绪六年岁在上章执徐中伏日，念庵甫自序于蔚罗学署之寻行数墨书室"。卷尾有评阅者撰"书西厢后"，署："处暑日念庵甫又题"。下钤"花使"、"戴问善"章。有朱笔眉评圈点，出末有评语。有"康生存书"印，并"明净书室藏"章。

戴华使（清同光间人），字问善，号念庵。渤海（今属河北）人。曾任沧州蔚州学正。

该剧上卷目：惊艳、借厢、酬韵、闹斋、寺警、请宴、赖婚、琴心；下卷目：前候、闹简、赖简、后候、酬简、拷艳、哭宴、惊梦。剧述张生与崔莺莺的爱情故事，以二人长亭惜别，张生草桥惊梦，赴试高中后衣锦荣归与莺莺团圆为结。（戴霞）

明 代 戏 曲

无名氏

《新刻出像音注节义荆钗记》

新刻出像音注节义荆钗记四卷存二至四卷十二至十五折、十九至三十七折 南戏。明无名氏撰。该剧作者，向有柯丹邱、柯九思、李景云、温泉子、朱权诸说，而多数学者认为，现存于世的《荆钗记》并非出自一人之手，是众人参与改编的本子。《南词叙录·宋元旧篇》著录。明万历年间金陵唐氏富春堂刻本。一册。图十帧。多处有残叶。卐字栏板框，半叶十行，行二十一字，念白小字双行。上、下书口分别题："出像荆钗记"、"富春堂"。版框高宽：19.2×12.7。函套书签题："王十朋荆钗记传奇，富春堂刻本"。卷端、卷末题："新刻出像音注节义荆钗记"，唯第三卷卷端题："刻出像音注花栏王十朋荆钗记三卷"。未题撰人名氏。钤"米"、"米乐斯"、"拜石轩藏"、"米氏拜石轩所藏善本书籍印"、"康生"、"康生看过"、"归公"等印记。

《宋史》载王十朋传记，《瓯江佚志》、《听雨笔记》、《南窗闲笔》等书载其佚闻传说，剧中故事为虚构，与史实不符。剧写宋代温州王十朋家贫，以木质荆钗为聘礼与钱玉莲订婚。同乡孙汝权家境富足，亦欲娶玉莲，以金钗为聘礼托玉莲姑母到钱家说媒。玉莲继母姚氏，贪慕富贵允婚，而玉莲不从，仍嫁十朋。十朋进京赶考得中状元，官授饶州佥判，托承局带信接家眷赴任。孙汝权赴试落第，与承局同路回乡，途中骗得十朋家书，改为令玉莲改嫁的休书，然后再次向钱家提亲。姚氏逼玉莲改嫁，玉莲不从，投江自尽。十朋以为玉莲已死，悲痛不已。福建安抚钱载和，赴任途中从江中救起玉莲，把她收为义女带往任所，又派人到饶州寻找十朋，误闻十朋病故。十朋升迁吉安太守，钱载和欲将义女玉莲相配，十朋、玉莲各自坚守节操，誓不嫁娶。上元节，玉莲到玄妙观为十朋烧香祈求冥福，意外见到正在为自己设醮追荐亡灵的十朋，因而心生疑惑。钱载和得知此事，宴请十朋，并以荆钗为证使十朋、玉莲夫妻团聚。此剧流传较广，长期盛演于歌场，昆曲、川剧、湘剧、滇剧、莆仙戏、梨园戏等剧种均有此剧目。（刘效民）

《牧羊记》

牧羊记二卷二十五出　南戏。无名氏撰。《南词叙录·宋元旧篇》著录，题为《苏武牧羊记》。清抄本。二册。半叶八行，行二十四字左右。叶心高宽：21.4×11.6。书衣朱笔题："串本牧羊记"。个别出目附有点板谱。

本事据《汉书·苏武传》敷演，除首出家门，二出牧寿外，其余均无目名。述汉中郎苏武母亲大寿之际，皇帝下旨，命苏武出使匈奴议和。临行，副将李陵赠其宝剑一把。原汉臣卫律投降匈奴，封为丁灵王。他奉元帅不花之命，劝降苏武。苏武不降，拔剑自刎，后被救活。不花元帅囚禁苏武，苏武无衣御寒、无食充饥，仍誓死不降，后匈奴狼主命苏武在北海边牧羊。李陵奉旨带领五千人马出征匈奴，被擒，投降匈奴。狼主命李陵劝说苏武投降，李陵用尽方法，遭苏武拒绝。苏武持汉节在北海边牧羊十九年，他托大雁传书到汉，汉帝得到苏武消息，命丞相霍光再次征讨匈奴取胜，苏武得以还朝，一家团圆。此剧后世盛演，昆曲常演的折子有：《望乡》、《牧羊》、《小逼》、《遣妓》等。其中《望乡》、《小逼》，被《集成曲谱》、《与众曲谱》、《缀白裘》等曲集收录。京剧有《苏武牧羊》，其他剧种也有据苏武牧羊故事改编之剧目。（申文）

陈　铎

《纳锦郎》

坐隐先生精订纳锦郎传奇四出　杂剧。明陈铎撰，明汪廷讷订。《明代杂剧全目》著录。明万历新都环翠堂刻《环翠堂精订陈大声杂著三种》所收本。半叶十行，行二十字。版框高宽：22×14.5。上书口题："精订纳锦郎传奇"，下书口题："环翠堂"。卷端题："坐隐先生精订纳锦郎传奇，新都环翠堂藏板"。钤"□祚"印。《环翠堂精订陈大声杂著三种》封面右栏题："环翠堂精订"，左栏题："陈大声杂著"，中栏题："月香亭稿，纳锦郎传奇，全三，坐隐先生"，上端横题："高士里藏板"。钤"归公"印记。

陈铎（1454？—1507），字大声，号秋碧，别署七一居士。下邳（今江苏睢宁）人。睢宁伯陈文曾孙，世袭济南卫指挥，寓居南京。通经传子史、百家九流。工诗画，山水仿沈启南，自为诗题其上。精音律，擅散曲，有"乐王"之称。著《秋碧乐府》、《梨云寄傲》、《月香亭稿》、《滑稽余韵》、《公余漫性》、《秋碧轩稿》、《可雪斋稿》、《草堂余意》等集。全明散曲收其小令四百六十余首，套数九十余套。作杂剧《好姻缘》（佚）、《纳锦郎》、《太平乐事》。

剧写金陵鸣珂巷的鸨儿王妈妈，早年曾是金陵大教坊司的知名妓者，丈夫早亡，身边有两个儿子和两个女儿，平日靠两个女儿卖笑过活。女儿惜花、喜月，花容月貌，通晓歌舞、诗词、针指，无奈每日接待的嫖客皆为村颓，没有一个可意的。教坊司乐人贾中，为人聪俊，不会吹弹乐器而擅长女工，王妈妈请他教两个女儿纳锦。姐妹两个均对贾中动情，只因兄长关防得紧而不能与贾中过多接触。一次，母亲和兄长不在，惜花趁机与贾中约会，两情相悦情意绵绵。数月后，惜花再次与贾中约会，被兄长当场捉住暴打，贾中仓皇逃走。王妈妈闻声赶来大怒，认为惜花私通乐户，不仅坏了鸣珂巷数十年的规矩，还辱没了自己的名声，于是决定把惜花卖给富人吴通。嫖客孙以信外出支盐回来，听到这个消息十分恼怒，认为王妈妈断了自己的姻缘，于是到版色色长许白肠那里告状。许白肠召集相关人员，准备判解纠纷。剧情至此而止。（刘效民）

沈　采

《还带记》

还带记传奇二卷三十四出首一出　传奇。又名《裴度香山还带记》。明沈采撰。《曲品》著录。民国十六年（1927）饮流斋绿丝栏抄本。一册。半叶十行，行二十六字左右。版框高宽：15.6×11.1。卷首有署："丁卯七月许饮流记"之序，并加盖"饮流"方章。卷端署 "明嘉定沈采练川撰"。正文多处注有行当提示。

沈采（生卒不详），字练川，嘉定（今属上海）人。生平事迹不详。著有传奇三种：《千金记》、《还带记》均有存本；《四节记》今存于西班牙爱斯高里圣劳佐图书馆，《吴歈萃雅》、《月露音》等曲选录其散出曲文。一说《临潼记》也为其作品。吕天成《曲品》将其作品列入能品，称其为“名重五陵，才倾万斛”。

该剧本事见王定保《摭言》。同题材作品有元关汉卿《晋国公裴度还带》、贾仲明杂剧《山神庙裴度还带》。上卷目：家门、舅嘲、邻衅、斗殴、陷罪、送饭、谈相、赠带、遗带、归家、神鉴、还带、玉旨、脱罪、拜谢、当衣、话别、再相；下卷目：邻惠、考试、托缄、闻捷、约舅、赴京、京晤、淮叛、出师、行刺、遣辩、遇旧、说客、撇姐、凯旋、悔过、庆圆。述河东闻喜裴度，屡次科举不中，常被妻弟刘二郎嘲笑。同乡周方正被恶霸张宗一诬陷入狱，其女上街讨钱替父赎命，遇邹尚书赠她玉带一条，又有彭、窦二侍郎所赠犀带各一。周女到香山寺为父祈福，遗失玉带、犀带，被裴度拾得归还。周方正得救，父女团圆。玉帝得知此事，下诏褒奖，裴度得以高中状元，官御史后接妻、弟入京。淮西吴元济起兵造反，裴度奉命平息战乱。宰相李逢吉忌妒裴度才能，派人暗杀裴之妻、弟，仆人裴旺夫妇救主身亡。裴度平淮西凯旋，被封晋国公，后辞官回乡。京剧有《裴度还带》剧目。（申文）

《重校千金记》

重校千金记二卷四十六出　传奇。明沈采撰。《曲品》著录。明万历间仇英绘像刻本，有图十二帧。二册。半叶十行，行二十字，白口，四周单边，版框高宽：21.7×14.2。封面题：“仇实父绘像千金记”。板心题：“千金记”。目录及卷端题：“重校千金记”。有眉栏及眉批。有“康生”、“康生看过”、“戊戌人”、“大公无私”印。

该剧本事见《史记·淮阴侯列传》，有些关目见元杂剧《萧何月下追韩信》等。上卷目：题纲、遇仙、亲叙、发兵、闺谏、寄食、出跨、别妻、招军、入关、遭骗、授戟、鸿门、谢宴、识侠、夜宴、谒相、焚廪、被获、赴戮、释罪、询问、追信；下卷目：谋窃（正文作“窃谋”）、盗衣、荐贤、登坛、遣沮（正文作“点将”）、歃血（正文作“遣沮”）、囊沙、讣音、说友（此出应三十二出，正文错标为三十三出）、悲歌、散楚、别姬、埋伏、指泽、自刎、朔奠、封王、祖饯、佳报、拨役、荣归、赠金、团圆。首出有下场诗总括全记：“张子房鸿门谢宴，萧丞相举荐贤良。刘沛公筑坛拜相，楚霸王自刎乌江。”述秦末时，淮阴韩信志向远大，得异人所赠宝剑兵书后便刻苦攻读。但其家境贫寒，常受妻子抱怨，曾乞食漂母，又受乡里无赖胯下之辱。值项氏叔侄起兵抗秦，张榜招贤，韩信投军，但因其貌不扬而不被重用，最后只做一名执戟郎。韩信心情抑郁，鸿门宴后，在张良的劝说下，他毅然离楚投汉。初，韩信被派管理粮仓，上任仅三天，因楚军偷袭，粮仓被烧，韩信因此被问成死罪。后其罪虽免，又被任命为都尉，但韩信还是觉得壮志难酬，决定弃官而走，于是有萧何月下追韩信之事。韩信终于得以登坛拜将，他接印后治军甚严，加紧操演人马，他明修栈道，暗度陈仓，一举破赵，又平燕定魏，下齐七十余城，最后将项羽困在垓下。在四面楚歌声中，项羽别姬，自刎乌江。韩信功成名就，被封为齐王。他衣锦还乡，赠漂母以千金，归家与妻子团圆。吕天成《曲品》将该剧列为能品，言“韩信事，佳，写得豪畅。内插用北曲，但事业有余，闺阃处太寥落，且旦是增出，只入虞姬、漂母，亦何不可？”此剧后世盛演，但多以项羽为主人公。其中的《鸿门》、《撇斗》、《追信》、《拜将》、《十面》、《别姬》、《乌江》等折子分别被《缀白裘》、《集成曲谱》、《六也曲谱》等曲集收录。（戴云）

《千金记》

千金记二本二十四出　传奇。明沈采撰。《曲品》著录。清抄本。二册。半叶八行，行十五字左右，朱笔圈点，部分曲词附有点板谱。叶心高宽：22×14。卷首有“惜华所藏戏曲文献”、“满州富察氏宝泉惜华”、“碧蕖馆藏”印章。

其本事见《史记·淮阴侯列传》及小说《西汉演义》等。上本：开场、赠剑、会亲、起霸、夺灯、钓鱼、设计、拜别、投军、拐布、鸿门、疋斗、夜宴、追信（有目无文）；下本：拜将、点将、斩沮、教歌、吹散、别姬、十面、乌江、赠金、团圆。述淮阴世胄韩信，遇二位道长，一位赠其藏心宝剑，一位赠其孙武兵书。韩信拿到宝物，日夜攻文习武，以家境贫困。其妻高氏甚是不满。韩信钓鱼充饥，遇漂母，漂母见其饥饿，招待至家，给以饭饱，韩信感恩。一日，被两个恶徒欺凌，受胯下之辱。韩信打听楚国招兵的消息，辞别妻子投在项羽麾下，久不被重用，转投刘邦。范增献计于项羽，摆下鸿门宴，欲刺刘邦，不成。韩信在汉营被封为大将军，斩项羽大将龙沮。张良编楚歌一曲，命人混入楚营，散播此曲，扰乱军心。虞姬恐拖累项羽，刎颈诀别。韩信摆下十面埋伏阵擒拿项羽，项羽自刎乌江。韩信荣归故里，千金赠于漂母，报一饭之恩，回家与家人团圆。《千金记》得名于韩信赠千金与漂母而来。现京剧、湘剧、婺剧《黄金印》，徽剧《追信》、《十面》，以及《霸王别姬》、《萧何月下追韩信》等均为同题材的剧目。（申文）

梁辰鱼

《浣纱记》

浣纱记存三至三十出　传奇。明梁辰鱼撰。《曲品》著录。清初抄本。一册。半叶十行，行三十字左右。朱笔圈点。叶心高宽：22.4×11.5。卷首有“惜华所藏戏曲文献”、“满州富察氏宝泉惜华”、“碧蕖馆藏”三方印章。

梁辰鱼（1519—1591），字伯龙，号少白，又号仇池外史。江苏昆山人。出身官宦家庭，靠捐钱做了太学生，一生未仕。其文才非凡，风流豪侠而歌喉出众，声名远播，交友于官僚和文人之间。梁辰鱼把魏良辅改革后的昆曲应用到剧本创作中，创作了《浣纱记》，另有传奇《鸳鸯记》，已佚。著有《红线女》、《无双传补》、《红绡妓》杂剧三种，后一种佚。另有散曲集《江东白苎》，诗文集《远游稿》、《鹿城集》。据张彝宣《寒山堂曲谱》卷首《谱选古今传奇散曲集总目》，梁辰鱼还改编过《周羽教子寻亲记》。

《浣纱记》取材于《史记·吴越世家》及东汉赵晔《吴越春秋》。前两出阙失，三出以后出目为：（失名）、前访、（失名）、交兵、（失名）、回营、请成、告庙、功宴、养马、捧心、打围、后访、寄子、歌舞、分纱、进美、采莲、籴谷、赐剑、思乡、杀友、五报、(二十六出至三十出失名)。述春秋时期的吴越之争，写吴王夫差在伍子胥的支持下兴兵伐越，越王勾践被困会稽山，范蠡、文种买通吴国太宰伯嚭才避免灭国。勾践采纳范蠡的计策赴吴国做人质，忍辱负重、卑躬屈膝侍奉吴王夫差，获得夫差的信任，三年后得以回国。勾践回国后卧薪尝胆，励精图治，准备休养生息后报仇雪耻。范蠡献策使用美人计，与美人西施定下盟约。夫差获西施后不理朝政，恣意荒淫，不听伍子胥良言苦谏，反怒而赐其死，伍子胥愤而自刎。越国此时兵精粮足，又施计谋使吴国颗粒无收，勾践趁夫差出师伐齐进攻吴国，夫差大败，自刎而死，伯嚭被擒杀。范蠡凯旋后功成身退，辞官迎回西施，两人泛舟归隐。这种借爱情故事抒写历史兴衰废替，爱情与历史线索融合的传奇格局广为后世模仿。《回营》、《打围》、《寄子》等折子戏至今是昆曲常演剧目。近世京剧、越剧有《西施》，汉剧、滇剧有《卧薪尝胆》，秦腔有《访西施》，川剧有《吴越春秋》。(李玲)

张凤翼

《重校红拂记》

重校红拂记二卷三十四出　传奇。明张凤翼撰。《曲品》著录。明万历二十九年(1601)金陵继志斋刻本。二册。精图十二帧二十四面。半叶十行，行二十字。白口，四周单边。版框高宽：21.4×14.3，眉栏有音注及批语。卷前载万历二十九年(1601)秣陵陈邦泰之《红拂记题辞》。正文钤“大公无私”、“康生看过”、“梅里半农”等印章。

张凤翼(1527—1613)，字伯起，号灵墟先生，冷然居士。长洲(今江苏苏州)人。与其弟献翼、燕翼并有才名，被称为“三张”。明嘉靖四十三年(1564)举人，擅长诗文翰墨，以卖字和诗文自给度日。喜度曲，曾与其子合演《琵琶记》，自饰蔡伯喈。著有《处实堂前集》、《处实堂后集》、《文选纂注》、《四书句解》、《海内各家工画能事》、《谭略》等书。撰传奇《阳春六集》，即《红拂记》、《祝发记》、《虎符记》、《窃符记》、《灌园记》、《庾廖记》六种。另有《平播记》、《芦衣记》、《玉燕记》三种，均无传本。

该剧本事取唐代杜光庭《虬髯客传》和孟棨《本事诗》中乐昌公主与丈夫徐德言破镜重圆的故事。上卷目：家门始末、仗策渡江、思忆闺情、威神指化、良宵玩月、旅馆舒怀、顾盼衷情、鹊报佳期、登高望气、侠女私奔、隐贤依附、同调相怜、期访真人、乐昌怀伴、棋决雌雄、俊杰知时、物色陈姻；下卷目：掷家图国、破镜重符、伉俪重谐、髯客归海、教婿觅封、奸亢觊觎、明良遭际、克避兵燹、奇逢旧侣、奉征高丽、奇拂论兵、拜月同祈、张皇天讨、扶余扶主、计就擒王、天涯知己、封赠团圆。写隋朝末年天下大乱，李靖胸怀大志，欲展宏图，投奔西京留守杨素，在杨素府中遇到红拂，红拂为杨家收养的歌舞妓，精通兵事。两人一见钟情，相约投奔太原李世民，在途中遇虬髯客张仲坚，结为挚友。杨素府中另一美人乐昌公主，因战乱和丈夫徐德言分别，两人各持半面镜，在杨素的帮助下，乐昌公主得以与丈夫破镜重圆。后来李靖夫妇投奔张仲坚，张将全部家财赠与两人，自己携妻儿云游四方。李靖投在李世民帐下任兵部尚书，徐德言任参军，征伐高丽，连连告捷，高丽王逃走，被进京的虬髯客张仲坚擒住。李靖得胜还朝，众人相聚，受到册封嘉奖。明末冯梦龙曾将此剧改编为《女丈夫》。《红拂记》对后世影响较大，《集成曲谱》、《纳书楹曲谱》收录《靖渡》、《私奔》二出，京剧《乐昌公主》、《红拂传》、《三侠图》、《二本红拂传》；川剧《三异图》；滇剧《三义图》；秦腔《风尘三侠》；粤剧《红拂女》，均为同题材剧目。（李玲）

《全部虎符》

全部虎符二卷三十二出 传奇。明张凤翼撰。《曲品》著录。民国红格抄本。一册。半叶九行，行二十字。版框高宽：19.9×14.1。

该剧取材于《明史》“花云传”、“陈友谅传”，明李东阳《花将军歌》，并据当时流传的讲史演义增饰。写元末明初花云随朱元璋起兵，骁勇绝伦，人称“黑将军”，携妻子郜氏、幼子花炜、妾孙氏赴守太平城。汉王陈友谅和子陈理攻打太平，水攻破城，花云宁死不降，被囚于武昌。花云妻郜氏、妾孙氏携子花炜在围城时出逃，郜氏在途中投江自尽，幸被兄弟郜士良救起，后被送回京中旧居。孙氏一路保护花炜，江中遇险靠浮木漂流，用莲子喂养幼儿，历经艰险后得以入京，持花云兵败时所授虎符拜见朱元璋，并与郜氏相聚。数年后，花炜长大成人，不仅文武全能，而且英勇无敌，他出兵战败陈理，攻下武昌，救出父亲，合家团圆，父子皆受到嘉奖册封。《明史》中花云守太平城与部将同时殉节，京剧《战太平》中花云也是战死，作者将花云所佩虎符作为线索，设计了团圆结局。《曲品》评论此剧："前半真，后半假，女侠如此，固当传"。这里说的"女侠"指的是孙氏用莲子哺救花炜的事迹。同题材戏曲作品有：清杨潮观《荷花荡将种逃生》；京剧、河北梆子、汉剧、邕剧《战太平》；汉剧、川剧、滇剧《太平仓》；京剧、湘剧、秦腔、粤剧、华剧《花云带箭》；河北梆子《太平城》；桂剧《太平庵》等。（李玲）

黄方胤

《陌花轩杂剧》

陌花轩杂剧　杂剧剧本集。一名《柳浪杂剧》。明黄方胤著。《远山堂剧品》著录。民国间蓝印本。半叶九行，行十九字，白口，左右双边，单鱼尾。版框高宽：18.7×13.1。封面、板心题："陌花轩杂剧"。卷首有署"秦淮盈盈马丽华志"之叙。卷端署："醒狂黄方胤著"。全书收《倚门》、《再醮》、《淫僧》、《偷期》、《督妓》、《娈童》、《惧内》七剧。

黄方胤（生卒年不详），或作方印，字方儒，号醒狂。书斋名陌花轩。江苏金陵（现南京）人。吏部黄公甲子。除杂剧外，还撰有《陌花轩小词》。皆叙鄙亵之事。

《倚门》，四出，《陌花轩杂剧》第一种。述王恩与妻褚十娘因好吃懒做，不理家务，使原本殷实之家日见破落。为求生存，王恩命妻子倚门卖俏，勾引市人。邻人卜成器上门与十娘私通，并答应承担王家一切开销。市井无赖吴仁、吴义兄弟见卜成器常到王家，知其中必有缘故，便也上门。于是吴氏弟兄与卜大打出手，众人相互扭打同到郡衙。郡守问明缘由，重责王恩、卜成器及吴氏弟兄，将十娘发城官卖，并出告示晓谕百姓。

《再醮》，一出，《陌花轩杂剧》第二种。述年方十八的丁大姐已连嫁三夫，均以离弃告终。回到乡里，又央杨媒婆说媒，以图找个好人家。杨氏见其没带银两，便将她支到郑大娘处。郑大娘十四丧夫，三十多岁仍守寡在家。得知丁大姐来意后，郑大娘忍不住破口大骂，丁与之对骂，杨氏在旁窃笑。

《淫僧》，一出，《陌花轩杂剧》第三种。述永宁寺和尚染指见一貌美女乐，凡心顿起，夜不能寐。次日一早，便将佛磬卖至徽商处，得银一两前去嫖妓。一夜风流后，染指便焚了度牒木鱼，欲尽早还俗后再去妓院鬼混。

《偷期》，一出，《陌花轩杂剧》第四种。述方氏虽嫁夫十年，但经常红杏出墙，做风流之事。一天，她正在家中与冯远哥私会，逢丈夫贾如痴大醉而归。方氏将贾扶将上床，暗嘱远哥明晚早些到此幽会。

《督妓》，一出，《陌花轩杂剧》第五种。述教坊户归大妈有养女二姐，二姐脸麻唇厚，故光顾者甚少，只毛二郎来此留宿一夜。归大妈命二姐写情书一封，邀毛再来相会，并将青楼接客秘诀传授二姐。

《娈童》，一出，《陌花轩杂剧》第六种。述年方十五的皮嵩以出卖男色为生，他与尹仁交好。一日，福建一客慕皮嵩名，托尹仁说合。皮嵩连日陪客，十分倦怠，见对方也无见礼，便拒之。尹仁路遇常文史，文史有寤寐娈童之癖，见尹仁，便出银三钱请他代为说和。皮嵩见钱，笑纳之，遂将常文史迎入室中。

《惧内》，一出，《陌花轩杂剧》第七种。述韩修妻子熊氏，生性悍妒。韩对妻百依百顺，对老娘却十分刻薄。一日，熊氏与韩母因事吵骂，熊氏扯住韩母厮打，并以出嫁要挟。韩修跪求熊氏饶恕，并言寻个唱曲的来给她解闷。

马丽华叙中称黄剧尽尘寰情态，“奏之王公前不为亵，歌之闾里有所惩”。祁彪佳将此列为“具品”，谓“以俗笔为之，虽极摹写，终非雅谑”。焦循《剧说》谓陌花轩杂剧“皆举市井敝俗描摹出之。” （戴霞）

汤显祖

《南柯记》

南柯记传奇二卷三十五出 传奇。明汤显祖撰。《曲品》著录。清道光十九年（1839）广盛堂刻《笠翁十二种曲》本。一册。半叶十一行，行二十三字。版框高宽：12.8×9.8。封面题："南柯记"。卷首有"清远道人汤显祖题"之《南柯记原叙》。卷端题："临川汤若士撰"。

汤显祖（1550—1616），字义仍，号若士、海若，别署清远道人。江西临川人。明隆庆四年（1570）中举，文名一时，因拒绝张居正罗致，万历十一年（1583）始成进士。历任南京太常寺博士、詹事府主簿、礼部祠祭司主事。十九年（1591）被贬广东徐闻典史，二十一年（1593）移浙江遂昌知县，二十六年（1598）弃官归里。所著诗文有《红泉逸草》、《问棘邮草》、《玉茗堂全集》。所著传奇《紫钗记》、《牡丹亭》、《南柯记》、《邯郸梦》，合称《临川四梦》或《玉茗堂四梦》，又有早年剧作《紫箫记》，均存。

该剧本事见唐李公佐《南柯太守传》。全剧二卷四集，上卷为元亨集，下卷为利贞集。元集目：侠概、树国、禅请、宫训、谩遣、偶絮、情著、决婿；亨集目：就征、引谒、贰馆、尚主、伏戎、侍猎、拜郡、御饯、录摄、之郡、玩月、启寇；利集目：闺警、雨阵、围释、帅北、系帅、朝议、召还、卧辙、芳陨、议葬；贞集目：絮诱、象谴、遣归、寻悟、情尽。剧述唐时东平人淳于棼曾任淮南军裨将，因贪酒被罢官而闲居家中古槐下，经常邀友共饮。逢中元节，淳于棼赴城中盂兰盛会游玩，后酒醉入睡，被槐安国紫衣使者迎至国中，被槐安国金枝公主选为驸马。邻国檀萝国进犯槐安国之南柯郡，淳于棼被命为南柯太守，后治郡有功，升任左丞相。檀萝国欲抢金枝公主为妻，公主受惊吓病亡，淳于棼亦因骄奢荒淫被遣送归家。淳于棼梦醒，见古槐蚁穴，知为南柯一梦。淳于棼请契元禅师为亡妻做水陆道场，又见槐安众人，心生不舍。禅师为其点化，淳于棼遂立地成佛。明吕天成《曲品》评曰："酒色武夫，乃从梦境证佛，此先生妙旨也。眼阔手高，字句超秀。"昆曲今仍可演《花报》、《瑶台》等出。（王学锋）

《邯郸梦》

邯郸梦传奇二卷三十出 传奇。明汤显祖撰。《曲品》著录。清道光十九年（1839）广盛堂刻《笠翁十二种曲》本。一册。半叶十一行，行二十三字。版框高宽：12.8×9.8。封面题："邯郸梦"。卷首有"清远道人汤显祖题"之"邯郸梦记题辞"。卷端题："临川汤若士撰"。

事见唐沈既济《枕中记》。全剧二卷四集，上卷为元亨集，下卷为利贞集。元集目：标引、行田、度世、入梦、招贤、赠试、夺元、骄宴；亨集目：虏动、外补、凿郏、边急、望幸、东巡、西谍、大捷；利集目：勒功、闺喜、飞语、死窜、谗快、备苦、织恨；贞集目：功白、召还、杂庆、极欲、友叹、生寤、合仙。剧述山东卢生流移邯郸，店遇吕洞宾。洞宾欲度化卢生为众仙扫花，因赠瓷枕使之入睡。卢生入枕，遇山东清河崔氏，与之成亲。卢生进京应试，因未贿赂试官宇文融而落第。后贿赂众官，除翰林学士。宇文融陷害卢生，使之被贬，又命卢生凿二百余里的不通石路。卢生用煮盐醋法，开石通水。时吐蕃犯境，圣命卢生为征西大将军，领兵前往。卢生使反间计，破吐蕃，被封为定西侯。宇文融忌恨，奏卢生通敌，使卢生获罪将斩。幸崔氏为其喊冤，得免死罪，崔氏亦被废为宫婢。吐蕃遣使来朝，玄宗皇帝赐织锦，见崔氏于锦上作织回文词，记起卢生之功，并得知宇文融诬陷之事。宇文融被问罪，卢生还朝，被封相位，满门荣华，八十而逝。卢生枕中梦醒，店中黄粱未熟。吕洞宾点化之，卢生大悟，随吕云游。明吕天成《曲品》评曰："穷士得意，兴尽可仙。先生提醒普天下措大，功德不浅。即梦中苦乐之致，犹令观者神摇，莫能自主。"昆曲今仍可演《扫花三醉》、《番儿》、《云阳法场》、《仙圆》。（王学锋）

沈　璟

《桃符记》

桃符记二卷二十七出 传奇。明沈璟撰。《曲品》著录。清康熙六十一年（1722）杨俊生抄本。二册。半叶九行，行三十六字左右。叶心高宽：24×11.3。朱笔圈点。卷尾题："康熙六十一年重阳月中浣日窗前录就，杨俊生笔，敦伦堂习。”正文钤“浮槎氏所藏曲”印章。

沈璟(1553—1610) 字伯英，晚年字聃和，号宁庵，别号词隐。江苏吴江人。明万历二年(1574)进士，曾任兵部职方司主事等职。万历十四年（1586）上疏触怒明神宗，遭到左迁。两年后担任顺天同考官，因录取申时行之女婿而受人攻击，不久辞官返乡。居家三十年，潜心研究词曲，考订音律，被后人誉为吴江派戏曲家领袖。曲学著作有：《南九宫十三调曲谱》、《正吴编》、《唱曲当知》、《论词六则》、《南词韵选》、《北词韵选》等多种。创作《属玉堂传奇》十七种，《红蕖记》、《埋剑记》、《双鱼记》、《桃符记》、《坠钗记》)、《义侠记》、《博笑记》七种皆存，《十孝记》、《分钱记》、《合衫记》、《鸳衾记》、《分柑记》、《四异记》、《凿井记》、《珠串记》、《奇节记》、《结发记》十种今佚。

该剧据元郑廷玉杂剧《包龙图智勘后庭花》改编，人名和地点均被改头换面。写宋朝，洛阳书生刘天仪游学汴京，寄寓黄公店中，靠卖春帖付食宿费用，书写桃符于店门口作招牌。洛阳女子裴青鸾与父母投奔汴京故人，因裴公病死，被卖入枢密傅忠家为妾。傅忠妻子云氏妒忌，命令下人王庆杀之。王庆的相好是军牢贾顺之妻酆氏，两人设诡计，让贾顺放走裴青鸾母女，然后逼其写休书。贾顺不从，被杀死后投入后园枯井中。裴青鸾母女仓皇中走失，青鸾至黄公店求宿，遭店小二毒手，刘天仪所写的桃符被留在鬓发上。刘天仪回到寓所后见到青鸾的魂魄，两人作后庭花词互诉衷情。青鸾母亲当晚也投至黄公店，听到女儿声音，告至开封府。同时，傅忠索要青鸾母女，也告至开封府。开封府尹包拯，智审案件，王庆、酆氏及店小二俱被正法。包拯又用神丹医活青鸾，令与天仪喜结良缘。此剧关目紧凑，曾经盛演一时，这主要得力于原作，但《剧说》评论此剧的排场、宾白、用意都不及郑廷玉的原作。（李玲）

《坠钗记》

坠钗记二本三十出 传奇。明沈璟撰。《曲品》著录。清顺治七年(1650)抄本。一册。半叶十二行，行三十三字。叶心高宽：25.5×12.4。卷端钤“兰桂堂”印一枚。上本尾行题“顺治庚寅中浣三日闲室自录□”。书尾题："此本先父抄写点板无误，不可轻贱与。"钤"徐麟"、"□瑞"印两枚。内有朱笔圈点。

本事见明瞿佑《剪灯新话·金凤钗记》及明冯梦龙《情史》。上卷目：家门、探仙、游春、逼嫁、仙引、生病、离魂、惊婿、审魂、上坟、拾钗、详梦、捉奸、逃走、禀明、说破、祈祷、（失名）；下卷目：闺梦、升仙、催魂、别正、神梦、返棹、错告、负魂、游魂、考试、度仙、团圆。剧叙崔嗣宗与何兴娘，自幼以金钗为聘订婚。嗣宗离家十五载杳无音信，兴娘年已逾笄，整日抑郁寡欢，最后抱恨而终。兴娘在弥留之际，劝父母将妹妹庆娘续嫁崔嗣宗。何母以为嗣宗薄幸，不愿让庆娘再去受苦。卢二舅指点崔嗣宗，有妻何兴娘为夫枉死，其妹庆娘续弦，明年成婚。卢二舅招来兴娘之妹庆娘灵魂，与崔嗣宗演奏箜篌。崔嗣宗一病两月，病愈后去何家探亲。走到何家门首，嗣宗想起兴娘为他而死，悲痛不已，昏死过去。崔嗣宗被众人唤醒接进何家。兴娘之父何防御遣人为崔嗣宗打扫书房，挽留住下。东岳速报司得知兴娘枉死，决定让兴娘与崔嗣宗作一年魂魄夫妻。清明时节，何家全家去扫墓，兴娘将定情物金凤钗坠于地下。崔嗣宗拾到金钗，误以为庆娘之物。夜晚，兴娘魂灵假托庆娘与崔嗣宗为男女之欢，被仆人发现。崔嗣宗携其到吕城投奔老仆富保正，闻宜兴县周王庙灵验，便前去烧香祈祷。兴娘灵魂被庙中小鬼吓得魂飞魄散，一年魂魄夫妻期限将到。兴娘魂魄与崔嗣宗乘舟同回故里，她让崔嗣宗先去见父母，自己则留在舟中。嗣宗进门，首先自责领庆娘私奔之错。何防御感觉奇怪，遣人到舟中寻找，不见人影。兴娘灵魂附在庆娘身上，劝说父母成全崔嗣宗与庆娘。崔嗣宗赴京应试，得中探花。何家大摆酒宴，庆贺崔嗣宗与庆娘成婚。卢二舅劝说兴娘看破红尘。兴娘灵魂得到超度，与卢二舅驾祥云升天。（吴秀慧）

汪廷讷

《狮吼记》

狮吼记四出　传奇。明汪廷讷原撰。《曲品》著录。民国朱色石印本。一册。半叶十行，行二十七字，小字双行。叶心高宽：21×12.5。上书口题："狮吼记"，中书口题出名。封面墨笔题："陈慥游春，季长梦怕合编"，卷端题："狮吼记连四出"。每出出目后分别标注音韵及"昆腔"二字，正文详注穿戴服饰和表演身段。此剧是根据原著《奇妒》、《赏春》、《谏柳》、《闹祠》四出改编的昆曲舞台演出剧本。

汪廷讷（生卒年不详），字昌朝，号吴如、坐隐先生、无无居士、全一道人、清痴叟。安徽休宁人。尝官盐运使，左迁宁波府同知。构筑环翠堂，广藏图籍，喜结四方名士，与张凤翼、屠隆、梅鼎祚、汤显祖、陈所闻等有往来。尊信导引之术，奉事纯阳吕祖。著作有《坐隐先生集》、《人镜阳秋》、《无无子正续赘言》、《环翠堂随集》等。工诗赋，喜制曲词，是戏曲家沈璟的弟子。戏曲作品总名《环翠堂乐府》，包括杂剧九种：《画舫寻梅》（又名《青梅佳句》）、《捐衾嫁婢》、《闻歌纳妓》（又名《广陵月》）、《中山救狼》、《诡男为客》、《石室悟棋》、《同僚认父》、《报仇归释》、《太平乐事》（佚），传奇十四种：《狮吼记》、《彩舟记》、《投桃记》、《三祝记》、《义烈记》、《天书记》、（以下佚）《长生记》、《种玉记》、《二阁记》、《威凤记》、《飞鱼记》、《忠孝完节》、《高士记》、《同升记》。其中《画舫寻梅》（又名《青梅佳句》）、《狮吼记》、《长生记》、《威凤记》、《同升记》、《飞鱼记》、《彩舟记》、《种玉记》诸剧，一说出自陈所闻之手，待考。

该剧本事见宋人随笔《调谑篇》。出目包括：柳氏摔镜、陈慥游春、东坡明义、季常梦怕。剧写宋朝黄州名士陈慥惧内，其妻柳氏悍妒。苏轼遣仆邀陈慥到南郊游春，柳氏疑有妓女同行，因此要陈慥保证，若有妓女作陪甘受杖责。柳氏仍然放心不下，暗遣心腹跟踪，探得席间果有妓女，遂于次日命陈慥跪在池边接受惩罚。时苏轼造访，责备柳氏不恪守三从四德，并历数世上悍妒之妇，规劝柳氏为陈慥纳妾生子。柳氏恼羞成怒，持青藜杖把苏轼赶出陈府。陈慥受妻纲之苦自己认命，唯对苏轼受辱深感不安。柳氏安睡，陈慥也趁机偷睡片刻，做梦被柳氏扯到官府告状。知县见陈慥软似棉，柳氏狠似虎，正要下令责打柳氏为陈慥做主，知县夫人闻声执棒而出，斥责知县黑白不分，命知县、陈慥下跪听判。知县、陈慥不服，揪扯二位夫人到城隍庙请土地断案。土地判两位丈夫有理，让做妻子的今后听从夫令。不料，土地奶奶闻声执鞭而上，土地吓得躲在桌后，三位夫人把丈夫们追打得团团乱转。此时，柳氏用家法敲桌惊醒陈慥。陈慥想到梦中为人的、为官的、为神的都惧内，于是决定从此安心受用柳氏的青藜杖。同题材戏曲作品有清无名氏《人间笑》传奇，京剧《跪池》，一名《梳妆跪池》，弋腔、徽剧亦有此剧目。（刘效民）

叶宪祖

《鸾锟记》

鸾鎞记三十四折　传奇。明叶宪祖撰。《曲品》著录。清抄本。半叶八行，行二十字，小字双行。叶心高宽：21.3×12.1。

叶宪祖（1566—1641），字美度，号桐柏，别号六桐，又号槲园居士，亦称紫金道人，浙江余姚人。万历四十七年（1619）进士，授新会知县，官至工部主事，因不肯趋附魏忠贤，被削籍革职。后复出，补南京刑部主事，授广西按察使，但未赴任，回乡五年即去世。叶宪祖好度曲，作传奇六种，今存《鸾锟记》和《金锁记》两种，《玉麟记》、《双卿记》、《双修记》、《宝铃记》四种佚失。作杂剧二十四种：《夭桃纨扇》、《碧莲绣符》、《丹桂钿合》、《素梅玉蟾》（以上四种合称《四艳记》）、《三义成姻》、《北邙说法》、《易水寒》、《寒衣记》、《团花凤》、《渭塘梦》、《琴心雅调》、《骂座记》，以上十二种今存；《巧配阎越娘》、《西楼夜话》、《死生缘》、《芙蓉屏》、《耍梅香》、《玳瑁梳》、《碧玉簪》、《桃花源》、《贺季真》、《会香衫》、《龙华梦》、《鸳鸯寺》以上十二种已佚失。散曲有《古乐府曲集》。

该剧出目：副末开场、杜羔别弟、二娇叙话、权相觅姬、女侠解纷、仙庄赘婿、李门劝嫁、鱼氏出家、杜羔别妻、温郎嘲友、玄门拆侣、权府献谗、落第逃禅、激夫寄柬、见诗励志、谒兄叙情、喜遇慈闱、诗投道院、别亲赴试、答句赠锟、二房启事、母女避乱、赠诗订约、入试遇朋、遭难遇姑、感神寻墓、花前春宴、途中目成、契友登科、母妻赴邸、祭坟遇母、劝娶诉因、仙观姻联、喜筵庆赠。写襄阳杜羔之父母，以一对碧玉鸾锟聘赵文姝为儿媳。丞相令狐绹为故友娶妾，差媒婆抢赵文姝，文姝好友鱼惠兰代之，并取碧玉鸾锟中的一只作纪念。鱼惠兰到长安后做了道士，改名为鱼玄机。杜羔与赵文姝婚后与好友温庭筠、贾岛上京赶考，不想有才的三人名落孙山，不学无术的人却得中进士。杜羔受到妻子激励，继续复考，温庭筠在长安倾慕鱼玄机，两人相约，鱼玄机将鸾镳相赠。后来杜羔、温庭筠、贾岛三人都中了进士，赵文姝随丈夫入京，撮合鱼玄机和温庭筠的姻缘，一对碧玉鸾镳分而后合，合美团圆。（李玲）

马佶人

《荷花荡》

荷花荡二卷二十八出　传奇。又名《莲盟记》，明马佶人撰。《新传奇品》著录。暖红室刻本。二册。附图十二帧。半叶九行，行二十字。版框高宽：20×13。卷端题："上党撷芳主人编，梦凤楼暖红室刊校"，有"碧蕖馆藏"印章。

马佶人（1575—1637以后），字吉甫，一字更生或亘生，号斐堂，别号撷芳主人，吴县（今江苏苏州）人。著有传奇五种，合称为《餐霞馆传奇五种》，今存《荷花荡》和《十锦塘》两种；《百鹤图》、《借东风》、《梅花楼》三种今佚。《新传奇品》评其作品为："五陵年少，白眼调人。"

该剧上卷目：标韵概、罪生衅、勘文任、春闺怨、误相触、馆中戏、前幻聚、荷花荡、都是赚、后幻聚、预报捷、阅闱牍、喜闻捷、神救难；下卷目：扎火囤、重缔盟、假成真、叙旧好、愁变喜、生死会、戏里戏、颁天诏、冥中缘、巧传书、接喜信、报僧仇、订良姻、遂莲盟。写明朝苏州秀才李素少年有才，因慕李白诗酒才情，故自号梦白。他新婚三月后妻子叶氏病故，没有续娶。傅员外有爱女莲贞，善于翰墨，自幼许配给封云起。但封家父母早丧，云起性格顽劣不爱读书，傅员外将云起接到府中居住，打算请李素作私塾教师。李素借寓在虎丘寺中读书，入傅府后不能饮酒，便自己先自斟自饮一番。秋汉卿是个投机取巧的假文人，不通笔墨，却是李素的相识。他行令逼得李素喝酒醉倒，不巧被来拜访的傅员外看到。傅员外以为李素是个浪荡子，便请秋汉卿作了老师。汉卿不学无术，与云起正好是一丘之貉，两人只会吃喝嫖赌，莲贞知道后非常忧虑。六月二十四日是苏州的荷花荡盛会，傅员外与莲贞坐船游湖，云起亦与几个艺人在湖中唱曲，傅员外被邀过去饮酒。此时恰巧李素的小舟靠近莲贞，两人互相顾盼，情愫顿生，李素折下一枝并蒂莲送给莲贞小姐，莲贞则请王奶妈回赠莲子。李素参加乡试得中解元，进京会试前潜入傅家花园，正巧与莲贞会面，莲贞无法更改已定婚约，李素向莲贞倾诉爱意，表示终生不娶，相约等待来世。李素得中进士，进翰林院作了太史。汉卿为敲诈云起，设计买通妓女假扮良家妇人邀云起相会，又让妓院茶房扮作妇人的丈夫出来捉奸。封云起被人撞破奸情，竟然突发疯癫跌撞而死。云起既死，汉卿失了教职，他求傅员外写信推荐他赴京找李素谋事。傅家王奶妈交给汉卿一封莲贞的信，假说是员外所写。汉卿不知真假，随即上京访到李素。李素收到莲贞书信，得知事情真相，便让汉卿速回苏州向傅家说媒，自己也随后回乡。傅员外得信后欣然应允，于是李素与莲贞的来世之愿得以在今生实现，汉卿也如愿娶了王奶妈。剧中穿插李素乡试得中解元含有天机，本来中解元的应是徐州秀才徐国宝，徐父受上帝之命阅卷，为避嫌让自己儿子三年后再中解元。三年后，徐国宝果然得中解元，做官后审理了当初在水月庵暂住时的案件，抓住淫僧了然等故事。（李玲）

许自昌

《灵犀佩》

灵犀佩二卷三十五出　传奇。明许自昌撰。《传奇汇考标目》著录。明天启四年（1624）查味芹抄本。一册。半叶九行，行二十六字。叶心高宽：25.5×11.5。封面题："康熙十一年（1672）岁次壬子孟冬辛亥月望后己未日音律堂范阳郡置"。正文次叶钤"惜华真赏"印记。书尾题："天启甲子年初夏二日查味芹在关上朱宅写完灵犀佩"。

许自昌（1578—1623），字玄佑，号梅斋，高阳生，别署梅花墅主人。长洲（今江苏苏州）人。生而颖敏，以读异书、交异人为快事。工戏曲、诗文，与陈继儒、钟惺相友善。校刻《太平广记》、《分类补注李杜诗》、《集千家注杜诗》、《十二家唐诗》等，著有《樗斋诗草》、《樗斋漫录》，

《捧腹编》，撰传奇《水浒记》、《橘浦记》、《灵犀佩》、《报主记》、《弄珠楼》、《临潼记》、《百花亭》，后四种佚，改订明人传奇《节侠记》、《种玉记》，今存。

该剧叙已故梅侍御之女琼玉，随母去文昌庵还愿，遇尤尚书之子尤效纠缠，慌忙中不慎将灵犀佩丢失。尤效拾佩想入非非，硬逼老尼帮他将琼玉骗到手。信安诸生萧凤侣到杭州考遗才，居宝二酒肆。凤侣喜欢宝二养女湘灵，遂付金三百，请其陪酒。尤效杭州赶考，亦到宝二酒肆，见湘灵正陪凤侣喝酒，顿生嫉妒之心。尤效强迫凤侣另换房间，令湘灵陪他同宿，被湘灵拒绝。尤效诬告宝二拐骗尤家老家人的女儿湘灵，县尹詹拱有心将湘灵判与尤效，这时有人来报凤侣考中遗才第一。詹拱为给自己留后路，暂停此案审理。不久尤效中了举人，而凤侣落榜，詹拱便将湘灵判与尤效。湘灵不从，将从尤效处捡到的灵犀佩赠与凤侣，当夜自缢身亡。尤效回到信安，再逼老尼为他谋得琼玉。老尼将梅夫人赚到庵中，又将琼玉赚到尤家后花园。尤效船载琼玉去杭州成亲，途中，琼玉趁机溺水身亡。湘灵、琼玉之魂来到阴间，丙灵公言二人阳寿未尽，遣小鬼儿送她们还阳。小鬼儿向二人索钱未得，故意将她们灵魂与尸体错配。凤侣乘船回乡，湘灵灵魂、琼玉模样的女子迎上前去说明原委，凤侣船载而归。梅夫人杭州寻女，见琼玉在凤侣船中，硬要带回家中。湘灵之魂不认其母，在凤侣劝说下，暂去梅府。尤效闻湘灵还阳，派人抢回家中。尤尚书问及此事，琼玉灵魂说她是梅侍御之女，尤尚书遣人将其送还梅家。凤侣考中状元，到梅家与湘灵成婚。丙灵公将湘灵、琼玉尸魂纠正过来。尤效乘船追赶被父亲放走的湘灵，落水身亡。丙灵公因尤效曾害两条人命，罚其变为丑驴。（吴秀慧）

《水浒记》

水浒记传奇二卷三十二出　传奇。明许自昌撰。《远山堂曲品》著录。民国元年（1912）上海藜光社石印本。一册。半叶十二行，二十八字。版框高宽：17.2×11.7。封面左栏题："民国元年夏日"，中栏题："水浒传传奇"，左栏题："藜光社出版"。版权叶题："民国元年壬子夏日出版，每部定价九角，发行者上海藜光社，校阅者陆君略，缮写者田慰农，印刷者天机书局，分发行各大书坊，总发行所上海四马路老巡捕房东首惠福里藜光社”。

该剧上卷目：标题、宁家、借茶、催纲、防劫、托媒、解纲、贿差、误盗、议劫、订婚、再访、还赃、劫纲、定情、报劫；下卷目：协缉、言挑、亡命、伙并、赴约、进谗、杀息、喊冤、出亡、醉题、下禁、假书、取眷、诘伪、活捉、上山。写北宋徽宗时，山东郓城押司宋江与同里保正晁盖为知己，两人均不满朝政，暗怀宏图大志。张三在街坊上遇到阎婆惜，以借茶为由，与其眉目传情。阎婆惜的母亲阎婆，为衣食生计将女儿送与宋江为妾。阎婆惜不满宋江不解风情，与张三暗自私通。知府蔡九为贺父蔡京生辰，搜遍奇珍异宝集成生辰纲，其姐夫梁中书派得力家将杨志押送进京。晁盖、吴用、刘唐、公孙胜和白胜等人设计智取生辰纲，后白胜假装自首，待官兵追捕时，公孙胜作法驱使鬼兵大败官兵，众人逃到梁山泊躲避。晁盖等人在梁山泊作了首领，派喽啰送书信和五十两金子给宋江。阎婆惜无意中拿到书信和金子，并以此威胁宋江，宋江一气之下杀死阎婆惜。阎婆到官府报案，宋江趁机逃走。宋江与友人戴宗在浔阳酒楼饮酒，醉后题反诗于壁上，被蔡九知府监禁。宋江装疯，戴宗到梁山泊求救。吴用写了假书信，不料被蔡九识破，要将宋江和戴宗就地处斩。晁盖等人带领梁山泊人马假扮客商、农夫等进入城中劫法场，宋江、戴宗得救，众英雄杀死蔡九，共聚梁山泊。（李玲）

高　濂

《重校玉簪记》

重校玉簪记二卷三十四出　传奇。明高濂撰。《曲品》著录。明万历年间长春堂刻本。二册。精图十一幅二十二面。半叶十一行，行二十字，小字双行。有眉栏眉批。版框高宽：20.4×14.2。封面右栏题：“还雅斋较正点板”，中栏题：“新镌绣像玉簪记”，左栏题：“长春堂藏版”。上书口题：“全像注释玉簪记”。目录题：“新镌女贞观重会玉簪记”，下卷目录的十六出至二十四出原缺，系后抄配。目录第二十四出应是“春科会举”，而误题作“两母思儿”，其后小字注：“二十四出系春科会举，题例当照常不录□不□□，不意词曲戏文中亦有阙文，如白华篇徒存其名者”。目录及正文有“康生”、“归公”、“康生看过”等印章。

高濂（明万历初年在世），字深甫，号瑞南道人，别署湖上桃花渔、千墨主、万家居。钱塘（今浙江杭州）人。约与汤显祖、沈璟等人同时，创作活动主要在明万历前期，精通音乐，善于收藏。著有传奇作品《玉簪记》和《节孝记》，诗文集《雅尚斋诗草》、《芳芷楼词》等，另有杂著《遵生八笺》，散曲现存小令十余支，套曲十余套，录于《南词韵选》、《南宫词记》、《吴骚合编》、《词林逸响》等。

该剧取材于《古今女史》。上卷目：家门正传、潘公遣试、兀术南侵、陈母遇难、避难投庵、于湖借宿、陈母投亲、谈经听月、西湖会友、谈棋挑逗、村郎闹会、比正投姑、村郎求配、茶叙芳心、于湖破贼；下卷目：对操传情、旅邸相思、媒姑议亲、词诟私情、媒姑造计、姑阻佳期、知情逼试、秋江送别、春科会举、两母思儿、金门献策、香阁相思、登第发书、定计迎姑、结告婚姻、接书会案、必正荣归、灯月迎婚、合家重会。剧写南宋潘必正与陈娇莲自幼指腹为婚，以碧玉鸾簪为聘，潘父令必正赴京赶考求取功名。娇莲之父亡故后家中无依靠，时金兀术南侵，母女两人在避乱途中走失，娇莲得到张二娘救助，结拜为姐妹，遂在金陵城外女真观为女道士，法名妙常。陈母投靠了潘家，与亲家一同居住。建康太守张于湖赴任途中在女真观暂住，觉得妙常才貌非凡，有意于她，遭到拒绝后离开。县中有个风流王公子看上妙常，托凝春庵王师姑说合，被拒绝。观主之侄潘必正考了两场，因生病没有考第三场而落第，不愿回乡，也投寄于观内。两人巧遇观中却并不相识，互相爱慕文才风韵，几番琴曲倾吐心声。潘必正相思成疾，陈妙常闻讯探视，后填词一首，才吐露真情，订下终身之约。观主察觉，逼潘必正进京赴试并亲自送至江口。陈妙常雇小舟追赶，赠碧玉鸾簪，潘必正还赠家传白玉鸳鸯扇坠，互诉衷情后依依惜别。潘必正及第做官，回迎陈妙常，喜结良缘，回家省亲，才知道碧玉鸾簪和白玉鸳鸯扇坠为前定的姻缘，于是阖家团圆。该剧文辞典雅而曲调平和，流传很广，《茶叙》、《琴挑》、《问病》、《偷诗》、《秋江》等折子戏仍在昆剧舞台上常演不衰。（李玲）

凌濛初

《识英雄红拂莽择配》

识英雄红拂莽择配四出一楔子 杂剧。简名《莽择配》。明凌濛初撰。《远山堂剧品》著录。民国年间上海影印明末精刻本。一册。半叶八行，行十八字。白口，四周单边，单白鱼尾。上书口题：“北红佛”。版框高宽：14×6.2。图十六帧。卷前有意在亭主人《书红拂杂剧》序，即空观主人凌波戏题《红拂杂剧小引》。卷端钤“祖同豪气川未除”印一枚。

凌濛初（1580—1644），亦名凌波，字玄房，又字波厈，号初成，别署即空观主人。乌程（今浙江吴兴）人。明崇祯七年（1634）以副贡生授上海县丞，历徐州判。崇祯十七年（1644）困守房村，呕血而死。工诗文，致力于俗文学创作和声律的研究。撰有话本小说集《拍案惊奇》和《二刻拍案惊奇》。作有杂剧九种：《莽择配》、《虬髯翁》、《宋公明闹元宵》、《桃花庄》、《颠倒姻缘》、《刘伯伦》、《祢正平》、《穴地报仇》、《蓦忽婚姻》，仅前三种流传于世；传奇有《乔合衫襟记》、《雪荷记》、《合剑记》三种，仅《衫襟记》部分曲词收在《南音三籁》之中，戏曲评论方面的著作有《谭曲杂札》。其他著作有《国门集》、《鸿讲斋诗文》、《诗经人物考》、《史汉异同补评》、《诗翼》、《诗逆》、《左传合鲭》等。

《莽择配》为《红拂三传》之首本，本事出自唐人杜光庭传奇《虬髯客传》。演红拂、李靖、虬髯三人遇合故事。剧叙隋炀帝时，李靖往见越公杨素，杨府侍儿红拂见李靖有英雄气概，愿随嫁他去。夜深人静，红拂扮作打差官与李靖逃出，共投李世民，途中偶遇虬髯翁。虬髯得知李靖要辅佐李世民成就大业，遂将万贯家产倾囊相赠。李世民扫荡六十四处烟尘，统一天下。李靖被封为卫国公，官拜兵部尚书。虬髯翁与李靖分别后，携眷渡海至扶余国，杀昏君，自立为王。（吴秀慧）

高一苇

《金印合纵记》

金印合纵记二卷三十四出 传奇。一名《合纵记》、《黑貂裘》。明高一苇订正。《远山堂曲品》著录。明崇祯刻本。二册。半叶十行，行二十二字。白口，左右双边，单黑鱼尾。版框高宽：21×14.3。书衣朱笔题："金印合纵记传奇"。卷首有目录，图十二帧。卷端题："金印合纵记，西湖高一苇订正"。叶心题："合纵记"，并标卷数、叶数。有"谢氏山楼藏书记"、"石屏谢氏家藏"、"石屏"、"花簉主人披阅"、"行憨堂主"印记，并"康生"、"康生看过"、"归公"章及白狗生肖章。

高一苇（生卒年不详），钱塘（今浙江杭州）人。生平事迹不详。其作品有传奇改定本《金印合纵记》、《孟日红葵花记》（仅存数曲）两种。

该剧据苏复之《金印记》改编，并插入张仪事。以苏秦佩六国相印，故名"金印"；行联合六国之策，故名"合纵"。追原其未遇困顿之时黑貂裘敝，故名"黑貂裘"。上卷目：始末、言志、赏花、卜算、逼钗、当钗、辞亲、别叔、往秦、见诮、不第、目叹、假报、裘敝、寻夫；下卷目：刺股、弃文、怀谗、往魏、当绢、负剑、宾王、游说、夸豪、激友、阴赠、悬印、遣闻、报喜、荣归、亲惑、踏雪、微行、封赠。正文中下卷目多有错标处。述苏秦少有大志，常与同窗张仪谈论天下大事。得知秦国招贤，便与张仪前往。商鞅知苏秦才华过人，恐其日后威胁自己地位，便只用张仪。返乡后，苏秦兄嫂、妻子对他冷眼相看，他头悬梁锥刺骨发愤读书。后苏秦至魏国见梁王陈说利害，要六国联合抗秦。梁王封之为纵约之长。合纵成功，苏秦六国封相，衣锦还乡。近现代同一题材的剧目有川剧《封相》、《黄金印》，梨园戏《苏秦》，同州梆子《封相》，以及弋腔、湘剧、汉剧、河北梆子《金印记》等。（戴云）

邹玉卿

《双螭璧》

双螭璧二卷存中卷（段）十三至十六出下卷一至四出 传奇。明邹玉卿撰。《传奇汇考标目》著录。清乾隆间李乾山抄本。一册。半叶七行，行二十至二十四字不等。叶心高宽：24.3×14.5。唱词行间注宫谱，有多处增删改动痕迹。封面题："双螭璧"，"中段"，"李乾山记"。有"惜华所藏戏曲文献"、"满州富察氏宝泉惜华"、"碧蕖馆藏"印章。

邹玉卿（生卒年不详），字昆圃，长洲（今江苏苏州）人，生平事迹不详。乾隆《吴江县志》卷三十七记载："邹昆，字玉卿，积学能文，举嘉靖己酉乡试，壬戌谒选，授衡州府推官……甲子，校士楚闱，事竣卒"，不知是否一人。撰传奇《双螭璧》、《青虹啸》两种，均传于世。

该剧中段（卷）出目为：审问、起解、付孤、被谋。下卷无出目名。剧述裴硕年迈无子，妾梅姑有孕在身。其侄正宗与之同住。裴妻金氏溺爱赘婿奚屺，招赘家中。但奚屺存心不良，妄图霸占裴家家产。正宗友龙升被白莲教聘为军师，奚屺便唆使人诬告正宗通匪谋反，正宗屈打成招，被充军发配榆林卫。行前，裴硕将祖传螭璧一枚赠与正宗。此璧原有两枚，二璧合而成双。裴硕夫妇知奚屺歹毒心肠，在进香祈子时，暗叫仆人毕义将梅姑送往尼庵之中。梅姑生子线儿，屺妻裴氏生性贤良，满月时，她瞒着丈夫备下礼物让毕义送去。奚屺知梅姑产子，心中怀恨，便起杀机。他遣仆计童先一步到庵中，将梅姑母子骗回家中囚禁起来。毕义送物不见梅姑，赶忙回转，见梅姑被囚。梅姑求毕义将线儿带走远走高飞，并将随身螭璧另一交与毕义。奚屺回后不见线儿，便将梅姑害死，埋在亭子后。榆林卫参军郑重见新到犯人裴正宗相貌清奇，谈吐文雅，询问之间，知其被冤，便让其改名宗文，入了军册。后召之为婿，留在身边。毕义带线儿到宁波府，盘费用尽，只得乞讨为生。一日偶遇龙升， 龙升知事情始末后，赠其黄金百两，及盘费银两，让他与线儿度日。奚屺自害梅姑之后，突然惊疯，常见梅姑来索命。裴硕夫妻见他垢面赤身，口中乱语，常自认作梅姑，言奚屺如何害她，始知奚屺杀梅姑始末。剧情止于此。《古本戏曲丛刊》

三集收同名剧目，据康熙抄本影印，与此剧内容同，后又有线儿长成，改名为田延宗，赴考中状元，宗文也试擢大魁，并奉旨招抚叛军。金殿之上，凭双螭之璧，兄弟相见，又与裴硕、毕义相见，一家团圆等事。（戴云）

朱九经

《崖山烈》

崖山烈传奇二卷三十出　传奇。明朱九经撰。《传奇汇考标目》著录。民国十三年（1924）饮流斋朱丝栏抄本。一册。半叶十行，行二十二字。版框高宽：16×11。卷端题："明朱九经撰"。卷前有民国十三年（1924）许之衡序，并钤"饮流"印一枚。

朱九经（生卒年不详），字无期，里居不详。所撰传奇《崖山烈》一种，今存。

该剧上卷目：述略、乞外、南侵、斗蟀、合姻、招降、双殉、廷责、戮贾、勤王、遣使、议和、驱潮、进攻、破京；下卷目：避乱、脱囚、狂啸、渡海、栖祠、督战、被擒、风涛、崖山、闻耗、劝降、牢会、柴市、褒忠、祭祠。剧叙南宋末年，元兵南下，攻取襄阳。丞相贾似道上章求退，诏命文天祥草制留辅。文天祥推辞，并上疏辞职，钦点文天祥为江西提刑制使。文天祥偕妻欧氏、子文升江西赴任，顺路看望同年赵昂发，并为文升与赵女完婚。元丞相伯颜，率阿里海牙、张弘范、史天泽等水陆四路进兵江南。史天泽围困池州，赵昂发求救兵不得，拒不投降，遂与其妻雍氏共同死节。及宋恭帝继位，杨太后命贾似道督军抗元。宋军大败，贾似道谪为商州团练，发往循州安置。郑虎臣奉命监押，杀贾似道于木棉庵。元兵围困临安，文天祥率兵赴临安解围。左丞相贾余亍欲加害文天祥，荐其为右丞相。文天祥奉命持节赴元军中议和，贾余亍却暗中遣人将国玺、册籍、降表献与伯颜求降。文天祥被元军扣押，随行郑虎臣化装逃往真州，与结拜弟兄苗再成共同救出文天祥，一同逃走。逃亡途中遇追兵，苗再成自称是文天祥，刎颈替死。文天祥在绿林好汉中山狂的保护下南下。元军攻下临安，宋帝、谢太后被擒。益王、广王与杨太后，在丞相陆秀夫和将军张世杰的保护下逃往闽浙。益王死，广王继位。文天祥督军在循州与元军作战，兵败被擒解往大都。少帝昺逃往海上，遭遇飓风，全军覆没。郑虎臣出家伏虎寺。小皇帝漂泊到新会崖山，被元将张弘范围困，陆秀夫驱妻儿先死，后负小皇帝同赴海身亡。杨太后亦投海而死。文天祥在北拘押三年，宁死不屈，行刑前得见其子文升，将在狱中所写诗文交与他，嘱其尽忠尽孝。文天祥死后，上苍震怒。元世祖设文天祥灵位拜祷，才得天清日霁。世祖召见文升，加以殊恩，赐以黄冠令归故里。又遣伯颜往崖山建立烈祠，祭礼宋朝君臣。郑虎臣、中山狂捞取宋君臣骸骨，各立墓道，载冬青树为记。及文升至，同设祭奠。清蒋士铨《冬青树》传奇亦演此事。许之衡序中云："蒋所叙诸人，泥于史籍，头绪太繁，于传奇家法实不得为当行。而末《勘狱》一折，虽属劝善惩奸之意，然遁入神道作收，究不如此本，以褒忠祭祠作收，尤为堂堂正正也。"（吴秀慧）

姚子翼

《祥麟现》

祥麟现上卷十四出存一至十三出 传奇。明姚子翼撰。《传奇汇考标目》著录。清中叶抄本。一册。半叶七行，行二十五字。叶心高宽：24×15。正文有点板、穿戴服饰提示。书衣朱笔题："串本祥麟现"，封面题："祥麟现"及目录。卷端无题署，钤"惜华所藏戏曲文献"、"满州富察氏宝泉惜华"、"碧蕖馆藏"三枚印记。

姚子翼（明崇祯初年在世），字襄侯，号仁山。秀水（今浙江嘉兴）人。撰有传奇四种：《遍地锦》、《上林春》、《祥麟现》，今存；《白玉堂》，今佚。

此剧根据《杨家府演义》故事敷衍，剧中角色、情节与小说略有不同。内容包括：献瑞、出使、廷议、降麟（正文作"赐麟"）、谒师、聚将、营议、补阵、强婚、调遣、誓箭、牵红、探阵、鏖兵（正文缺）。剧写宋真宗时，四川成都杨氏文标、文鹿兄弟祖业丰厚。文鹿弱冠成名，官居御史，文标在家掌管祖业。文标有三子，文鹿年逾四十而无子。辽邦萧太后率兵入侵中原，枢密使王钦若与文鹿父亲有仇，假公报怨，向真宗保奏文鹿出使辽邦和番，文鹿携哑奴杨瑞前往。辽军在燕然山左布天门阵准备与宋军决战。岱州刺史杨延昭镇守瓦桥关，看出天门阵种种破绽，于是向真宗奏本，准备择日兴师殄灭敌寇。王钦若奉诏进宫议政，见到杨延昭的奏折，退朝之后将杨延昭提出的天门阵纰漏写成密书连夜传送给萧太后。萧太后根据密书命耶律夫人补全天门阵。文鹿和番途经瓦桥关，拜见杨延昭时谈及宋辽议和之事。杨延昭醒悟到，王钦若明知自己奉诏兴师征辽，又差文鹿到辽邦议和，是想借辽邦之手陷杨文鹿于绝境。为了保证文鹿的安全，杨延昭决定待文鹿回国后再兴兵作战。文鹿至辽邦，萧太后欣赏他的才能，意欲以夜珠公主相配，文鹿初时不肯，耶律夫人以箭盟誓，答应招亲后立即与宋议和，并允许文鹿携新娘回归故里。文鹿信以为真，与夜珠公主结亲。杨延昭率众将到燕然山左探阵，因山路崎岖、林木从深而下马行走。萧天佐闻讯，率骑兵断其后路，剿获马匹，并放妖火烧伤杨延昭。孟良赶来打败萧天佐、耶律夫人，救出杨延昭。杨延昭苏醒后，想到探阵时发现天门阵的疏漏之处已被补全，误以为是文鹿泄露了军机（此本以下残缺）。此剧因玉帝念杨文鹿祖上数代忠良，累功积德，当赐祥麟之子，敕命张仙护送天贵七星下凡，投胎文鹿家为子，故得名《祥麟现》，又一名《七子圆》。（刘效民）

傅一臣

《苏门啸杂剧》

苏门啸杂剧十二卷　杂剧剧本集。明傅一臣撰。《重订曲海目》著录，误入清人杂剧内，并误题为西泠野史与无技甫合作。明崇祯十五年（1642）敲月斋刻本。十二册。半叶九行，行二十字。白口，四周单边。上书口题每剧出目名，卷数，下书口题："敲月斋"（个别地方误题"敲玉斋"）。有眉评。卷端署："檇李雁道人仙上评阅，西泠野史无技甫填词"。有"康生"、"归公"章。共收入《买笑局金》、《卖情扎囤》、《没头疑案》、《截舌公招》、《智赚还珠》、《错调合璧》、《贤翁激婿》、《义妾存孤》、《人鬼夫妻》、《死生冤报》、《蟾蜍佳偶》、《钿盒奇姻》十二剧。每剧卷首有作者跋，卷端有开场词。

傅一臣（生卒年不详），字青眉，号无技，别署西泠野史。浙江杭县人。一生怀才不遇，历尽坎坷。该杂剧集系作者客苏州所撰。

《买笑局金》，四折，《苏门啸杂剧》之一。版框高宽：19.5×14。本事出《二刻拍案惊奇》中“沈将仕三千买笑钱，王朝议一夜迷魂阵”。目为：下钩、设计、吞饵、露局。述李密、郑贤二人觊觎茶商沈将仕家产，便设计相骗。他们向盐商借金珠两千，买通一帮妓女、无赖等，又租了一套院落，冒充官宦王朝议及其妻妾一家“住”下来。之后，便召人诳沈将仕上门。王朝议假装十分好客，酒席筵间，借故回避。众妓女趁机席间聚赌诱沈上钩。沈将仕先小赢后大输，还贴进茶叶本钱。此时，王朝议进来惊散赌局。沈将仕意犹未尽，约三日后来。待再来时，已是人去院空。后遇渔翁说明真相，沈将仕方知上当。

《卖情扎囤》，七折，《苏门啸杂剧》之一。版框高宽：19.3×14。天头处标曲韵及宫调。本事出《二刻拍案惊奇》中“赵县君乔送黄柑，吴宣教甘偿白镪”。目为：窥帘、投柑（板心作“赠柑”）、阻约、市货、侦耗、送珠、拿奸。述道州人吴迪吉因赴礼部磨勘宣教，便在京城赁寓而居。听说邻里魏参军夫人赵县君年轻貌美，便存非分之想。一日，魏参军完差返家，并扬言次日要差往河南，行期三月。吴宣教得知，以为机会来临，便与魏参军家小童谋，以献宝为名，私会县君。其实，魏参军、赵县君等均由骗子装扮，以骗人钱财为业。吴宣教不明就里，于月圆之夜潜入县君卧房，欲与之成好。正在此时，魏参军突然闯进欲捉奸报官。吴宣教在魏参军的逼迫下，只得拿出两千缗钱私了。魏参军一家得钱后，连夜搬走。

《没头疑案》，六出，《苏门啸杂剧》之一。版框高宽：19.6×14。本事出《二刻拍案惊奇》中“程朝奉单遇无头妇，王通判双雪不明冤”。目为：赂夫、阻期、摧红、鸣官、拿僧、双断。述寓居苏州的程式见酒店掌柜李方妻子陈氏貌美，便以银贿李方，求与陈氏私通。李方见钱眼开，收银后返家反复劝陈氏应允此事，终得陈氏默许。二更天，陈氏烛下红装守候，适逢九华山和尚海云为建大雄宝殿出来募化，见屋中烛光下美人，顿时欲火中烧。

他闯进屋中欲行非礼，陈氏大惊，尖叫反抗。海云情急之下，以戒刀杀死陈氏。程式到来时，见倒在血泊中的无头陈氏，吓得魂飞魄散，赶快逃离现场。待后半夜李方回到家中，发现陈氏被害，误以为是程式所为，次日一早便扭程到县衙。薛知县问明情况后，知必有隐情。从李方邻里口中得知海云疑点最大，便派人捉拿其归案。审问后得知，陈氏人头被赵大埋在后园。薛知县命人去挖，却不料挖出另一颗头颅。赵大只得供认十年前自己将仇人马三杀害的经过，因一时疏忽，误将马三人头的埋藏地点说出。薛又命人将陈氏人头挖出，至此真相大白。海云、赵大因杀人被处极刑，程式、李方也受到惩罚。

《截舌公招》，六折，《苏门啸杂剧》之一。版框高宽：19.6×14。目为：尼奸、完贞、绐约、杀尼、执郦、锦酬。述纨绔子弟郦隽在尼庵偷窥独孤彬妻子庾瑶枝貌美，便托庵中老尼蕴空代为牵线，答应事成之后，为庵中佛像重塑金身，并先付银数两。蕴空满口应承。后瑶枝来庵烧香用斋，蕴空遣小尼定慧以蒙汗药迷倒瑶枝后，将她扶入禅房。郦隽忙为其脱衣解带，以图不轨。恰在此时，瑶枝苏醒过来，忙起身整衣呼救，郦隽吓得逃走。瑶枝归家后，羞愧难当，独孤彬问明原因，设计让瑶枝托老尼约郦隽当夜相会，待到来后以婢女相代。郦隽果然中计赴约，抱住婢女亲吻时，被其咬下舌尖，痛极而逃。独孤彬连夜到尼庵，连杀二尼，又将郦隽舌尖放在定慧口中。次日清晨，人们到庵中井边汲水，发现二人死尸，又见定慧口中含有舌尖，断定二尼与人通奸，为争风吃醋被杀。恰在此时，郦隽到此窥探风声。众人见其舌尖受伤，料为凶手无疑，便将之扭送见官，后以奸杀罪被判绞刑。

《智赚还珠》，六出，《苏门啸杂剧》之一。版框高宽：19.5×14。本事出凌濛初《二刻拍案惊奇》中“伪汉裔夺妾山中，假将军还珠江上”。目为：失妾、失节、得信、遣牌、抚盗、还珠。述黄州府学生员汪虬偕爱妾迴风到洞庭湖君山游玩，路遇强盗柯陈虎。柯见迴风貌美，将其劫持而去。归家后，柯之兄、弟见此，大喜，筹划要大排筵宴，然后兄弟三人共享枕席之欢。迴风以死相拒，柯等见此，怕之真寻短见，便将她囚在静室，派老妪看守。新任都司向上达与汪虬原为金兰之好，汪与向上达言说此事，并向他借符牌、旗帜、号衣、船只等物，以救爱妾。得应允后，汪虬假扮向上达，带领船队来到洞庭湖心的阖闾山。柯氏兄弟误以为真是向都司领兵前来，又见其队列严整，先自心虚。经过一番智慧较量，柯氏兄弟终于派人将迴风送还。

《错调合璧》，五出，《苏门啸杂剧》之一。版框高宽：19.5×14。本事见凌濛初《二刻拍案惊奇》中“错调情贾母詈女，误告状孙郎得妻”。目为：窥绣、调母、巧谐、差拘、断偶。述贾闰娘幼年丧父，与母方氏相依过活。闰娘逐渐长成，与邻里真绳武两相暗慕，但因方氏治家甚严，故从来没有往来交谈。一日，闰娘无聊之际于窗前绣鸳鸯，此时逢真绳武走过，闰娘忙低头刺绣。绳武心中思念闰娘，又转回走来，被小厮看见奚落一番，尴尬而去。闰娘迁怒于小厮，将他轰走。绳武再次走过，闰娘暗示他夜晚来会。深夜，绳武前来赴约，将在院中烧香的方氏误认为是闰娘，上前搂抱。方氏大惊怒骂。绳武才知错认，仓皇逃走。方氏知此人必是真绳武，于是责骂女儿。闰娘又气又愧，狠心自缢。待至清晨方氏至闰娘房中，见她已气绝，后悔不已，即命小厮去找绳武。绳武不知内情，到贾家后忙不迭地道歉。方氏并不答话，将其反锁在闰娘房中，便去县衙告状。绳武见房中闰娘尚有气在，连连呼唤，闰娘竟苏醒过来。她问明情况，见绳武情真意切，决定以身相许。县衙接方氏状纸后，知其中必有缘故。后又得知闰娘并未身死，待仔细问明情况后，认为是天赐良缘与这对青年，故此亲自为媒，判闰娘、绳武成亲。

《贤翁激婿》，八出，《苏门啸杂剧》之一。版框高宽：19×14。本事出凌濛初《二刻拍案惊奇》中“痴公子狠使噪皮钱，贤丈人巧赚回间婿”。目为：游猎、比顽、寄书、给女、索逋、乞殴、激试、重圆。述已故大司马姚葵诚之子姚墀娶上官太仆之女玉蕊为妻，因过惯公子哥的生活，姚墀挥金如土，几年后十万家私荡尽。一贫如洗的姚墀无以为生，竟想卖妻换钱。玉蕊气愤之下，回到娘家。先是，葵诚故友张尚古曾规劝姚墀，不听；现见他如此破落，便托言玉蕊已改嫁赵姓，男主人远出，要找一守门人，问姚墀可否愿往。姚墀在穷途末路之际，只得答应。其实，这是上官太仆定下的计策，假言玉蕊改嫁，别置一院落让女儿居住，意欲让姚墀改邪归正。

姚堺在“赵家”换上仆人衣服，尽心职守，有时也得赏钱。众仆以赌钱、斗酒、嫖妓等诱惑姚堺，姚堺知此钱得来不易，一口回绝。张尚古受太仆之托，也来试探姚堺。姚堺言想将银两交张代为经营，如获利便去读书云云。太仆又几番试探，知姚堺确为浪子回头，乃告实情，并许他与妻子团圆。姚堺初不敢信，待确信此事为真，大喜过望。旧时与之交往的无赖听说姚堺重得富贵，又纷纷跑来勾引他学坏。姚堺不为所动，遣仆人将其赶跑。从此，太仆与女儿、女婿一家和好如初。

《义妾存孤》，六出，《苏门啸杂剧》之一。版框高宽：19.5×14。本事出凌濛初《二刻拍案惊奇》中“张上官太仆福娘一心贞守，朱天锡万古符名”。目为：赴蜀、正匹、泣别、悼亡、课子、会合。述苏州范醇之女賨英与朱铨之子朱逊自幼定亲，后朱铨调任西川，朱逊随任成都。賨英长成，范醇决定送女入川成亲。但又听说朱逊已在成都纳妾，便致信朱家，逐妾后方可成亲。朱逊与妾张福妹感情甚好，且福妹又有孕在身，但父命难违，只得应允。七月后，朱铨任满，全家将回故里，福妹请求同归。朱铨借故拒绝。朱铨回到苏州后不久，朱逊因心痛病吐血，不治身亡。賨英未曾生育，孤身守寡。朱铨晚年凄凉，又听说皇帝下诏，凡侍从官员皆可恩荫一名儿孙为官，心下更加愁苦，由此想起儿妾福妹所生不知是男是女。后从旧部官员口中得知，福妹生子取名天锡，生性聪慧，福妹绩麻为生，教子读书。朱铨大喜，忙命人接其母子二人到苏州。賨英见福妹母子进门，亦非常高兴，表示要与之和睦相处。由此一家团圆。

《人鬼夫妻》，七出，《苏门啸杂剧》之一。版框高宽：19.5×14。本事出《剪灯新话·金凤钗记》，剧本根据凌濛初《二刻拍案惊奇》中“大姐游魂完宿愿，小姨病起续前缘”改编，明沈璟《一种情》与此题材同。目为：病诀、哭灵、幽媾、吕归、要亲、姨续、荐亡。述崔卫玉与吴兴娘自幼定亲，卫玉因父远宦而随父去他乡，数年杳无音信。兴娘因此思念成疾，竟一病不起。待卫玉归来，兴娘已作古人。卫玉随吴家亲属到兴娘坟前痛哭，待祭扫归来轿至门前，忽从轿中坠下金钗一枚。此钗成对，兴娘与妹庆娘分簪，兴娘之钗已然随葬矣。卫玉拾起金钗，走进屋中。正思念兴娘之际，忽听门响，只见庆娘走进门来，索钗之际，执意要与卫玉成亲。卫玉无奈应允。数月之后，卫玉来到吴府，言及已与庆娘结亲之事。吴父好生奇怪，因自扫墓归来，庆娘已病床多日。再看庆娘，此时已从床上坐起，以兴娘口吻诉说前情，众人方知是兴娘之魂附于庆娘之体，借金钗为媒与崔生同居，又撮合庆娘与崔生结合。

《死生冤报》，八出，《苏门啸杂剧》之一。版框高宽：19.2×14。本事出《二刻拍案惊奇》中“满少卿饥附饱飏，焦文姬生仇死报”。目为：旅泣、赠衣、诘配、送试（板心作“别试”）、重婚、恨冥、捉拿、冥报。述书生满谦父母双亡，外出觅友不遇，羁留小店。因欠店资，几被逐出店门。后应焦员外之邀，来焦家居住，与焦女文姬成亲。三年后，满谦进京赴考，文姬十里长亭送别。满谦中试得官，衣锦还乡。其叔父满贵代其与朱御史之女定亲。满谦半推半就，终与朱氏成亲。十年过去，焦员外父女二人得不到满谦音信，相继含恨而死。一日，满谦夫妇园中散步，朱氏言夜梦二人行至山穷水尽处，疑为前途坎坷，又提起满谦前妻文姬。满谦以为朱氏疑他与文姬旧情不断，便命丫鬟将文姬所赠衣囊烧掉。正焚之中，听有声高叫，只见土地引文姬之魂到来，文姬指责满谦负心，土地率众鬼锁满谦来到地府，阎罗亲自升堂审理此案，满谦百般抵赖。阎罗大怒，施重刑以满谦，并罚之来世做牛马偿还焦家冤债。

《蟾蜍佳偶》，七出，《苏门啸杂剧》之一。版框高宽：19.3×13.7。剧本据凌濛初《二刻拍案惊奇》中“莽儿郎惊散新莺燕，龙香女认合玉蟾蜍”改编，明叶宪祖《四艳记·素梅玉蟾》与此题材同。目为：赚耗、定约、惊会、两分、嗟聘、义折、合卺。述书生凤来仪寓居舅父处，在后花园散步时，偶见花丛高楼处有一位美貌小姐，便一见钟情。侍儿龙香到花园采花，凤来仪上前攀谈，知小姐名杨寿妆，便托龙香捎信给小姐，二人私会花园。凤来仪以玉蟾蜍一只作为信物赠与寿妆，私定终身。寿妆外婆怜其父母俱亡，便差人将她接走，凤来仪也在舅父的催促下北上赴试。一对情人依依而别。无几，有媒人登门与寿妆说媒，言男方姓金，并带玉蟾蜍、金孔雀各一为聘礼。寿妆因已私订于凤，便要誓死不应，但见到那只与己相同的玉蟾蜍，又好生疑惑。凤来仪会试高中，奉旨回乡成亲，方知舅父已为聘冯氏女。凤来仪力辞不愿，待媒人与龙香到府，众人才知，冯氏女便是寿妆，因从外婆家姓也，金生乃凤来仪，因从舅家姓也。一对情侣赖玉蟾蜍双和，终结伉俪。

《钿盒奇姻》，七出，《苏门啸杂剧》之一。版框高宽：19×13.8。剧本据凌濛初《二刻拍案惊奇》中“权学士权认远乡姑，白孺人白嫁亲生女”改编，明叶宪祖《四艳记·丹桂钿盒》与此题材同。目为：买盒、得耗、冒姑、遗丸、闯房、倩媒、登擢。述翰林院编修权次卿因断弦而游历金阊，欲再觅佳偶。夜晚，在尼姑庵前见一年轻小姐进香。从小尼口中，知小姐名徐素娥，其母白氏。次卿忽想起不久前曾购得金钿盒一只，内装徐素娥与白留哥的生辰八字。听卖盒人讲，他与白家为近邻，当初素娥母白氏与白氏嫂各有身孕，两家曾指腹为亲。后白嫂产下留哥，徐娘子生素娥，遂以此盒缔盟。两年后，徐官人宦苏州，而白家一门染病俱亡。此盒是白家小厮在此寄卖。次卿没想到在此巧遇素娥，他慕小姐貌美，决定冒名留哥，带上钿盒去徐家求亲。到徐府方知，徐父已故，徐母及素娥以为真是白留哥到来，欢喜异常。次卿向徐母提起钿盒之姻，又央小尼从中说合，徐母遂将亲事答应下来。大婚吉日，忽圣旨到，宣权次卿为翰林学士掌院事。在众人惊愕之中，权次卿只得向众人讲述事情原委。（戴霞）

无名氏

《鸣凤记》

鸣凤记二卷三十一出　传奇。明无名氏撰。一说王世贞撰，或谓王之门客撰。《曲品》著录。清抄本。二册。半叶十行，行三十一二字左右，叶心高宽：23.1×11.2。有朱笔点板，并多处舞台表演提示，有朱墨笔删改痕迹。封面有残存题诗，已大部漫漶不清。卷端处有“惜华所藏戏曲文献”、“满州富察氏宝泉惜华”、“碧蕖馆藏”印章。

该剧取材于明代时事，上卷十四出，下卷十七出。因“前后同心八谏臣，朝阳丹凤一齐鸣”，故名《同声鸣凤记》。述明嘉靖时，大学士夏言推荐都御史曾铣总制三边，收复河套。严嵩忌曾铣战功，便勾结总兵仇鸾极力阻挠出兵河套。兵部主事杨继盛上本弹劾仇鸾交通马事，按兵不动，反被贬为边荒小吏。严嵩又诬陷曾铣、夏言，先后将他们害死，又使夏言全家发往边疆。后仇鸾反心败露，圣上重新起用杨继盛，任之为兵部武选司员外郎。杨继盛为彻底剪除严嵩一伙奸党，不顾夫人反复劝阻，连夜灯下修本，历数严嵩父子的罪行，结果惨遭杀害，刘氏亦殉节。朝中部分大臣联名上疏弹劾严嵩父子，但或遭杖击充军，或遭杀害。后奸党内部矛盾激化，赵文华与鄢懋卿因争宠而相互倾轧，邹应龙、林润联合朝中孙丕扬等，终于扳倒严嵩一党。事毕，邹应龙、林润、孙丕扬被封为都御史，一些被贬官员官复原职，被严嵩一党害死的忠臣也得到追封。该剧对后世影响很大，《审音鉴古录》中保存了《辞阁》、《吃茶》、《河套》、《写本》四出戏的详细演出设计，清丁耀亢的《表忠记》（一名《蚺蛇胆》）中的《修本》、《后疏》即采自该剧。剧中的《吃茶》、《嵩寿》、《河套》、《劾奸》、《写本》、《斩杨》诸出，常作为折子戏活跃在昆剧舞台上而久演不衰。（戴霞）

《绣襦记》

绣襦记二卷三十出　传奇。明无名氏撰（又有徐霖、薛近衮撰诸说）。《曲品》著录，入作者姓名无可考之列。清余庆堂陈藏抄本。二册。半叶八行，行二十四字左右。叶心高宽：21.4×9.8。书衣朱笔题："串本绣襦记"。下卷目录叶末端题："余庆堂陈藏"。卷端题："绣襦记上卷/下卷"。全剧用苏白。第二十六出《剔目》用朱笔点板，有舞台表演提示，并有较多的删改痕迹。

本事见唐白行简《李娃传》。上卷目：家门、闻试、遨乐、绣襦、拜别、落驿、投店、坠鞭、入院、扶头、劝嫖、琴叙、卖兴、设计（正文作"说计"）、还愿、掇赚、计迁；下卷目：当巾、争市、病逐、打子、收留、教歌、莲花、升任、剔目、对策、说亲、锦旋、驿圆。剧以【沁园春】开场，云："郑子元和，荥阳人氏，隽朗超群。应长安乡试，李娃眷恋，追欢买笑，暮雨朝云。忽尔囊空，烟花计遣，路赚东西怨莫伸。遭磨折，残生几丧，进退苦无门。贫寒彻骨伤神，叹饥吻号猿衣结鹑。幸逢娃痛惜，把绣襦护体。乳酥滋胃，复振精神。剔目劝学，登科参军之任，父子萍逢诉此因。行婚礼重谐伉俪，天宠沐殊恩。"剧写唐代，荥阳仕族子弟郑元和奉父命到长安参加科举，因试期尚远，便到勾栏院游玩，结识了名妓李亚仙。二人情投意合，元和就以借院攻书为由搬到亚仙家居住，不久便将携带的银两挥霍干净。鸨母见元和囊资用尽，便设计遣元和外出办事，然后举家迁居他处。元和受骗，身无分文病卧街头，被以送殡为生的东肆长收留。元和之父郑儋，官居常州刺史。他误信传言，以为元和已死，不料进京城述职时，意外在街头见到元和与一群送殡人混在一起赌歌，一怒之下便将其打死，并投尸于荒野。卑田院扬州阿二外出讨饭，发现元和尚有气息，便将之驮回救养。元和伤势痊愈，顶风冒雪沿街唱莲花落乞讨，无意之中来到亚仙家。亚仙自从被迫随母迁居，因思念元和而拒绝接客。如今见元和沦为乞丐，深感内疚，便脱下身上的绣襦为其遮寒，租书院与其另居一处，并刺目毁容督其刻苦攻读诗书。在亚仙的激励下，元和金殿对策得中状元，官授成都参军。他携亚仙赴任，落脚成都驿站，与升任成都府府尹兼剑南探访使的父亲不期而遇，郑氏一门得以团聚。郑儋夫妇感念亚仙坚贞之志，令元和、亚仙驿站完婚。昆曲舞台常演的折子戏有《劝嫖》、《卖兴》、《当巾》、《打子》、《教歌》、《莲花》、《剔目》等。其他同题材剧目，元杂剧有石君宝《李亚仙花酒曲江池》，川剧有《北海教子》、《元和嫖院》、《渠江打子》、《刺目劝学》、《北海祭祖》、《宫花报喜》，秦腔、同州梆子有《刺目劝学》、《曲江打子》，梨园戏有《郑元和》，河北梆子有《刺目》，滇剧有《白天院》，京剧有《绣襦记》，一名《烟花镜》。（刘效民）

《节孝记》

节孝记二十六出首一出　传奇。明无名氏撰。《曲海总目提要》著录。民国红格抄本。二册。半叶八行，行二十字。版框高宽：19.7×11.8。下书口印有“崇文斋”三字。卷首有目录，卷端钤：“惜华所藏戏曲文献”、“满州富察氏宝泉惜华”、“碧蕖馆藏”印章。

本事见《元史·黄觉经传》。出目为：开场、赏春、起兵、议捷、阵殁、闻戮、逼媾、拜别、游园、脱骗、逼嫁、问路、淖泥、春逼、虎赋、逐女、祭江、投江、蛇赋、祈梦、试贞、释俘、详梦、春店、送行、认女、团圆。述南宋时，南城县人黄普，官拜宋朝统制。其儿觉经自小与曾家订下婚约。元兵至江南，元将木华黎杀黄普，并劫其妻陈氏欲纳为妾，被木母所阻，留作丫鬟使唤。觉经被仆人收养，数年后，决议寻母，辞别仆人，四处游历，一晃三十八年。一日，觉经路至鹦鹉州，遇姜半仙指点，至汝州梁县寻得生母。另有曾家之女为其守节数十年，二人终结为夫妇。宋元南戏中《黄孝子寻亲记》即叙此事。明刊《醉怡情》收其中《淖泥》、《遇虎》、《祈梦》、《详梦》等出，清刊《缀白裘》收有《春店》一出。高濂有同名传奇，写陶潜故事，内容与此剧不同。（申文）

《鸳鸯被》

鸳鸯被二卷三十四出　传奇。明无名氏撰，或为王元寿撰。《远山堂曲品》著录。清抄本。二册。半叶八行，行二十八字左右。叶心高宽：25.3×10.6。卷首有“惜华所藏戏曲文献”、“满州富察氏宝泉惜华”、“碧蕖馆藏”印章。卷尾残缺。

剧述广陵人朱杞与张寓言之女张月华从小订下婚约，因无钱下聘，朱杞向父亲好友洛阳张知浩借钱。张知浩有女张月容，与广陵人朱纪有婚约。朱杞和朱纪名字相似，月容误以朱杞为夫君，做鸳鸯被以传情，朱杞与月容情投意合。朱纪家有财，但游手好闲。他窥见月华美貌，便将与月容的婚约退掉，并诬陷朱杞打伤妓女，逼朱杞与月华退婚。朱杞冤屈得伸，往临安应试，得中状元。朱纪花钱改名，自称状元，后事败被捉。张知浩奉旨出征西夏，朱杞计退西夏王。皇上赐婚，朱杞与月容和月华两女共结连理。元无名氏撰《玉清庵错送鸳鸯被》杂剧写李玉英与张瑞卿的故事，内容与此剧不同。（申文）

《江天雪》

江天雪八出　传奇。明无名氏撰。《曲海目》著录，《曲海总目提要》有此本，言“明代人所作，不知谁手。”清至德书屋抄本。 册。半叶八行，行二十四字。叶心高宽：23×10。封面题：“至德书屋，江天雪八出”。卷端钤“惜华所藏戏曲文献”、“满州富察氏宝泉惜华”、“碧蕖馆藏”印三枚。内附蓑衣式工尺谱，朱笔点板眼，有简单的动作、穿戴提示。

此剧据《崔君瑞江天暮雪》戏文改编。目录为：走雪、打妻、鸣冤、辱苏、诉主、后解、泄冤、驿圆。剧叙越州郑月娘随夫崔君瑞罢职还乡，途中为车夫所劫，二人又被猛虎冲散。月娘逃至王家饭馆安身，君瑞投奔户部尚书苏琇。苏琇因君瑞是其得意门生，遂将君瑞招赘为婿，与女儿云娘成婚。月娘寻至苏家，为云娘收留。云娘引月娘见君瑞。君瑞非但不认月娘，反诬她是家中窃物潜逃的使女，命家人王卞将月娘送回原籍，并嘱咐王卞途中结果其性命。云娘给月娘送去银子，命王卞放走月娘。月娘途经江天驿，闻听有位驸马因大雪阻路暂住此处，遂进去告状。不想此人竟是自己兄长新科状元郑廷玉。郑廷玉责怪苏琇不问原由招君瑞为婿。苏琇向王卞问明情况，缚君瑞去见廷玉。廷玉责君瑞薄幸。君瑞悔恨谢罪，在廷玉和云娘的劝说下，月娘始恕君瑞。京剧、湘昆均有同名剧目，婺剧《天降雪》，瓯剧《降天雪》均演此事。（吴秀慧）

《山水邻新镌出像四大痴》

山水邻新镌出像四大痴传奇　杂剧剧本集。明无名氏编辑。《曲海总目提要》著录。明崇祯间山水邻刻本。二册。附图八帧。半叶九行，行二十字。白口，四周单边，单鱼尾。版框高宽：20×14。有“明悔庐珍藏金石书画记”章及“康生”、“康生看过”、“归公”印记。该书名为传奇，实均杂剧，辑《酒懂》、《色痴》（即《蝴蝶梦》）、《一文钱》、《残唐再创》杂剧四种。

《酒懂》，五折，《山水邻新镌出像四大痴传奇》之一。明李逢时撰。李逢时（生卒年不详），字九标，钱塘（今浙江杭州）人。生平事迹待考。除此剧外，尚撰传奇《铁面图》，未见流传之本。该剧卷端题：“山水邻新镌出像四大痴传奇，酒懂，武林李逢时九标父”，正名：酒魔君消算不义士，鉴察使赦过无情郎。述语溪人姜应召与邻村百姓社日聚资，祭祀当方土地。东吴大帝孙权死后得以血食千古，保障一方，得村民祭拜后，与百姓同观社戏《挑灯闲看牡丹亭》。同村钱小竹因酒醉失银一锭，被姜拾到私匿。土地命鬼判将此事奏报上帝。上帝遣酒魔神米香夫下凡，引诱曾滴酒不沾的姜应召喝酒。姜醉后梦与刘伶、李白、张旭等聚会狂饮，醒后方知为南柯一梦。由此姜应召嗜酒成性，家业遂败。时间渐长，姜对自己行为深有悔意。上帝鉴于他平生善良，儿子且有科名之分，遂于地官赦罪之日，命桃花仙子前往试探。后姜应召真心改过，其子也高中乡榜。

《色痴》，九出，《山水邻新镌出像四大痴传奇》之一。明无名氏撰。此剧原无剧名，卷端题："山水邻新镌四大痴色卷"，叶心题："四大痴，色"，剧名据内容而定。《曲海总目提要》著录作"扇坟"。该剧据《庄子休鼓盆成大道》话本敷衍，明谢弘仪、陈一球之《蝴蝶梦》传奇，即演此事。全剧出目：扇坟、毁扇、病诀、晤俊、露衷、决嫁、假冢、劈棺、阴妒。述庄周回家途中遇寡妇扇坟，问之答曰，其夫逝前嘱坟干方可再嫁。庄周施法术使新坟即干。他向寡妇讨要扇子归家，向妻田氏言及此事，并言他死后也可用此扇扇坟。田氏大怒，扯碎扇子，且信誓旦旦。几天后，庄子诈死，逝前嘱不要将其埋葬。庄魂飞出棺外变作楚王孙，楚以吊孝为名见田氏。田氏见其风流潇洒，不禁心动，答应与之成亲。拜堂日，楚王孙忽晕倒，称有心痛病，取人脑髓冲酒，服下即好。田氏劈棺，欲取庄周脑髓。却见庄周坐在棺中，并讥笑田氏，点破真相。田氏无地自容，乃自尽。庄子葬妻，鼓盆而歌，从此云游四方。田氏阴魂不散，至扇坟少妇家搅扰。逢少妇艳装出嫁，田氏魂灵与之争论，后化作一阵大风，灯火尽灭，人皆惊散。后世同一题材作品颇多，唯不见"阴妒"所述之剧情。故《曲海总目提要》云此剧"盖甚言色之可畏，化为异物，犹足伤人也。"

《一文钱》，六出，又名《财痴》，《山水邻新镌出像四大痴传奇》之一。明徐复祚撰。《远山堂曲品》著录。徐复祚（1560—1630），原名笃儒，字阳初，后改字讷川，号謩竹、三家村老，别署破悭道人。江苏常熟人。著有传奇《宵光记》（即《宵光剑》）、《红梨记》、《投梭记》、《题桥记》、《雪樵记》、《闹中牟》、《题塔记》（后四种佚）等，及杂剧《一文钱》、《梧桐雨》（佚），此外还有笔记《三家村老委谈》，编辑《南北词广韵选》、《家儿私语》等。该剧事本《内典》，卷端题："山水邻新镌酒色财气四大痴，一文钱"，正名：两卢至谁真谁假，一瓢酒孰醉孰醒。乔家私合积合散，证西天是果是因。述卢至家财万贯却极悭吝，任凭妻、子挨饿受冻。一日，他在路边拾得一文钱，紧攥在手，后因腹内实在饥饿，便买了一小撮芝麻。

为躲避犬鸟夺食，他徒步跑至深山密林，恣意而啖。帝释见他如此吝啬，便赠他酒喝使他醉倒，然后化作卢至模样来到其家，云有圣僧将纠缠自己的悭吝鬼赶走，现将家产分给穷人，以赎往日罪过，众人听后大喜。帝释又说悭吝鬼模样与己相同，若再来时可用乱棍赶跑。十多天后，卢至酒醒归家，众人以为悭吝鬼到，便痛打之。卢至愤而到佛祖释迦处告状，后经释迦点化，他终于明白世上一切均为虚幻之物，乃弃家成正果。《远山堂剧品》谓“此剧南曲较胜北曲，白更胜于曲；至构局之灵变，已至不可思议。”

《残唐再创》，四折一楔子，《山水邻新镌出像四大痴传奇》之一。明末清初孟称舜撰。《远山堂剧品》著录。该剧卷端题：“山水邻新刻四大痴气集”。叶心、卷尾处题：“四大痴”、“气集”。正文楔子前有四句诗：“气黄巢称兵造反，众节度应诏勤王。仗忠肝重兴帝室，凭义胆再创残唐。”其本事见《旧唐书》中“黄巢传”与“郑畋传”。述唐僖宗元年，朝廷开科取士，黄巢、郑畋、令狐滈等举子赴考。黄郑二人曾多次赴考，但均名落孙山。原来，主考官刘允章以权宦田令孜为后台，贪赃受贿。考试结果张榜后，二人又落第。后有消息传出，胸无点墨的令狐滈居然高中状元，原因是他花千两黄金买通田令孜得以高中。凡得中进士名次，均为刘允章按贿银多少来排定。黄巢得知此消息后，闯入朝堂，痛打刘允章，然后焚烧笔砚，准备回乡造反。行前，他在朝门之上题反诗一首，声称要“直取唐家四百州”。黄巢起兵后，所向披靡，一路杀到东都。刘允章、令狐滈惧黄巢声势，献城投降。黄巢攻入长安，改元天统，号称大齐皇帝。唐僖宗在群臣的护卫下，逃奔兴元。郑畋应诏勤王，联合十八镇诸侯杀奔长安。黄巢寡不敌众，战死疆场。郑畋收复长安，迎驾回京。郑畋奉旨审问刘允章、令狐滈，审清其罪行后，将其斩首示众。后圣旨加封郑畋为平章政事，兼凤翔节度使。《远山堂剧品》谓此剧“为落第士子吐气，篇中俱是愤语。作手轻倩，元人之韵，呼集笔端。”（戴云）

清代戏曲

丁耀亢

《表忠记》

表忠记二卷三十六出 传奇。一名《蚺蛇胆》。清丁耀亢撰。《古典戏曲存目汇考》著录。清顺治间刻《椽谷传奇》第一种本。二册。半叶九行，行二十字。版框高宽：19.5×13。封面右栏题："新编杨椒山表忠蚺蛇胆"，左栏题："兹刻一脱《鸣凤记》枝蔓，专用忠愍为正脚，起孤忠于地下，留正气于人间，全摹年谱，不袭吴趋本。奉命进呈，未感自炫，姑公之海内，以补助忠经云尔"，板框横题："丁野鹤先生编"，卷首有顺治十六年（1659）中秋保阳谪史郭棻芝仙所题《弁言》。卷端题："进呈杨忠愍蚺蛇胆表忠记上（下）卷，容城县教谕琅琊丁耀亢编，忠愍裔孙金容杨远條校"。有"凤莹敬藏"、"康生看过"、"康生"、"大公无私"、"戊戌人"等印章。

丁耀亢（1599—1669），字野鹤，号紫阳道人。山东诸城人。少负奇才，学问渊博但屡试不第。入清后，官任容城教谕、福建惠安知县。晚年因著《续金瓶梅》一书，触犯朝廷，康熙四年（1665）年近六旬被捕入狱，遭受打击而双目失明，于清康熙八年（1669 年）冬腊月病逝于家中。著有《陆舫诗抄》、《椒丘诗》、《归山草》、《听山亭集》、《天史》等，撰传奇六种，《西湖扇》、《化人游》、《赤松游》、《蚺蛇胆》今存，《非非梦》、《星汉槎》佚。

该剧搬演杨继盛事迹，依据杨继盛自撰《年谱》敷衍而成，有的关目出自《鸣凤记》传奇。上卷目：开场、矢忠、佞寿、饭牛、佞奸、哭表、侵边、盟义、分唾、保孤、辱佞、马市、忧国、前疏、射像、谪遇、枭鸾、化番；下卷目：醮警、毒谮、修本、后疏、托子、挥胆、代夫、割股、谋杀、赴义、天变、惊别、乱聚、感梦、冥捉、阳诛、题墓、封荫。剧写明嘉靖年间，严嵩、严世蕃父子专权，刑部员外郎赵文华、兵科给事鄢懋卿、总兵仇鸾为其爪牙，气焰颇盛。他们借为严嵩祝寿之机，大送财礼，结党营私。内阁大学士夏言推荐都御史曾铣为辽东三边总制，曾铣果敢有为，但总兵仇鸾以一千两黄金、二十四名歌妓结交严嵩后恃宠骄恣，不遵提调导致兵败，所以夏言上疏弹劾仇鸾及严嵩。不料夏言与曾铣被问死罪，妻子发配海外。老家人朱裁夫妇偷偷带领夏言身怀有孕的二夫人改装逃至杭州，使夏家有后。书生杨继盛，号椒山，为保定容城人。家贫苦学，其性情耿直，襟怀坦荡，以忠正自励，平生结交了王世贞、邹应龙、林润等有志之士。夏言上疏被处死之事激起了杨继盛及好友们的愤慨，都门结契要报国尽忠。锦衣卫沈炼是忠良之士，在酒席上侮辱严世蕃和赵文华，赵文华参奏其隐瞒夏家罪人子女，导致沈炼被发配充军。沈炼因射历代奸臣画像以泄愤，故被小人告发遇害。杨继盛殿试二甲，得官后即上疏议论朝政，被谪官为狄道县典史。杨继盛在狄道县开煤窑，禁止征百姓的织物，深获百姓爱戴。仇鸾借开通马市与番国通和，在其间侵吞银两，严嵩也隐瞒不住，于是将仇鸾参奏枭首处死。杨继盛复官后连续升迁，官至北京兵部武选司员外郎。他为酬报国之志，上疏陈言，弹劾严嵩父子十大罪状，圣旨却谓杨继盛“谪官怀怨、恣肆渎奏”，命下狱拷打一百棍，从重拟罪。王世贞用重金购得能壮胆护心的蚺蛇胆药，送杨继盛服用，可抗刑不死。杨继盛则笑说蚺蛇胆不如自己的胆大，服药是欺君，所以宁死不服。行刑时六月飞雪，白日无光，有使者奉玉皇大帝旨意接走杨继盛为天仙。夏言儿子夏传长大成人后赴京会试，遇杭州倭寇之乱，携母亲逃乱与获赦的夏言大夫人相遇，一家团聚。沈炼之子沈小霞为复仇暂为海寇，与夏家家眷相遇，并送其回江西。后邹应龙、林润等联名弹劾严氏父子，严氏一家被诛，被冤杀的忠良之臣均立庙加赠。杨继盛奉旨被追赠太常寺少卿，立祠岁祭，赐谥“忠愍”。夏言、沈炼等，亦皆得封荫。（李玲）

《赤松游》

赤松游三卷四十六出　传奇。清丁耀亢撰。《今乐考证》著录。清顺治间刻《椽谷传奇》第二种本。三册。半叶九行，行二十二字，版框高宽：20×13.5。卷首有顺治六年（1649）华表人漫题之《作赤松游本末》，顺治九年（1652）查继佐《赤松游序》，顺治六年（1649）作者自撰《赤松游题辞》及《啸台偶著词例数则》。有“康生”、“康生看过”、“凤莹敬藏”

等印章。

此剧草创于明崇祯十六年（1643），完成于清顺治六年（1649）。本事以明阙名《赤松记》为蓝本，并参照《史记·留侯世家》张良故事敷衍。上卷目：开宗、辞家、东狩、侠逢、忆远、荐璧、击秦、仙因、斩蛇、大索、侠泣、偕遁、进履、授书、坑焚、起沛；中卷目：出山、入海、遇留、诛奸、冥算、入关、碎斗、洗足、虞悲、散楚、乌江、尊帝、封留、宠戚、吕劫、扶祚；下卷目：藏弓、叹功、劝隐、三笑、修韩、歌风、祀石、访松、冥果、辞爵、辟谷、枚饯、归山、双旌。写战国时，韩国颍川人张良，字子房，先祖相韩五世，张良壮年未仕，见丰沛间有王气，为酬大志，在清明时节，他辞别祖墓和妻子姬氏投奔江淮而去。途遇隐士沧海君与能执数百斤铁椎的大力士。经沧海君撮合，张良与力士结为兄弟。沧海君赠隐语两句：遇石则行，逢留则止。张良与力士合谋，趁秦始皇东巡封禅行至博浪时，椎杀之，不料没有击中。秦皇大怒，下令四处捉拿刺客。力士削发为僧与张良作别，张良则回乡携妻子逃亡。途中，张良遇仙师黄石老人，纳履磨砺心性后得到《素书》三卷，在山中隐居。天下儒生指斥时弊，秦始皇依李斯建议“焚书坑儒”。丰沛亭长刘邦在芒砀山斩蛇起义，陈涉揭竿，项梁、项羽叔侄起兵江东。张良出山遇刘邦，说连横之计，于是留在帐下辅助刘邦。李斯遭赵高诬陷，灭族身亡。刘邦入关后与民约法三章，受到百姓爱戴，势力逐渐强大。鸿门宴上，项羽放走刘邦。汉军围楚军于垓下，张良吹箫作楚声。楚军闻曲思乡，四散逃亡。项羽兵败，自刎于乌江。刘邦在张良的辅助下一统江山，封张良为留侯。但不久，韩信、彭越、英布等开国功臣一一被杀，张良“功成厌见繁华景，欲买深山卜宅居”，决心归隐。张良夫妇赴谷城山之约，寻觅先师黄石老人，老人化作一株赤色老松，张良寻迹拜访赤松道院，仙人教他去终南山学道。韩信、彭越、英布之魂向阎王诉陈冤屈，阎王深表同情，许诺四百年后让他们转世灭汉。刘邦转世为汉献帝，吕后为伏后，韩信为曹操，英布为刘备，彭越为孙权，项羽为关羽。张良辞爵，偕妻子云游至终南山拜见赤松子，沧海君与力士在山门外接引。张良终于行道成仙，被封为太极玄颖真人，沧海君为通玄先生，力士为威宁禅师，张良之子张辟疆袭封留侯。（李玲）

《西湖扇》

西湖扇二卷三十二出首一出 传奇。清丁耀亢撰。《今乐考证》著录。清顺治间刻《椽谷传奇》第三种本。二册。半叶九行，行二十字。版框高宽：19×13.3。卷端题："西湖扇传奇，紫阳道人著"。卷首有丁慎行之《重刻西湖扇传奇始末》，湖上鸥吏之《叙》，署"西湖薄命妾宋娟和泪书"之《宋娟题清风店原诗并序》，附《宋蕙湘原诗》。

此剧情节根据真人实事敷衍而成，约作于清顺治十年（1653）。上卷目：开场、订游、闺训、南侵、征艳、廷诤、题扇、奸陷、忆扇、惊避、航海、分掠、前难、后难、不辱、北征、双题；下卷目：参偈、遇诗、辽帐、悲扇、妒贞、逢故、归道、双遘、窃扇、势探、廷荐、乱盟（正文作"闹盟"）、闹宴、宫讯、还旌、完扇。写南宋时，武林书生顾史与友人陈道东、吴玄亭等，邀名妓宋娟娟往西湖探胜。金吾将军之女宋湘仙聪明风韵，以春兰为题，题诗扇上，与母亲在三月三日赴西湖法华庵参拜。两家恰好同一日各买舟同行，途中遇雨，顾生拾得湘仙故意遗失的诗扇，众友和诗，与娟娟定盟。陈道东率国学诸生上疏参劾秦桧，反对议和，遭秦桧嫉恨，被派往金国进表。顾生为避风波，往桐城访友，路遇湘仙及其母亲，娟娟与姨娘也往桐城寻找顾生，不料众人皆被金兵所俘。在押送途中，娟娟和湘仙先后在清风店壁上题诗，失落的诗扇又回到了湘仙手中。娟娟沦为织户，湘仙被金国娄室将军抢去，遭正妻妒恨，备受折磨，后入皇姑寺为尼。元宵节皇姑寺张灯火讲佛法，顾生、娟娟和湘仙在寺中相见，约在清明节相会，缘定诗扇。娄室将军打听到湘仙在皇姑寺，到寺中来抢人，还告到宫中。顾生高中探花，金国娘娘审理案件，为三人主婚，完成诗扇奇缘。（李玲）

《化人游》

化人游十出首一出 传奇。明末清初丁耀亢撰。《今乐考证》著录。清顺治间刻《椽谷传奇》第四种本。一册。半叶九行，行二十四字。版框高宽：19.5×12.4。封面题："野鹤斋传奇秘本，化人游词曲，啸台新咏"。首有清顺治四年（1647）淮南芝麓主人龚鼎孳作《化人游词序》，清顺治五年（1648）莱阳宋琬作《化人游总评》，又有《妆扮脚色》，详细注明脚色人物的年代出处、服饰妆扮。卷端题：“化人游词曲，野航居士漫著”。每出后附有时人评述。

该剧本事出《列子·周穆王》中周穆王遨游天庭的故事。宋琬《化人游总评》曰：“《化人游》非词曲也，吾友某渡世之寓言。”出目：开场词引、买舟逢幻、征友追姝、仙舟放游、吞舟鱼腹、幻中访幻、舟外寻舟、再晤仙源、知津得渡、龙会仙筵、舟归蓬海。写浙中吴山人何皋字野航，诗酒豪情，游历山川。他到东海欲结交异人，欲与同舟游三江五湖。东海琴仙成连，派遣武陵渔人玄真子扮作渔翁，驾小舟渡人。左慈、王阳奉上帝敕旨，也扮作乘船人，点化何皋。各人选客征歌，请来历代已经成仙的名姝凌波、桃叶、西施、赵飞燕、张丽华、薛涛、卢莫愁等，以及高人东方朔、易牙、曹植、刘桢、李白、杜甫、陆羽等来相见，大家同舟泛游蓬莱仙阁，昆仑奴执宝剑随行护舟。众仙在舟中饮酒作乐，吟咏行令，名姝们高奏仙乐，歌声缭绕。众神仙各自说明自己身世，慨叹尘世诸多烦恼及仙化之乐。舟至海中，何皋被鲸鱼吸入腹中，鲸腹中别有一国，鱼骨大王遣鱼肠剑士刺杀何皋，鱼肠宝剑却化为莲花。原来鱼腹中是屈原的居处，何皋遇到屈原，屈原吟诵《离骚》，两人剥开大橘，见橘中有二老端坐对弈。何皋负小舟寻路出来，路遇惠广禅师，禅师在壁上留偈而去。何皋与众仙人重逢，登上大舟，女乐奏乐，龙王设宴迎众仙，游赏水府，吟诗助兴，极尽欢乐。舞罢歌停后，众仙人各归旧路，与何皋道别，何皋登岸后回头一望，大舟渔夫均都不见影，方悟是幻梦一场。（李玲）

孟称舜

《二胥记》

二胥记三十出存六出　传奇。清孟称舜撰。《传奇汇考标目》乙本著录。傅氏曲盦朱丝栏抄本。一册。半叶八行，行十七字左右。有界栏，四周双边，白口，单鱼尾，下书口题：“曲盦”。版框高宽：11.5×9.5。卷端题：“小蓬莱卧云子填词，巽倩龙友氏评点”。卷前有明崇祯十六年（1643）

友弟马权奇之《二胥记题词》，崇祯十七年（1644）社弟宋之绳之《二胥记叙》，崇祯十六年（1643）会稽小蓬莱卧云子之《题词》。

孟称舜（1599—1684），字子塞，又作子若、子适，号卧云子、花屿仙使。别署小蓬莱卧云子。会稽（今浙江绍兴）人。明末诸生，崇祯二年（1629）入复社，顺治六年（1649）举贡生，曾任松阳训导。工诗文词曲，著有杂剧《桃花人面》、《花前一笑》、《死里逃生》、《英雄成败》、《眼儿媚》、《红颜年少》（佚），传奇《二胥记》、《娇红记》、《贞文记》、《二乔记》、《赤伏符》、《风云记》、《绣被记》（后四种佚），并编辑杂剧选《柳枝集》和《酹江集》，合称《古今名剧合选》。

本事出自《史记·伍子胥列传》。该剧上卷目：标目、议谏、追胥、久要、谗搆（正文作“议逮”）、演阵（以下均佚）、赴逮、吴兢、闺忆、报警、途虢、复楚、被掳、全贞、鞭尸；下卷目：悼亡、下船、私纵、责胥、投庵、途艰、密诉、哭庭、抗秦、败吴、复楚、驾旋、王晤、谢师、锦圆。剧叙春秋时，楚国人申包胥，官居下大夫之职，与太傅伍奢之次子伍员子胥八拜结交。楚平王无道，嬖人费无忌擅政。伍奢因进谏，遭无忌诬陷，平王将伍奢及长子伍尚和伍家满门三百余人杀害，还要追杀伍子胥。申包胥上疏阻谏，触犯奸党，被谪贬归乡。子胥逃难遇申包胥，言要亡楚尽孝。申包胥则要存楚尽忠。申包胥将子胥放走。平王卒，昭王即位。昭王因申包胥放纵子胥，遣人捉拿。子胥逃往吴国，吴王将其拜为行人。子胥又将齐人孙武荐与吴王为军师，演习阵法，准备伐楚。剧情止于此。据《古本戏曲丛刊三集》本，吴王以子胥为帅，伯嚭为先锋，亲自率兵伐楚。子胥将无忌挖心祭父，掘平王墓，鞭尸三百，痛数其罪。申包胥妻钟离氏被伯嚭获，欲逼为妾，遭钟离氏拒绝。伯嚭妻千娇救出钟离氏，送往湘皇庙。昭王同胞弟、王后、王子逃至洞庭湖，风浪骤起，船不能行，太子、王后先后入水，昭王与胞弟平安渡过。王后被龙王所救，隐姓埋名，投至湘皇庙，与钟离氏结为异姓姐妹。申包胥被捉，解往京城，途中被吴兵所劫，解兵逃散。申包胥归乡，见国破家亡，遣人劝伍子胥收兵回吴，子胥不从。申包胥独赴秦邦，痛哭秦庭七昼夜，感动秦王，遂率兵抗吴救楚。吴兵败，吴王撤兵回国。申包胥迎昭王回归郢都，途经湘皇庙，偕皇后与

钟离氏同归。子胥、申包胥二胥相遇，二人讲和，覆楚复楚忠孝两全，各遂其愿。（吴秀慧）

李　玉

《昊天塔》

昊天塔二卷存二十八出　传奇。清李玉撰。《今乐考证》著录。清康熙间抄本。二册。半叶九行，行三十五字。朱笔圈点。首叶有残，尾残。叶心高宽：23×11。卷端钤“惜华所藏戏曲文献”、“满州富察氏宝泉惜华”、“富察氏所藏戏曲文献”、“碧蕖馆藏”印。

李玉（1602？—1676？），字玄玉，后因避清康熙帝玄烨之讳写作元玉，号苏门啸侣，别署一笠庵主人。江苏吴县(今苏州)人，出身低微，或认为是明万历间大学士申时行的“家人”。因受压抑，不得应科举，至明末始得中副贡，入清后无意仕进，致力于戏曲创作和研究。与剧作家朱䧤、朱佐朝、毕魏、叶时章、盛际时、朱从云、陈二白、邹玉卿、邱园等来往密切，一生写有传奇数十种，见于各种曲目著录的有四十余种，今存《一捧雪》、《人兽关》、《永团圆》、《占花魁》、《麒麟阁》、《牛头山》、《两须眉》、《眉山秀》、《意中人》、《清忠谱》、《千忠戮》、《万里圆》、《太平钱》、《一品爵》、《风云会》、《五高风》、《七国记》、《昊天塔》、《连城璧》共十九种，另有《洛阳桥》、《埋轮亭》为残本，其余如《三生果》、《长生像》、《禅真会》、《风云翘》、《双龙佩》、《千里舟》、《虎丘山》、《武当山》、《挂玉带》、《万民安》、《麒麟种》、《罗天醮》等均佚。李玉还根据徐于室《北词九宫谱》原稿，重新编订为《北词广正谱》十八卷。

《昊天塔》本事出自《杨家府世代忠良演义》，演孟良盗骨事。剧叙宋时，辽邦萧太后欲谋夺大宋江山，特建百仞高塔，名曰“昊天塔”。辽兵多次进犯中原，均被金刀令公杨继业挫败。为除杨家父子，萧太后特遣心腹王钦，携带珠宝重金至中原施行离间之计。宋朝国相潘仁美见钱眼开，收了王钦的钱财，并为其在朝中荐一要职。辽邦纠集百万兵将大举南征。宋帝令杨继业之长子延平镇守梁州遂城关，次子延定镇守霸州益津关，六子延昭镇守雄州九桥关。封杨继业为征北大元帅，带三子、四子、七子北征，派潘仁美为招讨使，督领大军。杨继业用兵如神，首战即使辽兵大败，并杀辽兵先锋官耶律尚。潘仁美明令杨继业乘胜追击，夜袭辽营，暗中却给辽兵通风报信。杨三郎夜探辽营被擒，因拒降被杀。失去三郎，杨继业欲重整队伍，勘察好地形再战。潘仁美却三番五次催促杨继业出战。杨家父子因地势不熟，被辽兵引入两狼山虎口交牙谷。该谷很深，两边是悬崖峭壁。辽兵前堵后截，四面包围，将杨家父子困在谷中。杨七郎冒死冲出突围，求潘仁美派兵救援。潘仁美非但不派兵，还诬杨继业叛宋，将杨七郎绑缚旗杆乱箭射死。杨继业内无粮草，外无救兵，走投无路，忽见李陵碑。他恨李陵叛汉，复感于被困惨状，遂碰碑而死。潘仁美诈称杨继业被困，调大郎、二郎救援。途中设埋伏将二人杀害。六郎闻讯赶到，杀退辽兵，并将辽将韩延寿斩首。潘仁美却以杨延昭擅离三关，背叛朝廷为名，将其押解回京。八王与寇准查明实情，禀奏皇上，将丧师辱国的潘仁美处斩，封杨延昭镇守三关管辖六使。杨继业骨殖被辽邦挂于昊天塔，遭“百箭会”之苦。继业托梦于延昭，延昭激怒孟良，孟良决心扳倒昊天塔，取回令公骨殖。杨继业骨殖时时都有一百个将士看守。延昭、孟良杀退看守，抢回骨殖，使令公骨殖得以安葬。王钦之婿谢廷兰负责御道加宽之事，御旨本为“拆到天波楼止”，他却将“到”矫旨为“倒”，设计拆毁天波楼，激延昭擅离边关，为辽邦创造夺取三关的机会。焦赞得知此事气愤不过，暗中尾随延昭回到京城。延昭恐焦赞惹事，将其关进房内，遣人看守。焦赞骗开看守，直奔谢家，杀死谢廷兰夫妇。王钦押延昭、焦赞赴刑场准备行刑，佘太君从谢家丫鬟口中得知王钦为辽邦派来的奸细。经脱靴验证，王钦左脚底刺着“贺驴儿”三字。遂将王钦处斩，将延昭、焦赞无罪释放。元人朱凯有《昊天塔孟良盗骨》杂剧，京剧有《洪羊洞》、弋腔《打马》亦演此事，秦腔、上党梆子亦有同名剧目。（吴秀慧）

《千忠录》

千忠录总纲二卷二十五出　传奇。清李玉撰。《新传奇品》著录，作《千忠会》。清康熙四十七年（1708）徐子超抄本。一册。半叶十行，行三十八字，朱笔圈点。叶心高宽：24.7×11.3。卷首有“惜华所藏戏曲文献”、“满州富察氏宝泉惜华”、“碧蕖馆藏”、“浮槎氏所藏曲”印章。末叶署：“康熙戊子年六月朔后东海子超置造也可歌”，书口处有墨笔书“徐子超”三字。正文多处注有角色、服饰等舞台提示。第二十三、二十四出之间书叶倒装。

该剧部分情节取《明史》“宁王传”、“黄子澄传”、“姚广孝传”等。述明初燕王朱棣以“靖难”名义举兵南下，兵临京城。吏部尚书程济与翰林院侍读史仲彬、都御史陈瑛等大臣上殿与建文帝商议对策，陈瑛提议投降，被削职监禁。李景隆投降，献出金川门，燕王攻入京城，放火烧宫。建文帝之妻马皇后投火自焚，建文帝欲自尽，被程、史等老臣阻拦。建文帝猛然想起先皇遗言，乃命人取奉先殿内一箧，内有僧人服饰、剃刀、白银和度牒一纸，另有朱纸一书：“应文从鬼门而出。”建文帝遂与程、史二臣剃度，扮作僧人，从地下暗沟逃出，乘舟逃往仲彬故乡吴江村。燕王称帝，史称成祖，为巩固帝位，杀戮叛逆大臣。燕王召方孝儒草写诏书，方孝儒带孝进殿，不肯写诏，满门抄斩。燕王恢复陈瑛旧职，陈瑛疑建文帝未死，派人到史仲彬家搜查。建文帝与程济逃往云南，旧臣吴成孝、牛景先扮作建文帝与程济，被捉自刎。十二年后，程济女由乳娘抚养成人，告知身世。后身世泄露，押解进京，被前往齐云岩进香的庆成公主所救。史仲彬扮作乞丐寻找建文帝，三人相遇。河南参政严震直乘程济送史仲彬时，擒得建文帝。程济一番慷慨说辞，震直倍感羞愧，放了建文帝，自刎而亡。史仲彬全家被囚，被斩之时，得庆成公主面奏皇帝免于一死。数年后，朱棣死，新帝继位，杀了奸臣陈瑛，史仲彬复职。建文帝、程济与史家父子相见，史、程两家儿女完婚。程济被赐予忠达真人，建院终南山修炼。建文帝入朝，颐养天年。此剧在清代盛演，其中《奏朝》、《草诏》、《惨睹》、《搜山》、《打车》等折子被《集成曲谱》、《昆曲粹存》、《缀白裘》、《纳书楹曲谱》等曲集收录。同题材剧目有京剧《搜山打车》（又名《千忠戮》或《千钟录》）、《夷十族》（又名《方孝儒》或《碧血十族恨》），苏剧前滩有《千钟禄》，绍剧有《千忠会》，川剧有《方孝儒草诏》等。（申文）

《七国传》

七国传二卷三十四出 传奇。清李玉撰。《曲海总目提要》著录。清康熙间抄本。二册。半叶十行，行二十二字左右。朱笔圈点。二十一出、二十二出多处修改增删。行间有批校。叶心高宽：20.5×11.4。卷端钤："惜华所藏戏曲文献"、"满州富察氏宝泉惜华"等印。函套题："串本七国传，康熙抄本"。上卷卷尾钤"余庆堂"、"本庵"印。

本事见《史记·孙子吴起列传》，出目不全，仅存：始末、别亲、出巡、誓结、会榜、赌誓诸出。剧叙战国时期，孙武子后裔孙膑，熟读祖公所著兵法十三篇，胸怀大志，独自去云蒙山拜鬼谷子为师，学安邦定国之略。魏国庞涓家境贫寒，全家靠染布为生，因临街晒布，挡了丞相的马而被杖责。庞涓咽不下这口气，为求出头之日，亦去云蒙山学艺。孙、庞二人途中相遇，结为异姓兄弟。鬼谷先生见庞涓面陋心险，认为不可将艺轻传此人，遂令二人轮流，一人在家读书，一人上山砍柴。每次砍柴归来，庞涓总用甜言蜜语赚孙膑说出师傅所授兵法。五年后，魏国张榜招贤纳士，庞涓自以为学到兵法就天下无敌了，坚决要求下山应招。鬼谷先生允之，留孙膑继续学道。孙膑将所带银子赠庞涓作路费，又给丞相郑安平写了一封推荐信。庞涓感激不尽，发誓今后绝不负师兄。孙膑又经半年学习，对师父所传六甲天书全部精通。庞涓被封为魏国元帅，主掌兵权。为树立威风，他令人在街口竖起大言牌，声称七国之中没有及他之人。王敖砸碎大言牌，云孙膑本事比他大。庞涓遂请孙膑至魏，拜为四门教练。魏王欲试孙膑之才，令其演阵。王敖、庞涓均被困入阵中。庞涓故生嫉恨，决心铲除孙膑，以绝后患。某日，庞涓遣王敖假传魏王圣旨，言火星异位，命孙膑带三百人马，持锣鼓、火箭，全部戎装，三更十分前往宫门外镇压火星。同时又去密奏魏王，诬告孙膑起兵谋反。魏王听信谗言，传旨将孙膑斩首。孙膑壮志未酬，不想白白送死，行刑前高喊：我有六甲天书，谁能救我，就将天书传与他。庞涓听后顿时大喜，假惺惺地去为孙膑求情。回来又假传魏王旨意，将孙膑刖去双足。假装亲近，将孙膑接回家中，赚其写天书。庞涓侍儿金花、宝带同情孙膑处境，暗中向其揭露了庞涓的险恶用心。孙膑始悟，立即将天书撕得粉碎，故装狂颠。庞涓几次遣人试探，孙膑始终未露破绽。齐国田忌、孟尝君深知孙膑为难得人才，为他处境感到惋惜，遂与魏国大夫朱亥商议，里应外合，用茶车将孙膑暗中送往齐国。庞涓带兵攻打韩国，韩国求救于齐国。孙膑出谋，联合秦、楚、燕、赵五国兵力直奔魏国大梁。庞涓只得弃韩保魏。孙膑将五国军队分别埋伏在庞涓必经之路马陵道附近的山路、水路、陆路，并以逐日减灶的策略麻痹庞涓，诱敌进入。庞涓带领魏国军队赶到马陵道时，已是黄昏，爬山不能、涉水不得，见前面有灯光，以为是人家，遂直奔过去。只见有棵白桦树上挂着一盏灯，在刮去树皮的地方写着"庞涓死处"。此时万箭齐发，魏兵大败，庞涓死于乱箭之中。魏王只好讲和，答应年年向齐国进贡。孙膑被封为昌国君、七国大元帅。为报答救命之恩，孙膑赠金花、宝带每人宝珠十颗，黄金千两。御封孙膑之父为燕国大元帅、封孙膑之母为一品夫人，封孙膑之妻为昌国夫人。京剧《马陵道》、《孙膑装疯》，豫剧《骂庞涓》、秦腔《孙庞斗智》也演此事。（吴秀慧）

来集之

《秋风三叠》

秋风三叠　杂剧剧本集。清来集之撰。《重订曲海目》著录。旧抄本，系据清初倘湖小筑原刻本影抄。一册。半叶九行，行十八字。白口，四周单边。版框高宽：18.3×13.6。卷端总题："秋风三叠"，下注："元成子填词二刻"。上书口题："秋风三叠"；下书口题："倘湖小筑"。卷首前有毛万龄序，目录，并萧云从绘《蓝采和像》、《阮步兵像》、《铁氏二女像》。有总评、夹批。全书收入《蓝采和》、《阮步兵》、《铁氏女》三折短剧，每剧一折。

来集之（1604—1683），原名镕，字符成，号元成子、倘湖。浙江萧山人。明末大学士来宗道子。崇祯八年（1635）拔贡第一名，十二年中举，次年中进士，任安庆府推官。南明时官兵科给事，进太常少卿。曾往左良玉帐中阻其纵兵掳杀。马士英拟招揽于门下，拒之。清兵南下，与绍兴府官于颖率师御之。事败，隐居倘湖之滨，潜心著述。清康熙十七年（1678）

荐应博学鸿词科，辞不就。与画家萧云从、戏曲家黄周星友善。著有《南行载笔》、《奏雅世业》、《倘湖近诗》二卷、《倘湖遗稿》不分卷、《倘湖樵书》二编共十二卷（以上均存）、《读易偶通》、《卦义一得》、《易图亲见》、《博学汇书》、《春秋志在》等。戏曲作品集有《秋风三叠》、《两纱》，皆存。毛奇龄曾为作墓碑铭，记其生平。

《蓝采和》，全名《蓝采和长安闹剧》，又名《冷眼》，《秋风三叠》第一种。本事出陆游《南唐书·陈陶传》。写长安市二社长聚饮寻乐，接傀儡班演《中山狼》、《痴父子》、《赵礼让肥》等剧。仙人陈陶自称蓝采和，手执拍板，一脚着靴，一脚跣行，口唱《踏踏歌》，亦来社会中观场。剧演毕，陈陶长歌一曲，以冷眼冷语劝人热闹场中猛醒回头，随即化金光而去。

《阮步兵》，全名《阮步兵邻廨啼红》，又名《英雄泪》。《秋风三叠》第二种。事据《世说新语》、《唐类函》中关于阮籍的记载敷衍而成。写阮籍为步兵校尉，尝于酒肆醉卧当垆少妇侧。旋闻邻女姿色远胜酒妇，昨日已死，即往其家抚棺痛哭，吩咐邻翁葬此女于胭脂山，待他日自己死后葬于相对之镜台峰，言毕长啸而去。

《铁氏女》，全名《铁氏女花院全贞》，又名《侠女新声》。《秋风三叠》第三种。本事见《明诗纪事》、《列朝诗集》，明人笔记亦载有铁氏二女事，大半讹谬不实。写明初靖难之役，布政使铁铉死节，成祖将其二女打入教坊司，遭到百般逼勒，誓不失身，并吟诗明志。礼部查勘官员见二人冰清玉洁，将此事上报朝廷。成祖得知，特准二女落籍而嫁士人。（戴云）

雪蓑道人

《五伦镜》

五伦镜定本二卷二十六出　传奇。清雪蓑道人撰。《今乐考证》著录。清初爱日堂刻本。二册。半叶九行，行十八字。白口，四周双边。版框高宽：19.3×13.5。上书口题：“五伦镜定本”，下书口题：“爱日堂元刻”。卷首有黄鹄矶头可渔老人撰《五伦镜小引》，思棂子《五伦镜引》，并凡例五则。卷端题："雪龛道人填词，思棂主人编定"。

雪龛道人，姓名不详，或云即张三异。张三异，(1609—1691)，字鲁如，号禹木，别号雪龛道人。湖北汉阳人。清顺治五年（1648）举人，六年（1649）进士，九年（1652）官陕西延长县，复升南阳郡丞，再任福建邵武丞。康熙七年（1668）擢绍兴知府。曾修《绍兴府志》五十八卷。著有《痴龙集》诗词、《诗家全体》、《来青园诗集》"一卷"、补注《廿一史弹词注》（附《明季弹词注》）。

该剧或作于康熙年间，剧中所述皆是实录。有直书姓名者，有不使直书姓名者。上卷目：入镜、订交、之任、慈训、祈雨、捐赈、贼江、谋葬、媒约、泣别、全贞、慰织、奸觑；下卷目：断还、省墓、闹晤、塾训、会剿、鼓勇、协擒、林栖、征聘、燕喜、诏对、普锡、圆镜。述南阳大旱，秀才谢万程双亲饿死，只得卖妻营葬双亲。十年前王全妻、子被草寇所掠，音讯皆无，乃娶谢妻李氏为室。洞房夜李氏告以原委。王全感其夫妻孝心，将李氏别居他室。佥判田洪为王全义气和谢万程孝心所感，自出纹银十五两代谢赎妻。王全子丹成突然学艺归来，谢教丹成学习韬略。逢桐柏山贼进犯南阳，丹成助田洪杀退草寇。朝臣孔文孙闲居爱日堂，闻田洪诸人驱贼一事，便向上举荐。圣上闻之，重用田洪，并赐谢万程、王丹成文武状元。剧本开头述织女星因凡间五伦失序，命司镜神下凡探察人间善恶；结尾是司镜神引田洪、谢万程、李氏、王全、孔文孙五人见织女星。原来此五人乃上界列宿临凡，遣佑灵天母暗加护符，令各成正果。故云"五伦镜"。（戴云）

黄周星

《人天乐》

夏为堂人天乐传奇二卷三十六折 传奇。清黄周星撰。《今乐考证》著录。清初刻夏为堂《笑苍传奇》第一种本。二册。半叶九行，行二十一字。版框高宽：19×13。封面右栏题："笑苍传奇第一种"；中栏题："人天乐"；左栏题："夏为堂藏板"。板心题："人天乐"。卷首有署"驭云仙子题于双真楼中"之《纯阳吕祖命序》，笑苍道人之自序及《制曲枝语》

十则，梅华外臣之《书吕祖序后》，浯溪磨崖漫士之题词，并目录。卷端署："震丹笑苍道人制"。

黄周星（1611—1680），字九烟，又字景明，改字景虞等，号圃庵、而庵等，别署笑苍子、笑苍道人、将就主人、半非道人等。原籍上元（今江苏南京）人，少育于湘潭周氏。明崇祯十三年（1640）进士，官户部主事。明亡不仕，往来吴越间教经糊口。康熙十九年（1680）端午，自沉于秦淮河。著有《圃庵诗文》、《刍狗斋集》、《夏为堂集》、《夏为堂别集》、《山晓阁诗集》、《千家姓编》、《唐宋八大家文备》等。戏曲作品除该剧外，还有杂剧《试官述怀》、《惜花报》两种，又有套数《秋富贵曲》等七套。

该剧上卷目：开辟、定位、述怀、福钢、不杀、天殿、不盗、天食、不淫、天衣、不贪、天娱、不嗔、天合、不邪、天育、净口、天寿；下卷目：魔哄、济困、筹魔、解冤、馘魔、赎女、赎儿、仙联、鬼传、意园、天园、辑谶、救鬼、凡圆、仙引、人乐、天乐、仙圆。述中山人轩辕载正直聪慧，人品高尚，非圣贤书不读。在遭盗贼洗劫一贫如洗时，轩辕载偶然间挖到两大包银子，但他却不为所动，仍将此意外之财放回原处。石二芸、卞小月二妇私慕其才貌，多次劝说一起私奔，但都被他拒之。后轩辕载外出访道修真，见一对夫妇遭骗，囊中如洗，无奈卖儿。轩辕载立即取出自己银两，替之赎回此儿。其境遇多灾多难，但他却安守清贫。数年之后，轩辕载结束云游生活回到家中，其二子俱已高中榜首。吕纯阳知轩辕载修道功行已深，特地赶来引渡超升。纯阳赐之九转还阳丹一粒，使之脱胎换骨，升天有路。轩辕载在饱览了北俱卢洲的胜景之后，便合家拔宅飞升到中海昆仑将就园中。剧中还穿插单越洲修行十善，快乐无忧健康长寿，北俱卢洲处处仙境，一派安居乐业、歌舞升平等。剧中某些情节，似作者亲身经历。（戴云）

南兰卧月楼主人

《玉梅亭》

玉梅亭二卷三十八出　传奇。清南兰卧月楼主人撰。《古典戏曲存目汇考》著录。清初稿本。二册。半叶九行，行二十六字。叶心高宽：18.5×10.6。函套书签题：“未刊孤本玉梅亭传奇，螾庐藏”。正文标名：“玉梅亭”，署题：“南兰卧月楼主人”。钤“御赐青箱济美”、“王季烈印”、“君九长生”、“季烈”及王季烈生肖印。首有1941年螾庐王季烈题识，云：“壬子（1912）初夏得此书于冷摊，遍考诸书目均不载。询之王忠悫、吴瞿安、许授（守）白诸君，均不知此书。”

南兰卧月楼主人（生卒年不详），明末遗民。姓、名、字、里居不详，生平事迹待考。制有传奇《玉梅亭》。

剧写宋朝，余杭梅云孙幼值流民之变，出生数月被父母弃于梅园，幸蒙观主怜恤抚养成人。观主去世，云孙孤身一人在梅园攻读诗书。冬尽春回，梅花在残雪中盛开，云孙在梅园墙壁题诗咏梅。兵曹林炯携妻曹氏、女儿素星到梅园游玩，见壁诗墨迹未干，命素星乘兴和诗，时云孙走来，素星匆匆回避。林炯爱云孙才貌，有意招为女婿，邀其移居府中读书，并赠素星所题诗扇，云孙亦题一柄诗扇答赠。邻女蒋雅妹，父母双亡，独自生活。她时常穿过残墙到林府花园游玩，对云孙久有爱慕之心。云孙夜晚在花园邂逅雅妹，误以为是素星，雅妹将错就错与他欢会。林炯外甥尔朱讹，垂涎表妹素星，几次托人提亲未得应允，闻表妹已许云孙而心生妒嫉，于是假传林炯之命驱逐云孙。云孙以为夜会素星之事已被察觉，携正巧来到书房的雅妹乘夜逃遁。林炯与朝中丁谓不和，仁宗听信丁谓谗言，诏捕林炯进京问究。苗人王小波聚众起义，进攻吴楚要冲余杭，尔朱讹乘机赚素星母女一同逃难，欲趁乱占有素星。不料，途中遭遇苗军，素星投河，尔朱讹投降，曹氏被拘禁苗营。素星的舅舅曹琛，奉旨到余杭征剿王小波，途中救起素星。云孙、雅妹落脚润州，雅妹劝云孙赴京赶考求取功名。王小波率兵攻打到润州，雅妹改扮男装托名“梅云孙”逃难，被曹琛部下当作真正的梅云孙带入曹府，曹琛令与素星拜堂成亲。数日后，雅妹以赴试为名告别素星，进京寻找云孙。曹琛奉旨出征抵御契丹，正愁无人照料素星，就从录报上得知云孙得中状元官授翰林，于是派人护送素星进京。途中，素星阴错阳差被云孙派往润州接雅妹的人马迎至状元府。云孙、素星相见惊疑，因素未谋面不敢相认。时雅妹至状元府求见，说破事情缘由，云孙与素星、雅妹夫妻团聚。林炯被捕入京，因曹琛保奏，被谪为崖州司户。丁谓死，林炯官补兵部侍郎。云孙带领两位夫人至林府谒见岳父，遇见与曹琛共破契丹、王小波的宣抚使华宗，华宗送来从苗营救出的曹氏，林迥一门团聚。席间，华宗提起早年梅园弃子之事，云孙以左足缺一小指为验证，父子相认团圆。剧因林炯府中有玉梅亭而得名。王季烈序称赞此剧云："通体关目周密，词句清新。下卷第八、九、十六、十八等折，扑朔迷离而又入情入理，演之红氍毹上，真堪击缺唾壶。"（刘效民）

叶小纨

《鸳鸯梦》

鸳鸯梦四折一楔子　杂剧。清叶小纨撰。《重订曲海目》著录。清乾隆二十三年（1758）重刻《午梦堂集》所收本。《午梦堂集》封面右栏题："大宗伯沈归愚先生鉴定"，中栏题："午梦堂集"，左栏题："鹂吹、香雪吟、 伊人思、愁言、鸳鸯梦、返生香、窃闻、窃续"，栏外横题："乾隆戊寅岁重镌"。有"康生存书"印。该剧半叶九行，行二十字。白口，四周单边，版框高宽：20.8×13.5。书口题："鸳鸯梦"。正文前有崇祯九年（1636）小纨舅氏沈君庸序，有眉评。正文前有小序，署："崇祯丙子秋月舅氏沈君庸识"。卷端题："吴江叶氏小纨蕙绸撰"。

叶小纨（1613—1657），字蕙绸。江苏吴江人。明工部郎中叶绍袁次女，母沈宜修为明代七大才女之一，戏剧家沈璟孙沈永桢妻，沈自征之甥女。小纨三十四岁寡居。善制曲，诗极多，晚年汰存二十之一，名《存余草》。情词黯淡，过于姐妹二人。

该剧作于崇祯九年前，题目正名：三仙子吟赏凤凰台，吕真人点破鸳鸯梦。小纨姊纨纨字昭齐、妹小鸾字琼章俱有才名，善诗词，但后来不足两月先后而卒。小纨悲痛万分，撰此剧以寄伤悼之情。剧述书生蕙茝香与昭文琴、琼飞玖在凤凰台偶遇，一见如故。面对皎皎明月，三人把酒问青天，高谈阔论，相见恨晚，不觉月已西沉，三人依依而别。一年后，飞玖因病而逝。文琴得知噩耗，竟一恸而亡。不到两日，茝香失二手足，他悲痛欲绝。听说终南山有一道长，知过去未来之事，茝香离开家乡前往。见面后将自己悲苦向之诉说。道长本吕纯阳化身，知三人原本瀛海仙姬，因尘念未消暂谪人间。他向茝香诉说因果，点化他也升天界。（戴云）

宋　琬

《祭皋陶》

祭皋陶四出　杂剧。清宋琬撰。《重订曲海目》著录。清道光十九年（1839）泽三手抄本。一册。半叶七行，行二十一字。叶心高宽：20.1×10.7。书衣题剧名，并题：“惠园感旧附后，己亥二月中浣录于沈垣书舍北牖下，泽三手抄”。卷首有康熙十二年（1673）随缘居士序、康熙十一年（1672）睿水生序；卷端署：“二乡亭主人新编，海上随缘居士评”。卷尾附佑善所作散曲《惠园感旧》一套，署：“宗室孚斋佑善稿”。

宋琬（1614—1673），字玉叔，号荔裳。别署二乡亭主人。山东莱阳人。明天启进士宋应亨三子。清顺治四年（1647）进士，官浙江按察使。康熙元年（1662）登州于七起义，琬同族子因宿憾思陷之，遂以同谋告变，立逮下狱，阖门缧绁者三年。康熙三年始得旨免罪，自是寓江南者七载。康熙十一年（1672）授四川按察使。入觐，值吴三桂之乱，成都不守，全家陷蜀，至惊琬致疾卒。工诗，为“燕台七子”之一，又与宣城施闰章齐名，时称“南施北宋”。著《安雅堂集》、《入蜀集》、《泰州纪异》等。

该剧系作者于康熙初年狱中所作，述东汉时宦官专权，范滂被小人诬告而入狱。狱中有庙祭祀狱神皋陶，人称铁面大王。罪犯进监均需祭奠。范滂谓皋陶乃古之直臣，未尝冤枉一人，故不去哀求，只向狱神倾诉满腔冤愤。狱神闻之动恻隐之心，立奏天帝。后皇帝夜梦皋陶，始知范滂乃忠臣受冤，乃释之。范滂还乡，备下祭礼，到庙中祭奠皋陶，遂拜别母亲入山学道。（戴云）

陈　轼

《续牡丹亭》

续牡丹亭传奇二卷四十二出　传奇。清陈轼撰。《今乐考证》著录。民国绿丝栏抄本。半叶十行，行二十六字。版框高宽：15.7×11。卷端题：“续牡丹亭传奇，清初静庵撰”。

陈轼（1617—1694），字静机，号静庵。侯官（今福建福州）人。明崇祯十三年（1640）进士，官至广西苍梧道布政使司参议、广东分巡岭西道、提督学政、布政司右参政兼佥事，入清不仕。晚年流寓江浙甚久，建道山堂，教育子孙，有时参加诗会。其诗文皆清婉和雅，著有《道山堂集》、《托素斋集》，与同乡人郑开极编纂《福建通志》，均存。撰传奇数种，仅《续牡丹亭》存世。

该剧上卷目：开宗、忧时、腐梦、私谒、奸衅、寻姑、玩画、腐辱、巧媒、诺婚、腐婚、奸纠、钦提、就讯、遣别、追舟、势宦、腐悲、放花、看花、打围；下卷目：祠寓、谒友、忿差、竞渡、思亲、遇侠、峻拒、私别、叩阍、慰病、困贤、蛮扰、议剿、却金、凯旋、假隐、纳婢、惩奸、溪游、乞归、会合。写宋朝岭南人柳梦梅得中状元，授翰林学士，其妻杜丽娘为平章杜宝之女。杜丽娘之师陈最良有功，授官黄门，因做梦升迁为吏部郎中，私见杜宝求官，被杜宝拒绝。翰林承旨许及之谋位，杜宝不允。许及之嫉恨在心，参奏杜宝之婿柳梦梅批点《朱子纲目》。刑部提审柳梦梅，遣夫妻两人戍柳州。杜宝上疏退职，住在西湖边养老。柳梦梅与杜丽娘在他乡受到冷遇，癞头鼋为其鸣冤，柳梦梅获赦，许及之等被革职。柳梦梅被授西川安抚使，他善于用兵，推举步玉为西川总管，平定五溪蛮乱，凯旋而归。后柳梦梅官迁学士，且纳春香为妾，迎养杜宝，以大团圆结束。（李玲）

尤侗

《西堂乐府》

西堂乐府 戏曲剧本集。清尤侗撰。《重订曲海目》著录。清康熙金阊聚秀堂刻本。四册。有眉栏。《读离骚》、《吊琵琶》、《桃花源》、《黑白卫》、《李白登科记》（一名《清平调》）半叶九行，行二十二字，版框高宽：13.2×9。《钧天乐》半叶十行，行二十一字。版框高宽：20.6×14。封面题："西堂乐府，悔庵尤太史手笔，金阊聚秀堂梓；读离骚、吊琵琶、桃花源、黑白卫、清平调，以上北剧；钧天乐，南剧"。钤"本衙藏板"朱印。首有吴伟业之《序》，作者之《自序》，清康熙四年、五年（1665、1666）武塘曹尔堪、淮南李滢之题词，王士祯之《寄怀悔庵先生并题新乐府四绝句》。

尤侗（1618—1704），字同人、展成，号吴侬晦庵、悔庵、艮斋、西堂。中年自称三中子，晚岁自称西堂老人、鹤栖老人、艮翁。长洲（今江苏苏州）人，清顺治九年（1652）以拔贡授永平府推官，在任五年，因细故罢归。清康熙十七年（1678）举博学鸿词科，翌年中式，授翰林院检讨，入史馆修《明史》，不久辞归，终老家乡。往往工诗文，诗风近于白居易、杨万里，著有《西堂全集》、《鹤栖堂稿》等。善戏曲，制杂剧五种，传奇一种，合称《西堂乐府》或《西堂曲腋》。清顺治十三年（1656）在旧宅营建"看云草堂"，开始蓄歌童教习昆曲，演所作杂剧、传奇。《清史列传》、《清史稿》、《碑传集》有传。

该书收录尤侗戏曲作品六种，包括杂剧《读离骚》、《吊琵琶》、《桃花源》、《黑白卫》、《李白登科记》（一名《清平调》），传奇《钧天乐》。

《读离骚》，四折，杂剧，《西堂乐府》第一种。卷首有王士禄、丁澎、彭孙遹（康熙三年，1664）之《读离骚题词》三则，吴绮之《采桑子》。此剧创作于清顺治十三年（1656），是作者第一部剧作，也是作者被罢官后的自况之作。本事见《史记·屈原列传》。正目：湘累问天呵壁，渔父说客垂纶；巫女朝云感梦，宋子午日招魂。剧写战国时期，楚国屈原被人诬陷放逐江南，披发行吟，彷徨山泽，作《离骚》、《天问》、《九歌》等千古名篇，最后投汨罗江自尽。屈原死后，被洞庭君迎入水府为水仙。屈原的弟子宋玉、景差、唐勒，均是宫中侍从，向襄王诉说老师“怀忠见放，感愤沉湘”的冤情，襄王闻而悔悟，命宋玉等人五月初五在江边代为设祭，请巫阳为屈原招魂。剧中穿插宋玉随从楚襄王游云梦山，作《高唐赋》、《神女赋》的故事。此剧完成后，曾得家班演出，也曾献入宫中，由教坊内人演奏成为宫中雅乐，得到顺治皇帝赞赏。与此剧题材相同的戏曲作品有：元睢景臣《楚大夫屈原投江》杂剧，元明间无名氏《屈大夫江潭行吟》杂剧，明徐应乾《汨罗记》传奇，清袁于令《汨罗记》传奇，以上均佚；清郑瑜《汨罗江》杂剧，张坚《怀沙记》传奇，今存；京剧、川剧、秦腔、评剧、越剧、粤剧、河南曲剧有新编历史剧目《屈原》、《汨罗江》、《屈原投江》等。

《吊琵琶》，四折一楔子，杂剧，《西堂乐府》第二种。卷首有彭孙遹之《吊琵琶题词》。此剧创作于清顺治十八年（1661），本事见《汉书·元帝纪》、《西京杂记》。正目：呼韩邪求婚画障，汉元帝嫁女龙沙；王昭君梦回宫阙，蔡文姬泣吊琵琶。剧写汉元帝时，宫女王昭君拒绝向画工毛延寿行贿，被毛延寿丑化真容而不得面见皇上。元帝偶然经过昭君幽居的永巷，见到面容秀美的昭君正在弹奏琵琶，于是带她回宫封为妃子加以宠爱，同时下令斩首毛延寿。毛延寿闻讯逃到匈奴，向单于呼韩邪进献未经丑化的昭君真容图副本，呼韩邪按图向汉室索要昭君和亲。匈奴强大，汉室衰微，朝廷上下无策，元帝只得将昭君送与呼韩邪。昭君更换戎服，弹奏琵琶与元帝作别，在番汉交界的交河投水而死。呼韩邪十分悲痛，恨毛延寿断送美人性命，又失番汉两家和好，令将毛延寿斩首。昭君魂归汉宫，与元帝梦中相会。若干年后，蔡文姬流落匈奴，作《胡笳十八拍》到昭君墓凭吊，昭君魂魄怀抱琵琶在青冢墓前领受。同题材戏曲作品有元马致远《汉宫秋》杂剧，明陈与郊《昭君出塞》杂剧，明无名氏《和戎记》传奇，清薛旦《昭君梦》杂剧。

《桃花源》，四折一楔子，杂剧，《西堂乐府》第三种。首有彭孙遹、吴绮之《桃花源题词》。此剧作于清康熙元年（1662），本事见《晋书·陶潜本传》、陶渊明《桃花源记》。正目：陶处士去官彭泽，王刺史送酒浔阳；

白莲社参禅慧远，桃花源问渡渔郎。写东晋陶渊明不愿折腰拜见都邮，辞去彭泽县令的职务，临行作《归去来兮辞》述怀。辞官后，陶渊明每于酒后赏菊或抚弄无弦琴，自谓“但得琴中趣，何劳弦上声”。江州刺史王弘，久慕陶渊明风节，唯恐贸然相访不被接纳，于是先遣白衣使者送酒表示敬意，再请故人庞通邀他同赴庐山听法，在去庐山的途中与陶渊明相见。慧远法师持律精苦，而特为陶渊明沽酒讲法。陶渊明彻悟，自撰祭文、挽歌，准备告别人世。白莲社周续之等人闻陶渊明克期告逝，各自携酒前来生祭。武陵渔人误入桃花源，向桃花源仙长提及陶渊明曾作《桃花源记》记述此地。桃花源仙长告诉渔人，陶渊明本为桃花源仙人，谪在人间为松菊主人，如今限期已满将要回归，命武陵渔人在桃花洞口等候迎接。同题材杂剧作品有清代许潮撰《陶处士》和李崇恕撰《桃花源记》。

《黑白卫》，四折，杂剧，《西堂乐府》第四种。卷前有清康熙三年（1664）彭孙遹之序。此剧创作于清康熙三年，本事见唐人小说《聂隐娘传》。正目：老尼姑说剑终南地，磨镜郎乔做东床婿；刘仆射大战素红幡，聂隐娘戏跨黑白卫。剧写唐代魏博藩镇押衙聂锋的女儿隐娘，十岁被终南山老尼偷去传授剑诀、剑术，十五岁学成被送回家。临离开终南山时，老尼赠四句偈语：“遇镜而圆，遇鹊而住，遇空而藏，遇猿而聚”。隐娘回家后，择磨镜少年为婿，应偈语“遇镜而圆”。魏博藩镇节度使田季安，以金帛聘隐娘夫妇为左右吏，并暗地遣杀陈许节度使刘昌裔。隐娘夫妇骑着用囊中纸钱化成的黑白二卫（即黑驴、白驴）来到大梁城，一弹命中在城门口遇到的喜鹊。刘昌裔预知隐娘夫妇将至，命牙将在城门迎候相请。隐娘夫妇甚为奇怪，因而想起“遇鹊而住”的偈语，于是归服刘昌裔。隐娘剪发系于红绡，送至田季安枕前以示不返，又设红白二幡作法，杀死田季安派来暗杀自己及刘昌裔的精精儿，并用药物把精精儿毛发不存地化成水。田季安又派妙手空空儿行刺，隐娘记起“遇空而藏”的偈语，让刘昌裔用阗玉护住脖颈，自己则变成蠛蠓藏在刘昌裔肚肠之中。空空儿至，一剑没有击中刘昌裔脖颈，于是翩然而逝。刘昌裔感谢隐娘救命之恩，入觐时请隐娘夫妇护送。终南山老尼与隐娘有二十年相聚之约，隐娘留下黑白二卫，孤身入山寻师，中途遇见白猿，想起“遇猿而聚”的偈语，便随白猿前行，终于与老尼、李十二娘、荆十三娘、车中女、红线相聚。弟子们各述因缘、功绩。玉帝下旨，召老尼同聂隐娘等弟子速赴天庭共论剑术。此剧完成后，颇受当时士大夫们的欢迎，王士祯曾把剧本带到如皋，与冒辟疆、陈其年分授家伶演出。民国年间，程砚秋曾根据此剧编演京剧《聂隐娘》。

《李白登科记》，一折，一名《清平调》，杂剧，《西堂乐府》第五种。首有黄鹤山樵黄冈杜濬之《李白登科记题词》，清康熙七年（1688）尤侗自序，梁玉立评语。卷端题："李白登科记，亦名清平调，吴侬晦庵填词"。此剧创作于康熙七年（1668），系根据史实及传说虚构而成。剧写唐开元年间开科取士，玄宗李隆基因前几次开科均未得奇才而闷闷不乐，因此命杨贵妃代为批阅试卷点定状元。杨贵妃见卷中多为俗笔，唯李白、杜甫、孟浩然三卷可称鼎足，而其中又以李白所作《清平调》为最，于是提笔点定李白为新科状元。李白见驾，得御赐宫花、纱帽、袍带、朝靴而走马游街、雁塔题名。途中，秦国、韩国、虢国三位夫人争睹新科状元的风采。杨国忠奉旨陪同李白曲江赴宴，席间令教坊梨园子弟歌舞李白所作《清平调》。李白酒醉归第，路遇范阳节度使安禄山。安禄山出口不逊，李白扬鞭抽打，安禄山负痛而去。高力士奉诏来到状元府，宣布钦授李白为翰林院学士，并带来杨贵妃赐予的"状元红"鲜荔枝为李白解酒。李白让高力士为他脱靴安寝。同题材杂剧作品有清初张韬《续四声猿·清平调》。

《钧天乐》，二卷三十二出，传奇，《西堂乐府》第六种。卷端题："钧天乐，吴侬悔庵填词"。首有清康熙四年（1665），南兰陵丽农山人程村氏题于骥江城南精舍之《序》、作者之《自记》。此剧创作于清顺治十四年（1657），为作者自况之作。上卷目：立意、歌哭、命相、场规、叹榜、浇愁、痴福、嫁殇、悼亡、祷花、贼难、哭友、逐客、伏阙、哭庙、送穷；下卷目：天试、天榜、天宴、瑶宫、蓉城、地巡、水巡、校书、仙访、入月、世巡、渡河、再访、闺晤、奏婚、连珠。剧写吴兴书生沈白、杨云相约进京赴试，满腹才学却落第而归。官宦、富商子弟贾斯文、程不识、魏无知三人不学无术，用权势金钱与考官何图暗通关节，便分别得中状元、榜眼和探花。魏无知的妹妹寒簧，淑美而有文才，与沈白定有婚约，因沈白家贫一时未能迎娶。寒簧闻沈白落第，抑郁而病，又接兄长令改嫁程不识的家书，病情加重忧愤而死。沈白到魏家吊唁，归途中探望杨云，遭遇马踏天流寇之乱，杨云夫妇相继死于贼难。沈白妻死友亡，欲再次进京赴试，请旧亲魏无知资助。魏无知不承认这门穷亲，令手下把他赶出家门。沈白怒而进京，上疏指斥朝政弊端，被校尉打出宫门。沈白穷愁潦倒，到项羽庙哭诉不平之恨，感动项羽、虞姬泥塑神像。项羽向沈白托梦，让他回家等待转机。沈白回家，送走纠缠多年的五个穷鬼，但终因极度穷困而身亡。天帝怜才，在天宫开科，命文昌帝亲任主考，沈白、杨云、李贺赴试，分别得中状元、榜眼、探花，官授修文郎。举行天宴时，苏轼奉旨作陪。席间，仙人演奏钧天广乐，翩翩起舞。此后，李贺留在白玉楼校书，沈白、杨云奉旨巡察地府、水府和人间。他们在人间查办京城科考之弊，令雷神击杀贪赃受贿的考官何图，又令值日功曹擒拿贾斯文、程不识、魏无知予以严惩。杨云在天宫蓉城与妻子齐氏重逢，沈白也在月宫找到寒簧。玉帝降旨赐宴，令沈白、寒簧在天宫结为夫妇。此剧完成后，作者曾教习家乐演出。次年（顺治十五年，1658），科场弊案发，此剧因与另一部揭露科场舞弊的传奇《万金记》同时问世，所以遭到朝廷的追查。查办官员向剧作者索贿，作者躲到北京才免遭厄运。（刘效民）

朱　㿥

《十五贯》

十五贯传奇二卷　传奇。清朱㿥撰。《新传奇品》著录。清抄本。二册。此为两个不同版本拼凑而成。上卷为半叶六行，行二十六字。叶心高宽：22.5×11.4。唱词注蓑衣式宫谱，朱笔点板，第六出有几处注有昆曲锣经。出目包括：开场、计佣、付环、买药、姑援、当环、屈招、赠贯、盗杀、遭捉、负冤、运惜、监会、宿庙（正文缺）。下卷分两本，行款不一。叶心高宽：25.6×15。卷前目录叶题二十四个出目，上本包括：昆别、付环、拾环、逼女、当环、前审、商助、杀劫；下本：皋桥、后审、朝审、监会、宿三、女监、判斩、见都、踏勘、测字、辩冤、大审、谒师、螟蛉、拜香、团圆。正文仅存十二出，包括：高（皋）桥、军牢、监会、朝审、（仅题：

“补朝审牌”，及四行字）、宿庙、女监、（《判斩》、《见都》题“另录”）、踏勘、办白（辩冤）、审豁、谒师、议婚、说亲、团圆。正文前有音读字一篇。唱词注蓑衣式宫谱，朱笔点板。《踏勘》一出身段提示较多。

朱皠（1620—1701 前后），字素臣，号苼庵或笙庵，江苏吴县人。出身寒素，喜度曲，善吹笙。与朱佐朝为兄弟，与李渔、吴绮、尤侗等均有来往。所撰传奇 17 种，今存《锦衣归》、《未央天》、《聚宝盆》、《十五贯》、《文星现》、《龙凤钱》、《朝阳凤》、《秦月楼》、《万年觞》、《翡翠园》十种。另有《振三纲》、《狻猊璧》、《忠孝闾》、《四圣手》、《一着先》、《瑶池宴》、《全五福》传奇七种及《杜少陵献三大礼赋》、《琴操问禅》、《杨升庵妓女游春》杂剧三种，均佚。此外，与朱佐朝等合著《四奇观》传奇，与邱园等合著《四大庆》传奇，与叶时章等编定李玉《清忠谱》传奇，今存。与过孟起等合著《定蟾宫》传奇，已佚。

该剧本事源于宋话本《错斩崔宁》。剧演明朝，淮阴人熊友兰、熊友蕙二兄弟皆爱读书，因父母双亡，家境窘困，兄友兰外出做舵工以贴补家用。熊家比邻是冯玉吾所开粮店，冯玉吾之子名锦郎，面貌极丑，其养媳侯三姑容貌娉婷，资性伶俐。玉吾将十五贯钱与新购的耳环交与侯氏，准备让她与锦郎结婚。友蕙的书房与侯氏卧室仅有一墙之隔，老鼠将冯家耳环衔到熊家。友蕙整理书架时发现耳环，以为是上天所赐，遂用耳环到粮店兑米，被玉吾辨出。友蕙深受老鼠损书之害，将鼠药置于饼中。不想老鼠将毒饼衔于冯家，锦郎误食毒饼顿时毙命。冯玉吾认定是侯氏与友蕙通奸，有意害死锦郎，并以耳环作证告到官府。山阳县衙过于执不容分辩，将二人投入狱中，又以友蕙藏匿冯家十五贯钱钞严刑逼供。友蕙倍受摧残，命在旦夕。友兰从船客口中闻听此事，悲痛欲绝，昏死在船上。船客陶复朱好义，立即取十五贯钱赠给友兰。友兰携钱连夜匆匆回家救弟。至无锡高桥，遇苏戌娟向其问路。戌娟本名门之女，因父亲早亡，故随母改适游二。游二乃一屠夫，诨名“油葫芦”，因生活拮据，向其姐借贷十五贯，准备开肉铺。游二向戌娟戏言，钱是将她卖给富家作陪嫁丫鬟得来的。戌娟信以为真，连夜出逃投奔姑妈。当夜有赌徒娄阿鼠至游家行窃，杀死游二，抢走十五贯钱。次日凌晨，邻人察觉命案，报到官府，官府派人追寻凶手。他们见戌娟与友兰同行，又从友兰身上搜出十五贯钱，便认定二人是通奸杀父，劫财而逃，于是将二人扭送官府。过于执刚刚升任常熟府理刑，不容分辩，将戌娟、友兰屈打成招，定为死罪。新任太守况钟，夜宿城隍庙，梦见两个野人各衔一鼠，向他长跪哀泣。秋审奏下，熊氏兄弟及侯氏、戌娟均当决。况钟心中大疑，夜半击鼓请见抚军周忱，请愿切勿遽决，允其缉访半月。况钟亲自至友蕙及侯氏内室寻查，终于发现鼠洞中的毒鼠、余饼及十五贯钱钞，使友蕙、侯氏冤案得到昭雪。况钟又扮作测字先生，亲往无锡查访，诱捕娄阿鼠，使友兰、戌娟案情大白。况钟做主将戌娟嫁与友兰，侯氏嫁与友蕙。近世京剧、川剧、滇剧、晋剧、评剧、闽剧、秦腔、皮影戏等均有《十五贯》剧目；清代弹词《十五贯》；鼓词《双熊梦》；宝卷《双奇冤》均演此事。1956 年浙江昆苏剧团据此改编的昆曲《十五贯》，演出后在全国影响很大。（吴秀慧）

《聚宝盆》

聚宝盆传奇二卷三十出　传奇。清朱皠撰。《新传奇品》著录。民国朱丝栏精抄本。一册。半叶十行，行二十四字。版框高宽：16×11。卷端题："清初吴县朱素臣撰"。

该剧主人公沈万三，元末明初确有其人，原名沈秀，其事散见于正史及野史笔记中。如：沈万三筑城犒军事，见《明史·太祖孝慈高皇后列传》、《云蕉馆纪谈》等。此剧杂取诸家记载及民间传说，加以虚构、润饰而成。上卷目：斗华、渔樵、度蚌、赠盆、试盆、嫁妹、边寇、议剿、期周、宫讯、私访、忧难、赏军、献计、筑城；下卷目：闺愁、求救、破法、全城、训法、算账、观灯、掘藏、双捷、空喜、合兵、崩山、驾访、功成、宝圆。剧叙明初江苏人沈万三，以打鱼为生。其妻赵氏夜织晓耕，颇具治生之道。万三常与樵夫张尤儿往来。尤儿妹丽娘与赵氏交好。某日，万三与尤儿同至泖峰渔樵，遇孽龙追杀蚌精车峨，车峨慌忙逃跑，遗下蚌壳。万三将壳推入水中，使车峨获救。后来，车峨嫁南海龙王鳌光之子为妻。为报答救命之恩，车峨说服龙子，将龙宫之聚宝盆赠与沈万三。万三归家，投一文钱于盆中，霎时会生出许多金钱，而且取之不尽。万三置宅买地，骤成巨富。张尤儿羡慕不已，遂以妹丽娘嫁万三为妾。一年后，丽娘双生二子。万三给满周岁的孩子过生日，诚意伯刘基前来贺喜，他向万三警示未来祸福。万三遵其言，在后园建造天遂阁，供奉太祖、皇后龙位，朔望焚香，广行布施，并填于籍册。万三将长子继勋过继与刘基以避奇祸。太祖朱元璋游宫，遥见沈家楼阁高耸，疑其有意窥视宫苑，欲以重罚。刘基以高楼朝皇宫一面没有窗户为由巧为万三掩饰。朱元璋疑心未释，亲至张尤儿茶馆微服私访沈家情况。张尤儿因私欲未满，对万三心生怨恨，遂大进谗言。朱元璋嘉奖尤儿忠心，当即将其授为锦衣卫指挥之职。朱元璋在张尤儿蛊惑下，命万三立即盖瓦厂，并要求用红桌摆菜肴一万桌，助饷白银五十万两，大宴三军。万三一一办到。尤儿又生一计，让朱元璋传旨，令万三在一个月之内筑城墙四十七里半。期限将到，城墙筑完，但西城城角屡屡塌陷。万三将聚宝盆埋入土中，令其生土筑城。不料，此事被张尤儿发现，遂以假盆调包。万三财尽计穷，到期不能完工将被斩首示众。刘基令丽娘求神仙帮助如期完工，使万三免罪，被授户部户司之职。尤儿再次生事，建议朱元璋给万三一文银钱，逐日对合取利，一个月后还本利亿万。万三倾家荡产难以偿还，朱元璋下令将其抄家罢职。未几，万三掘得窖藏金银，不敢露富，仍清贫度日。万三之子继勋、继功渐已成人，赴试夺得文武状元。次子继功会同李文中平北，建立战功。朱元璋访游沈氏旧居天遂阁，见沈家朝拜皇帝皇后的记录册，才知道万三所受之冤。朱元璋随即诏命万三官复原职，并归还其财产。张尤儿谋得聚宝盆后，屡试不验反遭鬼击。聚宝盆重归沈家。蚌仙车蛾又赠万三长生不老仙方。沈万三荣华富贵兼得，设宴庆贺。（吴秀慧）

《四奇观》

四奇观存头本十出　传奇。清朱皠、朱佐朝等四人合撰。《曲海总目提要》著录。清抄本。二册。半叶六、七行，行二十七字左右。叶心高宽：25×10.2。卷端题："四奇观头本"。钤"曼殊傅氏所藏"印记。书内夹有民国时期国剧陈列馆书签，其中"备考"一栏题："昆曲勾腔吹腔合唱，昆曲勾腔吹腔合唱本"。

该剧写宋朝包拯奉旨到江浙审理酒、色、财、气四个公案的故事，今存头本酒案。酒案本事见清李渔小说《连城璧》第十二卷《贞女守贞来异谤，朋侪相谑致奇冤》。出目包括：金殿奏事、梦兆荣行、念兹醉戏、弄假成真、回家问情、下药捉姜、屈打成认、休妻卖妾、王氏含冤、阴阳大审。剧写书生马驌、简日章、宁廉、姜念兹相邀游春。姜念兹途经马驌家，趁马驌不在调戏马驌妻妾，被马驌妻妾辱骂赶出，因而恼羞成怒，决意挑唆马驌痛打妻妾出气。姜念兹沿途饮酒，见到诸友时，自称与马驌妻妾饮酒、风流所以来迟。诸友厌他酒后胡言，罚饮冷酒。他又声称才与马妻云雨，饮冷酒将得阴虚症而死，说完便中风倒地不省人事。次日，姜念兹病情加重，被医生吴兴老确诊为患阴虚症而死。马驌见姜念兹的话得到印证，深信妻妾不忠，于是休妻卖妾，自己准备出家。马妻王氏被休，到包公面前喊冤。包公因姜念兹已死，于是到城隍阴司查证办案，适逢五殿小鬼押姜念兹前来造册，称姜念兹犯有酒后狂言，拆人夫妇之罪。次日包公在公堂宣判马驌妻妾清白无辜，并判明姜念兹之死是因吴兴老下药不对症所致。吴兴老闻判受惊昏死。城隍在阴司审案查明，姜念兹平日倚财仗势为害一方，吴兴老久欲为民除害，这次明知姜念兹患的是外受风寒内受邪火之症，而故意按姜念兹自己所述阴虚症开补药，致使姜念兹服药身亡。城隍认为此举情有可原，判吴兴老无罪还阳，又因姜念兹在阳间做事不端，判割其舌尖打入地狱。（刘效民）

花邨居士 等

《也春秋》

也春秋传奇二卷三十二出　传奇。清花邨居士、紫楼逸老、云岳山人、步柳渔甫同撰。《古典戏曲存目汇考》著录。清初刻本。四册。半叶八行，行二十四字，有界栏，白口，左右双边，单黑鱼尾。版框高宽：18.3×11.6。函套签题："顺治刻本"。首序尾跋残。正文前有赵继序、金鼎、查洪埘、潘伦、吴世彪、汪缵善、陈宗器、查同、徐箫、胡周、陈允旦、潘宠、查传炳、胡晋、汪永聪、戴廷魁、吴元滏、陈古斋、胡寅、查思尹、汪曾泰、吴云岳、汪新、吴山秀、胡新寅等人所题词赋，并附葛公（仁杰）留别诗词。目录处有后人朱笔题记。卷端题：“花邨居士、紫楼逸老、云岳山人、步柳渔甫同填，古愚道人校正”。钤“逢吉”白文印记。

花邨居士等（清初时人），姓字、里居、生平皆不详。

该剧上卷目：提纲、赴任、迁家、虎寿、兽祝、孽会、花灯、搬居、交护、计害（目录处“计害”在前，“交护”在后）、蜂媒、耕耤、蝶约、别兄、幽欢、阴告；下卷目：狠图、叙话、逼休、捉奸、鞫问、给匾、锡麟、探监、阻遁、起解、投辕、批绞、雷殛、升任、法悟、团圆。剧述河南宋墉家门不幸，到休宁投奔好友赵锡蕃。承锡蕃多方照顾，宋墉得以安居。当地余氏母子人称四虎，横行乡里。逢锡蕃外出访友，宋墉出门讨账之际，余春到宋家与宋妻李氏、弟媳程氏行风流事。宋墉归家夜，余春闯入宋家，逼其写休书，并吊打他。宋墉被救后告到县衙，新任县令葛仁杰为民除害，杀余春以平民愤，其余三虎亦遭报应。仁杰为官清廉得以升迁，其二子梦麒、梦麟也新科高中，衣锦还乡。（戴云）

陈二白

《称人心》

称人心传奇二卷二十四出　传奇。清陈二白撰。《新传奇品》著录。清乾隆三十八年（1773）孙茂芝抄本。二册。半叶九行，行二十五至二十九字不等，叶心高宽：23.8×11.4。封套签题：“称人心传奇，乾隆癸巳抄本”。卷首有“称人心总纲目录”，卷尾题：“癸巳年重阳录完，称人心下本终，孙茂芝笔”。有“碧蕖馆藏”、“浮槎氏所藏曲”、“惜华真赏”章。

陈二白（1622？—1692？），字于李，一作于令，长州（今江苏苏州）人。善戏曲。除该剧外，尚撰传奇《双冠诰》、《彩衣欢》（仅存佚曲一支）、《昼锦归》（佚）。《新传奇品》称其词如“闺女靓妆，不增矫饰”。

该剧上卷目：开宗、謄屏、祝庆、作诗、买扇、遣讨、和韵、（正文第八出多一“和韵”）、吟桃、许姻、倩媒、报信、娶亲；下卷目：述情、催亲、送诗、相逢、考试、得第、抗姻、覆音、参谒、明冒、团圆。剧述宰相卫廷谟之女星波文才出众，逢其父六旬寿诞，星波作《谒金门》一词题于扇上以寿父。廷谟门生徐景韩来拜寿，见此寿扇，对星波之才极为赞赏，便欲为友文怀作合。此时文怀正寄居于官衙之中，他偶然见到翠华村裁缝洛小溪之女洛兰藻的题扇诗，遂和诗一首，并央冰人做媒，聘兰藻为妻。卫廷谟闻听此事，命婢女扮作文怀，将兰藻娶回相府。后文怀赴考高中，经过一番波折，文怀并娶星波、兰藻。此剧关目与《风流配》相同，只姓名诗句各异。《曲海总目提要》认为："盖必其时共闻有此事影响，各演一剧，或因见新出稗官，爱其耸听，增饰点缀成之也。" （戴云）

万　树

《拥双艳三种》

拥双艳三种　传奇剧本集。清万树撰。《古典戏曲存目汇考》著录。清康熙二十五年（1686）粲花别墅刻本。十二册。半叶九行，行二十一字，白口，四周单边。封面右栏题："阳羡万红友编次"，中栏题："拥双艳三种"，左栏题："风流棒、念八翻、空青石，粲花别墅藏板"。上书口题每剧剧名，下书口题："粲花别墅"。每剧均有封面，右栏均题："粲花别墅"，中栏均题各剧剧名，左栏均题："红友寓言"，框上均横题："乐府新编"。正文有总评、夹批。

万树（1625？—1687），字花农，号山翁，别署红友山农。江苏宜兴人。剧作家吴炳的外甥。曾作为国子监生游学京都。康熙年间为两广总督吴兴祚幕僚，闲暇时为吴家伶人作剧演出。万树制曲严谨、富于文采，对词的格律颇有研究，著有《堆絮园集》、《香胆集》、《词律》等。撰杂剧八种：《三茅宴》、《玉山会》、《青钱赚》、《珊瑚球》、《焚书闹》、《舞霓裳》、《骂东风》、《藐姑仙》，均佚；传奇九种：《十串珠》、《玉双飞》、《金神凤》、《黄金瓮》、《资齐鉴》、《锦尘帆》、《空青石》、《念八翻》、《风流棒》，仅存后三种，称为《拥双艳三种曲》。

《风流棒》，二卷二十六出，《拥双艳三种》第一种。版框高宽：18.3×13。卷首有康熙二十五年（1686）吴秉钧、吴棠祯二序。卷端署："阳羡红友山农万树编次，古越琰青道人吴秉钧题评”。上卷目：情略、诗醉、赴浔、闹閙、骇狂、舟赠、赚札、疑妄、旅病、春颠、倩疗、述情、鬼婚；下卷目：证奸、椎靖、误瞥、怒逃、击窜、妪泄、再诳、错招、释讹、惩凶、佯愤、闺剖、打喜。述书生荆瑞草因诗结缘谢林风，却追逐不得，后遇倪菊人，却误作才女能文，见能文貌丑而拒婚，后几经波折，终与谢倪二女完婚，洞房之夜，谢倪二人命侍女棒打薄情郎。

《念八翻》，二卷二十八出，《拥双艳三种》第二种。版框高宽：18.1×13。卷首有康熙二十五年（1686）吕洪烈序。每卷目录处题："玉壶乐府念八翻传奇"。卷端署："阳羡红友山农万树编次，姚江药菴居士吕洪烈题评"。上卷目：翻案，闻艳，救侠，借史，读史，议触，狱候，惊别，商骗，女窜、途结、代殭、苏语、汇计；下卷目：防露、伪疯、男窜、收媛、番订、识主、禅愤、诳奸、疏剖、籴逢、互谦、屠凶、剿捷、双成。述书生虞柯乡试后留于开封，宿尼姑庵旁。听闻祝翰林之女凤车美貌多才，托尼姑向其借书，还书的时候附赠《玉壶乐府》。凤车和其友妓女阮霞边钟情于虞柯，三人私定终身。虞父遭奸人诬陷，虞柯受牵连。几番周折，与祝凤车、阮霞边完婚，因情节复杂，经历二十八个转折，故为《念八翻》。

《空青石》，二卷二十九出，《拥双艳三种》第三种。版框高宽：18.5×13.2。卷首有康熙二十五年（1686）山阴吴棠祯序、目录。卷端署："阳羡红友山农万树编次，山阴雪舫溪渔吴棠祯题评"。上卷目：情谱、胁石、聋误、鹊和、坠笺、祝拘、屏觇、代绁、隽觅、姆辨、阉婚、农酣、神褫、拾珍、庸叛；下卷目：述笑、赝绐、尼嘱、阻闱、商援、畅弹、剖盟、医诨、奸穷、边靖、纶讹、赐嫔、醮考、鼎圆。述燕京人钟青，家藏治眼良药"空青石"。吏部侍郎曲得侯失明，其侄曲善向钟青讨药。其仆误送药于礼部侍郎鞠躬，鞠躬赠赵松雪藏十三行法帖，以示谢意。法帖内附鹊桥仙一词，钟青误以为曲家小姐所做，上门提亲，被羞辱。后得知实情，终与公主之女珊然、鞠躬之女鞠书仙完婚。（申文）

《风流棒》

风流棒存头二段十一出　传奇。清万树撰。《曲海目》著录。清抄本。二册。半叶八行，行二十七字左右。叶心高宽：22.8×15.1。封面有"坚持正觉”、“张满沧印”、“草溪”印章。卷端有“惜华所藏戏曲文献”、“满州富察氏宝泉惜华”、“碧蕖馆藏”印章。正文多处注宫谱、道具、服饰等。

该剧头段目：诗引、诗醉、闹闹、骇狂、舟赠、赚扎、蛮逆；二段目：疑妄、旅病、春颠、鬼婚。述谢墅之女林风到仙林寺探望舅父，于寺内题诗一首。书生荆瑞草到杭州乡试，偶见题诗，心生爱慕，无心考试，将题诗和自己作的和诗写于卷上，匆忙交卷。瑞草误闯赖家官船，将倪菊人误作赖家千金能文，因其才貌又生爱意。林风舅父批阅考卷发现瑞草和诗，视为人才，欲成其与林风之好，瑞草之友童同绰冒其名欲与林风成婚。值番兵侵犯，谢墅为考验童同绰的才能，派他率兵御敌。瑞草追赖家小姐到贵州，相思成病。立春时节，瑞草化装穿上菊人所赠女袄，进入赖家狂舞。以下剧情残缺。京剧、昆剧有同名剧目。（申文）

徐　沁

《载花舲》

载花舲传奇二卷三十二出　传奇。清徐沁撰。《曲海目》著录。清康熙间曲波园刻本。二册。半叶九行，行二十字。版框高宽：19.9×12.9。有眉批。图六帧，镌有：“敏修王赞画，胡先智精刻”字样。卷前目录钤“积学斋徐乃昌藏书”印。卷端题：“若耶野老填词，鹿谿居士评阅”。

徐沁（1626—1683），字永浣，又作冰浣、水浣。号埜公，别署若耶野老、耶溪野老。浙江余姚人。博通经史，善于考证。清康熙十七年（1678），举博学鸿词，辞不就，退居耶溪。有《秋水堂稿》、《越书小纂》、《三晋纪行》、《楚游录》、《墨苑志》、《谢皋羽年谱》等作问世。所作传奇被称为《曲波园传奇》，今存《载花舲》、《香草吟》二种。一说《芙蓉楼》、《广寒香》、《易水歌》、《丰乐楼》等传奇亦为徐作。

该剧上卷目：佳话、幻想、论心、促赴、怜丑、贡异、遇述、胜集、企重、会舟、奉使、对床、倩媒、却嫁、敦促、入犯；下卷目：歌送、祖别、罗艳、豪抢、逼窘、翰苑、依避、徂征、病占、经临、设计、受抚、寻踪、唱情、舟会、班师。剧述贵公子荀咏闲游苏州，设计款待丑妓殷阿赛，极尽怜爱，以博名妓王朝霞一见。王朝霞感荀咏奇事，亲赴载花舲上与荀咏相见，一见如故，引为至情。荀咏被朝廷召回抗倭，临别向王朝霞许下三年五载之诺。别后，王朝霞遭皮瀛侮辱，幸得陆损庵相救，后得避谈二妈处。三年后，荀咏抗倭路经苏州，王朝霞得知后作载花舲弹唱词话，请乔大姐传唱。荀咏抗倭得胜，私访王朝霞得闻词话，二人再聚载花舲上，王朝霞随荀咏班师回朝。（王学锋）

《香草吟》

香草吟传奇二卷三十二出　传奇。清徐沁撰。《曲海目》著录。清康熙曲波园刻本。四册。半叶九行，行二十字。版框高宽：19.2×13.5。图六帧，镌有："王君佐镌，王赞写"字样。有眉批。卷首有署"湖上笠翁题于也宜楼"之《香草吟传奇序》，并作者《香草吟题词》。卷端题："若耶野老填词、湖上笠翁鉴定"。

据作者《香草吟题词》，故事本自虞山萧观澜之《桑寄生传》，并加入晋末宋初刘寄奴、刘牢之等部分史实。全剧以本草药名为目名或人名，故名《香草吟》。上卷目：纲目、制酒、郁滞、望闻、问切、贯众、降香、车前、合剂、蛇蜕、粉草、诃子、贝齿、菊饮、含笑、草寇；下卷目：天雄、续随、将离、将军、香附、蜡丸、急救、烟诫、火麻、白信、苦梗、外伤、内感、决明、合欢、丸散。剧述东晋末年，桑寄生与刘寄奴（即刘裕）于风尘中结为兄弟，同往蜜陀僧处占卜前程。蜜陀僧认为刘宜远行，桑应静守。此时，红侍中遗孀贝母与女儿红娘子投靠内亲镇东将军杜仲不遇，暂住周内史处。红侍中三年丧期已满，贝母请蜜陀僧超度。桑寄生车前与红娘子偶遇，互生情愫。桑寄生为见红娘子，应约笺注本草暂住周内史处。香草亭上，红娘子题情诗为桑寄生揭走。周内史宴请桑寄生，桑寄生题重阳诗表露心迹，红娘子睹诗愈见喜爱。刘寄奴远行斩除蚺蛇，因此获得官位。他路过京口，劝桑寄生参与平乱，匆忙之中，桑寄生无奈与红娘子不辞而别。草寇木大王作乱，杜仲至京口平寇，收留因战乱而流离的贝氏母女。杜仲被围，桑寄生率兵解围。香草亭中，桑寄生再题诗，与红娘子重聚。（王学锋）

周　树

《冯驩市义》

冯驩市义杂剧四折一楔子　杂剧。清周树撰。《曲海总目提要》著录，但将作者误为“周起”。朱丝栏旧抄本。卷端题：“冯驩市义杂剧，萧山周起辛树，一名之道，又字次修编”。半叶九行，行二十字。版框高宽：17.2×11.7。稿纸叶心下印“清秘阁”三字。有夹批，剧后有批语、总评。

周树（1637？—？），一名之道，又名湜湜，字起辛，又字次修。浙江萧山人。年十四廪于庠，年十九，其父远宦，自驱驴往省父，后始迎归。康熙十八年（1679）荐博学鸿词，官宣平教寓。工诗词，著《倚玉堂文抄》、《载道堂文集》、《壁上词》等。精于北剧，并喜论曲。

该剧取材于《战国策》、《史记》，正目为：冯先生作客抱铗三弹，孟尝君辞相齐呼万岁。述战国时孟尝君田文好客，一些鸡鸣狗盗之徒均往投之。冯驩听说往投，孟尝君问其有何能，答曰无所长。孟尝君以下客待之。冯驩见此，弹铗唱道：食无鱼，出无车等，孟尝君听后满足了他的要求。孟尝君因食客众多，封邑所入不足以奉客，于是派冯驩前往薛地收账。冯驩到薛后，见百姓生活困苦，便搭下席棚，宰牛买酒，请百姓吃喝，又将所有债券一把火焚烧掉。百姓欢天喜地，称赞孟尝君。孟尝君辞相位后来到薛地，百姓闻之，竟相到路边欢迎，口中齐呼万岁。孟尝君方才明白是冯驩替之买义。孙楷第谓该剧“词白格调，均力摹元人，差得其似。其不尚词藻，唯以俗语铸词，亦是元人家法。唯音节浏亮似仍不及，而宾白拟元太过，反欠自然。”（《戏曲小说书录解题》）（戴云）

朱佐朝

《乾坤啸》

乾坤啸二卷二十八出　传奇。清朱佐朝撰。《新传奇品》著录。清乾隆抄本。二册。朱笔圈点。半叶十行，行二十八字。叶心高宽：22.2×11.6。正文有“如山读过”印章。

朱佐朝（生卒年不详），字良卿，吴县（今江苏苏州）人。朱皠兄弟，当时并称“二朱”，均善作曲。撰传奇二十五种，今存《莲花筏》、《锦衣裘》、《御雪豹》、《石麟现》、《九莲灯》、《璎珞会》、《乾坤啸》、《艳云亭》、《夺秋魁》、《万寿冠》、《双和合》、《五代荣》、《牡丹图》、《渔家乐》、《血影石》、《吉庆图》、《寿荣华》十七种，《飞龙凤》存佚曲一支；《太极奏》、《玉素珠》、《瑞霓罗》、《赘神龙》、《万花楼》、《建皇图》、《宝昙月》七种已佚。朱佐朝还与李玉合作《一品爵》、《埋轮亭》传奇，与朱素臣等四人合著《四奇观》传奇，改订朱云从《龙灯赚》为《轩辕镜》传奇。《传奇汇考标目》在朱佐朝名下尚列有《清风寨》、《朝阳凤》；《曲考》则多出《一捧花》。其作大都取材历史传说，作品曲词通俗，风格粗犷。

此作为影射明万历年间韦妃为子陷害乌皇后为子而作。写北宋汝宁人乌廷庆，字巨理，三代将门，一门忠孝，其妹是正宫皇后。乌廷庆任檀州都统制，被加封为大元戎，走马上任之前，烧毁乡亲欠债文契，并令儿子乌绍给每人赠金五两，因而获得百姓称赞。韦继仝以赌博为业，没有获得赠金，因而怀恨在心。其妹被立为贵妃，受到皇帝宠幸，韦继仝亦被召为锦衣。乌皇后斥责韦贵妃以酒色迷惑君王，两人结下仇怨。韦妃欲夺皇后之位，与韦继仝共设诡计，派遣侍女卜凤将利刃放置在御衣中，刀上刻有乌廷庆的刀名“乾坤啸”。皇帝震怒，搜捕乌廷庆全家。乌廷庆子乌绍及妻子俞氏出逃，酒鬼赵豹曾经受恩于他，帮助乌绍杀退追兵，俞氏和赵豹妻史氏投奔文彦博。文彦博受命审理此案，知乌廷庆含冤，但无法断案。皇帝又命包拯审查，韦妃怕事情败露，毒死知情者卜凤，包拯拘得卜凤阴魂勘问，终于真相大白。乌绍才兼文武，考中状元，乌廷庆被释，全家团圆。《曲海总目提要》谓：“事无根据。全系捏出。文彦博、包拯随意点入”。（李玲）

《婵娟兆》

婵娟兆四本存三十出　传奇。一名《牡丹图》。清朱佐朝撰。《今乐考证》朱良卿（即朱佐朝）名下有《牡丹图》剧名。《剧学月刊》一卷九期《玉霜簃藏曲提要》之六《牡丹图》题：“清朱佐朝撰”。清乾隆年间致恭堂抄本。二册。半叶九行，行二十二字左右。叶心高宽：22.8×16.7。封面题：

“婵娟兆”。钤“致恭堂”朱印、“鉴八号”墨印各一枚。卷端钤“惜华所藏戏曲文献”、“满州富察氏宝泉惜华”、“碧蕖馆藏” 朱印三枚。正文中凡“牡丹图”字样均被“婵娟兆”字样覆盖。

出目及故事情节与《剧学月刊》所载《牡丹图》基本相同。头本目：(失名)、兹（辞）别、赴任、演刺、(失名二出)、花宴、窃描、不平；二本目：献图、硬获、驿事、(失名)、分投、午照、曲审；三本目：(失名四出)、虎遇、途投、(失名)、金□；四本目佚。叙宋太师贾似道之子如宜，为补充十院美女，令百官在民间查访，并画其像，名曰“婵娟照”，供他挑选。兵部方司宁伯俦，奉旨巡按西水。伯俦之女桃环，十分美貌。一日，桃环在自家花园观景，不料被画师史无让偷画真容，并被选中，强行送往贾府。途中，桃环被郑虎臣夫妇解救，并送往西水，慌乱中却将桃环画像丢失。科考归家的孙汉夫拾到画像，被贾府误作拐走桃环之人，送交西水巡按候审。当宁伯俦得知汉夫冤枉时，却刚刚卸任，此案已交龙必鼎审理。就在龙必鼎对汉夫欲动大刑时，宁伯俦急中生智，命心腹谎报汉夫中了状元，将其救下。真报录人到，汉夫果中状元。金兵入侵，帝命韩彦直挂帅，调伯俦为经略。贾似道对汉夫无奈，遂遣人加害汉夫之母。孙母被虎臣所救。金邦下书与贾似道，令其做内应，书被郑大娘截获，贾似道因通敌卖国被拿问。汉夫调作军中参谋，伯俦将桃环许汉夫为妻。(吴秀慧)

朱云从

《儿孙福》

寄啸庐传奇儿孙福二卷残存上卷十八出　传奇。清朱云从撰。《新传奇品》著录。清康熙十年（1671）乌丝栏稿本。一册。半叶九行，行二十四至二十六字左右。四周双边，朱笔点板。版框高宽：20.7×12.2。卷端署：“寄啸庐传奇儿孙福，茂苑朱雯虬云从甫撰，山阴高晔晋音氏订”。封套题：“儿孙福传奇，康熙稿本”；上书口题：“赝鸣社苴”，下书口题：“寄啸庐”。最后几叶补抄，半叶九行，行三十四字左右，无栏。卷首有《儿孙福传奇叙》，署：“时辛亥岁季春下瀚日畽溪散人孙慧远圣仪氏题于山塘之翠凝轩”。下有“圣仪”（白文）、“层峦”（朱文）印二。

朱云从（清顺康时人），字际飞，一字雯虬。江苏吴县人。生平不详。所作传奇十几种，仅《儿孙福》、《龙灯赚》传世。他如《一笑缘》、《二龙山》、《人面虎》、《小蓬莱》、《石点头》、《赤龙须》、《别有天》、《两乘龙》、《万寿鼎》、《照胆镜》、《齐眉案》、《灵犀镜》等均佚。

该剧正文前原有目录十五出：叙原、絜贫、嘱别、赚辱、捐生、指迷、拾巾、闹选、逼姻、中选、训婿、投军、蛮乱、托弟、誓师。后经傅惜华（或傅芸子）据正文重新订正为十八出，且名称多有不同，目为：引首、絜贫、试马、嘱别、赚辱、偷盗、捐生、投河、指迷、拾巾、闹选、联姻、中选、训婿、投军、蛮叛、托弟、剿蛮。剧叙淮扬人徐小楼生子女五人，家贫无以为生，学做窃贼以木人头从墙洞探虚实，被发现后遭毒打羞辱，投水自尽。后被老僧救起留在寺中，家人皆以为死。数年后，朝廷选秀女，徐女入宫，册封皇后；其子亦分别中文、武状元等。至寺中追荐亡父，于是父子相遇，一家人团圆。小楼下山时，老僧付一简帖，有偈四句：“二十年前徐小楼，被人赚去木人头。儿孙自有儿孙福，莫为儿孙作远忧。”故名。《曲海总目提要》谓该剧“以讥世之无基而得鼎贵者……作者之意，殆有所指。然设想太幻，全系空中楼阁。”此剧清代盛演，《缀白裘》选入《别弟》、《报喜》、《势利》、《下山》、《宴会》诸出，其中《势利》（又名《势僧》）一出尤为著名。（戴云）

无名氏

《金瓶梅》

金瓶梅传奇存上卷九至十六出下卷一至八出　传奇。清无名氏撰。《传奇汇考标目》著录为郑小白撰，一说为张陆舟撰。清乾隆抄本。二册。半叶八行，行二十八字。叶心高宽：19.8×12.6。封套题：“金瓶梅传奇，乾隆抄本”。有“惜华真赏”、“碧蕖馆藏”朱文印记。

郑小白（约清顺治时在世），江都（今属江苏扬州）人，一说吴县（今属江苏苏州）人。生平不详。善作曲。《传奇汇考标目别本》在其名下还著录“金压屏记，明刊本，二册，见李氏《海澄楼书目》”。

该剧本事见小说《金瓶梅》及《水浒传》，上卷九至十六出目为：烈妇尽节、妒疑收女、金莲诱叔、水迫阄兵、奇观受计、兵围急报、搬非捉奸、飞石敌人；下卷一至八出目为：婚姻注籍、西门谋娶、风兴闹灵、灵魂梦诉、尸形变石、贤妇闺贺、替兄明冤、雪仇误打。述清河首富西门庆虽姬妾成群，但仍寻花问柳。他为霸占潘金莲，设计毒杀武大；又谋好友花子虚之妻李瓶儿，气死花子虚。剧中还穿插田虎造反，收东昌府守将没羽箭张清，并宋江、卢俊义围攻东京等情节。剧中无春梅事，残缺较多。（戴云）

《金瓶梅》

金瓶梅下卷存十五出　传奇。清无名氏撰。《传奇汇考标目》著录为郑小白撰，一说为张陆舟撰。清抄本。一册。半叶八行，行二十一至二十三字左右。叶心高宽：25×14.3。封面题：“金瓶梅，下卷”。并标目录，卷首有“惜华所藏戏曲文献”、“满州富察氏宝泉惜华”、“碧蕖馆藏”印章。

该剧本事见小说《金瓶梅》及《水浒传》，共衲（纳）妾(正文作“衲妻”)、斗杀（正文作“误杀”)、审问（正文作“出罪”)、跳墙、露情、跳判、孽镜、解到、托石、夺林、醉打（目录无)、吃醋、闹架、成亲、杀嫂诸出。述西门庆纳潘金莲为妾，武松欲杀西门庆，西门庆闻之逃走，武松因故吃官司发配。西门庆又将李瓶儿弄到手，花子虚一气身亡，到阴府告西门庆及李瓶儿。判官判夺西门庆、李瓶儿之子嗣。武松遇赦归来，杀金莲报兄仇。剧中穿插武松大闹快活林、醉打蒋门神之事。（戴云）

《金瓶梅》

金瓶梅传奇存下卷二十八出　传奇。清无名氏撰。《传奇汇考标目》著录为郑小白撰，一说为张陆舟撰。清乾隆抄本。二册。半叶八行，行二十一二字。叶心高宽：21.5×13.7。封套题：“金瓶梅传奇，乾隆抄本”。卷首衬纸处有旧书签，题：“金瓶梅下”。首页有“浮槎氏所藏曲”白文印记。

该剧本事见小说《金瓶梅》及《水浒传》，共说亲、雪诱、惊儿、禳解、病嘱、遇赦、庆捐、转胎、乖义、破烝、杀嫂、闹浦、改装、上山、逼妻、控济、夜来、讹行、盗财、岳庙、归讶、奸逃、设计、赚松、访舅、重逢、窃听、金横诸出，其间有错订之处。述西门庆谋花子虚妻李瓶儿为妾，生子官哥。潘金莲设毒计害官哥，李瓶儿一病不起。潘金莲与婿陈经济有奸情，春梅也趁机搅在其中，被孙雪娥撞见告知吴月娘。武松遇赦归家，杀潘金莲为兄长报仇。西门庆也因荒淫过度身亡。吴月娘因有身孕到泰安烧香求保平安，李娇儿将金珠玉翠打点一包，又到吴月娘房中偷了几件值钱的首饰，出逃到丽春院，家人来旺乘机将孙雪娥拐走。陈经济虐待妻子，使其含恨自尽。吴月娘将陈告到衙门。张胜欲杀陈经济。此时金兵南侵，剧情止于此。剧中穿插孙二娘及鲁智深、杨志上二龙山，张都监设计害武松等事。按，孙楷第《戏曲小说书录解题》云《金瓶梅传奇》尚有梨园旧抄本，为二卷三十三出，“其事则自西门纳潘氏为妾，武松误杀，以及李瓶儿始末，皆据小说演之。其瓶儿死后，则接以西门庆之死及武松杀嫂事。”孙氏寓目之本，与上述三本均不同。（戴云）

戴思望

《三侠剑》

三侠剑存下卷二十一至三十二出 传奇。清戴思望撰。《传奇汇考标目》别本著录。清道光抄本。一册。半叶六行，行二十三字。叶心高宽：24×8.5。卷首钤“惜华所藏戏曲文献”、“满州富察氏宝泉惜华”、“碧蕖馆藏”印三枚。

戴思望（清康熙时人），字怀台，一作怀古。安徽休宁人。工书画，擅鼓琴。恃才傲世，尝旬日不语。后构风疾卒。撰传奇《三侠剑》、《岳阳楼》，后者已佚。

该剧叙汉代马俊、孙沛、霍鸾、鲍刚为结义弟兄。孙沛进京应试，恰逢御台公主招亲，绣球不意抛进怀中。乜丞相之子宗道慕公主芳容，冒孙沛与公主成亲，恰逢马俊闯入，并从宗道处得知，乜丞相欲行刺皇上。马俊杀乜宗道，救驾有功，被封为侯。孙沛与公主完婚，御封原聘冯氏为一品夫人。乌昌国起兵，马俊被封为征西大元帅，师傅嚣嚣子马达将三口宝剑传与马俊、霍鸾、鲍刚，一举歼灭敌寇。马俊随师从仙，霍鸾升为九门提督，鲍刚为大同总兵。京剧《三侠剑》演清代胜英、秦天豹等人事，与此本事不同。（吴秀慧）

马　寅

《天山雪》

天山雪四十二出　传奇。清马寅撰。《古典戏曲存目汇考》著录。旧抄本。四册。半叶八至十三行不等，行二十二字左右，叶心高宽：19×12。卷前有三江渔父序，天山雪自叙、凡例，及《五福攸同》。有“惜华所藏戏曲文献”、“满州富察氏宝泉惜华”、“碧蕖馆藏”三印及“贾天慈斯文藏印”一枚。

马寅（清康雍时人），字肇一，号知误道人，斋名玩易圃。甘肃张掖人。生平事迹待考。作有传奇《天山雪》。

出目为：副末开场、山灵显相、柏台饮饯、梦警开花、大犯秦关、彆跛逃难、勤王阻寇、遣儿归籍、力谏渡河、挈眷西迁、忠奋一门、回汛遭疑、月中演武、约志同袍、书馆运筹、义举献策、庭帏训女、庙中会议、助饷劳军、辕门发令、登陴拒敌、偷生卖计、欧阳占数、入府别妻、授命遗骨、街亭巷战、惨法逼降、血溅中堂、杏林完节、抗颜不屈、魂追逆党、国师起兵、林公游寺、冤诉邮亭、赚捉山佳、除奸报怨、长老说法、荐疏巧遣、醮祭英灵、善恶果报、宪衙相会、正气还原。剧叙明末，李自成麾下战将贺锦攻打甘州（今张掖），甘肃巡抚林日瑞带领军民固守城池，使贺锦部队伤亡惨重。都司山佳闻李自成西安立帝，知明朝大势已去，暗中引李自成军队进城，双方展开了街亭巷战。赵崇礼杀死爱妻，连砍数敌后身亡。康万秋之妻段氏自缢杏林。甘州城内的武将战死，文臣自尽。数年后，林日瑞之侄林维造，官授张掖观察之职，智捉山住。剧中对农民起义军多有贬词。（吴秀慧）

裘 琏

《明翠湖亭四韵事》

明翠湖亭四韵事 杂剧剧本集。清裘琏撰。《今乐考证》著录。清康熙绛云居刻本。一册。半叶十行，行二十一字左右。有眉批。四周单边，白口，单鱼尾。上书口题：“四韵事”，中书口题剧名。封面题：“慈水裘蔗村著，四韵事，绛云居藏板”。版框高宽：20×14.4。卷前有废莪子之《明翠湖亭四韵事弁言》，冯家桢之《四韵事叙》，南江笠叟之《序》。书内钤“康生”、“路工” 等印。

裘琏（1644—1729），字殷玉，号蔗村，别署废莪子。浙江慈溪人。博古好学，天才过人。擅长诗文词曲。弱冠补弟子员，不久入太学。清康熙五十三年（1714）中举人，次年中进士，改庶吉士。年余即致仕归乡，伴山水自娱，著述日增。雍正六年（1728），因事递解进京，次年死于囚中。著有《复古堂集》、《横山诗集》、《横山文集》、《玉湖诗综》等。戏曲作品有传奇《女昆仑》、《混元盒》、《醉书箴》、《绣当垆》后三种均佚。杂剧作品有《昆明池》、《集翠裘》、《鉴湖隐》、《旗亭馆》四种，合称《明翠湖亭四韵事》，除此之外还有《万寿无疆升平乐府》均存。

该书收入《昆明池》、《集翠裘》、《鉴湖隐》、《旗亭馆》杂剧四种。每种前均有各自小叙，卷端均题：“玉湖楼第三种传奇明翠湖亭，慈溪废莪子编”。

《昆明池》，二折一楔子，《明翠湖亭四韵事》之一。本事见《全唐诗话》。出目为：百官应制、延清独步。楔子云：“正月晦驾幸昆明，帐殿前彩结楼成。命昭容新翻御制，刬众僚独步延清。”剧叙唐嗣圣元年，百姓咸和，四方平安。正月三十晦日，上林苑昆明池旁特设帐殿。唐中宗驾幸至此，命百官应制赋诗。由宫中昭容上官婉儿主考。上官婉儿下令，在三通鼓的时间内完成诗稿。百官交卷，上官婉儿逐卷批阅，未见有佳者，唯修文馆学士沈佺期与考工郎宋之问二诗可压卷。二诗工力悉敌，但沈诗结句词气已竭，不如宋诗结句“不愁明月尽，自有夜珠来”陡健，婉儿遂将宋诗谱为新翻御制曲。宋之问夺标，唐中宗赐与锦袍。

《集翠裘》，二折一楔子，《明翠湖亭四韵事》之一。本事见《全唐》。出目为：佞臣输裘、马奴嘲裘。楔子云："则天后依红偎绿，两弄臣供奉双陆。老丞相一掷千金，付马奴披裘行国。"剧叙武则天时，张昌宗、张易之以男色受女皇宠爱。南海地方官献来集翠裘衣，此衣乃集翠鸟毛羽制成，宝光绚丽。武则天传旨，赏来使黄金百锭、地方官加升三级，并将裘赐予张昌宗。丞相狄仁杰上便殿奏事，武则天命狄仁杰与张昌宗对局双陆。狄仁杰要求张昌宗以集翠裘为注，而仁杰以身上所穿紫官袍为赌。武则天、张昌宗均认为美裘价值千金，与紫袍价不相当。狄仁杰云："臣紫衣，朝庙服也。昌宗翠裘，宴私之服也。以此易比，臣犹怏怏。"话说明，遂弈。最终，张昌宗输与狄仁杰。狄仁杰赢集翠裘出宫，令马奴穿集翠裘随他去光范门，以此讥讽张昌宗"乞怜摇尾丧尽衣冠正气，骑马的倒不如执鞭的"。

《鉴湖隐》，四折一楔子，《明翠湖亭四韵事》之一。本事见《唐书》贺知章传。出目为：金龟换酒、梦游帝居、百僚祖道、宝珠易饼。楔子云："宴谪仙金龟换酒，梦道服玉阙朝真。诏百僚赋诗祖道，归四明狂客山人。"剧叙唐天宝初年，礼部侍郎贺知章视富贵如浮云，久念挂冠。蜀中李白初到京城，贺知章视其才华横溢，向朝廷举荐，李白被任命为翰林供奉。某日，贺知章约李白踏春饮酒。二人在酒楼饮酒作诗，酒酣大醉，贺知章将身上所佩金龟偿付酒钱。蓬莱真君因贺知章夙厌尘缘，遣降梦神司引其入梦，历游仙界，展天宝后事予以点化。贺知章见到骑驴的张果老、驾鹿的卫叔卿、跨羊的黄平初、乘鹤的王子晋以及赤松子、安期生、上元夫人等，皆无官服冠带。贺知章遂换道服、执麈至蓬莱宫，又到白玉楼前，见欲河波动，杀气腾空，安禄山赤身与杨贵妃私通，唐明皇被安禄山赶出京城仓皇逃命。贺知章惊醒，急流勇退，上疏辞官。唐明皇率百官在长安门外为贺知章饯行。中书令张九龄、李林甫，户部侍郎萧炅，翰林供奉李白等陪同。贺知章弃官学道，欲归隐故乡四明山。唐明皇赐其道服，又特赠剡川、鉴湖二顷为其修道之所。李白与贺知章依依惜别。贺知章回到四明将私第改作道观，在四周种上花木。某日，有位鹤发童颜老者，自称卖药人，要以一饼金钱换取贺知章手中价值千金的一串宝珠。贺知章云："老夫弃功名如草芥，视富贵如浮云，区区念珠相易何妨。"遂将宝珠换与老者。老者言鉴湖风景好，不如瑶台仙界，君须想蓬莱山色近扶桑。此言正如贺知章梦中所见。待向老者问清服药方法，老者忽然不见。贺知章顿时恍悟，老者乃是前来度化自己的仙人。

《旗亭馆》，三折一楔子，《明翠湖亭四韵事》之一。本事见《唐诗新话》。出目为：读诗种情、冒雪访友、歌诗谐友（正文作“歌诗谐藕”）。楔子云：“巧双环读诗种情，三才子雪宴旗亭。诸伶妓诗分甲乙，挟婵娟快度新声。”剧叙唐开元中，少女双环幼失父母，不幸陷入风尘，年方十五，整日习歌学舞，喜读诗词，尤爱王之焕诗。太原才子王之焕少负才名，自入长安后，诗名大著。天降大雪，王之焕约莫逆之交高适、王昌龄郊外踏雪，又到旗亭馆饮酒作诗。恰逢宫廷梨园各部伶人和长安官妓约会于旗亭馆斗乐。三人便在外厢听歌。他们本为诗友，平素不分高低，便暗约以诗入歌词之多者为优。首先有伶人唱王昌龄“一片冰心在玉壶”、“奉帚平明金殿开”两首绝句，而后又有人唱高适的“开箧泪沾臆” 绝句，独无王之焕诗。王之焕对二人云：“此辈所歌皆巴人下里词”，又指双环云：“此女最佳，待彼所唱如非吾诗，即终身不敢与二子争衡矣。”待双环唱，果然是王之焕所作“黄河远上白云间”。三人惊喧，惊动伶人，遂邀他们入席。席间，王之焕、双环均有情意。高适、王昌龄出银百两，成全二人为一夜夫妻。（吴秀慧）

邹　山

《双星图》

双星图二卷三十出　传奇。清邹山撰。《古典戏曲存目汇考》著录。紫芝堂乌丝栏旧抄本。二册。半叶九行，行二十一字。版框高宽：17.7×13.3。板心题：“双星图”、“紫芝堂”。卷首有《双星图小引》，署：“宜黄无声呕者识”；并目录。卷端题：“无声呕者编”。

邹山（1645—1738 以后），字少水，号峄佣，别署无声呕者、桃花溪上人。宜黄（今属江西）人。工古文词，著有《乐余园百一偶存集》三十卷。戏曲作品除《双星图》外，还有《吴双梦》（佚）。

该剧上卷目：图弁、偕游、遗丝、楼宴、缘觏、冰传、机合、旗现、赠奁、星迎、群戏、情恋、纠离、石哄、分影；下卷目：填河、河溯、蚩动、避寇、星陷、车载、城垒、愁台、伏魔、孽逃、收女、错棹、试贞、款阁、鹊夕。述玉帝白玉楼落成，牛九郎同王良、造父同游，邂逅织女，心生爱慕，结为夫妇。婚后因荒怠职守，玉帝令分居天河两岸，不许相会。下界蚩尤与妻石尤造反，织女避难中与姑母精卫失散，被乱兵围困而投水，被蚩尤手下救起，囚禁渐台。九郎率众擒蚩尤，终与织女团圆。玉帝乃命双星仍居天河两岸，每年七夕鹊桥相会。（戴云）

张　匀

《十眉图》

十眉图二十九出缺第二十一出　传奇。清张匀撰，一作无名氏撰。《传奇汇考标目》著录。清乾隆抄本。二册。半叶九行，行三十字，叶心高宽：20.5×10.2。函套书签题："十眉图传奇，乾隆抄本"。卷端题："十眉图总目"。钤"万云"、"南溟"印记。

张匀（1652—1680前后），字宣衡，号鹊山，别署荻岸散人、蒹荻散人、天花主人等。浙江秀水（今嘉兴）人。诸生。善诗文，著《鹊山堂集》，作小说《平山冷燕》、《玉娇梨》。亦工曲，作传奇二十余种（见：清沈季友《槜李诗系》第二十八卷"张秀才匀"），而今仅知《十眉图》、《长生乐》二种，皆存。

剧写唐朝，嫦娥令月下老人遍选人间绝色佳人作十眉图，并注明佳人之配偶，以成就人间才子佳人的姻缘。广陵书生辛茹，酒后作诗触怒嫦娥，魂魄被摄入月宫，见到十眉图上的黄李娘姿容绝代，于是将其配偶郭暲改为自己的名字。又见十眉图上尚缺一位美人，于是补画月宫不夜仙姬，加注配偶为郭暲。嫦娥见辛茹私改十眉图，使人间姻缘已成定局，只好让不夜仙姬投生人间，魂附枸病将亡的李夜舒身上。辛茹神游月宫归来，往姑苏寻找黄李娘，被父亲同年黄程莱收留。黄程莱有二女，长女黄李娘，次女李夜舒，均待嫁闺中。辛茹在花园偶遇李夜舒，两人一见钟情，私定终身。时回纥、吐蕃进攻中原，黄程莱奉旨带兵出征，与郭子仪共守泾阳，临行为辛茹与黄李娘定亲。辛茹进京赴试，而后往泾阳投奔郭子仪，被郭子仪收为义子，更名为郭暲，并在军中屡立战功。黄程莱闻郭暲智勇双全，愿把次女夜舒许以为妻。此时皇榜已揭，辛茹得中状元。郭暲进京报捷，被封武状元。成亲之日，黄李娘、李夜舒始知辛茹、郭暲本为一人。辛茹感叹“姻缘巧合，总凭月老”，于是望月而拜。吴晓铃云：“《十眉图》有抄本，演唐玄宗时选女事”，实误。明人说部和清无名氏传奇有《十美图》，写张灵、崔莹故事，内容与此剧不同。（刘效民）

《长生乐》

长生乐　传奇。清张匀撰，一作袁于令撰，又作无名氏撰。《传奇汇考标目》著录。清抄本。一册。半叶八行，行二十七字左右。叶心高宽：27×15.7。朱笔点板。封面、卷端均无题名，亦无撰人名氏。书内有用铅笔书写的夹条，云“串本长生乐”。钤“曹锡□印”、“惜华所藏戏曲文献”、“满州富察氏宝泉惜华”、“碧蕖馆藏”四枚印记。

本事见南朝齐吴均《续齐谐记》、刘义庆《幽明录》等。正文出目大多不标出名，参照其他版本，此本出目包括：（失名）、下界、仙集、（瑶台）、遣神、（约游）、（入山）、（双诧）、（万寿）、（出山）、（归家），此后又有补（失名）、祝寿、献丹、出山。其中（约游）、（入山）二折有少量工尺谱，祝寿、献丹有舞台表演提示。剧写晋朝，成皋郡才子刘晨、阮肇进京赴试得中状元。时值九九重阳节，两人相邀登成皋山赏秋，误入天台山，分别与仙女嘉庆子、瑞鹤仙成婚。六日后下山，人间已过六十年。时刘晨之子刘余荫已官居宰相，孙子亦得状元。两人向晋帝进献仙女所赠仙丹，君臣共享长生之乐。同题材戏曲作品有：金院本《入桃园》，元杂剧《刘阮误入桃源洞》（马致远撰）、《刘晨阮肇桃源洞》（汪元亨撰）、《晋刘阮误入桃源》（陈伯将撰），明传奇《天台梦》（吴琪撰），以上散佚；明杂剧《刘晨阮肇误入桃源》（王子一撰）、《天台奇遇》（杨之炯撰），今存。近代京剧、汉剧、柳子戏有《长生乐》，川剧有《长生草》，徽剧、滇剧、秦腔以及山西、山东、河北、河南梆子戏有《天台山》、《长生录》、《长生丹》等。（刘效民）

边汝元

《鞭督邮》

鞭督邮二折 杂剧。清边汝元撰。《清代杂剧全目》著录。民国华北广播协会红格钢笔抄本。一册。每叶十行，行二十五字，下书口题："华北广播协会"。版框高宽：18.8×13.2。封面题："桂岩啸客编，杂剧二种，鞭督邮、傲妻儿，本衙藏。"卷前有《皇清敕赠登仕郎增广生、渔山边公、暨配马孺人、继配章孺人、纪孺人、韩孺人合葬墓志铭》，镜河钓叟《杂剧叙》及自序。自序云："偶取翼德鞭督邮事，演成杂剧二折。剧成，鼓掌称快，颇属狂妄。"

边汝元（1653—1715），字善长，号渔山，别署桂岩啸客。河北任丘人。早年随父宦游，曾十六次应试不第，晚年以授徒为生。工诗文、书画，精音律。著有《桂岩草堂诗文集》。撰有《羊裘钓》、《鞭督邮》、《傲妻儿》杂剧三种，据卷首镜河钓叟序云："桂岩啸客戊午年岁曾制《羊裘钓》杂剧，久已刊行"，但现公私藏家，刊本、抄本均不见流传，仅《鞭督邮》、《傲妻儿》两种流传于世。生平事迹见《乾隆任丘县志》。

剧演张飞鞭打督邮之事。本事见《三国志演义》。剧叙三国时，刘备镇压黄巾军有功，授职安喜县尉。适督邮巡查安喜，百般刁难，勒索贿赂，而刘备不肯逢迎。督邮将衙门中书吏拿去拷问，逼其捏造事实，诬告刘备贪赃枉法。书吏不肯答应被吊打。张飞见状大怒，将督邮缚之拴马桩，以柳条鞭笞。刘备闻讯，急忙上前劝阻，遂整理行囊，挂印辞官。京剧有同名剧目，亦演此事。（吴秀慧）

《傲妻儿》

傲妻儿四折 杂剧。清边汝元撰。《清代杂剧全目》著录。清康熙间稿本。一册。半叶十行，行十九字。叶心高宽：17.5×13。封面右栏题："桂岩啸客编"，中栏题："傲妻儿"，左栏题："渔山杂剧三种：羊裘钓、鞭督邮、傲妻儿"。正文前有康熙五十年（1711）作者自序。末有作者自记，镜河钓叟、懒云评语。书中的作者及藏家印记有："一字渔山"、"桂岩草堂"、"从碧山房"、"身外即浮云"、"任丘边氏"、"霁公"、"任丘庞氏藏书"、"任丘柴冠甲印"、"汝元私印"、"善长"、"牧翁"、"庞垲"、"雪崖"等。

本事见《金瓶梅词话》第五十六回。叙常峙节家贫，无粮度日，其妻牛氏撒泼使性，辱骂不休，逼峙节出去借贷。常峙节请应二哥从中周全。应二哥令常峙节扮作裁缝，为西门庆家送衣服，得到赏银。峙节回到家中，故意将银子藏于袖中，牛氏见峙节空手而归，又是大哭大闹。峙节将银子拿出，牛氏顿时转怒为喜。子弟书、大鼓书等曲种有《得钞傲妻》曲目，亦演此事。（吴秀慧）

抱影子

《齐天乐》

新编传奇齐天乐二卷存二十五出 传奇。清抱影子述。《今乐考证》著录。清抄本。二册。上卷十四出，署："新编传奇，齐天乐，平江抱影子述"；下卷残存十一出，署："新编传奇，平江抱影子述"。半叶十行，行四十字左右。字迹较潦草。叶心高宽：25×12.2。钤"惜华所藏戏曲文献"、"满州富察氏宝泉惜华"、"碧蕖馆藏"印记。

抱影子（清康熙时人），平江（今属江苏苏州）人。姓字、生平不详。除该剧外，尚撰《合家欢》传奇，已佚。

剧演西汉旧事，随机点缀，虚实参半。述汉武帝派卫青为大将军，霍去病为副将，司马相如为中郎将，东方朔为京兆尹，随之御驾亲征匈奴，大获全胜。返驾途中，遇太清真人章玉子于林中，问长生之道。回宫后，武帝依真人言，在宫中建翠云楼，筑柏梁高台接入云端。有献长生酒者，东方朔以辨真伪为由一饮而尽。逢伏日赐肉，东方朔不待旨下，先行割肉归家与妻共食。柏梁台筑成，七夕武帝寿诞，各国使者携贡品前往称贺。西王母派使者送蟠桃四枚，东方朔扣下两枚与妻子食之。武帝因此三件事而大怒。西王母云东方朔乃上界岁星下凡，因三次偷桃被贬下凡佐君，现先度朔而后度帝。乃授武帝长生之药，武帝服之须发皆黑。后东方朔与妻入琼楼玉宇为仙，遨游天界；武帝延年，长享神仙富贵之乐。以其寿与天齐，故名。孙楷第《戏曲小说书录解题》著录《齐天乐》一剧，云有康熙四十九年（1710）抄本，二卷三十出，仅存下卷十五出，演佛雪山修道事，与此本事不同，当为两种不同剧作。（戴云）

王　墅

《拜针楼》

拜针楼八折　传奇。清王墅撰。《曲海目》著录。清光绪五年（1879）芜湖贵德堂重刻本。残存一册。半叶八行，行十六字。白口，四周单边。版框高宽：17.5×12.3。封面右题："光绪己卯年重镌"，中题："拜针楼"，左题："芜湖贵德堂藏板"。卷首有研露斋主人杨天祚之序。卷端署："芜湖北畴王墅填词，研露斋主人批点。"板心题："北畴填词，拜针楼，贵德堂"。板心以外，上下均有横框，上端刻批点语，下方附注演时动作、态度、布置，及如现代术语"效果"之打更鸡鸣等，指示颇详。有"蜀唐"、"孙人和印"二章。

王墅（清康熙时人，一说乾隆时人），字北畴，安徽芜湖人。少强学。富腹笥，弱冠补弟子员，寡所投遇，早殒世。子允元，为邑诸生。著有《拜针楼》、《后牡丹亭》剧作二种，后种已佚。据杨天祚序，该剧所述似系作者自身写照，其目为：诳母、闺评、闻匪、班约、停欢、激学、梦咻、荣晋。述吴江书生后客与大家闺秀丰采苹定亲，但浪荡成性，在外酗酒、赌钱、斗殴，经常夜不归宿。他与青楼女子红晓烟交好，与子虚班子弟一起在郊外作戏。一日，后客赌场输钱，便谎称要请远道而来的文友吃饭而向母要钱，被拒绝后，他只好脱下衣服来做抵押。寡母鞠氏年近六旬，见自己实在无法管教儿子，便准备迎娶丰家小姐，以期成亲后能有约束。采苹幼年时便许配后家，诗书女红无一不精。她一直希望后客能读书中举，光耀门第，没想到其行为如此放荡不羁，但也只好听命，盼望日后能劝其改邪归正。新婚日，子虚班人约后客至晓烟处厮混，后客欲于花烛夜开门溜之。不料，门被母锁住。无奈之下，只好留宿家中。忽见采苹貌美，想与其成好。采苹苦劝后客改前非，读书上进云云，一宿无眠。天亮后，后客又要去找晓烟。鞠氏见采苹在做针线，又知二人夜不解衣，便劝采苹先与儿子同房，以后再慢慢劝其留意功名。采苹坚决要后客先成功名，再与其同房。鞠氏乃下跪求儿媳，采苹勉强应允。但想到将被下流所染，心中实是不甘，于是欲以针自刺面容。后客见状大惊，争持间忽自悟前非，决心洗心革面，痛改前非。他苦读诗书，最后高中状元。待回归故里拜谢采苹，采苹言实乃一针之功。于是后客拜针，并将此楼命名为“拜针楼”。后家重设花烛，采苹以晓烟在后客赴考后闭门谢客为由，建议纳其为侧室，后客喜出望外。周贻白谓此剧“声调和协，不落鄙俗。”（见《曲海燃藜》）（戴霞）

黄之隽

《忠孝福》

忠孝福二卷三十出　传奇。清黄之隽撰。《今乐考证》著录。清康熙年间刻本。二册。半叶十行，行二十一字，上下黑口，左右双边，双鱼尾，版框高宽：17.5×11.2，有界栏。卷前有王吉武序，卷尾残。

黄之隽（1668—1748），一名兆森，字若木，一字石牧，号石翁、老牧，斋号唐堂。原籍安徽休宁，后迁居华亭（今上海松江）。自幼聪颖过人，人称神童，然久应乡试不第。康熙六十年进士，选庶吉士。雍正元年授编修，参纂《明史》。历任福建学政、右春坊右中允等。喜藏书，著述颇丰，著有《唐堂集》、《香屑集》。所撰戏曲有杂剧《郁轮袍》、《扬州梦》、《饮中仙》、《蓝桥驿》四种合刻为《四才子奇书》，与传奇《忠孝福》统称《唐堂乐府》，今存。

该剧上卷目：宴月、祷男、星诞、饼叙、庭训、义兵、奸陷、巡诀、演防、御敌、忠殉、惨讣、哭骸、礼魂、立祠；下卷目：宣昭、盼捷、蛮警、闱遣、廷对、决胜、投诚、擢职、筹税、捐赈、闺述、访迹、谒祀、慈养、福缘。剧叙五代后周殷旭中广顺元年进士，官居监察御史，为官清正，先后弹劾奸臣苗茄、花荠。苗茄、花荠怀恨在心，定计陷害殷旭。赵匡胤攻占山东历城，苗茄、花荠奏本让殷旭巡按山东，以借赵匡胤之手杀害殷旭。

殷旭奉命赴任。历城县令韦宣在激战中坠城而死。殷旭宁死不屈，将印绶诸物托付历城守备柴标，然后自刎身亡。殷旭长子殷俭，千里寻父，尸骨未得，遇出家为僧的柴标始问清原委。柴标领殷俭到其父殉难的地方哭祭，并上奏朝廷，追封殷旭为大理寺卿。殷俭及二弟殷恪、三弟殷畴决心学习父亲忠心报国，三兄弟同年得中进士。殷俭之子殷性，长大亦为翰林学士。殷俭父子为朝廷筹税，赈济灾民，政绩卓越。殷性被擢为山东观察使，偕祖母王氏同往山东赴任。全剧歌颂了忠孝得福的传统美德。（吴秀慧）

陆弘祚

《仙游阁》

仙游阁传奇二卷五十二折　传奇。清陆弘祚编撰。《明清传奇综录》著录。清乾隆间稿本。二册。半叶八行，行二十四字，朱笔圈点。叶心高宽：18.6×10。卷首有李世倬、纪迈宜等序四篇，并《宋尚书张公讳咏字复之号乖崖实迹》。目录题："居易堂主人曹山陆继放别号林土山人编"，卷端题："会稽曹山陆弘祚锡先甫林土山人编，子栗周木较"。钤"放翁后裔"、"陆弘祚印"、"陆继放"、"字锡先"、"华豹"、"藏邑"、"日利"等印，并"以笔度年"、"知音者芳心自同"、"集芙蓉以为裳"、"梅影树围瘦"等闲章。

陆弘祚（1675—1741以后），一名陆继放，字锡先，号林土山人，别署居易堂主人。会稽曹山（今属浙江绍兴）人。幼工举业，博通书史，恪守礼法，敬奉《感应篇》，然屡困场屋。青年时代与李世倬（1687—1770）为好友，李父自肃宁量移保阳，职司刑狱，因政务繁忙，曾聘其入幕佐理。后壮游公卿间，足迹遍天下。五旬后归故里，与同里王继香、谢星源、蓼斯及其仲子周木共习举业，间作诗词。六旬华诞避迹西湖，题咏五十余首。归著《西湖快曲》八出，一时脍炙人口。

是剧为作者六十岁以后的作品，本事出《宋史・张咏传》。上卷目：标目、遇仙、辞父、酬愿、会遇、留学、蜀游、回家、寓讯、侠除、访隐、劝仕、赘亲、边警、除盗、归省、同登、招婿、赴任、蜀乱、诛吏、劝农、寄书、内召、欢会；下卷目：请救、出征、擒贼、留镇、安抚、交代、春游、庐墓、逐据、召对、再定、建阁、子捷、赈恤、还朝、入赘、荣封、辞归、送别、荐贤、飞升、谥赠、蜀感、继守、神会、朝天、仙圆。剧述山东濮州张咏诗礼传家，簪缨继世。青年时游华山，与寇准义结金兰。逢会试，试题为求御辽平蜀之策。张咏与寇准之答卷深得主考赞赏，同登榜首，钦点寇准为状元，张咏为探花。寇准入赘相府，张咏出任崇阳县令。乡民李顺在青城山纠集两万余人打家劫舍，并图谋不轨。朝廷派王继恩领羽林军十万，调四省人马平敌。不料两万先头部队全军覆没，主将王继恩被围。寇准知张咏文武全才，乃荐之。圣上封他为兵部尚书，赐金盔、蟒袍、玉带，并上方宝剑一口。张咏率三千精兵前往绵竹，用围魏救赵计大获全胜。三年来，他将蜀地治理得井井有条。后因父丧还乡丁忧，将政事交与继任牛冕。牛冕到任后不问政事，不思练兵，只一味索取银钱蜀锦，致使内乱又起。圣上命斩牛冕，复招张咏为征西都招讨，前往平乱，大获全胜。但因长期风餐露宿，加之积劳成疾，张咏头上起疮，数月不愈。百姓闻之，建阁请法师，设醮阁上，祈求其病体早愈。神和子携葫芦到此，取丹药与张咏敷之，其病即愈。张咏亲书“仙游阁”三字于匾。他七旬华诞时，百姓执香前往祝寿。神和子到，云奉玉旨，接他赴瑶池。于是张咏跨鹤白日飞升。张咏去后，百姓集资，在仙游阁为之塑像。圣命其子张英为龙图阁学士，继守成都。（戴云）

夏 纶

《新曲六种》

新曲六种 传奇剧本集。清夏纶撰。《曲海目》著录。清乾隆十八年（1753）夏氏世光堂刻本。半叶十行，行二十字。白口，四周单边，有界栏。有眉栏、眉批。上书口题：“惺斋五种”，并题每剧剧名，下书口题：“世光堂”。封面右栏题：“西湖惺斋臞叟偶编”，中栏题：“新曲六种”，左栏题：“无瑕璧、杏花村、瑞筠图、广寒梯、南阳乐、花萼吟”，上横题：“乾隆癸酉世光堂合刻”。

夏纶（1680—1753以后）字言丝，号惺斋，晚年别署癯叟。钱塘（今浙江杭州）人。十四岁乡试，之后八次科举不中。四十岁后花钱买官，但在官场始终不得志。乾隆元年（1736），辞官回乡，作剧自娱自乐。著有传奇五种：《无瑕璧》、《杏花村》、《瑞筠图》、《广寒梯》、《南阳乐》，均存，乾隆十五年（1750）合刻为《惺斋五种》。乾隆十七年（1752）又著《花萼吟》，加之前五种传奇合刻为《新曲六种》。

《无瑕璧》，二卷三十二出首一出，《新曲六种》之一。二册。版框高宽：19.7×14。封面右栏题："褒忠传奇"，中栏题："无瑕璧"，左栏题："惺斋五种之一"。卷首有乾隆十四年（1749）《无瑕璧题辞》，署："乾隆己巳惺禊后三日槜李壶天隐叟拜撰"，钤"积学斋徐乃昌藏书"印；乾隆十七年（1752）《撚髭图记》，署："乾隆壬申嘉平望后五日同学晚生龚淇菉川氏拜稿"，沈乾绘惺斋居士小像，后有署"东湖樵谦"题辞。卷端题："钱唐夏纶惺斋撰，同里徐梦元徐村评"。卷末有壶天隐叟题词二首。该剧本事见《明史》、《明史纪事本末》等。上卷目：撮要、分璧、攻城、隐乐、献城、攘位、焚驿、匿孤、烹铁、雨话、哭尸、献璧、拒挑、订璧、忿首、大索、义讨；下卷目：路拯、探孤、雪泪、闺梦、邸逐、被获、解京、赴救、燕窘、出狱、见姐、解围、互媒、赐璧、祭铁、合璧。剧述明朝建文帝时，燕王南下，兵部尚书铁铉得高贤宁、马千里之助固守济南，将高皇帝所赐无瑕璧分授其女铁瑶英、其子铁福安，以之系念家国，并邀好友林春田为自己画像以留存子孙。济南城破，铁铉父子三人被押往京城。马千里驿站放火救出铁福安，铁铉被燕王油烹而死。铁瑶英被充入教坊，无瑕璧被缴走。铁福安避祸林春田处，被林家侄儿李南荣告密，幸得逃脱。高贤宁为铁铉哭尸，为纪纲保护得赦，后受林春田信嘱，辞别纪纲，路遇重病之铁福安。马千里聚集义旅攻打京城，燕王顾忌，赦免铁铉后人之罪，马千里移屯海外。高贤宁与铁瑶英、铁福安与林琼枝完婚，无瑕璧完归。铁氏姐弟同拜父亲画像下，不胜感慨。清梁廷枏《曲话》称："惺斋作曲，皆意主惩劝，常举忠孝节义各撰一种，以《无瑕璧》言君臣，教忠也"，青木正儿《中国近世戏曲史》谓该剧："其立言之旨，固难免迂腐之讥，然戏剧中岂不需此一门欤？"京剧有同名剧目。

《杏花村》，二卷三十二出首一出，《新曲六种》之二。二册。版框高宽：19.1×14。封面右栏题：“阐孝传奇”，中栏题：“杏花村”，左栏题：“惺斋五种之一”。卷首有乾隆十四年（1749）《杏花村题辞》，署：“乾隆己巳清和月槜李壶天隐叟拜撰”，卷末有壶天隐叟题词二首。卷端题：“钱唐夏纶惺斋撰，同里徐梦元徐村评”。本事见《明史》。上卷目：括意、起衅、阻控、啸聚、购刃、舞枪、祠遇、镌刃、报仇、初审、贿吏、行取、骇信、探狱、设阱、仙救、妖胜；下卷目：简镇、演法、郊话、灭口、监闹、觅尸、下山、代狩、破妖、饯别、出罪、见父、谒谢、筹嫁、迓甥、旌圆。剧述明朝万历间，浙江武义县人王世名以教书馆为生，世名与族兄王俊同堂异室，王俊强买世名房屋，世名不同意。双方争吵，世名父王良被王俊打死。世名准备告官，王俊为息事宁人，伙同单兴邦强迫世名接受赔偿了事。六年后，世名祭奠父亲，遇货郎卖刀，重燃报仇之心。王俊得知世名买刀事，在土谷祠与单兴邦密谋陷害世名，被世名听到。世名将所买之刀刻上“报仇”二字，在杏花村杀死王俊投官。金华知县汪大受暂理武义知县之职，同情世名遭遇，将之开释。汪大受离任后，王俊连襟贿赂狱吏使世名重新入狱。世名子王象贤为救父命上访，途中被王俊子王彪与单兴邦所害，幸得汉钟离救助，并被收为弟子，教习仙法。时豪强马青伙同玄女观主攻打山东，京营指挥使张凤翼奉命平乱。象贤学成仙法，下山助凤翼打败马青。张凤翼有意将女儿张淑娟许配象贤，象贤惦念父亲婉谢辞别，张凤翼为象贤事修书妻舅汪大受。逢汪大受奉命清理浙省冤案，世名因此重被开释，王俊一案被重审定罪，象贤得与父亲团圆。汪大受见凤翼书接淑娟与象贤成婚，世名得汉钟离长寿灵丹，其孝行被皇帝旌表。

《瑞筠图》，二卷三十二出首一出，《新曲六种》之三。二册。版框高宽：19.6×14。封面右栏题：“表节传奇”，中栏题：“瑞筠图”，左栏题：“惺斋五种之一”。卷首有乾隆十四年（1749）《瑞筠图题辞》，署：“乾隆己巳中秋前一日槜李壶天隐叟拜撰”，卷末有壶天隐叟题词二首。卷端题：“钱唐夏纶惺斋撰、同里徐梦元徐村评”。本事见《明史》。上卷目：先声、介寿、驾陷、谋左、女诤、定策、舟遇、题画、拟旨、迎銮、驾旋、友订、教忠、进本、传旨、冤鞫、西市；下卷目：贿荐、筹祷、吁神、狱庇、阅河、忆子、札露、投河、复辟、考试、廷诉、祭于、伪倩、议姻、献图、旌节。剧述明朝浙江乐清人章纶，生母早亡，得金太夫人抚养，官至礼部右侍郎。金太夫人六十寿辰，南京大理寺少卿廖庄赠其瑞筠图，金太夫人得暇为瑞筠图配诗。时太监王振弄权，唆使正统皇帝御驾亲征，被也先俘虏于土木堡。得知正统被俘，翰林侍讲徐有贞意图带家眷退避，与章纶意见相左。于谦为国计，力主将景泰皇帝暂立为新君，徐有贞因提出迁都之见，被削职为民。景泰登基一年后，杨善奉旨与也先议和，正统被迎回置于冷宫。廖庄、章纶因上书劝景泰帝迎正统复位，使景泰龙颜大怒。廖庄被贬，章纶入狱。徐有贞女徐婉娥，原许配章纶之子章元应，徐有贞贿赂复官后，将女儿另许陈循子陈瑛。婉娥得知此事跳河自尽，被廖庄所救，收为义女。景泰病亡，正统复辟，徐有贞陷于谦于死地。元应应考得中，上书为于谦、章纶、廖庄平冤。章纶、廖庄复官，于谦追谥。廖庄请徐有贞为义女婉娥做媒许配章家，有贞得知真相后，羞愧不堪。瑞筠图被呈递于皇太后处，金太夫人被选入《列女传》。

《广寒梯》，二卷三十二出首一出，《新曲六种》之四。二册。版框高宽：19.7×14.1。封面右栏题："劝义传奇"，中栏题："广寒梯"，左栏题："惺斋五种之一"。卷首有乾隆十四年(1749)《广寒梯题辞》，署："乾隆己巳阳月槜李壶天隐叟拜撰"，以及作者《袁了凡先生立命篇》。卷末有壶天隐叟题词二首。卷端题："钱唐夏纶惺斋撰，同里徐梦元徐村评"。上卷目：开端、核榜、慈勗、谈相、海氛、笑迂、议逼、荣任、债窘、狡控、酷比、悯祸、慨赠、饯饮、入洋、倭警、闺陷；下卷目：鉴馨、馈米、环救、魁兆、填榜、迎宴、上京、痴警、请缨、会剿、平倭、谒辕、浼荐、庵逅、见女、登圆。剧述钱塘人王兰芳自幼父亡，与母解氏相依为命，聘谢东山之女谢琼英为妻。表兄解敏中邀兰芳同去看相，相士赠兰芳《广寒梯》一书以积善。吴仲达与妻子董氏借阎宏宇钱无力偿还，阎宏宇遂与保人解敏中设计，诱使吴仲达与阎宏宇发生争执，将吴仲达告上公堂。董氏为救丈夫性命，将自身变价卖官。王兰芳得知此事，与母商议后，仗义赠银，为吴仲达还清借款。时倭寇作乱，谢东山奉命平倭，女儿琼英留住松江。松江被倭寇攻破，琼英随百姓逃难。吴仲达出洋谋生，被倭寇所俘，逼为向导官，他趁机救下被倭寇俘虏的琼英，并将她送往潮音庵中避难。解敏中因赴考事陷害兰芳，兰芳初试反得第五名。解敏中闻讯发疯，后到文昌庙出家，以修来世。王兰芳会试中进士，入翰林院，后请缨赴谢东山处助战。倭寇被灭，吴仲达接回琼英，王兰芳得与琼英完婚。解敏中从王兰芳之请，重修文昌庙，并将《广寒梯》广为流传。

《南阳乐》，二卷三十二出首一出，《新曲六种》之五。二册。版框高宽：19.7×14.1。封面右栏题："补恨传奇"，中栏题："南阳乐"，左栏题："惺斋五种之一"。卷首有乾隆九年（1744）《南阳乐题辞》，署："乾隆甲子初冬槜李壶天隐叟拜题于金粟精舍"。卷末有壶天隐叟题词二首，有符月亭、张欠夫评语。卷端题："钱唐夏纶惺斋撰，同里徐梦元徐村评"。上卷目：传概、起程、懿探、禳星、问病、帝格、丹拯、丕宴、忧国、星瑞、演阵、贿珰、庙刺、围府、吴氛、谴将、擒懿；下卷目：丕执、掘冢、江奠、阉嘱、忠诉、珰败、泣楼、战江、权降、姬旋、舟忆、逮逆、献俘、饯相、凯圆、嗣统。剧述三国时，诸葛亮六出祁山病重，刘禅令刘谌相助。司马懿探知诸葛亮病重，命长子司马师攻打祁山，次子司马昭赴许昌面奏魏王，与吴王孙权修好，两下夹击蜀国。诸葛亮禳星借寿，玉帝命华佗暗助灵丹，使诸葛亮身体康复。诸葛亮拜见刘谌，商议退敌之策。司马师攻打祁山，被马岱杀死。时蜀国黄皓专权，司马昭贿其珠宝，黄皓派人假称刘谌手下刺杀刘禅，刘禅欲杀刘谌，幸得蒋琬、费祎劝说，使刘谌免于一死，但府邸被围。诸葛亮令魏延攻打许昌，生擒曹丕、司马懿，黄皓再次诱使李严杀刘谌。李严告知刘谌，刘谌得关羽神兵之助打败孙权，孙权被擒。黄皓陷害事败露被杀，诸葛亮辞归南阳。刘禅禅位，刘谌继位，蜀国一统天下。清梁廷枏评曰："其《南阳乐》一种，合三分为一统，尤称快笔。虽无中生有、一时游戏之言，而按之直道之公，有心人未有不拊掌呼快者……立言要快人心，惺斋此曲，独得之矣。"

《花萼吟》，二卷三十二出首一出，《新曲六种》之六。二册。版框高宽：19.5×14。封面右栏题："式好传奇"，中栏题："花萼吟"，左栏题："惺斋壬申续编"。卷首有乾隆十七年(1752)《花萼吟题辞》，署："乾隆壬申春仲槜李壶天隐叟拜撰"，卷末有壶天隐叟题词二首，有吴兆鼎之跋。卷端题："钱唐夏纶惺斋撰，同里徐梦元徐村评"。剧中贾似道、郑虎臣等人事本自正史。上卷目：大略、入泮、春郊、馈津、应聘、拒媒、之楚、设陷、抵幕、起赃、屈讯、骇祸、议召、闻召、狱救、谴督、责尉；下卷目：提审、探审、谢审、警恶、义匿、归里、误询、贾败、抄家、庵戮、荐使、台访、出使、试吟、宠赐、联辉。剧述南宋时浙江天台人姚居仁，为弟弟姚利仁聘茹梦兰为妻，奈无钱为之完婚，恰得湖南安抚使江万里相聘，得获聘礼。茹梦兰游西湖之时，被权臣贾似道之子贾玉看上。贾玉托人说媒，被茹家拒绝。贾玉栽赃，陷害姚利仁，使其入狱。江万里救下姚利仁，贾玉得知，准备强抢茹梦兰。得林茂相救，茹梦兰幸免于难。时元人遣使郝经面见贾似道，贾似道将其扣下。元兵南下，贾似道主战，请江万里等人相助。贾似道战败被贬，仇人之子郑虎臣在押解途中将贾似道打死。江万里遣郑虎臣送郝经返元，并请姚居仁出使成功议和。皇宫后苑花萼楼建成，命以花萼吟为题会试，姚利仁得中。郑虎臣、姚氏兄弟等受封，姚利仁与茹梦兰完婚。清梁廷枏称："以《花萼吟》言兄弟，教弟也。"（王学锋）

《南阳乐》

南阳乐二十八出　传奇。清夏纶撰。《曲海目》著录。清抄本。二册。半叶十行，行二十五字左右，朱笔圈点。叶心高宽：20.3×12.5。首页签题："南阳乐，黄氏家藏"。卷端钤："替俊□钋印"，卷尾题："南阳乐，昆弋全本"。正文多处有舞台提示。

此剧取材三国故事，但改动历史事实与人物结局，意在补作者心中蜀汉未能一统天下之恨。出目：起程、懿探、禳星、问病、帝格、丕宴、爱国、星瑞、演阵、贿珰、刺庙、围府、吴氛、遣将、擒懿、丕执、掘冢、江奠、阉嘱、忠诉、珰败、泣楼、战江、权降、姬旋、献俘、饯相、嗣统（其中有错标之处）。述诸葛亮暴病祁山，司马懿得知此事，派长子司马师发兵攻蜀，被马岱所杀。诸葛亮会禳星之学，向天借命，玉帝感诸葛亮忠心，派华佗带灵丹妙药前往蜀营为诸葛亮治病。药到病除，诸葛亮病体痊愈。中常侍黄皓暗中与司马懿次子司马昭勾结，趁刘禅祭庙之际，派刺客行刺，未果，黄皓便诈称刘禅次子刘谌所为。后事情败露，黄皓被斩。

魏、吴趁诸葛亮生病之际派兵攻蜀，诸葛亮大破曹兵，斩司马懿父子、擒曹丕、降孙权，完成灭魏降吴，一统天下的使命。功成后，诸葛亮回归故里。（申文）

张　坚

《玉燕堂四种曲》

玉燕堂四种曲　传奇剧本集。清张坚撰。清乾隆刻本。半叶十行，行二十字，白口，四周单边，有界栏，有眉批。封面题：“玉燕堂四种曲，梦中缘、梅花簪、怀沙记、玉狮坠”。

张坚（1681—1763），字齐元，号漱石，别号洞庭山人。江苏江宁（今南京）人。少负才华，十九岁即作《梦中缘》。屡试不中，历游齐、鲁、燕、豫等地。乾隆初，京师开音律馆，劝应召不就。乾隆十四年（1749），九江关监督唐英召其入幕，后客死陕中。所作传奇《梦中缘》、《梅花簪》、《怀沙记》、《玉狮坠》四种，合刻为《玉燕堂四种曲》，人称“梦梅怀玉”，今存。

《梦中缘》，二本四十六出，《玉燕堂四种曲》之一。《曲海目》著录。四册。版框高宽：19.6×13.9。封面右栏题：“漱石填词”，中栏题：“梦中缘”，左栏题：“玉燕堂一种”。卷首有乾隆十五年（1750）唐英序，及署“愚铭弟古林杨楫济川氏题于北山草堂”、“东田徐孝常孟端氏题于燕郊之凌云书屋”之序，乾隆十二年（1747）陈震伯序，乾隆九年（1744）序，署“甲子嘉平归安愚铭侄韩缙绅垂氏拜题”，“钱江弟朱奕曾桂亭氏拜题”之序，“东山野史金门诏拜首”之序，并作者《梦中缘自叙》，王鲁川《跋》，张廷乐等人之《题词》。卷端题：“金陵张漱石填词，同里杨古林评点”。上本目：笑引、幻缘、遴才、痴梦、题帕、雌反、饵婚（正文作“饵姻”）、诳脱、报警、奇逢、访误、拾帕、帕订、败阵、假谒、起师、遇妹（正文作“见妹”）、送茶、莲盟、巧逐、夜别、姑饯、回探；下本目：醋诗、媒阻、劝顺、许姻、仇陷、复寇、途失（正文作“途散”）、缉误、留庵（正文作“庵留”）、胁卖、美合、簪首、闺叙、代拘、赐元、窥宴、靖乱、闹审、讯假、牝纲、代娶（正文作“代迎”）、后梦、戏圆。剧述明时，姑苏人钟心与贾俊才在虎丘寺读书，梦遇佳人，一心寻觅。因刘瑾乱政，原翰林学士文岸避居金陵，请吴县县尹杨令修代为搜集观风诗。杨令修与钟心交好，约其代写。文岸与女媚兰遴选观风诗，文岸赏识钟心才华，欲将女儿许配钟心。钟心不知文媚兰即梦中人，拒绝婚事，赴淮安投奔姑夫阴红，途宿京江。京江左都督蔡节欲将女儿如花许配钟心，钟心得知如花面貌丑陋而逃走。文媚兰清明祭扫母坟，与钟心相遇，二人互题香帕，订下情约。文岸亲寻钟心，被贾俊才假冒。媚兰与丫鬟轻云得知，设计吓走贾俊才。钟心对阴红之女丽娟一见钟情，二人订下莲盟，钟心欲娶二女，以题诗香帕明示心意。时崆峒三女寇造反，阴丽娟因战乱流离，被卖入文府，与文媚兰相认。钟心改名齐谐赴考高中，率军平寇。文媚兰、阴丽娟二女事一夫，钟心得遂心愿。蔡如花后许配于贾俊才，皆大欢喜。清杨恩寿《词余丛话》评曰：“排场变幻，词旨精微。”

《梅花簪》，二本四十出，《玉燕堂四种曲》之二。《曲海目》著录。二册。版框高宽：18.8×13.8。封面右栏题：“漱石填词”，中栏题：“梅花簪”，左栏题：“玉燕堂二种”。卷首有作者《梅花簪自序》，及署“钱唐同学愚弟柴才次山氏题于百一草堂”、“白门研弟漪园吴禹洛书瑞氏拜稿”二序。卷端题：“金陵张漱石填词，钱塘柴次山评点”。该剧本事出自《遁叟随草》。上本目：节概、告游、丑配、交代、箴女、倭变、骇报、涎艳、哄讼、抢亲、疑签、闻嫁、谴刺、舟误、杀庙、缢奸、府讯、禁侠、诉情、降敌；下本目：天榜、泣遗、奇捷、锦归、簪忆、空喜、点监、逃狱、诘病、遇相、市簪、醉赘、悔悟、服叛、赏月、复命、进宝、驾辨、负荆、重圆。剧述明嘉靖间，东粤惠州人徐苞与邻居杜继牧之女冰梅以梅花簪订下婚约。权臣严嵩门下胡维之子胡型看上杜冰梅，欲强娶之，继牧不允，被胡家打死，冰梅被抢入胡府之中。徐苞游学江浙返家，闻讯寻妻。胡型派人刺杀徐苞，徐苞得灵应大帝相助，免于一死，后路遇山东巡抚亚涣之女素媛。他误以为素媛是冰梅，抛梅花簪却不应，便认为冰梅失节。冰梅被虏入胡府后，假意应允婚事，趁机以酒灌醉胡型，将其缢死，而后自尽明志，被救起后收监。逢严嵩倒台，天下大赦，冰梅幸免一死。徐苞补中进士，任山东巡抚，重审杜冰梅案。因有前嫌，徐苞判其死刑。杜冰梅得禁侠郭宗解之助逃走，女扮男装，并易名为梅先春，后被时已升任首相的巫涣招纳，以平倭乱。素媛捡得梅花簪，暗生情愫。巫涣派人访寻，知徐苞为梅花簪主人，遂为二人成亲。杜冰梅平倭获官，将徐苞告上皇廷。徐苞新婚之夜得知素媛并非冰梅，乃知自己错怪冰梅。此时他负荆请罪，素媛从旁劝解，冰梅终于原谅徐苞，与之夫妻团圆。吴禹洛《序》云："稿甫脱即为名优购去，被诸管弦。"柴次山眉批曰："金陵太晟子弟初演是本，易名《赛荆钗》，一时风动"，可见该剧在当时即已盛演。京剧有同名剧目。

《怀沙记》，二本三十二出，《玉燕堂四种曲》之三。《曲海目》著录。二册。版框高宽：18.9×13.8。卷首有怀德堂主人《离骚填词怀沙记》，乾隆二十三年（1758）沈大成序，乾隆十九年（1754）傅玉露《题词》，作者所撰《凡例》，并汉司马迁《史记·屈原列传》，唐沈亚之《屈原外传》，另有作者《自序》及署"娄江学弟王俊古岩樵者识"之序。卷端题："金陵张漱石填词，云间沈学子评点"。该剧目录分卷，正文分本。本事出自史传、楚辞。上本目：述原、朝欢、舞花、谋诳、夺稿、贿倖、诳行、疏原、绝齐、悔地、泣耕、丧师、质子、助师、通袖、蝶宴；下本目：释仪、著骚、卜居、阻会、怀虏、大招、归质、天问、橘颂、山鬼、渔父、沉渊、魂游、湘宴、现果、升天。剧述战国时，楚国上官大夫靳尚等人把持朝政，怀王宠幸郑袖，三闾大夫屈原劝谏不进，郁郁不得志。时齐国遣使欲与楚国联盟抗秦，秦国谋士张仪以送楚三百里地为饵并贿赂靳尚。怀王轻信靳尚之言，与齐断绝联盟，并派逄侯丑赴秦受地，秦国反悔。怀王怒而伐秦，兵败。楚以太子为质，重新联齐。秦国不得已送张仪，消怀王之恨。张仪谎称秦以美女送楚王，使郑袖吃醋，郑袖劝说怀王释放张仪。秦惠王约怀王会晤武关，屈原劝阻不成，怀王被骗，气绝他乡，楚国拥立新君。屈原在宗庙题写《天问》，新君听信靳尚谗言，将之放逐江南。屈原在江南被放逐十一年，保国无日，遂自沉于汨罗江。屈原魂游水府，得湘夫人款待，最终归证仙班。清梁廷枏《曲话》评曰："全部《楚词》，隐括言下。"明郑瑜《汨罗江》杂剧、清尤侗《读离骚》杂剧，清胡盍朋撰《汨罗沙》传奇，京剧《汨罗江》，亦此类故事。

《玉狮坠》，二本三十出，《玉燕堂四种曲》之四。二册。《曲海目》著录。版框高宽：19×13.8。封面右栏题：“漱石填词”，中栏题：“玉狮坠”，左栏题：“玉燕堂四种”。卷首有署“嘉定后学张龙辅叔宝氏拜题”及“洛川王汝衡相垣氏拜题于汉南署之清晖亭”之《叙》，并作者《自叙》。卷端题：“金陵张漱石填词，嘉定张龙辅评点”。该剧目录分卷，正文分本。本事出自冯梦龙《情史》所引《北窗志异》。上本目：词意、狎饯、归舟、权倖、苗逆、并泊、闻筝、情晤、失坠、追订、伏狮、侦艳、胶筝、胁美、留幕；下本日：仙渡、授坠、抚夷、毁伎、踰垣、病人、信讹、狮现、误祭、还朝、重爵、化医、谴祟、奇圆、坠仙。剧述明时秣陵人黄损父母双亡，大将军安义与其父有八拜之交，黄损欲投奔安处。京师乐户薛氏携女裴玉娥脱籍还乡，在洞庭湖畔与黄损相遇。黄损投诗裴舟中，二人互生爱慕。黄损欲以家传美玉玉狮坠换取银两，为玉娥赎身，惜梦见白狮，醒而失玉坠，只得黯然离去。玉娥行船追赶，二人订下半年之约。单希颜为当朝宰相吕用寻觅十二金钗，在洞庭湖畔强迫玉娥嫁与吕用，玉娥被囚，哀而题诗诀别黄损。八洞神仙之首汉钟离收得玉狮，命龙女变为渔婆，将玉狮坠送玉娥护身。黄损投奔安义被授予参军之职，他为安义献策，招抚苗王归顺。黄损赴半年之约，急而跳墙返回洞庭，却误听传言，以为玉娥已死。玉娥被送往吕府，吕用欲强暴裴玉娥，被玉狮惊吓成病。黄损考中状元，得安义荐举，被授翰林院编修加封爵位。他将吕用、单希颜参倒，吕用病重，张榜求医。汉钟离化作道人为吕用献计，让将玉娥送于他人可将灾祸转嫁。吕用遂将玉娥送与黄损。黄损意外与裴玉娥团圆。新婚之夜，玉狮坠化作白狮，腾空随仙而去。清梁廷枏《曲话》评曰：“设想甚奇……一玉狮耳，想出如许情绪。”明人刘方《天马媒》、清路术淳《玉马佩》亦类此故事。（王学锋）

李　凯

《寒香亭》

寒香亭四卷四十出　传奇。清李凯撰。《今乐考证》著录。清乾隆间怀古堂刻本。四册。半叶九行，行二十字。白口，左右双边，单鱼尾，版框高宽：12.2×9.5。上书口题："寒香亭传奇"，下书口题："怀古堂"。有界栏。有眉批。函套签题："寒香亭传奇、乾隆怀古堂刻本"。卷端题："鄞江图凌李凯填词，同里素园范梧评点"。正文前有清乾隆四十二年（1777）罗有高序。卷一后有钱维乔跋。有"浮槎氏所藏曲"印。

李凯（1693—1761），字图凌，号雪崖，浙江鄞县人。清雍正八年（1730）进士，清乾隆十九年（1754）官居绍兴教谕。能诗，著有《越吟草》。尤工词曲，精音律，撰有《寒香亭》传奇，流传于世。生平事迹见《乾隆鄞县志》、《民国鄞县志》。

该剧一卷目：引胜、情芽、闺叙、笺和、势觅、和笺、商款、词感、庵遇、絮别；二卷目：浼谢、抗疏、空访、谪访、拾笺、媒赚、劫花、疑赝、追艳、边衅；三卷目：舟翻、拯玉、鸿雁、途艰、奸供、劝试、硬胁、闻喜、商避、梦因；四卷目：萍依、庸御、辞婚、策愤、师衄、哀忆、计剿、闺圆、乔议、梅婚。剧写金陵才子谭素与卫凌波、魏凝烟的婚姻故事。谭素，字栖霞，好友虞凤竹为其推荐才女卫凌波，谭素决定前往京师寻访。凌波舅父魏思为官礼部侍郎，妻早亡，只生一女凝烟，原居寒香亭。凌波工诗词，曾将自己撰写的诗集拿给舅父过目。魏思因上朝不便，乔迁新居。搬家时忙乱，竟将诗集遗落旧居。谭素来到京师，暂住寒香亭，偶得署"女史凌波笔"的诗集，甚为惊喜，便仔细品读起来。他越读越觉才情绮艳绝妙，便顺手取来花笺，将凌波词抄上，再一首首以韵酬和。这时，管家崔婆来寒香亭寻找诗集。谭素便随手将花笺夹在诗集中，递给崔婆。崔婆回到魏府，将诗集交于凝烟，并言寒香亭新住进一位谭公子，说小姐的才华他早已请教过了。凝烟嘱崔婆不许乱讲，便顺手打开诗集，忽见花笺和补诗，仔细品读，连称绝妙。凝烟又将《咏梅》一词补和一首，署名"女弟凝烟补和"，命崔婆将诗集还给表姐凌波。崔婆陪凝烟到双林庵为父亲祝寿，偶遇谭素，谭素将凝烟误作凌波，主动与崔婆打招呼。谭、魏二人遥视，各有倾慕之心。谭素去拜访父亲生前挚友谢平江，请他作伐，娶魏家小姐。谭素好友虞凤竹到京城探望谭素，提及卫小姐，谭素言不姓卫而姓魏，二人争执不清，同到双林庵问尼姑，才弄清楚魏、卫两家的关系。此时凌波已随母亲回扬州。谭素追至扬州，住所离凌波家很近。凌波在扬州见不到舅父和表妹，感觉烦闷，便拿出诗集和花笺观看。一阵风吹来，花笺飘落楼下。凌波俯身往楼下观瞧，见谭素拿着诗笺正往上看。凌波遣丫鬟索要诗笺，谭素推说要亲手交给小姐。凌波不好出面，只好让谭素暂为保存。吏部尚书段维凝依势弄权，命扬州太守鱼得利为他在扬州寻找佳人做妾。凌波不幸被抢，从水路押往京师。谭素得知，急追至滋阳。他欲救凌波，不慎将缆绳拉断，船倾覆，凌波顺急流卷走。谭素因此被扭送县衙究治。魏思弹奏段维凝受贿，遭段谗言陷害，被贬山东滋阳县知府。他听说押来的人叫谭素，很觉奇怪。原来，魏思与谢平江分手时曾约谭素到滋阳见面，而谭素不在，却被同住的苗仰峰得知，苗仰峰冒充谭素前来认亲。魏思请崔婆暗中辨认，不是她先见之人，便起了疑心。谭素的到来使苗仰峰终于露出马脚。魏思命仰峰顶谭素之罪押往京城，又出银三十两助谭素进京应试。苗仰峰进京后，言自己不是谭素，并说魏思有个美如天仙的女儿。段维凝听后将苗仰峰当场释放，并授予官职，命他与鱼得利共同定计，将魏女骗来。鱼得利升为山东按察使，挟制魏思同意段维凝聘凝烟为妾。崔婆设计，令丫鬟扮作凝烟假装投水，并将凝烟绣花鞋扔在岸边，趁乱将凝烟送往扬州姑妈家躲避。高丽兵渡过鸭绿江，直逼东关。段维凝命鱼得利、苗仰峰把守。二人无勇无谋，边关很快被攻破。新科状元谭素与榜眼虞凤竹献策文华殿，段维凝被革职充军，魏思升授兵部尚书。谭素、虞凤竹共助魏思打败高丽，胜利而归。凌波落水后，为谢年伯所救，认作义女，携至京师，凝烟也随姑母回到京师。经谢年伯撮合，魏凝烟、卫凌波同嫁谭素为妻。（吴秀慧）

袁 栋

《玉田乐府》

玉田乐府 杂剧剧本集。清袁栋撰。《清代杂剧全目》著录。清吴郡张若迁刻本。一册。版框高宽：17.8×12.7。半叶十行，行二十字。无界栏，有眉评。卷端题："玉田乐府，玉田仙史填词，无梦道人批阅"。卷末有刻工名字，题："吴郡张若迁刻"。钤"路工"、"惜华所藏戏曲文献"、"满州富察氏宝泉惜华"、"碧蕖馆藏"印记。卷尾有路工墨笔识语，云："此六种杂剧，不见收藏家入于书目，仅载《吴江县志·艺文志》中，为袁栋所作。"又云："一九六一年元旦苏州寄来，索价百金，特将过年之资倾囊汇去"。

袁栋（1697—1761），字国柱，一字漫恬，别署玉田仙史。江苏吴江人，乾隆时监生。不信佛教鬼神事，摒绝祷祀，父丧不作佛事追悼。生平好读书，自唐宋以来，经典杂家之书，常披览指要，注释疏解。工诗词，擅隶书，画竹石亦佳。著述三十余种，主要有《漫恬诗抄》、《漫恬诗余》、《书隐丛说》、《四书补音》等。能制曲，有杂剧《陶朱公》、《姚平仲》、《郑虎臣》、《鹅笼书生》、《白玉楼》、《桃花源》、《赚兰亭》、《江采苹》八种，总题《玉田乐府》。

《陶朱公》，四折，《玉田乐府》第一种。本事见《史记》卷四十三所收《越王勾践世家》。题目：陶朱公千金救子，楚庄生一片刚肠。正名：莽贵人暗通关节，呆长男持服还乡。剧写春秋时，范蠡迁居陶地，自称陶朱公。陶朱公因次子在楚国杀人被囚，拟派幼子到楚国求助故友庄生解救。长子闻知，执意前往，陶朱公不得已而应允，临行嘱其将书信和千金送到以后，听从庄生安排，切勿争长竞短。庄生在楚国以廉直而名动君相，接到陶朱公的书信，暂将千金留下，命陶朱公长子立即返程不要停留，然后自己面见楚王，以天象星变将有祸于楚国为由，说服楚王大赦穰灾。陶朱公长子怀疑庄生解救二弟的能力，私下又用重金托付楚国权贵，得知楚国将行大赦的消息。他想，既然二弟即将被赦，送给庄生的千金已枉成虚费，于是到庄生住所取回千金。庄生被此举激怒，再次入宫对楚王说，闻百姓传言，富人陶朱公为次子行贿楚王左右，楚王大赦是为他的次子。楚王闻言不悦，传旨处斩陶朱公次子以后再行大赦。陶朱公长子无奈持丧而归，还不知其中缘故。陶朱公早已预料是这个结果，笑着说，长子出生时家境贫寒，深知钱财来之不易，因此被钱财所累不能弃财，以致使次子被杀。幼子出生时家境富足，不懂挣钱之艰难，因此不吝惜钱财，最初要派幼子去楚国，就是因为他能弃财。陶朱公感叹，钱财是救人之物，又是害人之物。此剧曲折有致，富有哲理。

《姚平仲》，四折，《玉田乐府》第二种。本事见陆游《渭南文集》卷二十三所收《姚平仲小传》。题目：靖康帝召对福宁殿，姚平仲得道青城山。正名：青骡子逍遥石穴外，丈人观遨游尘世间。剧写宋朝姚平仲，世为西陲大将，战功累累却屡被权奸童贯遏抑，不得封功面见皇上。金兵入侵中原，都城受困，钦宗在福宁殿召对姚平仲问退兵之策，并厚赐金帛许以殊赏。为报知遇之恩，姚平仲请求亲自带领死士斫营擒敌。刚出师时连破两寨，不久因寡不敌众而大败。他无颜面见皇上，便独跨青骡昼夜兼程来到蜀中青城山，然后解纵青骡，在一石穴栖身，后被蜀中八仙容成公、李耳、董仲舒、张道陵、庄君平、尔朱、李八百、范长生度化成仙。姚平仲到尘世遨游，来到丈人观，向道士讲述自己的经历。道士见他仙风道骨，紫髯数尺，告诉他人间已过四十余年。

《郑虎臣》，一折，《玉田乐府》第三种。本事见《宋史》卷四十七《瀛国公纪》、卷四百七十四《贾似道传》，明冯梦龙《喻世明言》卷二十二《木绵庵郑虎臣报冤》。题目：郑虎臣乔杀欺君相。正名：贾似道结果木棉庵。剧写南宋末年，贾似道专权误国被贬，福王赵与芮招募监押官，拟在押往贬所循州的途中杀死贾似道为天下除害，县尉郑虎臣欣然愿往。途中，郑虎臣痛斥贾似道弄权误国、陷害忠良、招权纳贿种种罪状，对他百般折辱，最后在木棉庵结果了他的性命。路工在卷末识语中评价此剧云："六种杂剧中，我认为《郑虎臣》最好，痛切咬牙，义气愤发，制奸雄无逃遁之地，大快人心也。"同题材戏曲作品有宋元南戏《贾似道木棉庵记》（存佚曲），莆仙戏《似道被贬》，近代有漳州杨路冰创作的芗剧《肃杀木棉庵》。此外明袁宏道撰《红梅记》传奇、朱九经撰《崖山烈》传奇、清夏纶撰《花萼吟》传奇中也有此情节。

《鹅笼书生》，一折，《玉田乐府》第四种。本事见梁吴均撰《续齐谐记·阳羡书生》。题目：寄鹅笼书生戏设。正名：看铜盘许彦惊心。剧写阳羡许彦，在绥安山遇见一个有道术的书生。书生佯称脚痛，请求坐进许彦仆人手中的鹅笼同行。许彦以为是戏言，只见书生进入鹅笼，笼子没有加大，书生没有变小，鹅笼里宛若有双鹅并坐。行至树下，书生走出鹅笼，为许彦吐纳铜奁子、铜器、饮食、女子，与他一起饮酒游戏。临别，又送许彦铜盘，铜盘上有“东汉永平三年”的铭记。

《白玉楼》，一折，《玉田乐府》第五种。此剧是根据唐李商隐《李贺小传》中李贺临终传说敷衍而成。题目：李贺身上黄金阙。正名：天帝召赋白玉楼。剧写唐代诗人李贺，高才屈抑，因无人引荐在人间沉默寂寥。天宫建成白玉楼，上帝怜才，差遣使者召其作记，李白、杜甫在天宫迎接。后世称文人之死为白玉楼成，本此。

《桃花源》，一折，《玉田乐府》第六种。根据陶渊明《桃花源记》敷衍而成。题目：桃花源山中邀佳客。正名：武陵人洞口返渔舟。剧写桃花源土地平旷，屋舍排列整齐。有良田、美池、桑树、翠竹，田间道路交错相通，彼此可以听到鸡犬的叫声。人们往来耕种劳作，老老少少过得安逸快乐。当初，桃花源人的祖先为了躲避秦朝战乱，带领妻子儿女和同乡来到这个与外界隔绝的地方，从此没有再出去，于是与外界隔绝，竟不知道世间有汉朝，更不要说魏朝和晋朝了。武陵渔人无意中来到这个人间仙境，桃花源人邀请他到家里去，备酒杀鸡热情款待，村民都来探问外界消息。清李崇恕撰《桃花源记》杂剧也演此事。（刘效民）

崔应阶　吴恒宣

《双仙记》

双仙记传奇二卷三十六出　传奇。清崔应阶、吴恒宣撰。《曲海目》著录。清乾隆香雪山房刻本。四册。半叶十行，行二十字。版框高宽：19.8×14.8。封面右栏题：“研露楼主人编著”，中栏题：“双仙记”，左栏题：“香雪山房藏板”。卷首有乾隆三十二年（1767）作者序，署：“乾隆岁次丁亥荷月鄂渚研露楼主人题于香雪山房”，及梁翥鸿、徐绩、吴恒宣之《双仙记题词》三则。卷端题：“淮阴郁州山人分填，鄂渚研露楼主人编著，桂海碧腴居士校阅”。卷末有署为“桂海门人胡德琳谨跋”之《双仙记跋语》。

崔应阶（1699—1780），字吉升，号拙圃，别署研露楼主人。湖北江夏人。以父荫得补顺天通判之职，曾任河南知府、安徽按察使、山东巡抚、刑部尚书等职。著有《拙圃诗草》、《黔游纪程》、《研露楼琴谱》等。杂剧作品有《烟花债》、《情中幻》二种，合称《研露楼二种曲》，传奇作品为《双仙记》，系与淮阴吴恒宣合著，均存。

据作者自序及卷端题署，可知该剧为崔应阶与吴恒宣合作完成。其本事出唐薛调传奇小说《无双传》，明人陆采据此作《明珠记》，并有所增删，崔应阶认为陆作“未畅其情”，故重制。上卷目：发端、春宴、临轩、谋刺、闺遇、密叛、弃官、忧国、兵警、惊变、探关、闺盼、击贼、勤王、迎銮、诬逮、殄贼、回銮；下卷目：配掖、卖苹、入府、遇仆、诉月、赎苹、廷荐、谪陵、驿计、茶晤、得书、访侠、觅药、矫诏、回生、辨冤、婚隐、恩圆。剧述唐时襄阳人王仙客父母双亡，寄居京城母舅户部尚书刘震处。刘震寿诞之时，王仙客提出与表妹无双婚事，刘震希望王仙客考取功名后再议此事。时奸臣卢杞把持朝政，他密令古押衙刺杀段秀实、刘震二人，古押衙辞官隐于富平山。朱泚、朱滔兄弟反唐，大唐皇帝逃往奉天，刘震将妻赵氏、女无双托付与王仙客，令其避祸襄阳。战乱中，赵氏、无双滞留京城，王仙客无奈独自避往襄阳。唐将李晟、王遂中联合各路节度使勤王，迎回大唐皇帝。刘震被卢杞陷害入狱，无双被遣为宫女。无双侍女采苹被卖入王遂中家，遂中见其节义，收为义女。王仙客回转京城寻找无双，王遂中将采苹许之为妻。得古押衙、采苹之助，无双假死，后食药还魂，得与王仙客重聚。卢杞事败，刘震得以平反，一家团圆。京剧《古押衙》，蒲州梆子《明珠记》皆述此事，评剧亦有同题材剧目。（王学锋）

黄图珌

《梦钗缘》

梦钗缘传奇二卷三十一出 传奇。清黄图珌撰。《古典戏曲存目汇考》著录。民国间荣宝斋造笺纸蓝丝栏抄本。二册。半叶八行，行二十一字。版框高宽：19.2×12.7。封面题："花间主人填词，排闷斋梦钗缘，康熙戊戌春正新镌"。卷首有康熙五十七年（1718）序，署："康熙戊戌花朝同学杨锡履拜题"。卷端题："九峰散人黄图珌丙斋"。钤"满州富察氏宝泉惜华"、"碧蕖馆藏"印。

黄图珌（1700—1771以后），字容之，号守真子、蕉窗居士。华亭（今上海松江）人。清雍正六年（1728），任杭州同知，清乾隆五年（1740），改任衢州同知，后迁河南卫辉府知府。工诗文词曲，所著总名《看山阁全集》。所撰传奇有《雷峰塔》、《栖云石》、《解金貂》、《温柔乡》、《双痣记》、《梦钗缘》、《梅花笺》7种，合称《排闷斋传奇》，前6种今存。

该剧上卷目：大纲、登高、探病、谢笺、椿训、逼婚、排闷、梦晤、问医、传心、失钗、猜疑、讯因、泣行、换艳；下卷目：偷月、招女、请师、判难、理书、沐恩、闻榜、模形、谈文、买媒、缄意、喜真、别访、酣情、拷雪、赐圆。剧述明正德间，吏部尚书林旺之子林云，得名妓谢素心梅花曲相赠，心生爱慕，前往拜谢。恰谢素心不在，无缘得见。商人张广交垂涎素心姿色，强逼成亲，被丑妻搅乱。林云思念素心，梦中相会，素心赠其金钗。林云梦醒成疾，后赴京会试。素心亦思念林云，命赵福给林云寄信，并赠金钗为记。赵福贪杯失钗，张广交捡到金钗，讹素心成婚，幸得广交丑妻相救。素心出北关，被北关主政高鼎收为义女。林云考中状元，高鼎欲招林云为婿，林云不知高女即是素心，不允亲事。广交破落卖金钗，恰被林云买到。素心得知新科状元即林云，便派丫鬟香雪女扮男装去林云处试探心迹，香雪为素心、林云订下私会之期。素心、林云二人私会被高鼎发现，高鼎怒而不允婚事。后皇帝赐婚，素心、林云有情人终成眷属。焦循《剧说》评曰："惟《梦钗缘》一剧，直袭《西厢》、《西楼》而合之，已为伧父，可笑。"（王学锋）

吴城　厉鹗

《迎銮新曲》

迎銮新曲二卷　杂剧剧本集。清吴城、厉鹗撰。《今乐考证》著录。清光绪二十一年（1895）刻本。一册。半叶十行，行二十字。白口，四周双边，单黑鱼尾。版框高宽：16.8×11.7。叶心题："迎銮新曲"，并卷数。封面题："光绪二十一年冬刊"。正文前有全祖望、杭世骏序，金志章、吴廷华、蒋德、丁敬、汪沆、马日璐、陈章、舒瞻、张云锦、张湄、周宣猷所题诗词。此本为钱塘丁氏嘉惠堂刻《武林掌故丛编》第二十二集本之零种，收杂剧《群仙祝寿》、《百灵效瑞》两种，均为乾隆十六年（1751）弘历首次南巡至浙江时供奉进御之作。

《群仙祝寿》，四折。署："钱塘县国子生臣吴城恭填"。吴城（1701—1772），字敦复，号鸥亭。浙江钱塘人。藏书家吴焯长子。监生。承父业，好聚书，搜求校勘。与厉鹗、杭世骏等友善。著有《鸥亭小稿》、《云蠖斋诗话》等。剧述上界仙人许迈、葛洪闻当今圣母南巡到浙，便邀东西两浙神仙刘晨、阮肇、黄初平、刘纲、桐君、蔡经前来恭候。广陵刘海闻之，亦手舞金钱前来。王母率董双成、何仙姑并众女仙来到西湖。众仙捧仙桃、仙酒奉上，恭祝圣母长寿。

《百灵效瑞》四折，署："钱塘县贡士臣厉鹗恭撰"。厉鹗（1692—1752），字太鸿，号樊榭。浙江钱塘人。贡生。乾隆初，召试鸿博不遇。善诗词，著有《樊榭山房集》、《宋诗纪事》、《南宋院画录》、《辽史拾遗》、《东城杂记》、《湖船录》等。剧述观音、善才、龙女并四金刚、十六罗汉、韦驮等，另有四海龙王、四花使领十二月花神，闻当今圣主驾幸杭州，特恭迎仪仗。（戴云）

李本宣

《玉剑缘》

玉剑缘传奇二卷三十六出　传奇。清李本宣撰。《曲海目》著录。清乾隆十八年（1753）涵经堂刻本。二册。半叶九行，行二十一字。白口，左右双边。版框高宽：17×12.4。有界栏。封面右栏题："江都李蘧门先生填词"，中栏题："玉剑缘乐府"，左栏题："涵经堂梓行"，上栏横题："乾隆癸酉新镌"。卷首有署"汾阳同学弟田倬雁门氏拜题"之《序》，及"全椒吴敬梓敏轩氏书"、"江宁同学弟宁楷端文氏书"之《叙》。卷端题："江都李本宣蘧门填词，江宁宁楷端文点次"。

李本宣（1703—1782），字蘧门，江都（今江苏扬州）人。与《儒林外史》作者吴敬梓友善，曾为吴著《文木山房集》撰序。所撰传奇《玉剑缘》，今存。

该剧上卷目：标引、探梅、花宴、神谴、拾帕、搜艳、忆遇、谈心、访艳、谋剑、买剑、私盟、谋娶、商援、打亲、落草、选艳、神宴；下卷目：羁愁、演阵、妪计、朝京、神召、神剖、天怒、弹词、收女、幽欢、献剑、丧师、闻命、私晤、破阵、解兵、辞婚、庆圆。剧述淮南人杜器，流寓金陵，与张铁汉舞玉剑相娱。尚书花简之子花公子见玉剑起贪念，派人抢剑，反被铁汉教训。李云娘出家青溪祠，妹李珠娘待嫁。二月十五日青溪庙会，杜器与李珠娘一见钟情，李珠娘留帕，杜器捡帕起相思之情。鲍六娘请铁汉找寻弹词，铁汉以杜器《二十一史弹词》相赠，鲍六娘为杜器、李珠娘牵线搭桥。杜器到祠中亲访李珠娘，以玉剑为媒，订下婚约。魏人忙帮花公子买玉剑，被杜器拒绝。云娘约杜器商议其妹婚事，二人小酌，互生爱慕，盟誓来生再做夫妻。花公子强娶珠娘，鲍六娘请铁汉假扮新娘使珠娘脱身。铁汉失手打死魏人忙逃走，路经天门山落草称王。司礼监太监金陵选妃，花公子故意推荐珠娘以泄私愤。云娘病亡，被召列仙班，与杜器幽欢一夜。鲍六娘为救珠娘，为戚太夫人弹奏后妃失宠故事，戚太夫人恐女儿失宠，欲将所选之妃放回。花公子欲暗杀杜器，被雷击死。花简因丧子，修身自持，收珠娘为义女。皇宫内存千年玉剑一把，另求他剑匹配，杜器进京献剑，被授官。杜器劝铁汉归顺，铁汉愿意交战时故意露出破绽，使杜器获胜，自己归隐。花简欲将女儿许配杜器，杜器以已聘珠娘为由拒绝。待花简说明真相，杜器、珠娘得以成婚。吴敬梓《序》评曰："吾友蘧门所编《玉剑缘》，述杜生、李氏一笑之缘，其间多所间阻，复有铁汉之侠、鲍母之挚、云娘之放，尽态极妍，至《私盟》一出，几于郑人之音矣。读其词者，沁人心脾，不将疑作者为子衿佻达之风乎？然吾友二十年来勤治诸经，羽翼圣学，穿穴百家，方立言以垂于后，岂区区于此剧哉！”（王学锋）

宋廷魁

《介山记》

介山记二卷二十四出 传奇。清宋廷魁撰。《古典戏曲存目汇考》著录。清乾隆刻本。二册。半叶十行，行二十四字。单鱼尾，上书口题：“介山记”，有眉栏眉批。版框高宽：21×14.7。函套书签题：“介山记，空了题”。书衣、封面均题：“竹溪山人介山记”。卷端题：“介山记，介山竹溪居士宋廷魁撰”。卷首有署“古吴方苞望溪氏题于集贤斋之东轩”之《叙》，乾隆十五年（1750）彭遵泗《叙》，乾隆五年（1740）张正任书于四柏斋中之《叙》，署“同学侍教弟李文炳竹泉氏拜题”之序。另有徐开第、姜基松、陈之缟、郝世衡之《介山记题诗》，署“定羌弟姜廷锣拜题，林涛弟陈之缟写真”之《介山竹溪先生小像》、《竹溪先生像赞》，署“秀水诸锦题”之诗句，作者自识之《或问》，卷末有乾隆十五年（1750）作者自跋。钤有“浮槎氏所藏曲”印章。

宋廷魁（1710—？），字其英，号竹溪，别署竹溪居士、竹溪山人。山西介休人。邑诸生。善于书画，著有《介山记》传奇一种，诗文集《竹溪文集》、《雪籁楼》等。

该剧本事出自《左传》介子推的故事。上卷目：揭目、祝嘏、访隐、菊宴、游绵、逼仕、蒲警、骇遁、割股、献羹、途难、哭庭；下卷目：权婚、园眺、讯病、劝行、书约、醉遣、拂衣、论赏、归林、云觐、天游、玉诰。写春秋时，晋国介子推有超群之才，却住在绵山养母，不愿出山入仕途。晋国公子重耳亲请介子推出山，介子推无奈应允，成为重耳的心腹。晋献公的妃子骊姬，为了让自己的儿子奚齐继位，设毒计谋害太子申生，诬陷并追杀重耳。介子推帮助重耳流亡出走，途中割股做肉羹献给重耳充饥，并说服齐侯出兵打退追兵。齐侯将美女齐姜嫁给重耳，重耳乐而忘返，忘记复国大计。介子推设计赚重耳离开齐国，辅佐他当上晋国国君晋文公以后离去。晋文公封赏大臣，唯独忘记了介子推，介子推的友人解张击鼓鸣不平，而介子推已携母归隐绵山。晋文公寻至绵山，放火焚烧绵山逼介子推出仕。此时，介子推因为忠孝，已与母亲成仙得道。重耳设祠堂纪念介子推，并将绵山改名为介山。（李玲）

董　榕

《芝龛记》

芝龛记六卷六十出首一出　传奇。清董榕撰。《今乐考证》著录。清乾隆刻本。四册。半叶十行，行十九字。上下黑口，四周单边，单鱼尾。版框高宽：17.9×13.7。每册下黑口处各题阴文“忠”、“孝”、“节”、“义”。正文前有黄叔琳及乾隆十六年（1751）邵大业序，芝龛记引训，严遂成、毛奇龄所撰诗铭，汤聘、丁敬、黄为兆、曹秀先、蒋士诠、陈士璠、柏超、吴士贤、吴省钦、冯渠、张香、姚沩、沈刚中题词，凡例十则及目录。卷端署：“繁露楼居士填，海内诸名家评”。有眉批。出末有蜗寄居士等评语。有“刘涛”等印。

董榕（1711—1760），字念青，号恒岩、定岩、谦山、渔山，别署繁露楼居士。河北丰润人。清雍正十三年（1735）拔贡，历任金华、南昌、九江知府，与蒋士铨、唐英友善。著有《浭阳集》，戏曲作品仅《芝龛记》。

该剧作于清乾隆十七年（1752）左右，一卷目：开宗、忠饯、郊订、江遇、莲瑞、双忆、翰通、江阅、仙引、绣谭、祀别；二卷目：播叛、双征、夜袭、誓师、平播、阄筭、聘警、娥召、义概、宴离；三卷目：狱渡、昙援、阁遇、右判、左巡、擒梃、表忠、藺狷、勤王、四援，四卷目：御略、荡寇、双贞、骂珰、水搆、招魂、殄逆、北征、酝闯、召对；五卷：芝聚、城姻、靖畿、游虚、郧会、检报、夔捷、狐奔、断袖、防荆；六卷：吊藩、救父、荆梦、殉忠、龛祀、题阁、江还、双全、徽感、芝圆。首出有诗云：“秦良玉奇勋褒锦制，沈云英全德冠彤编。九品莲香芬集蕙畹，三生石逸事记芝龛。”本事出《明史·秦良玉传》及毛奇龄《列女沈氏云英墓志铭》。剧述明末蜀中石砫宣抚使马千乘与妻秦良玉忠心报国，平播州乱。后马被奸臣所害，良玉代其职。逢蔺州奢崇明反，她率兵讨平州，攻重庆，破蔺州，平水西，屡败叛军。崇祯三年，京城四门不守，时任四川总兵的秦良玉率部入京解围。崇祯崩，值张献忠据蜀，良玉命部下守土练兵，准备征讨。沈云英为道州守备沈至绪女，张献忠攻道州，至绪被围受重伤。云英杀入重围救父出。至绪伤重而死，朝廷对其封赠，并授云英游击将军，代父守道州，后屡败叛军。清兵入关，云英回乡奉母葬父。闻清兵渡钱塘，乃赴水死。剧中所述"皆本《明史》及诸名家文集、志传、旁采说部，一一根据，并无杜撰。"（见《凡例》）（戴云）

周　埙

《拯西厢》

拯西厢传奇二十四出　传奇。清周埙撰。《江南访曲录要》著录。1963年江苏泰州古旧书店复抄清乾隆抄本。三册。半叶十行，行十九字。白口，左右双边，单鱼尾。版框高宽：17.5×12.7。板心处标书名、出目名。有眉评，每出后有总评。卷首列出目，卷端署："龙泉周冰鹤先生改定"。有"满州富察氏宝泉惜华"、"碧蕖馆藏"印及"康生看过"章，并"泰州市古旧书店传抄本"白文印记。

周埙（1715—1784），字伯谱，号韵亭、牖如、冰鹤，龙泉（今江西遂川）人。乾隆十二年（1747）举人，十六年（1751）进士，次年授河南淇县县令。二十二年（1757年）因积劳成疾辞官南归，二十六年（1761年）病体康复后只身前往京师，不久，官补河南渑池县知县。乾隆四十五至四十六年（1780—1781）升补汝宁府知府。历仕三十年，晚年回归故里，以歌酒自娱。与著名戏剧家蒋士铨、工部尚书协办大学士彭元瑞等友善。著有《冰鹤堂全集》二十卷，《韵亭词谱》四种、《陈忠洁公殉难录》等。戏曲作品除该剧外，还有《广陵胜迹传奇》、《中州愍烈記》（一名《忠悯記》）等，后一种仅存下卷。

该剧系将北西厢与南西厢内容结合起来，又增添新关目而成。目录为：

发情、慰孝、惊艳、赏音、酬韵、拒媒、愚虎、辟围、赖婚、题怨、密期、翻约、判情、听梦、就欢、激婚、诤病、叙别、刺梦、争配、激义、救贞、会关、止义。述西洛书生张珙赴京应试途经河中府，顺便探望好友，现统领十万大军镇守蒲关的白马将军杜确。听说普救寺为当地名胜，便带琴童往游。游玩时遇崔相国家小姐莺莺带丫鬟红娘来寺中进香，就主动上前搭讪。莺莺随母郑氏护送其父棺柩至博陵安葬，为兵乱所阻，只得在寺中西厢暂住。张珙慕莺莺美貌，决定与琴童夜宿寺中。晚风习习，张生抚琴声被莺莺听见，称赞琴声优美。红娘告知，抚琴之人乃白天见到的“傻角”。张生发现莺莺夜来烧香，隔墙听见莺莺口占小诗道出心事，便也和诗一首。兵营将军孙飞虎听手下人说普救寺中住一美小姐，便遣媒婆前去说亲，被郑氏回绝。孙飞虎拔营围住普救寺，扬言如把莺莺交出来全寺可免遭屠戮。郑氏束手无策，云有退兵者当酬以千金。张生挺身而出，声言不要千金，只要小姐，郑氏只得应允。张生叫院公请孙飞虎退一箭之地，云小姐孝服未满，三日后道场超荐父灵，完满后与之成亲。而后，他修书给好友杜确，请他解围。寺中方丈命僧人惠明前去送信。杜确接信后火速赶来，生擒孙飞虎，要将其打入囚车解送。张生讲情，杜确乃将孙释放。张生拜见郑氏，郑氏命莺莺出来拜谢，却以兄妹相称，推说先相国在日，已将女儿许配自己兄长郑尚书子郑恒。张生因老夫人变卦而病，莺莺遣红娘来看他。张生托红娘递柬，以后又有张生跳过粉墙与莺莺私会事。此事终于被老夫人知晓，她怕家丑外扬，命张生莺莺当晚完婚，并以崔家三代不招白衣女婿为由，送张生元宝一枚，命次日启程赴考。张生带琴童离开普救寺，到草桥店投宿。是夜，张生梦东邻女要拔剑刺其心，又梦朱衣使者告之今科应领头名，但与应配之妻先期苟合，故遣化身试之云云，后猛然惊醒。张生走后，郑恒忽然到此求婚，待院公说明情况，郑恒命他转告姑母，明日要来成亲。言罢，拂袖而去。郑氏闻信，怕郑恒报官辱没相府名声，便与莺莺商量，劝之改嫁以践前约。张生若归来，可认红娘为义女嫁之。莺莺决心以死守节，便假意应允。五更时分，莺莺溜出佛寺投水自尽，红娘劝之不听，也随后跳河。孙飞虎被杜确释放后，削职为民，改名孙从义。他决心痛改前非，便造下救生船，每日与妻在河中往来救生。这日，他将莺莺主仆从河中捞起救活，待问明情况，便登岸雇车，遣妻子送二人赴京与张生相会。张生高中鼎甲，供奉翰林，后奉恩命授河中府尹。他途经蒲关，拜会好友杜确，次日到普救寺祭奠岳父，拜谢岳母。老夫人闻莺莺红娘投河，后悔不迭。郑恒闻此凶信，又气又恨，竟吐血而亡，老夫人命将其灵柩运回原籍。正在伤心之际，忽报张生已中状元，授河中府尹云云，后见张生与莺莺红娘等俱到寺中相见，老夫人悲喜交加。莺莺从母亲当日之言，要张生收红娘为侧室。张生却建议老夫人将红娘许配于琴童。于是众人换上吉服，共庆大团圆。（戴霞）

《广陵胜迹》

广陵胜迹传奇二卷 杂剧剧本集。清周埙撰。原书未题作者名姓，据清彭元瑞《恩余堂辑稿》卷四“周埙如广陵胜迹传奇”题词（见《清人诗集叙录》卷三十六），可知作者为周牖如，牖如即周埙之号。《清代杂剧全目》著录，列入无名氏作品中。清乾隆间冰鹤堂刻本。四册。半叶八行，行十八字。上下黑口，左右双边，单黑鱼尾。版框高宽：14.6×11.7。上书口题：“广陵胜迹”，下书口题：“冰鹤堂”。书衣朱笔题“广陵胜迹”，并标册数。卷首有开场。该书题为“传奇”，实为杂剧集，辑《灯游》、《诗笼》、《花瑞》、《堂宴》、《虎梦》、《桃医》、《神镜》、《佛轮》八个短剧，每剧一出。旨在“表章胜迹，歌咏太平”。每剧“各传一事，一事各有起结”（卷首识语）。剧中多集唐诗，每剧末尾附本事考证。

《灯游》，全称《广陵城灯游时太平有象》，《广陵胜迹传奇》第一种。全剧演出时“倘以为套数太冗”，可将之分为“驾虹”、“灯游”两出演（见卷首识语，下同）。本事出《幽怪录》。述上元佳节，大唐开元天子欲与民同乐观灯，问道士叶法善何处灯丽。答曰广陵花灯最为壮观，并告凌虚御风顷刻而至。天子以为幻术所为。于是叶法善到天庭奏知玉帝，玉帝即刻遣勾陈云将，拥五色长虹架成桥道，直通殿前。开元天子在丞相张说等簇拥之下来到桥上，果见广陵灯火极盛，百姓欢天喜地，一片太平景象。天子龙颜大悦，即命乐工李龟年奏《霓裳羽衣曲》。百姓闻听此曲，以为仙曲自天而降，人群欢腾，齐唱太平歌。

《诗笼》，全称《木兰院诗笼处故里垂芳》，《广陵胜迹传奇》第二种。全剧也可分为“题楼”、“诗笼”两出演。本事出唐王定保《摭言》。《太平广记》亦有记载。述太原人王播官拜大唐淮南节度使。父官江左，寄家于江都之瓜洲镇。王播重返瓜洲时，全城老少出城迎接，使他想起二十年前寄食木兰院的情景：王播年轻时家境贫寒，在木兰院读书时随僧斋食。久之僧厌，改饭后击钟。王播怒而题诗壁上，拂袖而去。从此更加刻苦读书，终于得中进士做官。现重返故里，想当年事不禁凄然。于是又题诗壁上以遣深情。众僧闻王播到来大惊，将王播以前题诗以碧纱笼罩之。王播揭起碧纱笼在后又续诗二句：“二十年来尘拂面，如今始得碧纱笼。”众僧邀其吃饭，问可鸣钟否，众僧大窘。于是王播邀大家一同进餐。

《花瑞》，全称《芍药圃花瑞奇分枝兆相》，《广陵胜迹传奇》第三种。全剧也可分“制花”、“花瑞”两出演。本事出《扬州志》及刘攽之《芍药圃》。述后汉东陵亭女子杜姜清修不嫁，得道通神，官府以为妖，将之收捕下狱。杜姜变形飞去，为后人尊为圣母，立庙东陵。庙前有青鸟相随，凡遇乡人被盗，青鸟便引人擒盗，由此广陵安业。东陵圣母奉后土娘娘命任琼花观主，统领二十四圃花姨，广滋乡产。圣母知扬州所产名卉，琼花天下无双，但终难久留人世。而维扬芍药与洛阳牡丹齐名，有一种红叶黄腰者名金带围，非时不开，开时即为名贤入相之兆。宋庆历六年，相州韩琦出守扬州，时天大旱，他自制祭文，到祠中祈祷。东陵圣母将此事奏后土娘娘，转达玉霄，使天降甘霖。圣母召芍药圃中四花姨进见，命其制成金带围花一枝，向郡圃开放，以兆相业。四花姨请求圣母，允许四人各献其瑞以图升代。圣母依奏，嘱四人开花时色彩分出深浅，芳香分出浓淡。因所兆之人学问深浅不同，人品高下不同；相业有优有劣，福命有厚有薄。后韩琦邀王安石、王珪、陈升之三人去园中喝酒赏花。众人见园中芍药花开正盛，其中四朵最为出色，便各撷一枝。但见花儿在圃中原是相同，折在手中花色花香却深浅浓淡不一。众人不解其意。于是四人继续喝酒赏花，并决定次日在园中建一四并堂，以留胜迹。

《堂宴》，全称《平山堂堂宴乐摘蕊传觞》，《广陵胜迹传奇》第四种。全剧也可分为“献花”、“堂宴”两出来演。其本事出自《欧阳文忠公集》。

述宋庆历八年，欧阳修任扬州太守时修筑平山堂以为公余宴赏之地。逢邵伯湖中荷花盛开，欧阳修遣人前往采花行酒。高邮名妓毛惜惜寄居邵伯镇，听说欧阳修在平山堂宴客，便采百朵荷花，插以画盆，让小厮挑了，亲赴华筵，以作执贽之诚。欧阳修与王安石、刘敞、沉遵及僧人慧勤等诗词歌曲，吟罢归席。人报有名姬献花。欧阳修见此女子不凡，令奉酒。众人请惜惜捧花传客，惜惜缓步清歌，歌中句句有花字。花到席前，人们各折一枝，枝尽处，提壶自斟。众人将所折之花尽数交还，惜惜乘船完璧而归。

《虎梦》，全称《黠鼠赋虎梦来天怀坦荡》，《广陵胜迹传奇》第五种。全剧也可分为“鼠赋”、“虎梦”两出来演。情节自苏轼《黠鼠赋》、赵与时《宾退录》。述苏东坡出任扬州，政绩卓著。该地南山白额虎精知东坡文冠一时，凡属草木昆虫，一经品题，俱成佳话。便小试其术，示意小狐变鼠试他。深夜，东坡灯下读书，闻有老鼠咬书之声，唤醒书童将鼠赶走。书童秉烛寻找，见橐儿里面有只翻肚皮的老鼠，以为死鼠，将它倒了出来，没想到老鼠却趁机逃走。东坡便以“黠鼠”为题作赋。白额虎精见东坡果然作赋一篇，便要梦境迷离，命一乳虎至前唐突，自己化作紫衣道人保护其间，以观东坡有何奇文。是夜，东坡果梦猛虎拦路。次日天明，一白额红须紫衣道人来访，自称南君李耳。东坡认出，此乃老虎变化，便斥其夜间妖术。道人见已点破，便求作赋，以垂佳话。东坡痛斥从古到今老虎所犯罪恶。道人大惊，请求放之归山。东坡云不做东郭放中山狼之举。于是在道人额中点点朱砂，权作鹤顶红。书童云与其为虎，何不为鼠。道人竟当场变为老鼠，其头上仍有朱痕。东坡命老鼠钻进橐儿中去，结果此鼠肚皮朝天而死。东坡道猛虎便是黠鼠，黠鼠便是死鼠。命将死鼠深埋以充蚁食，又命将各处山中虎豹豺狼消灭，使江淮百姓永享太平。

《桃医》，全称《枯树园桃医感合境宁康》，《广陵胜迹传奇》第六种。全剧也可分为“桃医”、“寇感”两出来演。本事自《扬州列女传》。述明嘉靖时，高邮吴岱从军征倭，多年不归。妻韦氏与婆婆相依为命。婆婆病重，韦氏欲割股，被婆婆看见，大叫要逃。韦氏误以为其想吃桃，便去园中寻找。时已十月，无桃。韦氏哭拜，求神赐桃，以至额头出血昏死过去。此举感动神仙，使树结桃。婆婆食半，病已痊愈。倭寇破城，韦氏苦求放了婆婆，宁愿代死。倭王见其额上带血，问其故。以求神使树结桃事告之。倭王见桌上所剩半桃，抓起便咬，竟咬不动，以为韦氏欺之，大怒，命婆婆食之。婆婆将桃吃完，倭王始信，为韦氏孝心所感，去兵。百姓皆感韦氏之德，报之于官。州官命旌孝妇之家，书“纯孝格天”红罗一幅，并月俸米面绢布供养之资，以示褒奖 。

《神镜》，全称《邗沟庙神镜悬孝忠照朗》，《广陵胜迹传奇》第七种。全剧也可分为“立愿”、“神镜”两出演。本事自《太平广记》和《扬州志》。述吴王夫差国破身亡后，玉帝怜之，许得血食故乡。广陵乡民奉夫差为财神福主，并建祠以祀，名邗沟大王庙。唐开元时，扬州进一百炼水心镜，放到邗沟大王台前以辟邪鉴正。赵甲、钱乙、孙丙、李丁闻听此事，各立心愿到邗沟大王庙中祈梦。邗沟大王命春梦婆引四人梦魂到来。赵甲愿学郭汾阳，他将功名显；钱乙欲富甲连城，他得到十万贯钱；孙丙欲长寿延年，他便登了仙台；李丁愿福禄寿均占，做个富贵神仙，于是他腰缠万贯，骑鹤下扬州。众人如愿后到邗沟大王台前拜谢。大王将贴忠孝二字的水心龙镜捧出台前，嘱四人如愿后不要忘记做个忠孝双全之人，便命春梦婆将四人唤醒。

《佛轮》，全称《天宁寺佛轮转福寿延昌》，《广陵胜迹传奇》第八种。全剧也可分为“参法”、“佛轮”两出演。本事自《扬州志》。述宋政和时，如来在天宁寺为摩耶佛母设无遮大会。觉贤闻此事，赴天宫庆祝慈寿，并把维扬盛事上告瞿昙，让其五色光融普照须弥世界。众拜佛母，听其讲三乘三言真诠及释迦如何说法。时四天女散花，佛母曰一花一世界，一叶一如来。众告佛母，扬州天宁禅寺创建万佛楼，要同赴楼中转轮。佛母命开甘露门，浚七宝池，注功德水，涌千蕊宝莲花，转动无上最大法轮。觉贤在万佛楼前打坐，遍观祥瑞。于是他步向山门海门咏歌，并告之万佛法轮便是万佛转世。（戴云）

徐　昆

《雨花台》

雨花台二卷三十二出　传奇。清徐昆撰。《古典戏曲存目汇考》著录。清乾隆间贮书楼刻本。二册。半叶十行，行二十字。上下黑口，四周单边，单鱼尾。版框高宽：19.9×13.9。封面右栏题："柳崖居士填词"，中栏题："雨花台"，左栏题："贮书楼藏板"。板心题："雨花台"，卷首有乾隆二十七年（1762）崔桂林序，乾隆二十八年（1763）杨维栋叙，安清翰、冯郢、张允中、张锦龙题词，并目录。卷尾有"蒲坂世弟崔桂林拜跋"（但无跋文）。卷端题："平水柳崖居士徐昆后山填词，同学蒲坂散人崔桂林燕山评点，同里云卧子刘育槐兆三授梓"。有眉评。每卷卷端有"龚维疆印"白文章。

徐昆（1715—1801后），字后山、厚山、俊山，号啸山，别署柳崖居士，室名淳复草堂。平阳（今山西临汾）人。乾隆三十五年（1770）举人，授山西阳城教谕。乾隆四十六年（1781）进士，官内阁中书。著《说文解字长笺》、《诗韵辨声》、《易说》、《毛诗郑朱合参》、《书经考》、《柳崖外编》、《诗学杂记》等。撰传奇《雨花台》、《碧天霞》、《合欢竹》，后一种佚。

该剧约作于乾隆二十七年（1762），是作者为悼念友人卢清宜而作。上卷目：发源、饯友、勤妆、说法、开路、题帕、卖诗、授丹、花迷、情醉、朝台、固盟、护台、迎銮、风妒、虎媒；下卷目：惊死、哭友、投台、入番、回生、闹院、馆聚、闺谈、出使、捷报、认帕、成婚、晤姨、赴宴、重圆、酬台。述卢俭与妓林莺儿相恋，皇帝西巡，卢与友郅情等欲呈诗文册页以求功名。一阵怪风吹来，将册页扯碎。卢生情急，吐血而死。临终，嘱友将自己埋在雨花台下。莺儿被鸨儿逼嫁，逃至雨花台投水而死，后被达摩救起放在路边。华胥国邬将军女福娘到五台进香，在路边发现莺儿，唤醒后问明缘由，被邬母认作义女。卢生被达摩施法得以还阳，与郅情上京赴试。郅情榜中，奉旨出使华胥国，与福娘成婚。任满，带福娘、莺儿回国。时卢已中状元，终与莺儿团圆。（戴霞）

《碧天霞》

碧天霞二卷四十出　传奇。清徐昆撰。《古典戏曲存目汇考》著录。民国二十一年（1932）临汾晋文斋印本。二册。半叶十行，行二十字。白口，四周双边，单鱼尾。版框高宽：15×11.9。封面右栏题："民国二十一年桃月"，中栏题："碧天霞"，左栏题："临汾晋文斋印"。板心题："碧天霞"。卷首有王棚鳌序，吴克成、半醒园夫、张允中、杜元勋、樊墉、白澍题词，乾隆三十一年（1766）常庚辛序，并目录。卷端题："平水徐昆后山氏填词， 玄孙徐德明润生集印，蒲坂常庚辛位西氏评点"。板框外有眉批。

该剧约作于乾隆三十一年（1766），上卷目：词宗、幻梦、种缘、训女、觅艳、缔盟、诬入、侮奸、虚访、遭贬、谋逆、逢侠、逼霞、智脱、刺绪、慨谈、赴堡、投辕、给引、大战；下卷目：情梦、借箭、验引、固守、投庵、复京、晋爵、惊变、独叹、蜀会、庵遇、破巢、错祭、巧赗、誓志、赐婚、送秋、传疑、讶诬、婚圆。剧述唐时武陵书生钟景期踏青倦怠，倚石而睡，梦一仙洞，门书"碧天霞"三字。醒后无意走进葛御史碧落园中之天香庭，与葛女明霞相遇，和明霞帕上回文诗以示爱慕。中状元后，他因得罪安禄山被贬。安史之乱，葛氏父女落贼手。安庆绪逼明霞为妾，婢女红于代嫁，于红罗帐中刺死庆绪。钟生重被起用，挂帅北征，消灭史思明部。葛御史被救出敌营，战乱中遇卫碧秋，认作义女，托李白为媒将碧秋许钟。迎娶之日，郭子仪突将饱受颠沛之苦的明霞送归，于是大排筵宴，以庆团圆。（戴霞）

韩锡胙

《渔邨记》

渔邨记十三折附南山法曲杂剧一折　戏曲剧本集。清韩锡胙撰。《古典戏曲存目汇考》著录。清乾隆年间妙有山房刻本。二册。半叶九行，行二十二字。白口，四周单边，版框高宽：18.2×13。有眉栏眉批。上书口镌剧目名，下书口镌"妙有书房"。上下卷均钤"孟辰读过"、"李氏藏帙"。

卷首有“全椒姻弟吴钺书于奉天治中官署”之序、“济南刘泰”之序、乾隆三十一年（1766）秦锡淳之序、乾隆三十二年（1767）韩锡胙《渔邨记序》、乾隆十八年（1753）妙有山人自序。序后为总目、凡例、脚色总类、《南山法曲》杂剧、乾隆三十三年（1768）九秋山阴八十老人金昌世之跋。卷端题：“河干妙有山人漫笔，青田湘岩居士评点”。卷末有乾隆三十四年（1769）山阴姚大源之《后序》、周凤岐《与韩湘岩明府书》及《跋渔邨记》绝句六首。

韩锡胙(1716—1776)，字介屏，号湘岩，别署少微山人、妙有山人。浙江青田人。才思敏捷，以智辨出名，清乾隆十二年（1747）中举，曾任山东平阳、禹城等地知县，安庆、松江、苏州等地知府，善于吏治。著有传奇《渔邨记》，杂剧《南山法曲》、《砭真记》，诗文集《滑疑集》。清内阁中书宗稷辰在《滑疑集》序中曰：“郁离子(即刘基)后，青田第二异人焉曰湘岩子，湘岩子于书无不读，道德艺术皆大通，而成其一家”。

《渔邨记》，传奇。目录为：缘起、选真、守墓、情因、村遇、劝婚、送沓、指迷、义庄、窃药、商陷、完真、溯洄。写蓬莱郡慕蒙父母双亡，他在青原山守墓尽孝，感动瑶池金母，派遣仙女雪爪、梅影扮作母女，到青原山附近设渔村居住。一天，慕蒙被老虎追赶，乘木筏漂流来至渔村。雪爪称自己是与其父同辈之兄妹，于是慕蒙拜认其为姑母。雪爪送女儿梅影与慕蒙完婚，帮助他造房舍，办义庄田救济贫苦，还教授他修炼之道。慕蒙善名远播，却遭到同乡诬告。蓬莱郡守醇于雕传讯慕蒙，此时慕蒙孝心善行已经使其父母复活，慕蒙也飞上半空，与之团聚。第一折《缘起》云：此剧“前半似董永遇仙，后半似范希文义田。”宾白诙谐有趣，但结构散漫。

《南山法曲》，杂剧。卷端署：“青田湘岩填词”。该剧为作者友人吴钺祝寿而作。述韩湘子问道于南极仙翁，人世间生生灭灭是何缘故。仙翁遂与韩湘子驾起祥云，遨游八极，把人世间浮光幻影，观视一番。腊月十五乃无锡县令吴钺寿诞，南极仙翁因吴钺为官清正，特炼制九转金丹三枚：青色丹可驻颜延年，红色丹可万事称心，黄色丹可多生贵子。韩湘子奉南极之命将仙丹献于寿宴。此时八仙同时献身云端，奏起天乐《南山法曲》

一章。全城百姓观见，无不赞叹。（李玲、戴云）

东皋顽仙

《勘离骚》

勘离骚院本二卷三十折　传奇。清东皋顽仙撰。《古典戏曲存目汇考》著录。乌丝栏旧抄本。二册。半叶九行，行二十字。白口，四周单边，版框高宽：14.6×10.7。书衣、书根、目录处题："勘离骚传奇"，卷端署："勘离骚院本，东皋顽仙"。有眉批。有"海虞寄舫"、"景郑藏曲"、"余氏圣鸿"、"莿园"印章。

东皋顽仙（生卒年不详），姓字、里居、生平皆未详。根据该剧本中凡出现"真"字之处均少末笔，可推断作者或为雍正时人。

此剧或写于雍正时期，上卷目：神引、乞文、购书、约契、策媚、旅误、践约、旋国（正文作"使旋"）、豪逐、斥仆、愤诉、神怒、仆侦、读骚、狂殒；下卷目：隳概、劝驾、献图、奸谋、饯别、阴谮、蜀叛、得信、谒权、出师、剿逆（正文作"剿寇"）、凯宴、筹时、决征、失利。该剧上卷述文士双南金文才出众，鸡林国外相慕中原文化，欲去大陆求购其文章墨宝，国使奉命寻访双南金书籍，他一挥而就。但终因才名遭俗人排挤，只得羁栖道院，又被小人逐出。长沙郡事全谊因感三闾大夫屈原怀忠见嫉，沉溺深渊，特建祠宇。双南金乞文勒石，又到愤王庙，哭诉自己的遭遇，见不为神所动。双南金怒而骂神，庙神项羽大怒，欲宣雷部将他击死。小鬼建议鉥其绣肠，夺其彩笔，使其化作痴人，口不能吐佳言，眼不能辨奇字，纵生人世，终成残废。项羽从其言。双南金自从庙中出来后，觉身子困乏，体气不和。做诗也不耐烦。把平日著作检阅一番，竟一字也不明白。读《离骚》后掩面大哭，书童见此甚怪。双南金披发赤足，大骂贼人后又读《离骚》，狂殒。下卷有下场诗云："伸北伐微露觊觎心，利南征旋怆君臣辱。宴西池好庆巩皇图，隐东山已兆升平乐"。述谢安退归林下后不甘寂寞，每当游赏，令妓女相从，夫人以礼法相劝。王坦之来访，以王室凌夷，桓温窥窃神器，妨贤妒能，掌天下大权，应以天下为心云云。

王珣乃大司马王导之孙，见桓温众望所归，便去巴结。闻桓温四处访求郭璞图识，便将自己所藏投献，以为进身之计。桓温拿到图识看不明白，王珣解释云字里行间隐含“桓元子首”（桓温字元子）之意。桓温久存反志，曾召术士扈谦占卜，术士逃。桓温大怒，欲斩其全家，被手下劝住。现见王珣如此解说，大喜。封其官职。郗超与王珣定计要害谢安，在桓温面前假意称赞谢安，桓温便要召见谢安。郗超王珣又吩咐门官，不放谢安进见。桓温见谢安久久不来，大怒。于是二人进谗言，让谢安出守外郡。桓温依言，升郗超为参军，王珣为主簿。后蜀李势闻桓温存不臣之志，便趁机叛乱。桓温出兵亲剿李势，李势献表投降。谢安出守吴兴，王文度来，与之议朝中事，知桓温回朝后又举兵伐北魏。北魏屡屡失利，国人想求和。但慕容垂坚决主战，北魏国王加封其为征南大将军，统众五万拒之。他一面向前秦借兵，一面命慕容德屯于石门，断绝桓温粮草。桓温兵马损失过半，粮草不至，军心动摇。他不能抵御，只得焚舟弃甲，由陆路步行退兵前往陈留暂躲。据下卷“㮚概”，后面剧情还有写谢安之事，故此本或为残卷，未完。（戴云）

张应楸

《鸳鸯帕》

鸳鸯帕传奇二卷三十四出 传奇。清张应楸撰。周越然《言言斋劫存曲目》著录。清乾隆十六年（1751）佩兰堂刻本。四册。半叶九行，行二十字。白口，上书口题：“鸳鸯帕传奇”，下书口题：“佩兰堂”。版框高宽：16.7×12。封面右栏题：“古燕董鹤林参定”，中栏题：“鸳鸯帕”，左栏题：“佩兰堂藏板”，板框上方横题：“乾隆辛未秋镌”。卷首有乾隆十六年（1751）“中秋日古燕姻晚董光熺鹤林拜手敬书”之序，丰润鹤林居士《金陵秋日展〈鸳鸯帕传奇〉赠松岩先生作》七绝四首，广川刘𢡟若题七绝两首、桐城渭南筠题五绝五首，乾隆十四年（1749）“嘉平月天放散人郝鉴题”之《鸳鸯帕弁言》。钤有闲章“只有耐烦心”、“淡渊”、“吟到梅花字亦香”、“曲江风采”。

张应楸（清雍乾间人），字松岩，直隶玉田（今属河北）人。清雍正十年（1732）举人，乾隆三十年（1765）任四川筠连知县。博览群书，吏治宽厚，被百姓颂为“贞惠仁廉”。年八十而卒。撰有《佩兰诗集》、《杂咏传奇》、《鸳鸯帕传奇》。

该剧本事出吴素庵主人《锦香亭》小说，但删去部分情节。上卷目：发端、赴试、典试、入场、题帕、书帕、失帕、和帕、拾帕、寻帕、色羁、分帕、寿筵、泪别、觅元、媒订、盗弄；下卷目：闺饯、奏警、遭风、遇救、闻耗、邂逅、奸图、投诚、受降、送归、入府、拜义、颁谕、玩帕、送美、合帕、双喜。写唐朝书生钟景期守孝期满，进京赶考求取功名。御史葛太古为主考官，见钟景期有才，遂有意取其为榜首并选为佳婿。钟景期路过葛家花园，暗中窥得明霞美貌，拾到明霞不慎失落于园中的手帕，手帕上题有明霞所作梨花诗。钟景期的手帕被葛府丫鬟拾得交给明霞，手帕上亦题有诗句。两人见到帕上题诗，互生爱意。葛太古赴任范阳节度使，将婚事托付翰林李白。时有兵乱，钟景期授翰林后为河北节度使军务。明霞坐官船赴范阳，遇风倾覆，得救后被郭子仪收容，郭子仪奏请将明霞嫁与钟景期为妻。明霞侍女红于也落水，被送至钟景期处审问，红于谎称自己即为明霞，钟景期送其至葛府，葛太古认红于为义女。明霞和红于手帕上都有钟景期题诗，于是钟兼娶二女，皆大欢喜。（李玲）

孙　为

《两代奇》

两代奇传奇二卷三十出　传奇。清孙为撰。《古典戏曲存目汇考》著录。灰色丝栏旧稿本。二册。半叶九行，

行二十字。版框高宽：18.3×13.4。上书口题：“两代奇”。卷首有目录，并“壶山主人自述”之《两代奇传奇序》。钤“孙为”、“龙光之印”、“壶山”、“看破浮生一半”等章，并有“惜华所藏戏曲文献”、“满州富察氏宝泉惜华”、“碧蕖馆藏”印记。

孙为（或为清雍乾时人），据叙及印章，可知其为该剧作者，字龙光，

别署壶山主人。里居、生平皆不详。

该剧上卷目：开宗、愤世、饯别、陈奏、听审、探狱、赏春、典刑、献寿、代解、憨态、杀差、询情、除奸、凌寡；下卷目：受辱、求亲、代嫁、鞠问、寇警、失散、途救、神殛、舟遇、寄居、奇逢、闺疑、会合、灭贼、招亲。述南宋祭酒梅馥因弹劾太师韩侂胄被问成死罪，他嘱前来探监的儿子傲雪速离京城，避迹家乡，隐名埋姓，用心读书，将来以雪父仇。韩侂胄发下公文，命捉拿梅傲雪进京正法。情急之中，仆人银鹿与傲雪更换衣服，被钦差捉走，后为店主所救。傲雪流落广陵，化名木荣，在已归隐的刑部尚书冯乐天府中作一书童。乐天知木荣为好友梅馥之子，对他格外照顾。三年后，乐天一病身亡。乐天侄小千平日好吃懒做，并垂涎冯家产业。见伯父故去，立逼伯母将木荣赶走。新任宰相赵汝愚终于参倒韩侂胄，正卿程松因故辞官率全家避之广陵。冯小千见程松子慕安妻丧，便将堂妹闺英许之。慕安借清明上坟之际，得窥闺英美貌，当即给小千纹银三百权作彩礼。此事遭冯夫人拒绝。小千怒而带人抢亲，危急之中，丫鬟待月情愿以身代之。慕安发现新娘不是闺英，将小千告到江都知县马有德处。有德问明缘由，罚小千退还聘礼，发配他乡，并收待月为义女。逢淮扬总兵李福造反，冯氏母女在逃难中失散。冯氏路遇银鹿，二人结伴而行。闺英在危难中为傲雪所救，逢苏州兵乱，为安全起见，傲雪将闺英暂送尼姑庵。马有德带义女到京中赴职，途中巧遇冯夫人，银鹿拜辞而去。赵汝愚随驾苏州征剿李福，遇庵中闺英。攀谈之下，知自己乃闺英姨父，即带她回京。傲雪京中遇银鹿，知冯夫人及待月均在马知县府中，便去拜望。赵汝愚回京后派人到马有德府。大家相见，各诉离愁别恨。汝愚收闺英为义女，请马知县为媒，招傲雪为婿，并保举他为征南大元帅，前往征剿李福。傲雪破贼凯旋归日，圣旨下，封赵汝愚为太师，傲雪为平南侯，闺英为一品夫人；赐银鹿与待月成亲。银鹿并为锦衣卫指挥使，待月为五品宜人。于是举府欢庆，为傲雪与闺英、银鹿与待月两对新人成亲。傅惜华谓“此剧关目文情，均甚工稳，惟于律法，颇有未协”。（戴云）

黄　璞

《天上有》

天上有传奇二卷三十六出　传奇。清黄璞撰。《今乐考证》著录，列入无名氏曲目中。清道光间刻本。二册。半叶九行，行二十一字。白口，左右双边。单鱼尾。版框高宽：12.5×9.3。上书口题："天上有传奇"。封面夺（该书日本京都大学藏本有封面，题：萃古堂藏板，道光乙未新镌），目录前有道光十五年（1835）序，署："道光岁在乙未二月花朝日南海布星符泰阶序"。卷端题："顺德黄璞同石原本"。

黄璞（清雍乾时人），字同石。广东顺德人。生平不详。其诗文集《战古堂集》七卷，刊于乾隆九年（1744）。

该剧上卷目：说谎、服官、命女、问胜、闺怨、临政、感时、访池、会疏、私订、飞章、动人、痴想、苦慌、赍金、鼓词、遣嫁、娇拒；下卷目：闻耗、途遇、询程、宣差、获蟾、回旌、授诀、八月、检簿、奏绩、里语、渡河、守厕、伏阙、骇报、悔忆、强婚、寿圆。剧述西王母金阙西厢被洪水冲塌，她下旨称以侍女董双成、许飞琼配与捐金一万修西厢者。才子李贺被玉帝封为修文郎，编修三十三天通志全书。为查访瑶池册籍，到西王母处。见董、许二女，萌生爱意。便与之私订终身。回寓所后，李贺央月老作媒。月老回说王母索金事。李贺无力出此重金，便想去张果老处借太平钱，请吕洞宾点铁成金，再拿玉帝赐与的白玉楼作抵押。淮南王刘安升天后封扶桑国主，乃向财帛星君借金一万，终将董、许二人娶回。但二人心向李贺，誓不相从。适逢玉帝降旨，令刘安出镇天潢治水。临行，刘安将董、许二人贬至天河驿受苦。刘安治水无功，被罚守天厕。李贺继任，制服洪水。玉帝大喜，封李贺为扶桑国主，并赐嫦娥二女与婚。新婚之夜，李贺念旧情而闷闷出宫。吴刚向李贺说明两女即贬至天河驿的董双成和许飞琼，当日由嫦娥救回收为义女。李贺闻之大喜，遂入洞房与董、许二人成为眷属。（戴云）

郭宗林

《双忠节》

双忠节传奇二卷三十出　传奇。清郭宗林撰。《古典戏曲存目汇考》著录。清乾隆间活字本。一册。半叶九行，行二十字。白口，四周双边，单鱼尾。板心题："双忠节"，并标卷数。朱笔点板。版框高宽：17×11.5。书衣签题："双忠节传奇"，并有墨笔题字"唱词"、"义方书屋"。卷首有乾隆四十年（1775）赵熟典撰《双忠节传奇序》。卷端署："平河郭宗林蓼洲编次，同里赵熟典药斋校"。下钤"醴卿所藏"白文印记，末叶有"百花亭里看春耕"白文印。

郭宗林（清雍乾时在世），字蓼洲。斋号听雨园。平河人。久困场屋，曾与尉云章、曾撰、伊云诸人相互唱酬，以为乐事。

该剧约作于清乾隆十年（1745）左右，上卷目：提要、教子、误任、谏父、诗遇、寇信、盗杀、种祸、庭叙、梦儆、奸谋、灭寇、擅杀、闺议、私放；下卷目：凶问、判谋、途逅、劾奸、收奸、遇主、法场、入伴、哭父、抗志、邸会、信合、获雠、仆配、诰圆。写明崇祯皇帝赐兵部尚书袁崇焕上方剑，命经略全辽。锦衣镇抚吴国琦奏本，以崇焕无治国安民之才为由，哭殿反对他担当此任。崇祯怒，责其四十军棍并发配外省。崇焕怒国琦所为，派人于途中杀之。东江总镇毛文龙子承祚奉母命自山西到京师赴试，中举人后到辽东其父任所。他拿出母亲手书，劝父激流勇退。文龙表示既食俸禄，当报效疆场。崇焕嫉妒文龙军功显赫，约其上山观射，借机杀之，又将承祚抓入袁府。崇焕女同云平日贤淑，得知毛总兵被杀，其子囚在西园，遣丫鬟湘叶私放承祚，并赠其白金一封并凤凰坠一枚。承祚以祖传麒麟脂回赠。魏公韩及刑部主事吴元有弹劾崇焕滥杀无辜，并通奸贼。圣旨下，将崇焕正法。魏公韩知袁小姐私放毛公子事，想成全二人，便自愿为媒。湘叶见小姐终身有托，心中黯然。同云看破湘叶心事，要与她同侍承祚。不久圣旨下，追赠毛文龙为太子太保，东江忠武侯；毛承祚文武兼才，署河南巡抚；同云与湘叶并封一品夫人。剧中所述与史实多有不符。（戴霞）

月鉴主人

《月中人拈花记》

月中人拈花记四卷三十六折并小目六十六阕　传奇。清月鉴主人撰。《今乐考证》著录。清乾隆间乐真别墅刻本。六册。半叶九行，行二十字。白口，左右双边，单鱼尾。有眉栏，眉批。版框高宽：17.5×11。叶心题："月中人拈花记"，标每卷出目。封面右栏题："梵海妙音"，中栏题："月中人拈花记"，左栏题："乐真别墅藏板"，栏外横题："优场一大奇观"。首册书签题："梵海妙音□□□"。卷首有乾隆甲戌（十九年，1754）月鉴主人书《月中人拈花记缘起》六则（附雪萼山人题记），印潭方式题月中人影照，图八帧，月鉴题白衣大士画像，月中人拈花记附参"璇玑回文云锦"，该剧目录，装订目次，并乾隆十九年（1754）《引端》，署："时皇清乾隆甲戌九月望前西禅普圆书于绩溪西山"。卷端题："紫云月鉴主人填词，梅涧雪萼山人参印，碧琅卧雪居士评句"。

月鉴主人（清雍乾时人），姓字、里居、生平皆不详。

此剧作于乾隆十八年（1753）之冬，剧中主人公或为作者自况。卷一目：月影、月因（分诘疑、开悟、入世三阕）、寓月、居云、影悟、画影、醉花、吼雪（分吼雪、觊影二阕）；卷二：诧影（分探雪、诧影二阕）、离月、馆梅、题影、热雪、倚冰、影寂、冰闹（分冰闹、醋殒、冰静三阕）、雪焚、月演（分济雪、晤影、晤舞三阕）；卷三：云剪、梅酸（酸怀、酸痛二阕）、桃艳（分萱甦、艳妆、艳试三阕）、雪祟（分祟幻、祟搒二阕）、月拯、云玩（分矢贞、玩月、□泪三阕）、梦影（分疑梦、梦影、喜报三阕）、议剿、雪陷、冰化（分探报、雪变、冰化三阕）；卷四：双巹（分信誓、合巹、疑水三阕）、品莲、月窥（分月窥、喝水、出尘三阕）、雪听（分课法、怒焚、契悟三阕）、华生（分月复、桃生、云生三阕）、梦觉（分妄疑、真觉二阕）、华聚（分华聚、说法、拈花三阕）、月圆。剧述梅水韵偶见月华隐者表妹影娘，觉其酷似梦之月中人，乃取云笺画其小影。水韵、月华应雪梦之邀饮酒作诗，水韵酒醉失落画像。华御史微服私访遇雪家苍头得画，见画中人物竟是女儿梦影，十分诧异，后见水韵、月华出示画卷，方知所画原委。御史将此画为聘礼，请水韵到家中小园读书。雪梦自见画后，不思茶饭，趁妻到寺中烧香求子之际，唆使冰山女王带人下山抢月华充用后宫，自己谋影娘为妾。雪妻得信后与影娘到月华处报信，影娘合掌圆寂。女王上山，将月华、雪妻掳走，雪妻指责雪梦负心后跳下深渊。洞房夜，女王受月华点化，安分修行。雪梦下山后庄中失火，便在阴山拥兵做雪山大王。水韵殿试进翦寇策文，钦赐状元及第，奉敕命翦灭雪寇。梦影与丫鬟冰桃在大士面前拈香跪拜，结为姊妹，后尊华御史之命，同嫁梅郎。水韵受月华点醒，不愿进京求功名，与冰桃改换衣装去修行。二人到深山，夜深寒冷难耐，互相搂抱取暖。冰桃突然腹痛产子，取名青莲。华梦影也双生二子，取名粲莲、碧莲。三年后，华御史七旬上寿举办家宴。众人见水韵、冰桃携青莲从月中走下，月华与影娘也下凡与众人相见。他们现身说法，众人方知前因后果。（戴云）

汾上谁庵

《画图缘》

画图缘传奇二卷二十六出首一出 传奇。清汾上谁庵撰。《古典戏曲存目汇考》著录。清乾隆五十二年（1787）宁拙斋刻本。二册。半叶十行，行二十字。白口，四周双边，单黑鱼尾。版框高宽：21×14.4。封面右栏题："乾隆丁未刻"，中栏题："画图缘"，左栏题："宁拙斋藏板"。上书口题："画图缘"。卷首有吴元熯、刘大懿二序、目录。行间有后人朱笔点板。卷端题："画图缘传奇，汾上谁庵手编"。有"陆葆醇印"。

汾上谁庵（清乾隆时在世），疑为山西汾阳人，姓名、生平不详。

该剧本明人《十美图》小说，黄周星《张崔合传》亦述此事。上卷目：言情、愁老、党叛、醉雪、苏泊、图乞、避舟、赚贤、病阻、舟访、诓写、赴藩；下卷目：艳美、露奸、醉图、署墓、题图、代访、妃谏、颠脱、巽诗、闻捷、疏雪、哭碑、惊遇、合图。述明才子张灵知忘年交唐寅在虎丘会集名士饮宴，便扮作乞儿闯席。唐寅为作《张灵行乞图》。崔文博爱张才情，向唐索《行乞图》一观。文博女崔莹在舟中等父不归，到前仓瞭望，见到醉中张灵。二人相见互慕。后崔莹为宁王朱宸濠所夺，行前在《行乞图》上题诗，托父转交张灵。张灵见图上题诗及唐寅所摹崔莹芳容，悲伤已极。宁王起兵谋反，兵败被俘，崔莹归家途中，忽见张灵墓碑，欲自尽。恰遇唐寅，知此碑乃张灵当日害相思病时自立，遂同唐前往。后与父相见，同张灵团圆。清钱维乔《乞食图》传奇属同题材作品。（戴云）

汪　柱

《诗扇记》

诗扇记二卷三十二出　传奇。清汪柱撰。清乾隆松月轩刻《砥石斋二种曲》所收本。二册。半叶八行，行十八字。版框高宽：12.6×9。封面题：“砥石斋二种曲，松月轩梓行，附刻赏心幽品、破牢愁、妻梅子鹤、散曲”。卷端题：“袁浦汪柱石坡撰。”目录叶题：“戊戌年夏月著”。卷前有作者自序，卷末有珠妄、阮学濬二跋。

汪柱（清乾隆时在世），字石坡，一字铁林，别署洞圆主人，洞圆山客。江苏袁浦（今淮阴）人。工诗赋。著有《铁林存稿》，善戏曲，撰传奇《梦里缘》、《诗扇记》两种，合称《砥石斋二种曲》。另有杂剧六种：《楚正则采兰纫佩》、《陶渊明玩菊倾樽》、《江采萍爱梅锡号》、《苏子瞻画竹传神》，总题《赏心幽品》；又《破牢愁》、《林和靖梦里妻梅子鹤》二种，总题《砥石斋韵品杂出》，均存。

该剧作于乾隆四十三年（1778），本事见清初阙名《人中画》小说中《风流配》。作者在序中云：“偶阅《人中画》小说，见其抒写司马君赘华府游戏故事，笔意生动，颇能脱离合悲离欢旧套。因遵谱调，演成是剧。其间稍更易名姓，亦多更有润饰处，而诗扇题咏仍存原本，殆不欲没其才也。”此剧基本按小说据实敷衍，惟易司马玄为庞英，吕柯为吕奎，华峰莲为华青莲。上卷目：表略、旅遘、华寿、开试、赠文、闺课、知才、观渡、窥扇、兰兆、送亲、劝谒、毕姻、许婚、卖扇、换扇；下卷目：诉情、约丁、雨梦、巧泄、代聘、定谋、戏娶、房托、探亲、见女、泣扇、伪辞、述伪、再订、试才、双香。剧叙成都人庞英，省试中解元，进京会试，途遇宛平县举子吕奎。言谈中得知吕因与新县令争娶王司马之女，被迫赴试。庞英、吕奎同进一考场，吕奎心中有事，焦躁不安，难完卷事。庞英遂将己答完试卷送与吕奎，退出考场。吕奎得中进士，与王司马之女完婚。主考礼部尚书华岳得知此事，招见庞英。时值端午，庞英游湖，遇红蓼村尹田之女荇烟，爱其俊美。吕奎偶得华岳之女青莲所题诗扇，愿为庞英作伐，庞英、吕奎同谒华府，庞英与青莲当场对诗，并作寿诗一首，深得华岳欢心。青莲爱庞英之文才，二人遂定婚姻。庞英从卖花女处购得尹荇烟所题诗扇，二人诗章来往，均有情意。庞英请吕奎中间作伐，吕奎托卖花女至尹家提亲。华岳父女得知此事，遂设计，让青莲女扮男装，冒庞英，赚取荇烟至家中。青莲深爱荇烟诗才，遂以姐妹相称，愿同嫁庞英。庞英正因丢失荇烟而焦急不安，报录人忽然来到庞家，告知他高中状元。庞英求吕奎去华府约定婚期，华岳故意指责庞英薄幸，言青莲已另选新婿，又遣荇烟男装与庞英较诗。华岳将荇烟认作义女，招庞英为婿。荇烟还回女儿装，庞英这才恍然大悟，遂与青莲、荇烟共拜花堂。（吴秀慧）

周　书

《鱼水缘》

鱼水缘传奇二卷三十二出　传奇。清周书撰。《曲海目》著录。清刻巾箱本。四册。半叶七行，行十六字，白口，左右双边。版框高宽：10.5×7。有界栏。有眉批。卷首有乾隆三十五年（1770）《袖珍鱼水缘传奇序》，署："乾隆岁庚寅夏月古愚学者书于高州道署之瑞芝轩"，并乾隆二十五年（1760）山阴陈世熙跋，并项又新等二十余人《题词》，图十六帧。目录处钤"崇雅堂"印。卷端题："宝山澹庐居士填词，海上竹轩主人评点。"

周书（清乾隆时人），字天一，号澹庐居士。宝山（今属上海）人。年十六补诸生，试于有司，不获售，后同邑凌存淳出宰粤东，被招同往。曾任《恩平县志》总纂，终循例入贡。工于诗文。撰传奇《鱼水缘》，今存。

此剧据安阳酒民小说《情梦柝》改编。上卷目：全局、束装、商祷、庵靓、微服、巧鬻、梦诧、赠簪、解佩、拷衾、惊遁、抚闽、炫奸、忆美、萍合、流氛；下卷目：廉擢、露衷、闻警、计淹、难订、借骑、旅别、虎媒、逢喜、私揣、掷簪、婚捷、谑素、愁配、调查、锦圆。剧述明末，河南归德府鹿邑县人胡玮，欲投奔先人故交遂平俞彦伯，并借机寻觅佳人。胡玮路经上蔡，恰逢四月初八白莲寺大佛诞辰，得遇闽中御史沈大典之女沈若素。沈大典欲寻一俊秀书童，陪同赴任。胡玮为接近若素，自卖入府，改名喜新。胡玮被命送若素玫瑰花以作打饼之用，若素令其题扇，胡玮赠以宝鱼扇坠，易若素之晶佩。若素亦题扇，被母亲尤氏撞见，胡玮惊走。遂平人吴子刚因妻子与人通奸，往鹿邑散心，住到胡玮处。沈大典移镇冀州，考诗择婿，胡玮考中，奈沈大典获罪。为筹赎银，若素女扮男装，回家乡取银。途中遇神虎，将若素丫鬟衾儿送至鹿邑胡玮处，胡玮将衾儿许配吴子刚。胡玮筹到银两，途遇易为男装的若素，便冒吴子刚名，与之戏谑一番，留下银两，不辞而别。沈大典官复原职，胡玮考中状元后，托俞彦伯做媒迎娶若素。新婚夜，若素发现胡玮就是喜新。（王学锋）

张新梅

《百花梦》

百花梦二卷三十二出　传奇。清张新梅撰。《今乐考证》著录。清嘉庆八年（1803）市隐庄刻本。四册。半叶十行，行二十字。版框高宽：13×9.5。有眉批。封面右栏题："嘉庆癸亥春镌"，中栏题："百花梦"，左栏题："市隐庄藏板"，卷首有清乾隆五十四年（1789）作者《百花梦序》，卷尾有乾隆五十五年（1790）张新梅夫人（竹西侍史）跋。卷端题："百花梦，玉堂张新梅撰，荆室高山桃评"。

张新梅（乾隆时人），字玉堂，号江南游子。里居、生平均未详，撰传奇《百花梦》。

此剧作于清乾隆五十四年（1789），上卷目：副末评梅、梅生惜花、群仙献果、百花引梦、三戏牡丹、两飞青萍、杏村醉酒、桃源恋花、山□（此字上下结构，上为"樊"的上部，下为"石"）结义、松竹成交、桃花春怨、柳枝传情、青藤妒妾、寒梅毕姻、莲舟送别、紫薇占魁；下卷目：

花王尚主、树国兴兵、桂林玩月、椒房洗儿、草寇败战、木贼归降、簪花饮宴、盐梅和羹、腊梅赏雪、万花称庆、芙蓉梦寤、花园醉醒、采药炼丹、拔树升天、蟠桃大会、正果飞升。写江南杏花村书生梅春，字寒香，父母和妻室早亡，寄情于蓄果载花，将百花庭经营得枝繁叶茂。梅春前生原来是西池王母蟠桃会上的一只千年白鹤，因罪被罚下凡尘，天庭众仙人惜他爱花有功，要重新升他为仙人。于是吕纯阳扮作一蒲州道人，带着百花神的花露美酒下凡，让梅春喝酒醉梦。梅春梦见自己在百花世界的一生经历，吕纯阳最后点醒他的花梦，梅春才恍然大悟，修得正果。梅春被任命为花中神仙，专管人间百花，百花庭内的众草木也一同升天得道。（李玲）

胡梅影

《豫忠》

豫忠一折　杂剧。又名《豫让报仇》。清胡梅影撰。《清代杂剧全目》著录。清嘉庆间刻《艺余耳语》卷五附录所收本。半叶九行，行二十字。白口，四周单边，单鱼尾。版框高宽：13.3×10。板心题：“艺余耳语”、“卷五”。署：“四费轩戏编”。

胡梅影（清乾隆间人），号四费轩主人。“因金圣叹批《续西厢》有费手、费纸、费笔、费墨之说，似为余今日之妄言而发”，遂以“四费轩”为号（见《艺余耳语》序言）。清平步青《霞外攟屑》卷六言：“《艺余耳语》五卷，上元胡梅影纂，梅影不知何名，即著《雨窗随录》、《影梅杂说》者”。上元（今江苏南京）人（一说浙江宁波人）。生平事迹不详，仅知尝游于楚、蜀、秦、晋、燕、豫之间。清乾隆五十七年（1792）乘舟北上，途中作《影梅杂说》；乾隆五十八年（1793）七月客京师，“采游心骇目事信手录于素册”。工诗词杂说，著《艺余耳语》、《无线编》、《雨窗随录》、以及说部《镜剑花债四台》。现仅存《艺余耳语》及《豫忠》、《萧孝》杂剧二种传世，余皆不传。

该剧述春秋时豫让始事范中行，不合而就智伯。智伯待他优于众人，故他对智伯忠心耿耿。智伯不听豫让苦口相谏，请地伐赵而一败涂地，被赵襄子将头砍下漆作饮器。豫让决心为主报仇，他漆身吞炭，伺机行刺赵襄子，被发觉。赵襄子怜其忠义，命手下放归。豫让来到河边，将宝剑磨得锋快。友人劝他假意投降赵襄子，再伺机杀之。豫让不愿为新知报故知，为故君贼新君，乱君臣之义。此时远处人喧马沸。豫让叫友人赶快离去，自己藏匿于桥下。赵襄子骑马过桥，因马惊而发现豫让。他斥责豫让曾事范中行，范为智伯所灭，为何不报仇，现在却为智伯报仇。豫让哭答，因范氏以众人待他，他也以众人待范氏；智伯以国士待他，他应以国士报答智伯。说罢，举剑刺襄子。襄子大怒，命其手下擒之。豫让被擒，请求以其衣服命击之。襄子同意以成就其名。豫让狠刺青衣三剑后自刎。剧后四费主人评曰："词曲多出《离骚》经，宾白全用《战国策》。有豫让之奇忠，而得此激昂之奇作，方不愧传奇之目。"现京剧、河北梆子、川剧的《豫让桥》，汉剧《豫让吞炭》，秦腔《豫让砍袍》，同州梆子《国士桥》均演此事。（戴云）

《董孝》

董孝一折　杂剧。一名《董永葬父》。清胡梅影撰。《清代杂剧全目》著录。清嘉庆间刻《艺余耳语》卷五附录所收本。半叶九行，行二十字。白口，四周单边，单鱼尾。版框高宽：13.3×10。板心题："艺余耳语"、"卷五"。署："四费轩戏编"。

该剧作于清乾隆五十八年以后（1793），本事最早见《太平御览》引《孝子传》及《搜神记》，又见敦煌变文《董永行孝》和《清平山堂话本·董永遇仙传》。宋元戏文之《董秀才遇仙记》与明传奇《织锦记》、《遇仙记》亦述此事。剧述洛阳董永年过三旬，家徒四壁。父亡无钱治丧，只得卖身与织缣佣工，将父下葬。其事感动上天，玉帝命天界仙女下凡与之结为夫妻，并代织缣丝，等佣工满日再回仙境。董永葬父归来，见一俊秀女子挡路，几次躲避不开。女子实言欲与之结为夫妇。董永不敢相信，经反复劝说，董永终于同意。二人准备次日备些酒菜，同到父坟祭奠。剧后四费轩主人评曰："一字一泪，不忍卒读，董生孝乎哉！今付之优孟，使愚夫愚妇咸知其孝可格天，又不独三家村冬烘先生讲二十四孝，方识董生之孝行也。”清平步青《霞外攟屑》卷六言《艺余耳语》卷末“附《豫忠》、《董孝》两出，自鸣弦索宫谱，而亦曲中下驷，它可知矣。”董永故事被许多剧种改编搬演，如莆仙戏《董永》、《槐荫会》，楚剧《董永分别》，川剧《槐荫记》，潮剧、正字戏《槐荫别》，婺剧、越剧《槐荫分别》，黄梅戏《天仙配》等。（戴云）

维庵居士

《三国志》

静远堂新编三国志传奇四十四出　传奇。清维庵居士编。《古典戏曲存目汇考》著录。清朱墨抄本。二册。半叶十二行，行二十四字。叶心高宽：18.4×14.5。书衣题：“三国志传奇”。卷首有“静远堂新编三国志传奇目录”。卷端署：“娄东维庵居士填词”。有少量眉评。尾残。有“云衢”朱印。

维庵居士（生卒年不详），姓字、生平不详，娄县（今上海松江）人。

该剧事本《三国志演义》。目为：开宗、桃园、闺略、虎牢、龙韬、让徐、鞭豹、夺徐、失筋、二乔、擒布、戕忠、义说、秉烛、斩良、辞曹、五关、古城、依刘、降斗、逃宴、荐贤、一顾、铜雀、再顾、斩妖、三顾、烧屯、当阳、舌战、激瑜、横槊、取箭、借风、点将、赤壁、缴令、通媒、相亲、合卺、计遁、索荆、入蜀、称帝。题目正名：曹阿瞒篡东汉爪牙四布，孙仲谋破北军水陆同焚。诸葛亮起南阳神机百出，昭烈帝入西蜀鼎足三分。剧从刘备、关羽、张飞桃园结义写起，插入陶恭祖三让徐州，虎牢关三英战吕布，白门楼擒吕布，关云长秉烛待旦，斩颜良诛文丑，过五关斩六将，古城会，三顾茅庐，张飞喝断当阳桥，曹操大宴铜雀台，诸葛亮舌战群儒、激权激瑜，曹孟德横槊赋诗，诸葛亮草船借箭、借东风，周公瑾火烧赤壁，刘备甘露寺招亲，孙权索要荆州等事。以刘备入西蜀称帝为结。（戴云）

金兆燕

《旗亭记》

旗亭记二卷三十六出首一出 传奇。清金兆燕撰。《今乐考证》著录。清乾隆间写刻本。六册。半叶十行，行二十一字。白口，四周单边，单鱼尾。版框高宽：18×14.3。板心题："旗亭记"。卷首有乾隆六十年（1795）年序，署："乾隆乙卯山东伧父书于扬州之官梅亭"；次为《旗亭记事迹》，再次为《长洲沈归愚先生题词》，并旗亭记凡例、目录。有眉批。尾有残缺。有"积学斋"、"积学斋徐乃昌藏书"、"徐乃昌马韵芬夫妇印"章。

金兆燕（1719－1789以后），字钟越，号棕亭，别署芜城外史、兰皋生。全椒（今属安徽）人。清乾隆十二年（1747）举于乡，三十一年（1766）中进士，官扬州学府教授，迁国子监博士，升监丞，分校四库全书。著有《棕亭古文钞》，诗文合编为《国子先生集》。工度曲，除该剧外，或谓《婴儿幻》亦其所作。

剧本唐薛用弱《集异记》中旗亭画壁事。上卷目：开场、旅话、晓妆、春游、教歌、画壁、订盟、女卫、惜别、谋闺、骂奸、仆剔、劝逃、赴军、叹月、幕诤、渡江、遣将、谋遁；下卷目：搜山、霸贞、遇李、旅谒、访张、反说、诛逆、献首、除孽、清宫、解厄、改籍、荣觐、错唁、上头、释疑、合卺、亭圆。写王之涣、谢双鬟相恋，杨国忠有意接纳王，被拒后诬其为安禄山细作，欲杀之。之涣闻讯出逃。安禄山入关，双鬟被掳。李猪儿听从双鬟劝告，刺杀安禄山，并迎高适军收复长安。王之涣在战乱中误以为双鬟已死，悲伤不已。后易名王延龄应试而中状元，经过一番曲折，他与双鬟终成眷属。（戴云）

张九钺

《六如亭》

六如亭二卷三十六出 传奇。清张九钺撰。《今乐考证》著录。清道光七年（1827）赐锦楼刻本。四册。半叶十行，行二十一字。白口，左右双边，单鱼尾，版框高宽：18.5×13.3。有眉栏、眉评。板心题："六如亭"，下标出目名。封面题："湘潭张度西先生著，六如亭传奇，赐锦楼藏板"。卷首载云门山樵之序，蝶园居士跋、清道光七年（1827）吹铁箫人谭光祜序，张九钺、宋鸣琦、刘衡、张家樾、张家栻之《题词》。目录叶首行题："六如亭"，次行题："侄孙家栻校刊"。卷端署："同郡云门山樵评点，湘潭罗浮花农填词，南丰吹铁箫人正谱"。卷末有南丰门人汤元珪书于京都古藤书屋之《后序》，尾题："侄孙家栻校刊，男世津同校"。

张九钺（1719—1803），字度西，号陶园、紫岘山人、垣子，别署罗浮花农，红梅花长。湖南湘潭人。少有文名、诗风雄奇，清乾隆三十二年（1767）始历任峡江、南丰、南昌等地知县，乾隆四十年（1775）海阳知县任期内，因捕盗不力遭降职调用，后不复仕。著有《陶园文集》、《紫岘山人诗集》、《秋蓬词》等，所著传奇两种，《六如亭》今存，《双虹碧》已佚。

该剧本事见《宋史·苏轼传》。上卷目：词芽、偕迁、经旨、慕才、再贬、岭遇、友迎、仙导、许婿、诵偈、联桥、湖寿、施惠、栽茶、殛豪、伤歌、种梅、偈逝；下卷目：建亭、写经、听吟、露意、迟议、毒窜、骇徙、建庵、题亭、海梦、贞殉、负瓢、洞遘、窜报、赋鸿、证仙、扫台、寿圆。剧述北宋学士苏东坡，因受御史李定的弹劾，先后被贬至英州及岭南地区，其侍妾王朝云随行。朝云跟随苏东坡二十余年，性格贤淑，一心向佛，但因幼子早夭而哀感成疾，终于在南迁途中病亡。王朝云逝前，口诵金刚经六如真偈，故苏东坡为她修建的墓亭即以"六如"为名。惠州都监温少真之独养女温超超，年十五，爱读书，性喜梅花，自号梅花女史，曾立奇志要择英雄才子与己相配。她仰慕苏东坡的才名，朝夕吟诵苏词，因翰墨知己之感而做心许神交之想。东坡至惠州，两人为邻，温超超经常夤夜逾墙窥窗听吟。时东坡已六十余岁，超超仍一见钟情暗许心愿。温父提亲被东坡婉拒后，超超一病而亡，逝前嘱家人将自己葬在西江沙滩，意在等东坡北返相见，以结来生之缘。温超超死后，在蓬莱洞天遇到已经成为星君仙妃的王朝云，王朝云留她为伴，并教授她诵念金刚经。苏东坡是五戒禅师转世，逝后重返仙界为蓬莱洞主，从此与王朝云、温超超同列仙班。（孙红侠）

夏秉衡

《诗中圣》

秋水堂诗中圣二卷三十二出 传奇。清夏秉衡撰。《今乐考证》著录。清乾隆秋水堂巾箱刻本。四册。半叶九行，行十六字，白口，四周双边，单鱼尾。版框高宽：10.5×7.9。上书口题："诗中圣"，下书口题："秋水堂"。卷前有图八帧，其中"催试"一图有"穆大展镌"字样，并清乾隆三十九年（1774）夏秉衡谷香氏书于吴门秋水堂之自序。卷端题："秋水堂诗中圣传奇，华亭夏秉衡谷香填词"。

夏秉衡（1723－1774后），字平千，号谷香、谷香子。华亭（今上海松江）人。清乾隆十八年（1753）举人，乾隆二十八年（1763）蒲城知县，乾隆三十年（1765）陕西周至知县，乾隆三十二年（1767）离任。与著名文士沈德潜、同里曲家廖景文等友善。著有《清绮轩词选》三十卷，撰传奇《八宝箱》、《双翠圆》、《诗中圣》三种，合称《秋水堂传奇》。曾有"旗亭画壁，一时脍炙三吴人口"之誉。

该剧上卷目：家门、慨遇、筹配、征才、催试、献赋、品诗、观剑、阁宴、失关、宵遁、征兵、败绩、疏救、闺愁、兵荒；下卷目：负薪、镇蜀、题亭、鱼樵、复任、寇蜀、功宴、颁诏、郊饮、荐贤、空谒、托寄、江涨、舟迎、报捷、诗圆。剧演唐代诗人杜甫故事。杜甫因遭水患而家业凋零，被迫从襄阳移居河南巩县。因两个儿子均在水患中丧生，他只得与孙儿杜嗣业为伴。杜甫旧友房管在朝中担任平章政事，他怜杜甫满腹诗书，半生飘零，极力向唐明皇举荐杜甫入朝为官，并为自己的孙女和杜嗣业订下婚事。唐明皇采纳房管建议，召杜甫入朝，恰逢李白为杨贵妃作《清平调》，二人一见如故。安禄山、史思明率叛军杀进长安，城破之日，杜甫仓皇逃出，中途与孙杜嗣业失散，只身往蜀地避难，寄居成都浣花里，造锦江野亭，种竹植树。剑南节度使严武慕杜甫声名，前往拜访，二人遂成好友。逢吐蕃作乱，杜甫助严武平定暴乱。严武平乱有功，皇上加封他为郑国公。李白奉旨入蜀颁诏，与杜甫相见，二人叹故友疏失，分外感慨。严武积劳成疾，一病而亡。一身傲骨的杜甫不愿曳裾王门，便离开蜀地。

玄天上帝使猪龙率虾兵作法造成水患，杜甫在大水中得聂公相救，并与孙儿杜嗣业重逢。向日，祖孙二人失散后不久，朝廷率军平定叛乱，又进行新科考试。杜嗣业有幸得中，官列翰林。皇上遣李白颁恩诏，表彰杜甫在国难中孤忠自守，授参谋检校员外郎之职，另加三级，并赐杜嗣业与已官升宰相的房管之孙女完婚。(孙红侠)

《双翠圆》

秋水堂双翠圆传奇二卷三十八出 传奇。清夏秉衡撰。《曲海目》著录。清乾隆秋水堂巾箱刻本。四册。半叶九行，行十六字。白口，四周双边，单鱼尾。版框高宽：10.4×7.9。封面右栏题：“夏谷香先生填词”，中栏题：“双翠圆”，左栏题：“秋水堂藏板”。上书口题：“双翠圆”，下书口题：“秋水堂”。卷首有序，每卷卷首有目录，正文前有图八帧，其中“舟会”一图有“吴趋穆大展镌”字样，并附文字说明。卷端题：“秋水堂双翠圆传奇，华亭夏秉衡谷香填词”。原书下卷缺十五、十六叶。

该剧作于乾隆三十二年(1767)，本事见戴士琳《李翠翘传》、潘之恒《王翠翘传》、余怀《王翠翘传》、无名氏《王翠儿传》、清初青心才人《金云翘传》等。上卷目：眼目、游春、上坟、入梦、遇侠、移园、拾钗、拜寿、园会、陷盗、拐贩、卖身、落院、设计、堕计、传诀、访翠、议娶、迎翠；下卷目：侦信、忆女、闺醋、水围、送别、劫翠、捷报、回家、写经、起兵、被掳、雪愤、说降、杀降、骂帅、赴任、投江、舟会、翠园。述明朝燕京人金重郊外踏青，遇王员外之女翠翘，生爱慕之情，私定终身。王员外被冤入狱，翠翘欲卖身救父，求妹妹翠云代嫁金重。之后，翠翘历经坎坷，先是沦落妓院，后又为人妾、被人掳为婢。她受尽屈辱，最后欲投江自尽，被金重船丁救起，终与金重重逢。于是翠翘、翠云姐妹同嫁金重，一家团圆。(申文)

黄　振

《石榴记》

石榴记传奇四卷三十二出　传奇。清黄振著。《曲海目》著录，入清无名氏传奇目。清乾隆柴湾村舍家刻本。四册。图十六帧。半叶九行，行十九字，版框高宽：15.9×11.5。上书口题："石榴记"，下书口题："柴湾村舍"，有眉批。封面题："石榴记"。卷首有署"七月既望丹徒愚弟春农蒋宗海"之序，署"年姻家同学弟顾云北墅氏拜撰"之序，兰台谢家梁、松岚仲鹤庆等近三十人之《题辞》，清乾隆三十七年（1772）作者撰《小引》并《凡例》十二则，以及其子黄畯题跋。卷一书签钤有"存仁堂自在江浙苏闽拣选古今书籍发兑印"朱文长方戳记。

黄振（1724—1772以后），字瘦石，又号柴湾村农。江苏如皋人。才富学赡，吏治获民心，筑有斜阳馆，诗酒宾客云集。著有《黄瘦石稿》、《斜阳馆诗文全集》、《斜阳馆日记》等，撰传奇《石榴记》一种存世。

该剧初创于清乾隆三十五年（1770），完成于三十七年（1772）。本事见明冯梦龙《情史·张幼谦》。一卷目：见意、就塾、延宾、花誓、神感、许婚、惊春、谈兵；二卷目：搜遗、展骥、改婚、梦圆、哭变、逐婿、寄笺、情赠；三卷目：约降、择吉、密约、践约、谋陷、乔禁、双探、覆信；四卷目：途穷、琴叹、狱捷、尤目、逼娶、禽叛、赐配、团花。写南宋时，浙江天台人张忠父家贫，年近半百得子幼谦。幼谦从小聪慧过人，张忠父专心教子习诗文。同乡罗仁卿女儿惜惜，与幼谦同年同月同日生，也过来就学，两人同庚同砚，互生爱慕，便在石榴花下私订终身。蒙古兵入侵，节度使孟珙邀请张忠父担任参赞军机，共同御敌。张忠父至罗仁卿家辞行，同时为儿子张幼谦说亲，罗家见张家当官升迁，于是应允。张幼谦入京赶考，惜惜与丫鬟外出春游，被湖北提刑辛子雅之子辛友笃窥见。辛友笃遣媒婆去罗家说合，罗仁卿嫌贫爱富，即毁张家之约，将惜惜许配给辛友笃。幼谦回乡，罗仁卿以为他落第，不肯相认。惜惜命丫鬟传信给幼谦表明心迹，幼谦越墙与惜惜相会，被罗仁卿抓住，送到天台县衙门，囚在牢中。时幼谦高中状元的喜报传至，幼谦得以释放。辛子雅因里通外敌被张忠父

抓获，辛友笃被发配充军，罗仁卿后悔不迭，抠目自罚。张幼谦与罗惜惜终成眷侣，在石榴花下酬谢花神。（李玲）

蒋士铨

《西江祝嘏》

西江祝嘏　杂剧剧本集。清蒋士铨著。《今乐考证》著录。清嘉庆间刻本。二册。半叶十行，行十九字。白口，左右双边，单鱼尾。板心鱼尾下标每种剧名。卷首有目录，每剧卷端署“华亭王兴吾慎斋鉴定（《忉利天》署“慎斋鉴定”），铅山蒋士铨莘畬编，新城陈守诚伯长订”。有“积学斋徐乃昌藏书”长方章。有表演动作、服饰、脸谱、面具提示。该集收《康衢乐》、《忉利天》、《长生箓》、《升平瑞》杂剧四种，每剧四出，系乾隆十六年（1751）皇太后六十寿辰，江西士民遥相祝愿，蒋士铨为此据民间风谣而编撰。

蒋士铨（1725—1785），字心余，或作莘畬、心畬、辛畬、一字苕生，号清容、藏园，晚年号定甫。其先人本钱氏，明末从浙江长兴避难到江西铅山，过继蒋氏为嗣。乾隆二十二年（1757）进士，入翰林散馆第一，授编修。居官八载后乞假归家养母，后再次被起用。四十六年（1781）充国史馆纂修官，授御史。不久患风痹告归。善诗文，与袁枚、赵翼齐名。著有《忠雅堂诗文集》、《铜弦词》、《蒋清容先生遗稿》等。除此承应戏四种外，尚撰传奇六种，杂剧六种，皆传于世。据李调元《雨村曲话》“壬寅相见于顺城门之抚临馆……未几，病痹，右手不能书。今已南归矣。然闻其疾中尚有左手所撰十五种曲，未刊。”今流传之蒋氏剧作均作于乾隆四十六年（1781）之前，壬寅为乾隆四十七年（1782），李调元称蒋氏以左手所撰十五种曲，肯定不在所刊十六种之列。若此，蒋氏剧作当有三十一种之多。

《康衢乐》，《西江祝嘏》之一。版框高宽：17×13.5。目录：呈瑞、游衢、宫训、朝仪。述唐尧之母庆都氏寿诞之日，天地山川鸟兽草木均呈祥瑞，八方神祇入朝觐见。尧以岁事人心实为国本，命驾康衢，细观民气，广采风谣，并访山川溪谷之音，制作新乐，以备飨祖娱亲之理。一路之上，太平胜景比比皆是。尧见九十九岁老叟在树荫下与儿童击壤歌“日出而作，日落而息，帝力于我何有哉”，他觉此曲乃天籁之音，遂命后夔采之被之管弦。其女娥皇、女英为祖母寿亲绣百福虬龙之衮、千祥麟凤之裳以表孝心。四岳九牧、百辟神工也前来朝贺，康衢同乐乐曲在寿堂响起。

《忉利天》，《西江祝嘏》之一。版框高宽：17×13.6。目录：设会、市花、天逅、庆圆。述佛母摩耶夫人寿诞之期，佛祖在天臂城设无遮大会，并命弟子跋陀罗查看天市，令使万物充盈，普赐诸天眷属。跋陀罗主持花市，为诸天眷属提供好花，以庆寿日席前散花用。一向与佛祖为敌的提婆达多闻讯前来搅扰花市，被神女以红绳缚住，交与观音，从此提婆达多皈依佛门。魔王波旬也要到忉利天朝贺，路遇天竺罗汉阿私陀，二人遂结伴同行。途经于手天、持华曼天、放逸天、日月星宿天、四大天王天后，到达忉利天。阿私陀又经炎摩天到达兜率天。此时六老佛正在此为佛母设香宴祝寿。佛母在忉利天设下莲座，诸天眷属及阎浮、天竺各国人等俱来散花称庆。而后，佛母、佛祖及观音同到兜率天赴六老佛备下之寿筵。文中插入一段弋阳腔演唱。

《长生箓》，《西江祝嘏》之一。版框高宽：17×13.6。目录：炼石、望海、守桃、贡牒。述逢中华圣母万寿之期，月中嫦娥向轩辕黄帝借来九鼎，用女娲补天所剩之五色石髓配合日月星三光精华，并灼电母之光，沃天孙之水，焚广寒之叶，炼大丹以献。顽仙女儿在海边开一酒店，与众仙赌酒。何仙姑、麻姑、毛女不约而同前往，她们与女儿席间各献绝技以助酒兴。董双成奉金母之命，来此召众女仙共注长生箓贡于中华，为圣母祝寿。上天度索山蟠桃初熟，金母恐东方朔前来偷桃，调南、北、西三海土地与度索山土地共同看守桃园。四土地酒醉，蟠桃被东方朔之母田婆婆偷走。逢嫦娥入宫献丹，见此挡住田婆婆去路，令其与之同赴中华献蟠桃以赎罪。金母邀上元夫人、老君太母前来细校长生宝箓，十洲众神仙均至皇宫庆寿，待金母降临后，大家同观长生宝箓。

《升平瑞》，《西江祝嘏》之一。版框高宽：17×13.5。目录：坊庆、斋议、宾戏、仙坛。述太后寿诞之期，江西吉水县训导高汝辙之母寿及百龄。抚军题奏，旌表建坊。竣工之日，杨县令领工匠前来祝贺。府县学师聚集在一起，商议送礼之事。一般穷儒议定以寿诗、寿文、寿联应付。高家特地安排了两天戏筵，席间，昆曲、梆子、傀儡戏穿插演出，十分热闹。全省高龄老妇人到建昌府城麻姑山建坛，遥祝圣寿。祝罢，众人持灯共舞，共庆四海升平。文中插入以梆子腔演唱的《女八仙》戏。郑振铎云："心余《西江祝嘏》，以枯索之题材，成丰妍之新著，苟非奇才，何克臻此。"（《清人杂剧初集序》）（戴云）

《清容外集》

清容外集　戏曲作品集。清蒋士铨著。清红雪楼刻本。十册。半叶九行，行二十二字。白口，四周单边，单鱼尾。每册卷端钤"伍辉时印"。共收《一片石》、《空谷香》、《桂林霜》、《四弦秋》、《香祖楼》、《雪中人》、《临川梦》、《第二碑》、《冬青树》九种戏曲。

《一片石》，四出，杂剧，《清容外集》之一。《重订曲海目》著录。封面右栏题："清容外集"，中栏题："一片石"，左栏题："红雪楼藏板"，栏上横题："史院填词"。板心处题书名，天头有评语。版框高宽：17.1×13.8。卷首有作者自序，并彭家屏、王兴吾、黄叔琳、钱陈群、蒋溥、程尚赟、宋树穀、赵大经、饶学曙、裘麟、陈淮、卢明楷、汪轫、杨垕、徐昙、龚起、汪汝淮、谢逢泰、钟瑗、戴涵元、于发祥、陈守诚、熊为霖、蒋婉贞题词，附娄妃墓图一帧，及蒋士铨题墓图诗，彭家屏撰墓碑记。卷尾有作者及徐焘所题【贺新凉】词二首。卷端署："华亭王兴吾宗之评定，铅山蒋士铨清容填词，真州吴承绪芬余正谱。"目录为：梦楼、访墓、祭碑、宴阁。该剧作于乾隆十六年（1751），当时，作者任《南昌县志》总纂，听故老谈起南昌城外明宁王朱宸濠妃娄氏墓几被湮灭，遂请布政使彭清源立碑，以志纪念。作者即以此事为蓝本创作此剧，有关人物皆易名。剧述书生薛天目在南昌隆兴观塘边酒楼饮酒，他凭栏远眺，想起明时娄妃投江自尽事，不胜感慨，乃题诗壁上。待醉后伏几睡去，梦娄妃向他诉说当年投水之处及棺椁埋葬地。薛生醒来，前往找寻。在王阳明祠前，他遇训导学生钟某。钟自称原本娄姓，娄妃是其十三代祖姑，因避祸改姓为钟，并指出娄妃墓的具体位置，于是大家同行前去。途中遇数农人歌秧歌调，言歌词便是当日娄妃所编。布政司钱公得知已访得娄妃废冢，遂命人立四尺碑一方，并亲往祭奠，薛生亦作【满江红】词以表纪念。此时娄妃已成仙，她对麻姑、吴彩鸾谈起人间为她修墓之事，深表感激之情。

《空谷香》，二卷三十出，传奇，《清容外集》之一。《今乐考证》著录。封面右栏题："清容外集"，中栏题："空谷香"，左栏题："红雪楼藏板"，栏上横题："史院填词"。板心处题书名及卷数，天头有评语。版框高宽：17.1×13.8。卷首有乾隆三十六年（1771）张三礼序及作者自序，并刘文蔚、戴永植、钱世锡、陈梦说、高文熙、平圣台题词，蒋士铨自题诗十首，词二首。每卷卷端署："铅山蒋中子士铨填词，武康高东开文照题评"。该剧作于乾隆十九年（1754），系据作者好友南昌县令顾瓒园妾姚氏事敷衍。上卷目：香生、贤饯、闺愁、丝引、利迁、诨楼、饮刃、移官、誓佛、辞幕、哄笺、店缢、买棹、护兰、杀舱；下卷目：怀香、劝讼、虎穷、旅婚、散疫、佛医、贤聚、报选、心梦、麟祥、病侠、佛召、香销、宾挽、香圆。述上界众花仙同赴西天华严佛会，幽兰仙史迟到二十九刻，被贬尘寰，托生为海宁姚氏之女，名梦兰。梦兰少时丧父，母改嫁衙吏孙虎。梦兰长成后待嫁新科进士顾瓒园为妾，孙虎收顾之定礼。济南吴知府子吴赖垂涎梦兰美貌，欲强图之。他立逼孙虎退还顾之定礼，强将梦兰抬至府衙成亲。梦兰取刀自刎，幸被救活。孙虎见梦兰志不可夺，拟在她伤愈后送归顾生。但后来孙虎又改变主意，欲赖婚约。梦兰闻事情有变，再次自尽，被众人救免。扬州县令鲁学连乃顾瓒园年兄，闻此事乃锁孙虎到官衙，令其返乡，并判顾瓒园与梦兰成亲。后顾瓒园调任南昌县令，梦兰随任，数年后生子。子周岁时，梦兰病重而逝，享年恰为二十九岁。梦兰归真后，向众仙诉说在人间之经历，众仙贺其归来。

《桂林霜》，二卷二十四出，又名《赐衣记》，传奇，《清容外集》之一。《今乐考证》著录。封面右栏题："清容外集"，中栏题："桂林霜"，左栏题："红雪楼藏板"，栏上横题："史院填词"。板心处题书名及卷数，天头有评语。版框高宽：16.7×13.8。卷首有乾隆三十六年（1771）张三礼序及作者自序，附"马文毅公传"，并王亶望、平圣台、边连宝、薛宁廷、纪复亨、秦黉、顾元揆、吴贤、江煜、张栋、江春、吴璜、钟锡圭、高文照题词。卷尾有乾隆三十六年（1771）作者“书后”。卷端署：“大兴张三礼椿山评文，铅山蒋士铨清容填词，凤翔杨迎鹤松轩正谱。”该剧作于乾隆三十六年，上卷目：家祭、粤氛、出抚、幕议、平寇、闺诫、叛噬、告变、胁降、遣遁、投辕、再遣；下卷目：幽禁、释帖、诛叛、移帐、完忠、烈殉、客窜、私葬、议卹、归骸、立祠、灵合。剧写马雄镇事。马雄镇，《清史稿》、《清史列传》、《国朝先正事略》等均有传。述康熙时，汉军镶红旗人马雄镇出任广西巡抚至桂林，逢莫扶化等率众反于广东，向桂林进发，马雄镇领兵平息叛乱。未几，吴三桂反，广西将军孙延龄暗通吴三桂，计杀将军多人，并派弟延基劝雄镇投降，被严辞拒绝。孙延龄遂兵围雄镇府衙，雄镇自缢，被家人所救。他将军情写成本章，派仆人出城前往京城告急，又使部将保护长子、幼子及孙出城逃难。孙延龄知马雄镇无降意，乃将他及家人拘禁长达四年。后吴三桂派其孙世倧率军到桂林杀孙延龄，释放马雄镇，并劝其归降，不成，乃将雄镇及二子、仆役等九人杀害。马氏妻妾、儿媳、婢女等均自尽，全家死难三十八口。后朝廷封赠马氏全家并建祠纪念。马氏全家在天英灵相会于灵霄殿上，同赴瑶池之宴。青木正儿谓此剧“其悲壮虽足使人感愤，然结构稍失之冗杂。”（见《中国近世戏曲史》）

《四弦秋》，四出，又名《青衫泪》，杂剧，《清容外集》之一。《曲目表》著录。封面右栏题：“清容外集”，中栏题：“四弦秋”，左栏题：“红雪楼藏板”。板心处题书名，天头有评语。版框高宽：17.1×13.8。卷首有乾隆三十八年（1773）张景宗、江春二序及作者自序，高文照、江昉、江立、陈文煜、俞禔、凌应曾题诗，又钱世锡、江春、王宸、秦黉、卢谟、张棟、金兆燕、王文治题词。卷端署：“鹤亭居士正拍，清容主人填词，梦楼居士题评。”该剧作于乾隆三十七年（1772），目录为：茶别、改官、秋梦、送客。作者自序中谈到剧本创作缘起：是年秋作者与友人聚会，说起白居易《琵琶行》诗及顾大典《青衫记》院本，认为《青衫记》中虚构的白居易“素狎此妓”，后在江州送客时践前约等情节“命意敷词，庸劣可鄙”。在友人的怂恿下，作者用五天时间，据白氏诗歌本意，并参照《旧唐书》等撰成此剧。述唐时长安名妓花退红年老色衰，嫁与九江茶商吴名世为妻。吴名世为赚钱不顾妻子劝阻，与京都茶客乌子虚赴浮梁买茶。花退红独守空船，想起往事，不胜惆怅，常以弹琵琶排遣愁怀。其时，白居易因得罪朝中权贵被贬为江州司马，携家眷赴任。后因送客至浔阳江边，听江面传来琵琶乐曲，得与花退红邂逅相遇。在得知花之身世之后，白居易不由然想起自己的遭遇，顿有同是天涯沦落人之感，不觉泪湿青衫。此剧最初曾在扬州盐商江春的康山草堂演出，道光间成为京城戏班常演的剧目，其中“送客”一出较为有名。

《香祖楼》，二卷三十二出二楔子，又名《转情关》，传奇，《清容外集》之一。《今乐考证》著录。封面右栏题：“清容外集”，中栏题：“香祖楼”，左栏题：“红雪楼藏板”，栏上横题：“史院填词”。板心处题书名及卷数，天头有评语。版框高宽：16.7×13.8。卷首有乾隆三十九年（1774）陈守诒序及作者自序，罗聘“论文一则”，另有冯廷丞、罗聘、张九钺、吴起濂、万仕英等题词。每卷卷端署：“天都两峰外史评文，鹅湖藏园居士填词，新城种木山人订谱”。该剧作于乾隆三十九年，上卷目：楔子（正文作“情纲”）、转情、兰因、蚓配、蚁封、兰怨、释蚓、怜兰、发廪、嫁兰、录功、觞芰、蚓悔、兰啼、鸟阵、缘终、恨始；下卷目：楔子（正文作“情纪”）、守情、哭柬、移兰、挞蚓、投贼、劫商、射蚁、怀驿、窥营、献馘、访叶、殉情、埋蚓、缄恨、楼圆、情转。述河南永城人仲文进士及第，官兵部郎中，乞假归家时造香祖楼以供奉县令裴畹所赠兰花。此兰花一本三枝，中间为素心，旁则一紫一黄。仲文妻曾氏将此花比作一家三口，遂有为丈夫纳妾之想。邻居银匠李蚓娶寡妇邱氏为妻，邱氏带前夫之女若兰。李蚓获罪被官府逮捕，仲文念及邻居之情予以相救，使李蚓脱罪。李蚓带全家到仲府相谢。曾氏见若兰生得端庄秀丽，经询问得知她尚未许配人家，便打算将此女与仲文为妾。在征得李蚓夫妇同意后，曾氏遣家院高驾往李家送银一千两作彩礼，将若兰娶回家中。李蚓将聘礼钱均输在赌场之上，为从仲家敲诈到更多钱财，在强求立若兰为正室索银不成，李蚓以仲文强占民女作妾为由，将其告官。县令裴畹因官断无凭据，劝仲文割爱，仲文只得将若兰送回家中。若兰归家后，被父卖与福建扈蕃为妾。待花烛之期，扈蕃见若兰蓬头垢面，询问之下，方知是故人仲文之妾。在裴畹的过问下，命差役将若兰送回仲府。李蚓买通差役，与妻带若兰投奔海贼马义。马义觊觎若兰美貌，被其妻看出，便将若兰收在帐下作侍女。不久仲文出任福建巡按兼兵马副元帅，与裴畹、扈蕃三面围攻全歼海寇。战后，仲文在落叶庵得与若兰相见，但此时若兰已病入膏肓，待花轿迎娶之时，她却溘然长逝。仲文在若兰墓前祭奠后，将李蚓夫妇处死，班师回京报捷，并与妻曾氏相见。仲文、曾氏、若兰三人本上界紫兰、黄兰、白兰转世，帝释得知人间变故，召回白兰转回情关复旨，了却一桩公案。

《雪中人》，十六出，传奇，《清容外集》之一，《今乐考证》著录。封面右栏题："清容外集"，中栏题："雪中人"，左栏题："红雪楼藏板"，栏上横题："史院填词"。板心处题书名，天头有评语。版框高宽：16.7×13.8。卷首有作者自序并"铁丐传"，卷端署："泰安李士珠宝严正谱，铅山蒋士铨清容填词，秀水钱世锡百泉评点。" 该剧作于乾隆三十八年（1773），部分情节取自钮琇《觚剩》。目录为：弄香、眠雪、角酒、占茶、联狮、放鹤、请缨、飞拽、挂弓、传檄、脱纲、营巢、赏石、移云、花交、蝶聚。述海宁文士查培继与妻雪天赏梅，制曲作乐，忽见一人冻卧雪中。培继见其气质不凡，经询问，方知此人乃有名铁丐吴六奇，遂邀入府中饮酒，并赠狐裘。吴醉饱后不谢而别。未几，培继游西湖又遇吴六奇，乃劝其投军建功，并赠黄金百两及衣衫鞋帽。吴六奇投两广大将军麾下，跨海征战，屡建奇功，升任广东水陆提督。湖州庄员外修史触犯朝廷被治罪，培继受牵连被逮捕入狱。吴六奇闻听此事，乃遣亲信携密函前往湖州保培继出狱，又命部将携银往海宁为查家建造府第。培继出狱后被吴接到广州暂住，受到极热情款待。一年之后，培继决定返乡，吴六奇以三千金相赠。待归家后，见府第全新壮观，不敢相认，待与妻子相见，方知是六奇所为。想起往事，夫妻二人感慨不已。清梁廷枬谓此剧"写吴六奇颊上添豪，栩栩欲活，以《交花》折结束通部，更见匠心独巧。"（见《藤花亭曲话》）

《临川梦》，二卷二十出首一出，传奇，《清容外集》之一。《今乐考证》著录。封面右栏题："清容外集"，中栏题："临川梦"，左栏题："红雪楼藏板"，栏上横题："史院填词"。板心处题书名及卷数，天头有评语。

版框高宽：16.8×13.6。卷首有乾隆三十九年作者自序，并附“玉茗先生传”及汤显祖在万历十九年所撰《论辅臣科臣疏》。每卷卷端署：“长白明新春岩正谱，铅山蒋士铨定甫填词，秀水钱世锡百泉评校”。该剧作于乾隆三十九年（1774），其本事出《明史·汤显祖传》以及明清文人笔记所载。上卷目：提纲、拒弋、隐奸、谱梦、想梦、改梦、星变、抗疏、哼叛、送尉、殉梦；下卷目：宦成、遣跛、续梦、双噬、寄曲、访梦、集梦、花庆、说梦、了梦。述汤显祖进京赴考，因得罪大学士张居正，故下第返乡。回到家乡后，他用六年时间，谱就传奇剧本《牡丹亭》，又改旧作《紫箫记》为《紫钗记》。未几，汤上《论辅臣科臣疏》弹劾当朝权贵，因此被贬为广东徐闻县典史，后升为浙江遂昌县令。他在遂昌兴利除弊，政绩卓著，口碑极好。但不久罢归。汤显祖因妻儿亡故，感叹人生，又撰《邯郸梦》、《南柯梦》二剧。向日，娄江女子俞二姑酷爱此剧，到痴迷程度。她久读《牡丹亭》，以致缠绵成疾，竟断肠而逝。临逝前，她嘱养娘将亲手所批《牡丹亭》转交给汤显祖。几经辗转，汤显祖终于见到俞批剧本，感慨万分。后好友请汤显祖出仕，被汤婉拒。汤子士蘧逝后被召为觉华宫自在天王座前掌梦仙官，天王命召汤显祖剧中人物及俞二姑前来听讲。众人欲见汤显祖。自在天王命士蘧传玉茗花神前来，引众人入梦。于是汤显祖在梦中与众人相见，最后，玉茗花神引汤显祖来到觉华宫见到儿子士蘧，全剧在载歌载舞的仙乐声中结束。吴梅谓《藏园九种曲》“世皆以《四弦秋》为最佳，余独取《临川梦》，以其无中生有，达观一切也。”（见《顾曲麈谈》）

《第二碑》，六出，又名《后一片石》，杂剧，《清容外集》之一。《今乐考证》著录。封面右栏题：“清容外集”，中栏题：“第二碑”，左栏题：“红雪楼藏板”，栏上横题：“史院填词”。板心处题书名，天头有评语。版框高宽：17.1×13.8。卷首有乾隆四十一年（1776）王均序，阮龙光序及作者自序，并王堂、吴山凤、伍魁孝、阮龙光、张汝弼、苏遇龙、罗聘、钟锡圭、张舟、于发祥、谢逢泰、甘立猷、李友堂、李傅夔题词；卷尾有阮龙光、程嵝题词。卷端署：“见亭外史正谱，藏园居士填词，苍崖老人评校。” 该剧作于乾隆四十一年（1776），目录为：赓韵、留香、上冢、寻诗、题坊、书表。作者在《一片石》剧本完成之后，曾多次建议地方官另选官地为娄妃修墓，直至二十多年后吴翥堂任江西布政使，其夙愿才得以实现。作者因此而创作该剧。剧述汉阳书生阮剑彩因舅父相召前往南昌。在隆兴观塘边酒楼饮酒时，见到二十多年前薛天目的题壁诗，又从酒保口中得知当时为娄妃建碑之事，便于壁上题写和诗二首。回去后，阮生向舅父赣州太守季延陵谈及此事，延陵遂请县令伍行先共往察看，并拿出俸银令墓地周围居民搬迁，重修娄妃墓地。工程即将告竣，阮生前往验工，巧遇当日题诗之薛天目。二人同观重修墓地后便到酒楼看诗，遂以诗定文。完工之日，季太守与伍县令同往祭奠，太守亲书坊匾，阮生作【满江红】词以志盛况。玉帝命昭明太子撰写墓表，已归天界的娄妃与麻姑、吴彩鸾同观新墓。

《冬青树》，二卷三十八出，传奇，《清容外集》之一。《今乐考证》著录。封面右栏题："清容外集"，中栏题："冬青树"，左栏题："红雪楼藏板"，栏上横题："史院填词"。板心处题书名及卷数，天头有评语。版框高宽：16.7×13.8。卷首有乾隆四十六年（1781）作者自序及张埙序。卷端署："铅山蒋士铨清容填词"。该剧作于乾隆四十六年，其本事出自《宋史》之"文天祥传"、"谢枋得传"、"谢太后传"等。上卷目：提纲、勤王、画壁、留营、写像、急遁、纳款、辞官、卖卜、发陵、收骨、局逃、得朋、疑逐、题驿、航海、私葬、梦报、开府；下卷目：转战、厓山、和驿、生祭、抗节、守正、小楼、浩歌、神迓、柴市、却聘、避婢、饿殉、碎琴、野哭、归榇、庵祭、西台、勘狱。首出下场诗总括全剧："谢太后晚年祝发，赵王孙新国称臣。文丞相燕台殉节，谢招讨古寺招魂"。述南宋末年，元兵南下直逼宋都，江西安抚使文天祥奉旨提兵勤王赶往临安，官拜丞相兼枢密使。他赴元营谈判，严词拒绝元帅唆都与降将吕文焕的劝降，因此被扣。解往北上途中至真州，得义士帮助，文天祥乘机逃脱，几经波折，最后得船只南下至福州。时端宗已在福州即位，年号景炎。见文天祥到来，端宗仍拜其为丞相，共商复国之计。后文天祥在开府延平招兵聚众抗元，有乡民谢翱率数百人前来投军。元将张弘范领大军前来，文天祥率部迎战，遭惨败。其家眷被元兵掳去，母亲被害，儿子逃亡。元兵追至五坡岭，文天祥兵败被擒，被押往大都。朝中杨太后投海自尽，陆秀夫背幼帝蹈海赴死。宋室宫眷也都被押往大都。山河破碎，国破家亡，文天祥决心以身殉国。博罗丞相见多次劝降无效，下令将文天祥处死，文天祥在柴市慷慨就义。其间插入林景熙、唐珏义葬宋帝遗骨，移来故宫门前冬青树栽于葬所等事。最后以文天祥死后奉玉帝敕旨，将南宋奸臣一一拿来勘问作结。张埙称此剧"韵如铁铸，文成花粲，此先生老境之文如此。"（《冬青树序》）（戴云）

吴恒宣

《义贞记》

义贞记二卷三十二出 传奇。清吴恒宣撰。《古典戏曲存目汇考》著录。清乾隆四十三年（1778）锄月山房刻本。二册。半叶十行，行二十字。白口，四周单边，单鱼尾。版框高宽：17.1×13.5。上书口刻："义贞记"，标卷数，下书口刻："锄月山房"。卷首有乾隆四十三年（1778）序，署："乾隆戊戌季春上瀚傅岩五峰氏书于淮阴官舍"，荆如棠《贞义行为程允元夫妇作》。目录及卷端署："郁州山人填词"。上卷序处及下卷首页钤"石华藏书子孙永宝鬻及借人是皆不孝"印章。

吴恒宣（1727—1787后），一作恒宪，字来旬，号郁州山人。江苏海州（今连云港西）人，一说山阳（今属淮安）人，居板浦。幼称神童，长游太学。精六壬奇门术，喜谈兵，善歌。乾隆三十五年（1770）入崔应阶漕督幕，编纂《云台山志》十卷。崔卒，郁郁寡欢，不久病逝。著有《郁州山人集》。所撰传奇《义贞记》、《双仙记》（与崔应阶合撰）、《火牛阵》、《玉燕钗》，惜后两种佚。

该剧约作于乾隆四十三年（1778），本事见王椷《秋灯丛话》。上卷目：开宗、别兄、病训、月鉴、议归、旅窘、扫墓、觅媒、前访、利诱、前却、媒哄、修忏、媒衅、后却、抢亲；下卷目：辞婚、守发、后访、失音、野祭、夜祷、灵感、依刘、阻风、茶社、拒婚、劝嫁、堂配、辞妾、贺子、旌圆。述江苏山阳人程允元自幼与部郎刘登庸之女订亲，后程父被罢官，家道中落，不久，双亲皆亡。二十年来，程刘两家音信皆无。一日，程允元偶从邸报得知刘登庸升任蒲州太守，便将祖遗店产出租，换银两赶往蒲州。时刘登庸已身染重病，临终前嘱咐女儿要贞信为本，为程郎守节，日后与之相会完婚。待程公子为寻未婚妻千辛万苦来至蒲州，刘小姐却因父病故而扶榇回归故里。刘小姐为父守孝，于京郊外庐居住。一日为父上坟时，被当朝宰辅之子钱通辰与赵侯公子所见。二人见刘小姐相貌清秀动人，顿生非分之想，便分别遣媒婆前往说亲，均遭刘小姐拒绝。又有天津首富孙可彦慕刘小姐貌美，心生一计，在遣人求亲时故意遗下玉鱼，随后以刘小姐已受聘礼为名，纠集数百人前来抢亲。危难之时，刘小姐被众尼姑所救。向日，尼师东旭曾受刘登庸大恩，为避免纠缠，她建议刘小姐搬到庵观安身。刘小姐遂依言带发修行。程公子往京城打听刘小姐下落，未果。吏部李尚书见程颇有才学，欲把女儿许之，被程婉拒，声言非刘小姐不娶。以后，程公子又多次往外地寻妻，春去秋来，数十年倏忽而过。二人彼此苦受煎熬，各守坚贞。最后，终于在程六旬，刘氏五十七岁时，二人得以团聚完婚，同归故里。程、刘夫妻义贞之事感动上天，使连得三子。知府将二人义贞之事奏闻朝廷，钦赐程冠带荣身，并命建坊旌表。李天根《白头花烛》杂剧及徐鄂《白头新》传奇均演此事。（戴霞）

王文治

《迎銮新曲》

迎銮新曲　杂剧剧本集。清王文治撰。《今乐考证》著录。清道光年间藤花亭十五种所收本（见《梁廷枏全集》册五）。半叶八行，行十八字。白口，四周双边，双鱼尾。版框高宽：15.6×11.7。封面题：“杂剧”。板心题每种剧名。尾有梁森跋文。原书未标总书名，此名据《今乐考证》著录而定。共收《三农得澍》、《龙井茶歌》、《祥征冰茧》、《海宇歌恩》、《燃灯法界》、《葛岭丹炉》、《仙酝延龄》、《瑞献天台》、《瀛波清宴》杂剧九种，每剧一出。九种杂剧均为乾隆五次南巡之承应戏。梁森跋曰：“副鹾两浙，恭际南巡盛典总局檄办戏差，适王君梦楼文治罢归，邀至署中，撰曲九出，纯用浙中故事。送銮后，属幕友录付之梓。”

王文治(1730—1802)，字禹卿，号梦楼。江苏丹徒人。清乾隆二十五年（1760）进士，擢侍读，充国史馆纂修，出为云南临安知府，被弹劾罢归，主讲杭州敷文书院。工诗文书画，著有《梦楼诗集》二十四卷，并《快雪时晴帖》。曾为叶堂参订《纳书楹曲谱》。

《三农得澍》，《迎銮新曲》第一种。述江南一带春意浓浓，一派太平盛景。逢圣驾五次南巡，东海龙王前往钱塘恭迎圣驾。此时玉帝降旨，命东海龙王即刻行雨三刻，以慰农心。但此时龙王迎驾未归，龙子、龙女征得龙母之命，代父行雨。于是天降甘霖，百姓欢呼雀跃，准备天晴后及早插秧。

《龙井茶歌》，《迎銮新曲》第二种。述阿迎、机达二罗汉在龙井池边洗钵，水晶宫中龙王龙女供养的五百阿罗汉也来到池边，杨义、蔡小霞昔爱临池之学，现应辩才之邀特来此地与之清话。大家见一片石上有天子御制之诗，便行拜礼。此时谷雨将近，妇女们正在采茶。辩才取出雨前嫩叶，请大家到龙井泉边试茶。老僧汲水，侍女煎茶，大家饮罢齐声赞叹。辩才请杨义临一幅御制诗供奉禅堂，杨义恭临以毕，案上顿现祥云。众皆惊喜，认为是天子文光普照大地。

《祥征冰茧》，《迎銮新曲》第三种。述逢海宇雍熙，值时巡盛典，园客夫妇亲至人间授以饲蚕之术。他们来到杭州附近，见采桑妇女，便问蚕事如何。众女答曰今年最盛。园客夫妇将手中香草递与众女，嘱其将草与桑叶共饲蚕，可见奇迹。采桑众女依其言，结果蚕肥茧厚，其蚕吐五色丝，其茧大如鸡子。百姓感谢圣天子洪福齐天，高唱太平调以祝。

《海宇歌恩》，《迎銮新曲》第四种。述钱塘江龙王广润闻四海龙王往香水海中赴须弥山王之请，要从钱江经过，便去迎接。当听四海龙王言及圣天子五举南巡之典将至浙西时，广润便率水部神祇恭迎。须弥山王听说此事，请四海龙王降盛德大业讲说一番。后二十八宿各执瑞云拥十八诸天来到须弥山顶，共祝圣寿无疆。

《燃灯法界》，《迎銮新曲》第五种。述欣逢无量寿佛节寿良辰，燃灯佛特命优波离尊者在坛台燃放宝灯，以昭瑞应。于是护国王引诸天女并十方国土华藏菩萨各持宝灯排成“寿”字，天龙八部、护国仁王、优波离等众佛共同祝愿太平丰熟，风调雨顺，圣寿万年。

《葛岭丹炉》，《迎銮新曲》第六种。述魏伯阳、张紫阳本在浙省栖真，闻葛洪仙翁在初阳台安鼎炼祝国大丹延禧，便去帮助。太阳星君骑金乌也来到此，献出日华。张紫阳精通火候，洞晓抽添，一时间初阳台上瑞日成华。六丁六甲启炉，炉中出现无数红蝠，中作“万寿”字样。于是众仙共祝圣寿春长。

《仙酝延龄》，《迎銮新曲》第七种。述仙籍隶属杭州的赤松子、张道龄、许迈闻圣主五次南巡，万灵呵护，便往西湖虔迎。途中听说裴家仙姥在湖滨开一酒店，麻姑仙子正在取酒，便也要去小酌一回。正喝酒间，东方朔扮作卖桃人，携大桃来此。三仙欲买桃，认出是东方朔，便邀至席间畅饮。后王方平、戴远游亦来此。众仙言及当日麻姑掷米变丹砂事，请她重演此技。麻姑便向仙姥索丹砂一枚，掷丹作米。于是四处五谷丰登，农夫们推着米车，抬着米担，一派喜气洋洋的景象。见此，众仙起身，恭迎圣驾去也。

《瑞献天台》，《迎銮新曲》第八种。述刘晨、阮肇在天台山中采药迷路，遇扮作樵夫的南极仙翁。仙翁问所采何药，二人不肯泄露。仙翁云其所采并非上药，他从怀中取枣一枚，其大如瓜，言此乃安期生所种仙枣，和在丹中服之可寿国寿民，说罢不见。此时云彩尽开，归路自见。二人忽见云中所立乃南极仙翁，方知樵夫是仙翁假扮。二人归家后与妻嘉庆子、瑞鹤仙言说此事。于是众人待丹炉火势纯青之时，将所采药物与巨枣同炼，终将九转金丹炼成。这时南极仙翁捧玉旨到，云刘阮夫妇虔炼金丹，功圆行满，准升大罗天仙。于是刘阮乘鸾，嘉瑞乘凤，同去遨游太虚境地。

《瀛波清宴》，《迎銮新曲》第九种。述十二潮神于钱塘江上保护潮头，逢天气晴和，海不扬波，众潮神正在江干巡视，忽见董双成来此。她云恭闻圣朝王举南巡，特向瀛洲瑶岛地方敬采长生之草，延寿之浆以献，略表仙家诚意。后范成君也到，言及奉东华仙主命敬献昭华琯之益地之图。众潮神迎接二仙子，十洲群仙各执琪花瑶草也赶到此，众仙共感皇恩浩荡。（戴霞）

方成培

《雷峰塔》

雷峰塔四卷三十四出 传奇。清方成培改本。《今乐考证》著录无名氏一本，下注“此本有岫云词逸改本”。清乾隆五十五年（1790）多文堂刻本。四册。半叶八行（首叶七行），行十五字，白口，左右双边，单鱼尾。版框高宽：10×7.1。封面右行题：“乾隆庚戌新镌，玉锦楼发兑”，中行题：“雷峰塔传奇定本”，左行题：“多文堂藏板”。叶心题：“雷峰塔”，并标卷数。卷首有乾隆三十六年（1771）冬月作者自叙，汪宗渑、徐德达、吴士歧题辞，洪笔泰跋及目录。卷端署：“岫云词逸改本，海棠巢客点校”。每出末有评语。

方成培（约1731—1789？），字仰松，号岫云，别署岫云词逸。安徽歙县人。与曲家周皑友善。约乾隆三十六年客扬州，晚年客游汉口，卒于该地。工诗词，善音律。著有《词麈》、《词榘》、《听奕轩小稿》、《香研居谈咫》等，戏曲作品除此剧外，尚撰《双泉记》传奇，未见传本。

白蛇传故事最早见于唐人小说，至明《警世通言·白娘子永镇雷峰塔》基本定型。明陈六龙、清黄图珌、陈嘉言父女均有同名传奇。据作者自序，乾隆三十六年（1771）皇后万寿，两江总督高晋令淮商于祝寿新剧外，演出《雷峰塔》。作者认为梨园本辞鄙调讹之处甚多，便予以重新订正，较之原本，“曲改其十之九，宾白改十之七。《求草》、《炼塔》、《祭塔》等折，皆点窜终篇，仅存其目。中间芟去八出，《夜话》及首尾两折，与集唐下场诗，悉余所增入者。”一卷目：开宗、付钵、出山、上冢、收青、舟遇、订盟、避吴、设邸、获赃；二卷目：远访、开行、夜话、赠符、逐道、端阳、求草；三卷目：疗惊、虎阜、审配、再访、楼诱、化香、揭禅、水斗；四卷目：断桥、腹婚、重谒、炼塔、归真、塔叙、祭塔、捷婚、佛圆。首出四句下场诗云：“觅配偶的白云姑多情吃苦，了宿缘的许晋贤薄倖抛家，施法力的海禅师风雷炼塔，感孝行的慈悲佛忏度妖蛇。”述青年许宣自幼失去双亲。家业凋零，只得寄居姐夫李君甫处。逢清明佳节，许宣到西湖边祭扫祖坟，见湖光似镜，车马如云，便搭上一条小船，一路欣赏美景而归。天空忽降大雨，船家将船靠在岸边。此时走来两位女子，要求进船中避雨。船家征得许宣同意，将之让进船舱。原来，二人中白衣者乃西王母蟠桃园中白蛇，称白云仙姑，因慕恋红尘，故下凡寻找有缘之人。后在西湖收服修炼千年的青蛇，二人遂以主仆相称。白氏见许宣风流俊雅，顿生爱慕，因此故意呼风唤雨得以接近许宣。谈话之间，白氏谎称自己是杭州白太守的小姐，为亡夫祭扫云云。雨停后船家开船，将白氏、青儿送到目的地。但上岸后雨又下起来，许宣到友人家取回自己的旧伞，借给二人。次日，白、青二人借还伞故到许宣家门口等候。青儿有意撮合二人，在许宣面前言白氏对其之爱慕。许宣见白氏美貌非凡，一口应承。钱塘县忽失库银四十锭，身为捕快的李君甫奉命追查。归家后，见许宣出示银子央他说媒，而银上的号记恰为所失库银。君甫追问根由，许宣将前事告知，并说此银为白氏给他用于说媒。君甫知其为妖人所迷惑，遣其到苏州好友处避祸。君甫率众查抄白氏住处，果然搜得所失库银。白氏与青儿追到苏州找许宣，好言说之，许宣终于与之和好。端午节至，许宣置办美酒佳肴与白氏庆贺。白氏饮雄黄酒，醉倒现出原形。许宣见状吓得晕倒。白氏亲到南极仙翁处盗仙草将许宣救活。金山寺法海奉旨捉蛇妖，白氏招虾兵蟹将水漫金山与法海水战，因身怀有孕体力不支败走。途中产子。法海追到，白氏无力再战，被法海镇于雷峰塔下。青儿亦被擒，被锁闭七宝池边。许宣前世为释迦座前捧钵侍者，此时被韦驮接引归位。二十年后，许宣、白氏之子许士麟高中状元，衣锦还乡后到雷峰塔前祭奠母亲。世尊因白氏、青儿因灾限已满，命法海放青儿，并将白氏放出塔，与许宣相见。后天女接引白氏、青儿到忉利天宫，许诺三日后清明许士麟全家扫墓时可与相见，法海则与许宣回复佛旨去也。（戴霞）

戴全德

《红牙小谱》

红牙小谱　杂剧剧本集。清戴全德撰。《古典戏曲存目汇考》著录。清嘉庆间刻本。一册。半叶六行，行十八字。白口，左右双边。版框高宽：

16.3×9.5。卷首有嘉庆三年（1798）作者自叙。全书收《辋川乐事》、《新调思春》杂剧二种，每剧一折，均作于嘉庆三年（1798）。

戴全德（1731？—1802），原名全德，满族戴佳氏，故今称戴全德，号惕庄主人，沈阳人。曾宦扬州，任两淮盐政史，继任苏州织造、九江榷运史、浒墅关监督等。嘉庆三年（1798）移官江苏。在扬州、苏州任职时，逢乾隆南巡，曾召沈起凤等人编制迎銮供奉大戏。除此书外，尚撰《浔阳诗词合稿》一卷、《西调》一卷、《小曲》一卷，均传于世。

《辋川乐事》，《红牙小谱》之一。述唐代诗人王维少年时代得擢高科，但为宦不久便厌倦官场，偕夫人退隐林下。在辋川之内，王维以春夏秋冬四景为题，谱四阕琵琶曲，与夫人赏花弹奏以乐。

《新调思春》，《红牙小谱》之一。述姊妹二人春宵窗前赏月，姐因思念心上人久未归来，心中惆怅，其妹百般安慰。时至二更，姐拈香拜月，祈求心上人早日归来，然后归寝。妹被其情所感，不免牵动思春之情，便与丫鬟春兰、秋菊唱小曲以排遣。所歌泛调、北河调、沟调、杂牌令、清平调、花柳调、赶板垛字高调等，均为当时时兴的曲调，由此可见当时声腔的发展及曲调组合的变化。（戴云）

徐　爔

《镜光缘》

镜光缘传奇二卷十六出　传奇。清徐爔撰。《今乐考证》著录。清乾隆四十四年(1779)梦生堂刻本。四册。半叶八行，行十八字。版框高宽：15×10.9。上书口题："镜光缘"，封一右栏题："枫江镜缘子填词"，中栏题："镜光缘传奇"，左栏题："梦生堂藏板"。封二右栏题："吴江徐榆村撰"，中栏题："蝶梦龛词曲"，左栏题："梦生堂藏板"。卷首有乾隆四十三年（1778）作者《自叙》，顾诒燕叙，乾隆四十四年（1779）余集《秋蓉传》、《凡例》，卷尾有作者《拂尘十二绝并序》。卷端署："枫江徐榆村填词"。

徐爔（1732—1807），字鼎和，号榆村、镜缘子，江苏吴江人，为名医徐大椿之子，与袁枚三代世交。徐爔继承家学，擅长词曲和医术，晚年家道中落，胸中感慨，寄托于杂剧、传奇。撰杂剧二十种，总题《写心杂剧》。撰传奇三种，《镜光缘》、《双环记》、《联芳楼》，后两种已佚。另有《梦生草堂诗文集》。

该剧《凡例》言："传奇十六出，比诸小传一篇，记其始末，故字字实情实事，不加装饰，若其登场就演，另填三十二出，已付梨园矣。"又言："此十六出俱止生旦贴三脚色所演，其余或一偶见，则不成戏矣。此本原系案头剧，非登场剧也。"可见该剧据徐爔的真实经历演绎而来。上卷目：谪仙、灯遇、卖身、空访、镜缘、诉衷、分镜、北离；下卷目：赏花、写真、寄真、殒玉、悼玉、魂归、埋真、镜悟。写何仙姑侍女露珠、琼芳，向吕洞宾的侍童耕云要九转神丹。耕云不好推却，窃取两颗送给她们。事发后三人被罚下凡尘。露珠、琼芳、耕云分别为李秋蓉、钱氏和余羲，有金镜玉钗为信物。余羲字镜缘，是枫江书生，妻子钱氏字凝香。余羲不求功名，与妻子悠然度日。一日他得到吕洞宾派使者送来的玉钗。李秋蓉原出自书香门第，因父母早亡，随姨母静元在云定庵居住。秋蓉为葬双亲自愿卖身给财主廖单作妾，后得到吕洞宾派使者扮香客送来的古镜。余羲与友人观灯时与秋蓉一见钟情，寻访见面两人情投意合，互换古镜玉钗为信物。秋蓉被廖单逼迫为娼，余羲托好友沈世雄将她赎出，沈世雄收她为义女。后世雄携家人到塞外，余羲与秋蓉分钗破镜，望日后相见能完成姻缘。钱氏得知原委，劝丈夫迎娶秋蓉。秋蓉相思成疾一病不起，余羲得信时秋蓉已死，只得到她留下的诗画及钗镜各半。吕洞宾派使者召唤三人魂魄，让他们观看金镜中的因果，三人恍然大悟。秋蓉回归仙位，余羲和钱氏因有双亲，故要了结尘缘后才得返回原位。据《凡例》，此本为案头之曲，作者另填三十二出为演出本。（李玲）

桂　馥

《后四声猿》

后四声猿　杂剧。清桂馥撰。《曲目表》著录。清道光二十九年(1849)

味尘轩木活字印本。一册。半叶九行，行二十字。版框高宽：17.5×13.3。封面题："道光己酉四月上浣，后四声猿，味尘轩聚珍板"。有王定柱之《后四声猿序》，道光二十九年怜芳居士跋，以及李元沪、吴诒沣、蔡振中、钱杜、贾杰《后四声猿题词》。王定柱序云："先生才如长吉，望如东坡，齿发衰白如香山，意落落不自得，乃取三君轶事，引宫按节，吐臆抒感，与青藤争霸风雅。独《题园壁》一折，意于戚串交游间，当有所感，而先生曰无之，要其为猿声一也。"

桂馥（1736—1805，或作1733—1802），字冬卉，号未谷，别署老落，室名十二篆师精舍。山东曲阜人。乾隆五十五年（1790）进士，官授滇南永平令，卒于官。少承家学，尤精金石六书之学，与翁方纲交，学益精。与段玉裁同治《说文》，时称桂、段。是乾隆、嘉庆年间的硕儒老师，著《说文义证》、《札璞》、《缪篆分韵》、《晚学集》、《诗集》等。晚年作《放杨枝》、《题园壁》、《谒府帅》、《投溷中》杂剧四种，每剧一折，总题《后四声猿》。

《放杨枝》，《后四声猿》之一。首有作者之《放杨枝散套小引》、《放杨枝由历》。卷端题："放杨枝北调一套"，次行分题："老落填词，怜芳校刊"。事本白居易《病中诗》中《卖骆马》、《别柳枝》。写唐白居易有随侍歌妓樊素，樊素因善唱《杨柳枝》而名闻洛下。白居易年老病衰，有感"他少吾老，吾病他孤，合之两伤，离则双美"，有意遣樊素择婿而嫁。白居易又有坐骑骆马，因筋力已衰，留之无用，亦有卖出之意。白居易与樊素、骆马别离时情意绵绵十分伤感。同题材戏曲作品有近人吴梅撰杂剧《惆怅爨·香山老出放杨枝妓》。

《题园壁》，《后四声猿》之一。首有作者之《题园壁散套小引》、《题园壁由历》。卷端题："题园壁南调一套"，次行分题："老落填词，怜芳校刊"。此剧取材于周密《齐东野语·放翁钟情前室》。写南宋陆游娶妻唐氏，唐氏不为婆婆所容被遣还家，改嫁宗室赵士程。赵、唐春游沈园，邂逅陆游，赵士程遣僮赠酒，陆游感慨万分，在园壁题词《钗头凤》，而后洒泪离去。同题材戏曲作品有近人吴梅撰杂剧《惆怅爨·陆务观寄怨钗凤词》。

《谒府帅》，《后四声猿》之一。首有作者之《谒府帅散套小引》。卷端题："谒府帅北调一套"，次行分题："老落填词，怜芳校刊"。事本苏轼《客位假寐》、《凤翔八观·东湖》等诗，又见《邵氏闻见录》。写北宋苏轼出任凤翔判官，每于朔望之日按例拜谒府帅陈希亮，因为官职卑微、不会奉迎而往往不得接见。苏轼心中郁闷，独游东湖，饮酒赋诗，消除心中不平之气。元代费唐臣《贬黄州》杂剧中有此情节。

《投溷中》，《后四声猿》之一。首有作者之《投溷中散套小引》。卷端题："投溷中南调一套"，次行分题："老落填词，怜芳校刊"。事见《幽闲鼓吹》。剧写唐代诗人李贺，为天宫新建成的白玉楼作记，深得玉帝喜爱。玉帝遣使到人间取李贺其余诗稿，不料，黄居难忌才，早已将赚取到手的李贺诗稿投入厕中，而诗稿别无副本。上帝闻报震怒，命阎罗捕捉黄居难，将他打入阿鼻地狱，以警世间忌才之人。（刘效民）

钱维乔

《鹦鹉媒》

鹦鹉媒二卷四十出首一出　传奇。清钱维乔撰。《今乐考证》著录。清乾隆间小林栖刻《竹初乐府》所收本。四册。半叶十行，行二十三字。白口，左右双边，单鱼尾。版框高宽：17.7×13.5。板心处标书名。封面题："鹦鹉媒，小林栖藏板"。卷首有梁溪杨芳灿及乾隆五十三年（1788）童梁拜序，乾隆三十四年（1769）作者兄钱维城识语，乾隆三十三年（1768）作者自序，并赵彬、陈兰策、许宝善、章煦、洪亮吉、顾澍题词，目录。每卷卷端题："林栖居士填词，同学诸子评点"。

钱维乔（1739—1806），字季木，号竹初，别署林栖居士。武进（今江苏常州）人。乾隆二十七年（1762）举人，官浙江鄞县，为官清廉，有政声。为文博赡，书画之名亚于其兄钱维城。乾隆五十一年（1786）归里后，得唐荆川旧园之半，葺而居之。名半园，艺花竹，隐居二十年。著有《竹初诗钞》、《竹初文钞》。所撰传奇三种，合称《竹初乐府三种》。《鹦鹉媒》、《乞食图》有存本，《碧落缘》已佚。

剧本《聊斋志异·阿宝》。上卷目：吟纲、梦谶、写艳、游哂、诧美、妨妪、婚拒、断指、闺逗、朋剖、跋真、社晤、神遣、巫招、旁觊、酬咏、韵感、媒怂、娟病、诘婢、再遇；下卷目：航度、失鹦、羽化、仆悼、鸟盟、玩履、争姻、助聘、初谐、画叙、奸妒、危诀、椿怜、殉情、冥释、双还、题戏、试定、捷慰、竺圆。述杭州诸生孙子楚双亲早逝，家境贫寒。他左手有枝指，故字枝生。一日，子楚偶经裱店，忽见一《调鹦鹉行乐图》，深被图中美人所吸引。经打听，知此图为王员外女宝娘所绘。于是，子楚便央巫妈妈前往说媒。王员外嫌弃子楚贫穷，乃拒之。宝娘侍婢倩奴戏言，倘若能去枝指，婚事可成。孙子楚闻言，果然断指。巫妈妈将此事告诉宝娘，宝娘深感其情。待画裱成，宝娘题诗画上。是夜，二人同梦与对方相会。子楚思念宝娘过度，乃致失魂，宝娘也因梦思情而病。后王夫人偕宝娘至天竺寺进香，邂逅子楚，二人惟以眉目传情。观音感二人情之精诚，命童子以鹦鹉为媒介，遣龙女使二人会合。子楚在友人李含晖的帮助下，终于得以入赘王家。但婚后不及一月，子楚便因病而亡。王夫人欲将女儿许配富家胡某，宝娘不从，殉情而死。地府都城隍于谦奉观音法旨，使二人还阳。试期临近，子楚、李含晖及胡某均前往应试。结果胡某作弊被枷号，子楚得中解元，李含晖亦登第。归后，子楚宝娘前往天竺烧香，礼谢观音。（王路平）

《乞食图》

乞食图二卷三十二出 传奇。一名《虎阜缘》，又名《后崔张》。清钱维乔撰。《今乐考证》著录。清乾隆间小林栖刻《竹初乐府》第三种本。二册。半叶十行。行二十三字。白口，左右双边，单鱼尾。版框高宽：17.3×13.8。板心处标书名及卷数。封面右栏题："竹初乐府第三种，一名虎阜缘"，中栏题："乞食图"，左栏题："小林栖藏板"。卷首有乾隆五十一年（1786）杨梦符序，乾隆五十年（1785）作者自序，以及钱大昕、童梁、倪象占、毛燧传、崔龙见、钱孟钿、平圣台、孙锡、缪绂、钱季重题词，以及关于该剧的本事考证。卷端署："林栖居士填词，同学诸子评点"。

该剧本事见黄周星《张灵崔莹合传》，结局有改动。唐寅、朱宸濠、王守仁等人物，《明史》均有传，但剧中部分情节，系作者杜撰。上卷目：

开宗、独漉、丐吟、遘艳、访婿、诗谏、忠谋、玩图、社别、邸谒、夺美、斥矜、奄劝、传书、邮诀、佯狂；下卷目：遣谍、雨晤、寇折、堕池、宫怨、妃殒、擒濠、画感、娟返、生奠、珰荩、告变、祭冢、禅护、双还、乞圆。述明时吴下才子张灵生性落拓不羁，听说唐伯虎、文征明、祝希哲等在虎丘设宴，便扮作乞儿赴宴。唐伯虎据此绘《张灵乞食图》，众人题咏。张灵醉步江边，忽见舟中有一少女甚美，欲见遭拒。后访知此女名崔莹，南昌人，随父崔文博还乡。船经虎丘，文博上岸谒唐寅，得见《乞食图》，经询问，知图中所绘为张灵，便有心招之为婿，乃携图以归。崔莹见图，芳心暗许。宁王朱宸濠慕唐伯虎才名，聘之。唐伯虎临行之时，张灵托其代访崔莹。宁王投皇帝所好，欲选歌姬十人送往京城。南昌季成羡向崔莹求婚遭拒，他绘崔莹像献于宁王。崔莹被迫入宫，行前题诗于《乞食图》，并修书托人捎给唐伯虎。唐伯虎知宁王欲起兵谋叛，便佯狂得归，路遇崔文博，得《乞食图》。时张灵因放浪形迹，被革退衣巾，常粉墨登场。见唐寅持《乞食图》归，诵崔莹诗，悲不能抑，久病而逝。宁王终于拥兵谋反攻下安庆，朝廷派王守仁率兵攻入南昌，并生擒宁王，当时宁王所献十美歌姬得以归籍。崔莹至家，父遣其往苏州，求唐寅为媒，与张灵成亲。后听说张灵已亡，崔莹寻至张灵墓前祭奠。是夜，崔莹自缢于客店之中。唐寅夜梦仙人竺道生命返魂使者送崔张还阳，次日一早，唐寅遂为二人破冢，二人得以生还。崔文博至苏州，张灵与崔莹扮乞儿成婚。清陈元林有同名传奇，惜无存本。清汾上谁庵《画图缘》，清刘清韵《鸳鸯梦》，均为同题材剧作。（王路平）

沈起凤

《沈萱渔四种曲》

沈萱渔四种曲　传奇剧本集。清沈起凤撰。《今乐考证》著录。清道光间古香林刻本。八册。半叶九行，行二十字。下黑口，左右双边，单鱼尾。封面题："沈萱渔四种曲，报恩缘，才人福，文星榜，伏虎韬"，每剧另有封面，卷端除署剧名外，均题："吴门红心词客著"。每剧均有穿戴、砌末提示。

沈起凤（1741—1802），字桐威，号蒉渔、蓉洲，别署红心词客。江苏吴县人。乾隆三十三年（1768）举人。中举前，曾与长洲吴翌凤、林蕃钟、陈学海等结水村诗社。二十岁时，与才女张灵缔结连理，惜张氏不幸早逝。沈起凤科场不顺，曾五次会试，均落第。乾隆四十四年（1779）应扬州盐台全公之聘，客扬州盐政幕，为高宗南巡编写迎銮承应戏。乾隆四十六年（1781）客苏州织造全德的官署之中审校戏曲。乾隆四十七年（1782 ）回到故乡，与好友石韫玉、张青城、沈芷生等七人结碧桃诗社。乾隆五十三年（1788）至嘉庆六年（1801），沈起凤赴安徽，曾任祁门教谕、全椒教谕。其间曾为友人左潢所作《兰桂仙》传奇正谱。嘉庆七年(1802)以选人客死都门。其著作有笔记小说《谐铎》，词集《红心词》、《吹雪词》等，所著戏曲作品除上述四种外，尚有《云龙会》、《幻奇缘》、《千金笑》、《泥金带》、《桐桂缘》、《黄金屋》等三四十种，《云龙会》、《幻奇缘》尚有存本，其余均散佚不传。该剧本集是作者去世之后，其好友石韫玉曾访求数十年而得其传奇四种，并将其付之梨枣，冠名后得以传世。

《报恩缘》，二卷三十七出，《沈蒉渔四种曲》第一种。版框高宽：17×12.7。封面右栏题："红心词客著"，中栏题："报恩缘"，左栏题："古香林藏板"。板心题："报恩缘，第×出"卷首有吴门独学老人（即石韫玉）之序，《乐府解题四则》，署："花韵庵主人识"。每卷前有报恩缘传奇目录。该剧作于乾隆四十五年（1780）左右，上卷目：谪凡、辞里、触贞、劫避、解劫、属媒、辱婿、报信、贤赠、藏斗、窃听、贱诱、误陷、捕询、逐伙、仇首、淫毒、冒戮、引缘；下卷目：填榜、闺念、媒哄、洞别、婢诮、急计、伪试、媪忿、闺谑、夺状、泣报、猿隐、空访、买录、逼睛、双赚、闻惧、鼎圆。述上界白猿公与月宫吹箫、抱琴女子以及文曲星因过失被贬人间。白猿公下界后在泰山修炼，二女子则转世成为白猿公的两个徒弟紫箫和绿琴，文曲星转世为姑苏书生谢兰。谢兰幼时与镇江白丁之女丽娟定亲，后因父母双亡，家道中落。逢大比之年，谢兰往岳丈处借盘费赴考，白丁见谢兰如此穷困，便欲悔婚。他使人将谢兰痛打后拘禁后园，丽娟得知后，深夜到后园赠银两，并放之逃走。谢兰憩息古庙，却被人诬陷偷人银两而抓进官府，白丁不肯为谢兰作证，幸而知县审清案情，谢兰得以释放。途中，谢兰又遇歹人，夺其银两衣物，又冒充他名前往京城。此时白丁雇人半路截杀谢兰，却将假冒他的歹人杀死。谢兰在绝望之际跳崖自杀，得在泰山修炼的白猿公相救得以不死。向日，谢兰曾有恩于白猿公，为报答此恩，白猿公自称为袁道人，又将二徒紫箫、绿琴许配之。随即，袁道人遣绿琴随谢兰同赴京师赴试，又命紫箫扮作寻常女子，前往镇江保护丽娟。谢兰在绿琴的帮助下高中状元，敕赐玺书，巡视江宁，并给假完婚。绿琴则先一步离开京城来到泰山，向师父陈述前情。白猿公让她取道江南与紫箫同依丽娟，并交其书信一封，嘱日后交与谢兰，自己入山修道。谢兰先取道来到泰安，准备换巾服见袁道人，打探紫箫、绿琴消息，未果，他怅然离去。谢兰前往镇江，欲寻白丽娟。丹徒知县闻此事，忙到白府报信，白丁陪笑相迎。谢兰听说丽娟、绿琴同嫁书生杜子虚，大怒。待杜子虚出来与见，谢兰方知杜生乃紫箫假扮。原来，紫箫奉袁道人之命，到镇江救下了欲寻短见的白小姐。绿琴到镇江后，以杜子虚原配之名入赘白府。至此，一夫三妇大团圆。绿琴取出师父书信，谢兰阅后方知，袁道人乃神仙白猿公，于是他与三妇对天拜谢，感念其恩德。石韫玉云此剧"戒负心也。白猿受谢生无心之庇，即一心报德，成就其科名，联合其婚姻。此剧可与《中山狼传》对勘。"（《乐府解题》）吴梅谓该剧"结构生动，如蚁穿九曲，通本熔成一片……或谓通本白多曲少，文情稍逊；余意曲虽不多，而语语烹炼，且登场搬演，又适得其中。为现场计，正不必浪使才情也。"（《报恩缘》跋）

《才人福》，二卷三十二出，《沈荠渔四种曲》第二种。版框高宽：17×12.4。封面右栏题："红心词客著"，中栏题："才人福"，左栏题："古香林藏板"。板心题："才人福，第×出"每卷前有才人福传奇目录。上卷目：双奔、奇标、厅叙、唱稿、碑谶、和笺、夜阅、淫浑、哄主、访讹、逐魅、募艳、宴谑、诱错、浼伐、钦召；下卷目：辞诤、婚闹、议允、激敉、遇差、行盘、交逼、姻明、辨碑、诡怒、疑坦、覆套、总配、订迎、露机、福圆。述苏州才子张幼于与名妓李灵云定约，二人在虎丘挂牌专医诗病。四府理刑秦伯达欲选一少年才子来府中作书记，意在为女晓霞选婿。唐寅将好友张幼于荐之。为试幼于才学，秦夫人与晓霞派丫鬟秋桂带晓霞所作《海棠诗》

至幼于处求医。幼于得知此诗为一小姐所作后，便和诗一首，让秋桂带回。次日，伯达亲访，逢幼于外出，灵云男装会客。伯达误以为眼前这位仪表清秀的青年就是幼于，十分高兴，便请他择日到自己府衙。幼于归来闻此事，索性将错纠错，让灵云仍冒充自己，自己扮作书童，与之一起进府。唐寅来到秦府，见幼于、灵云正逢场作戏，也不说破，与二人戏谑。伯达提出欲以女相许，“幼于”力辞，意在让真幼于发愤考取功名。后灵云将这番心思透露给祝允明、沈若兰夫妇。二人深知灵云用意，便对幼于慌称晓霞已与若兰表弟沈公子定亲，灵云嫌幼于只知风流，不求上进，因此要随晓霞嫁沈公子作妾云云。幼于听后大怒，便赴京求取功名。得祝允明举荐，幼于在试后被授为翰林学士。唐、祝二人在过府拜望祝贺时，又假称晓霞与沈公子结亲，强拉幼于观礼。又经几番曲周折，张幼于与秦晓霞终结良缘。剧中还穿插祝允明与沈若兰爱情故事。唐寅、祝允明、张敉（即张献翼，字幼于，后改名敉，为戏曲家张凤翼之弟）历史上均有其名，但其事多属臆造。此剧意在“慰穷士也”，（石韫玉《乐府解题》语）吴梅谓。此剧“文心如剥蕉抽茧，愈转愈奇，总不出一平笔。传奇至此，极才人之能事矣。”（《才人福》跋）民初苏州曲家徐镜清曾为全剧重作新谱。

《文星榜》，二卷三十二出，《沈莩渔四种曲》第三种。版框高宽：16.1×12.3。封面右栏题：“红心词客著”，中栏题：“文星榜”，左栏题：“古香林藏板”。板心题：“文星榜，第×出”每卷前有文星榜传奇目录。上卷目：天榜、愠报、闻隽、科诨、劝迎、迎觏、怜才、露情、戏泄、拒冒、失帕、商祝、误戕、宴拿、冤陷、憨怂；下卷目：赚烟、惊悔、夜诘、窘认、援合、投首、巧试、汇计、骂婚、叠赚、反劝、串谑、鼓捷、道喜、奇奏、鼎圆。述苏州书生王又恭父母双亡，其父在世时，为其定富户甘谷之女碧云为妻。又恭发愤读书，考取头名秀才，其才名不胫而走。乡宦向诰、医士卞翁喜又恭才貌双全，相继登门为自己女儿向采苹、卞芳芝提亲，但均被又恭以已聘原配为由婉拒。采苹私慕又恭人品，在又恭回拜时着男装，自称向公子接待他，并以娥皇女英故事说其嫁自己小妹，又恭仍未答应。又恭好友杨仲春年轻有才，倜傥风流，与芳芝邻里焦道士妻薛鸾姐有染。二人约会时，鸾姐将芳芝暗恋又恭及提亲遭拒事告仲春。仲春听后即离开焦府前往芳芝闺房，他冒充又恭之名向芳芝求欢，遭其拒绝。仲春不敢相逼，乃夺其手帕回到鸾姐处，但将手帕失落。同里无赖王六讧觊觎鸾姐美貌，深夜上门图奸。他在其门首拾到手帕，又隔墙听见杨、薛二人谈芳芝事，于是至典当铺置办一套秀才服饰，穿上来到卞家，想以手帕事逼芳芝就范，不意将卞翁惊醒。卞翁以为盗贼光顾，持刀追出。王怕事情败露，乃夺刀将卞翁杀死，逾墙而走，将手帕失落。芳芝见手帕，以为凶犯乃又恭，又恭因此而入狱。甘家闻信毁婚，采苹又扮向公子赴甘家求婚。甘家见采苹容貌娇好，欣然允诺。仲春知好友因己故身陷囹圄，乃自首。王六讧也因恶行败露而被捕。又恭洗清不白之冤，以后又赴试高中状元，理清前番种种误会，最后终于碧云、采苹、芳芝三女结为百年之好。此剧意在“惩隐慝也”，（石韫玉《乐府解题》语）吴梅谓“观其结构，煞费经营，生旦净丑外末诸色皆分配劳逸，不使偏颇，而用意之深如入武夷九曲。《赚姻》、《骂婚》二出，非慧心人必不能作，通本遂玲珑剔透矣。”（《文星榜》跋）《昆曲大全》谱其中《怜才》、《露情》、《戏泄》、《失帕》四出。

《伏虎韬》，二卷二十九出，《沈芸渔四种曲》第四种。版框高宽：17.3×12.5。封面右栏题：“红心词客著”，中栏题：“伏虎韬”，左栏题：“古香林藏板”。板心题：“伏虎韬，第×出”每卷前有伏虎韬传奇目录。上卷目：开宗、说法、采风、学哄、乔逼、卖身、选妾、奇枷、随机、伏吼、释枷、反计、催试、赝聘；下卷目：闺谑、婢戏、巧合、丐诨、演差、双套、扑蝶、托贿、述笑、诱醮、定计、醋报、诡逼、妒圆、结案。述武进轩辕生妻张氏性奇妒，每日招丈夫入殿训话，并向邻里妇女传授治夫之法。苏州学士马君侠因妻早逝，无心仕进，便带着后房四姬妾到处游玩。船到武进，因风大无法行进，只得靠岸停泊。君侠携姬妾上岸，见当地男子备受妻子虐待。问其原委，方知百般技法乃张氏传授。于是君侠决定寓居常州，以制服悍妇。他以传子嗣为由劝轩辕生纳妾谢兰芬，张氏待兰芬进门后，将其新嫁衣脱去，取出自制“如意枷”，将丈夫与兰芬枷于房中。张氏暗恨君侠所为，便遣人到君侠住所说媒，将自己得意门徒锈莲嫁之，以报复君侠所为，君侠欣然应允。锈莲过门后，君侠故意冷淡她与众姬妾调笑，锈莲使出种种伎俩，均无效，最后假装欲寻短见，君侠遣丫鬟送来汗巾助她自尽。锈莲无奈，只得认输，并表示悔过，愿与君侠一起制服张氏。而后，君侠设计将轩辕生与兰芬相继接到自己府中，又谎称兰芬投水自尽，轩辕生赴京考试在旅店染病身亡，劝张氏别嫁他人。君侠让自己的姬妾分别扮作男子及其大妇，待张氏过门后，以其人之道治之，张氏只得求饶。以后又有兰芬索命，“牛头马面”要锁张氏到地府问罪等事。张氏吓得魂飞魄散。此时扮作城隍夫人的锈莲为张氏求情。张氏如遇救星，倒头便拜。锈莲及众姬妾脱去装扮，露出本相。辕轩生斥张氏败坏名节，命退居侧室，改扶兰芬为正室，张氏不敢争辩。兰芬百般谦让，于是辕轩生向众宣布，张氏兰芬不分大小，一夫二妇为鼎足鸳鸯。由此，武进一带妇女妒风消尽，均与丈夫和睦相处。此剧意在“警恶俗也”，（石韫玉《乐府解题》语）吴梅谓“袁简斋(即袁枚)《子不语》中医妒一事，而加以点缀也。闻故老言，洪杨乱前，吴中颇有演此记者，往往哄堂大噱。余亦藏有残谱，今则不独无人能唱，且并不知此记之名矣。”(《伏虎韬》跋)《昆曲大全》谱其中《乔逼》、《卖身》、《选妾》、《伏吼》四出。民初苏州曲家徐镜清曾为全剧重作新谱。（戴云）

《伏虎韬》

伏虎韬六卷二十七出　传奇。清沈起凤撰。《今乐考证》著录。民国间朱墨抄本。六册。半叶五行，行二十二字。叶心高宽：23.8×11.2。每册书衣题：“伏虎韬传奇×卷（本)”。部分唱词附点板谱。

该剧一卷目：开宗、说法、探风、学哄；二卷目：乔逼、卖身、选妾、奇枷；三卷目：允亲、看夜、闹婚、夜赚；四卷目：催试、赝聘、闺谑、婢戏；五卷目：巧合、丐诨、演差、双套、扑蝶、赚托；六卷目：述笑、诱醮、定计、醋报、诡逼。剧写轩辕生之妻张氏性情悍妒，乡里妇女均效仿之。马君侠设计惩治张氏，使当地民风也有所改观。此本为梨园改编本。末出有注：“此出场上不段，当场换戏名。”吴梅谓此剧为“袁简斋(即袁枚)《子不语》中医妒一事，而加以点缀也。闻故老言，洪杨乱前，吴中颇有演此记者，往往哄堂大噱。余亦藏有残谱，今则不独无人能唱，且并不知此记之名矣”。　（戴云）

蔡廷弼

《晋春秋》

晋春秋传奇二卷四十出首一出 传奇。清蔡廷弼撰。《今乐考证》著录。清嘉庆五年(1800)太虚斋刻本。半叶十行，行二十二字，版框高宽：20×14.4。封面右栏题："蒋心馀太史点定"，中栏题："晋春秋传奇"，左栏题："嘉庆庚申新镌，太虚斋藏板"。卷前有蒋士铨之序，《晋春秋传奇凡例》。卷端题："晋春秋传奇，看云主人填词，宛委山人校订"。有署"半农山人偶笔"之手书题跋。

蔡廷弼（1741—1821以后），号看云主人。浙江德清人，乾隆三十九年（1774）廪贡，五十三年（1788）任兰溪训导，五十七年（1792）卸任。著有传奇《晋春秋》，诗文集《百末词集》，一名《太虚斋词集》。

该剧本事见《左传》及《史记》。上卷目：提纲、谏师、情战、迎姬、绣蝶、戏衅、夜泣、扑蜂、死孝、闺猎、哭墓、逼奔、魂护、秦接、托孤、解厄、死忠、双啓、途哭、杀臣、焚宫；下卷目：垂帘、启行、谈霸、园谋、梦告、楚追、秦救、掘冢、冥锁、女判、送舅、逃赏、死妒、死隐、封绵、轮合、渡津、败玉、定霸、赐命。写春秋时期，暮年的晋侯派遣使者到骊戎，欲聘娶姿容绝世的骊姬。骊姬之父不肯，晋侯即起兵征战。晋太子申生和公子夷吾、重耳、公主伯姬劝谏，晋侯不听，以太傅荀息为军师，里克为大元帅，介之推为先锋，出兵骊戎，将骊姬抢夺到手，立为妃子。骊姬得宠，进谗言害太子申生，诬蔑申生调戏她，并设蜜蜂之计让晋献公误以为是事实。申生被赐自缢，其魂魄被立为东华之神。骊姬在重耳、夷吾和女儿伯姬献上的肉里下毒，献公更加听信谗言，下令追杀儿女们。夷吾与伯姬逃亡秦国，重耳被狐戎国叔槐姐妹所救。晋侯死后，夷吾带臣下回国夺取君位，却受骊姬的挑拨而杀死功臣里克。骊姬趁势攻打入城，夷吾死于乱军之中，骊姬垂帘听政重掌大权。重耳流浪于诸侯各国，申生托梦告诉他晋国之变，于是重耳起身返回故乡。经过齐国，齐侯将少姜嫁给重耳，并赠车马和房屋安居。重耳不思归，少姜与重耳的臣下用桑园之计送其出齐国。路经楚国，楚王赠金玉巨资，重耳承诺日后两军交战一定退避三舍。晋国派兵追捕重耳，伯姬已经是秦夫人，率兵救助。骊姬痛恨申生的魂魄屡次破坏她的计谋，于是掘墓挖尸被雷神击毙，其魂魄被罚转世为伯嚭。重耳在秦军帮助下回到晋国继承王位，成为晋文公。他接回夫人，对臣下论功行赏，唯有重臣介之推隐入山中，大火烧山至死不出。晋文公与楚国交战，遵守诺言，退避三舍，楚军追赶反而被打败。晋文公与诸国歃血为盟，成为中原霸主。（李玲）

瞿　颉

《鹤归来》

鹤归来传奇二卷三十五出　传奇。清瞿颉撰。《今乐考证》著录。清秋水阁刻本。二册。半叶九行，行二十四字。版框高宽：18.5×13。有眉批。封面右栏题："琴川翟菊亭填词"，中栏题："鹤归来"，左栏题："秋水阁藏板"。卷首有瞿氏后人摹瞿忠宣公（瞿式耜）画像一帧，并王时敏题《太保临桂伯瞿公像赞》，作者《自序》，言朝楫等人《题词》，瞿式耜传；卷末有胡鸣谦之跋。卷端题："鹤归来传奇，琴川瞿颉菊亭填词，同里周昂少霞评点"。全书钤有"徐渭仁印"、"紫珊"、"汝寿之印"以及"慢扫白云看鸟迹"、"闲锄明月种梅花"等印记。

瞿颉（1743—1817以后），字孚若，号菊亭，别署琴川居士、琴川苍山子、秋水阁主人。江苏常熟人，乾隆三十三年（1768）举人。好诗文，兼善词曲，著有《四书质疑》、《秋水阁古文》、《秋水吟》、《苍山诗抄》、《巴蜀见闻录》、《蓉城随笔》等，撰传奇《元圭记》、《鹤归来》、《雁门秋》、《桐泾月》、《紫云回》、《玄书记》、《锦衣树》七种，后三种佚。

此剧为表述祖德，即瞿式耜祖孙事迹，依据《明史》及《粤行纪事》而作。上卷目：访菊、楔子、家庆、授囊、赴任、谋篡、述梦、拒逆、寻祖、赐宴、僧赠、神护、兵哗、见祖、训主、谕祭、斩使、赐婚；下卷目：誓师、赴阙、大战、查察、开囊、刺焦、警报、抗节、开信、血表、辞阙、双忠、哭殓、赴难、鹤归、封神、赐谥。写瞿颉字菊亭，遁迹林泉，醉心于诗酒作曲，他的一班好友去看望他，听他讲述正在撰写的传奇《鹤归来》。

瞿颉祖先瞿式耜，在明朝末年官任广西巡抚，当时南都已经失守，靖江王图谋不轨。瞿式耜的孙子瞿昌文年纪小而胸怀大志，与朋友刘文华一起渡海寻祖，要帮助祖父杀敌立功。靖江王侄女始安郡主德容兼备，宁圣太后视为亲生女。适逢瞿昌文到广西，宁圣太后赐婚，始安郡主与瞿昌文结为姻缘，妇随夫唱，日子很美满。不料，定南王孔有德攻下湖南将入粤境，差人下书招降。瞿式耜大怒，他焚书信，斩来使，整顿兵马，调遣手下焦元帅准备御敌。但有陈邦传暗中通敌投降，使定南王破了严关，长驱直入。瞿式耜与城池共存亡，缴还兵符印剑，宁死不降。瞿式耜的幕下杨硕甫是松仙的徒弟，有仙道法术，收敛了他的尸骸。瞿昌文得知桂林失守，长途万里负祖父尸骸归里，但在西粤地区被阻隔了三年，几遭毒害，最终回到故乡。此时家中会元坊上飞来两只大鹤，交颈悲鸣，鹤唳声声安慰忠义的魂魄。上帝封瞿式耜为苏州府城隍，差金童玉女迎接，封为正神。瞿家一门忠义，获天子表彰。（李玲）

江　周

《赤城缘》

赤城缘传奇二卷三十二出　传奇。清江周撰。《古典戏曲存目汇考》著录。清嘉庆间清稿待刻本。二册。半叶十二行，行二十八字。叶心高宽：22.5×15.8。函套签题："未刊稿本，赤城缘传奇，乙酉嘉平月得，寅庐题"，下有"寅庐藏曲"章。卷首有丙戌（1946）孟陬二十一日王季烈识语（后钤"王季烈印"、"君九长生"印）；正文前有《赤城缘传奇序》，署："香祖弟兰题于白石山房"（后钤"臣恒兰印"、"晚芗"章），"从睦汪端光拜撰"之序，许珩、黄文旸（下钤"尼山山长"、"黄文旸"朱、白文印各一）、沈业富、绍莲、周復旦、于泗（下钤"秋渚"、"于泗之印"朱、白文印各一）、吴鸴翔、瑶峰女史（下钤"江"、"秀琼"印）、仇梦巌（下钤"老柳道人"章）诸家所题诗词，并作者《自记》，目录。卷尾有缙云山樵绳附之跋。卷端署："新安云岩山人江周填词，吴门竹隐山人周復旦乐句"。全剧以朱笔圈点，身段、扮相提示文字旁以朱笔画出。藏家印除王季烈外，尚有“亚东沈氏抱经楼鉴赏图书印”、“沈氏家藏”、“吴兴药龕”、“抱经楼藏善本”、“授经楼珍藏秘笈之印”、“沈德寿印”、“五万卷藏书楼”等。

江周（1746—1803以后），号云岩山人，新安（今安徽歙县）人。曾寓扬州，与黄文旸、沈业富、周復旦等友善。精音律，著《赤城缘》传奇。

该剧作于嘉庆六年（1801），剧中主人公周云实即作者自况。上卷目：幻引、上寿、入梦、谒师、指迷、游园、楼会、夜宴、转轮、获隽、扫穷、拯贫、夜乐、诛枭、醉留、袍订；下卷目：惩佃、登程、遇姑、品茶、雨盟、冥勾、冥谴、师援、重游、传经、散花、出梦、庆捷、降魔、议度、梦圆。首出下场诗云：“穷书生谒师遇美，群玉女劝酒联欢。转轮回死遭冥遣，续楼会指破幻关。”述黄山周云，弱冠采芹，青年游学，文才出众。五旬寿诞酒席宴间，多喝几杯，不觉睡去。梦紧那罗力士引其至赤城山，被赤城道君收为弟子。后游园至染香亭，与一娘等十二美人饮酒作乐，又沉醉睡去，醒后忽变作婴儿。十六年后，周云赴考，首拔前茅。本应继续读书，因家业凋零，便去经商。几年下来，创成家业。包德利贩私盐欺行霸市，周云设计将其翦除。佃户抗租不交，周云将头领扭送县衙。韩氏母女穷困潦倒，周云将二人接到自己家中供养。韩母为报恩，便将女儿给周云做侧室。在韩女的劝导下，周云赴金陵以俟秋闱。途经苏州，偶遇姑母，便在其家住下读书。在姑母的首肯下，他与表妹雨夜定盟，席间饮酒睡去。冥冥之中，他被鬼使带到丰都城堕入十八层地狱，判官历数其罪恶：放高利贷，毙私贩，焚盐船，私通韩女等等，要将之处以极刑。周云苦苦哀求，被赤城道君救出地狱。他重游染香亭，已是面目皆非。旧好一娘成道姑皈依南岳夫人。仙童以拂尘猛击其头，周云惊醒，见自己仍然睡在卧房中。回想梦中历三十年事，便欲辞家入道。逢大比之年，妻子劝之应试，结果高中，一举成名。最后终于入道天台山。先是作者曾叙此为记，播传一时，后撰该剧自述生平而寓忏悔之意。王季烈谓该剧“命意布局，脱胎玉茗之《邯郸》、《南柯》，升庵之《洞天玄记》，而其北曲本色尤与昉思《长生殿》相肖。”（见剧前之序）（戴云）

孔广林

《斗鸡忏》

斗鸡忏四卷四十二折　传奇。全名《东城老父斗鸡忏》。清孔广林撰。《古典戏曲存目汇考》著录。紫芝堂旧抄本。二册。四周双边，单鱼尾。版框高宽：17.5×13.3。下书口题："紫芝堂"。卷前载1812年及1794年作者自叙，分别署："嘉庆十七年元黓涒滩春三月戊子阙党赘翁漫笔"、"乾隆五十九年焉逢摄提格中秋日幼髯自叙"，卷末有1811年作者自跋，署："嘉庆十六年重光协洽长至日阙党赘翁识"。卷端题："温经楼游戏翰墨卷一，阙里孔广林幼髯稿"。

孔广林（1746—1813以后），字丛伯，号幼髯、赘翁。山东曲阜人。清乾隆年贡生，署太常寺博士。后绝意进取，专精于经学，著有《周礼臆测》、《仪礼臆测》等。精于音律，所著戏曲、散曲作品结集为《温经楼游戏翰墨》，撰传奇一种：《斗鸡忏》，杂剧三种：《璇玑锦》、《女专诸》、《松年长生引》。

该剧构思于清乾隆四十一年（1776），完稿于乾隆五十九年（1794），自此至嘉庆十六年（1811），又经十余次修订始成定本。该剧据唐陈鸿传奇小说《东城老父传》敷衍。一卷目：定场、月宴、阁叹、训子、鸡谍、抉奸、激变、劝夫、寇关、警报、阱悟；二卷目：会剿、僭号、园梦、索优、义纵、探报、奏凯、功宴、途诀、皈依；三卷目：鸡果、投军、别母、举将、授偈、思子、拒命、旅叹、宦忆、抗疏、闻喜；四卷目：殄寇、拒报、封王、话旧、荣归、迎父、辞封、受敕、放生、忏圆。剧述长安人贾昌，膂力过人，能通鸟语禽音，被人称为"神鸡童"。唐明皇闻听此人，召为鸡坊队长，又赐婚潘氏，尽享荣华。安禄山因被杨国忠激怒而反叛，一时朝纲大乱，鸡坊中亦鸡瘟大作，唐明皇懊悔宠鸡。贾昌从此无心尘世，于是与其妻诀别云游。贾昌长子贾至信投军，次子贾至德在家中照管母亲潘氏。贾至信在军中屡建军功，被授庆都将，并娶妻郭氏。他在云龙门外造家宅欲迎回父亲贾昌，贾昌未允。后贾至信又因平定河东被封为北平郡王，他再次前往贾昌所在的镇国寺寻找其父，终不得见。（孙红侠）

仲振奎

《红楼梦》

红楼梦传奇二卷五十六出　传奇。清仲振奎撰。《今乐考证》著录。清嘉庆四年（1799）绿云红雨山房刻本。五册。半叶十行，行二十四字。白口，左右双边，单鱼尾。版框高宽：14×10。封面右栏题："嘉庆己未夏镌"，中栏及板心题："红楼梦传奇"，左栏题："绿云红雨山房藏板"。卷首有署"红豆郫樵识"之凡例十一则，目录，并春舟居士、都转宾谷夫子、蒋知让、黄郁章、郭堃、詹肇堂、俞国鉴、祝庆泰、徐鸣珂、袁镛、陈燮、邹溆宁、张彭年、姜凤喈、黄钰、吴会、仲振履题词。卷端署："吴州红豆郫樵填词，同里邗亭居士按拍"。

仲振奎（1749—1811），字春龙，号云涧，别署红豆郫樵。江苏泰州人。监生。曾游历四川、湖北等地，晚年由江西入粤，客其弟兴宁知县仲振履幕中。曾与汤贻汾交游。著有《绿云红雨山房诗钞》。戏曲作品有传奇《红楼梦》、《诗囊梦》（佚）及杂剧《怜春阁》等。

该剧作于清嘉庆二年（1797），上卷目：原情、前梦、别兄、聚美、合锁、私计、葬花、海阵、禅戏、释怨、扇笑、索优、谗搆、听雨、补裘、试情、花寿、搜园、诔花、失玉、设谋、焚帕、鹃啼、远嫁、哭园、通仙、归葬、后梦、护玉、礼佛、逃禅、遣袭；下卷目：补恨、拯玉、返魂、谈恨、单思、煮雪、赠金、寄泪、坐月、海战、见兄、哭梦、花悔、示因、偿恨、说梦、劝婚、礼迎、凯宁、剖情、解雠、仙合、玉圆、勘梦。其上卷本小说《红楼梦》，述宝玉入太虚幻境，黛玉葬花，贾府兴建大观园，元妃省亲，晴雯撕扇，晴雯抱病补裘，宝玉作芙蓉诔，王熙凤献调包计，宝玉、宝钗成亲，黛玉饮恨而亡，荣宁二府被抄，王熙凤吐血而亡，宝玉应乡试后出家等；下卷本小说《后红楼梦》，述黛玉得炼容金鱼之助复生，晴雯借五儿之尸还魂，宝玉闻此往见，但黛玉漠然相对。史湘云受警幻仙姑之命为宝黛撮合亲事，洞房花烛夜，二人终于重归于好。其凡例第十则曰："净扮贾母，不敷粉墨；副净扮凤姐，丑扮袭人，皆敷粉艳妆，不敷墨；老旦扮史湘云，与作旦妆扮同。余仍旧"，可见作者倾向。该剧于嘉庆七年(1802)“淮阴使者已命小部按拍于红氍上矣”(许兆桂《绛蘅秋序》),这是红楼梦演出的最早记载。后世红楼梦戏曲演出大都本仲本。《集成曲谱》收《葬花》、《扇笑》、《听雨》、《补裘》四出。(戴霞)

王筠

《繁华梦》

繁华梦传奇二卷二十五出 传奇。清王筠撰。《古典戏曲存目汇考》著录。清槐庆堂刻本。二册。半叶八行,行二十字。版框高宽:19×11.4。卷首乾隆四十三年(1778)序,署“乾隆戊戌春日石湖张凤孙拜题于青门节署时年七十有三”,并有署“南圃王之常题于槐庆堂”之《后序》,以及张藻《毕太夫人题词》、曹仁虎《宫允曹习庵先生题词》。卷端题:“繁华梦传奇,长安女史王筠撰”。

王筠(1749—1819),字松坪,别署绿窗女史。陕西长安人。乾隆年间进士王元常之女。自幼秉承家学,工于诗词,尤精长短句,诗作二百余首,有《槐庆堂集》。另有《西园瓣香集》是王筠与其父王元常、其子王百龄合集。所撰传奇三种:《全福记》、《繁华梦》今存,《游仙梦》已佚。

该剧上卷目:开场(正文作“传概”)、独叹、入梦、春绣、辞亲、庵会、求丽、误访、投缘、秋砧、菊宴、行程;下卷目:报捷、琴诉、入京、合卺、春怨、闺聚、双圆、乔议、赠妾、赏春、省旧、出梦、仙化。剧述长安官宦人家小姐王梦麟,字瑞卿,自幼通文墨经史,恨生为女儿之身,不得建功立业。善才童子奉菩萨法旨,下界使其梦中变形,她遂由女儿身变为男子。翰林学士之女谢梦凤,小字琼真,其母诰命夫人贾氏,在紫竹庵降香之时遇梦麟之母。两家因门当户对,她们遂为儿女订下亲事。梦麟一心找寻绝色佳丽为妻,受到好友杨生和高生的戏弄,去见相貌丑陋的妓女琵琶钱。他因此心情郁闷独游西湖,遇到临安女子胡梦莲。在胡母吕氏的应允下,梦麟与梦莲定亲,梦麟以碧玉环一对为信物。姑苏女黄梦兰,出身寒门,但喜好文墨,决心不逢才子就祝发空门。她夜晚在百花洲畔洗衣,砧声惊动王梦麟。梦麟攀墙见其美色,便翻墙与之相见。二人星月之下共立海誓山盟，梦麟留下信物玉钗一只。梦麟私与两女订亲后，央求兄长为其向母亲说情，王母接来两女。是时梦麟金榜高中，遂与谢家完婚，又纳胡梦莲、黄梦兰为妾。此后二十年间，梦麟官至吏部侍郎，与娇妻美妾尽享荣华。但是终归梦醒，还回女儿身。麻姑下凡点化，度梦麟入玄门为仙。（孙红侠）

《全福记》

全福记二卷二十八出 传奇。清王筠撰。《古典戏曲存目汇考》著录。清槐庆堂刻本。二册。半叶八行，行十八字。白口，四周双边，单鱼尾，有眉栏、眉批。版框高宽：18.1×11.2。上书口题："全福记"。封面题："朱石君先生鉴定，绿窗女史王筠编，全福记，槐庆堂藏板"。首载朱珪之《全福记序》（序残）。卷端题："全福记，长安女史王筠编"。

该剧上卷目：传略、约友、家宴、会月、遇侠、订妾、女操、花烛、闺愁、谈心、耀武、醉题、诉情、出师；下卷目：受降、夜访、交兵、议降、闻喜、还朝、赐女、入赘、劝婚、合卺、还玉、纳艳、庆圆、余音。剧述武林文彦，字飞卿，其父为礼部尚书文应祥，母亲张氏为相国之女。文彦应父母之命聘贾太史千金玉翘为妻，但尚未完婚。松陵沈蕙兰是河东太守之女，与玉翘为结拜姐妹，因父丧，女扮男装与老仆沈忠一同扶柩回乡。途中偶遇文彦。文彦以为沈蕙兰是男子，遂与之交好。沈蕙兰对文彦一见倾心，但闻听文彦已经聘贾家小姐为妻，很是凄然。文彦与好友李云杰偶遇襄阳窦荣，见其形貌奇伟，谈吐不凡，遂赠金百两为路费，三人结为知己。窦荣之妻赵氏落草于龙山女寨主薛凤华处为寇。窦荣寻妻不见，在镇海大王张用手下做了海寇。文彦赶考后在归家途中遇民女柳春娟，二人互相爱慕，文彦留下白玉环一对为定情信物。沈蕙兰因为倾心于文彦，听说他私纳柳春娟为妾，遂遣沉忠接来春娟，外人不知，都以为是女扮男装的沈公子纳妾。岂料文彦在沈蕙兰处见到春娟，误会春娟是杨花水性，因而相弃。文彦金榜题名后与贾玉翘完婚。贾氏知道沈蕙兰心事，遂禀明婆母，要文彦收沈蕙兰为侧室。窦荣闻听文彦中举，传信给他要领受朝廷招安，以洗自己忤逆之罪，也助文彦建功立业。文彦出师，窦荣受降，文彦又与李云杰征讨薛凤华成功。文彦被封为御史中丞，晋爵太原公。窦荣因归顺被封车骑大将军，其妻赵氏为义勇夫人。薛凤华被封安西侯，后来又由太后做主许配给李云杰为妻。柳春娟亦被转赠李云杰为妾。皇上降旨，封贾玉翘为镇国夫人，沈蕙兰为定国夫人，又御赐“全福堂”匾额一块，皆大欢喜。（孙红侠）

李　斗

《岁星记》

岁星记传奇二卷二十四出　传奇。清李斗撰。《古典戏曲存目汇考》著录。清嘉庆间刻本。四册。半叶八行，行十九字。白口，左右双边，单鱼尾。版框高宽：17.6×11.4。封面、板心、卷端题：“岁星记传奇”。卷首有署“嘉庆九年春正月癸卯画舫中人识”之自序，次为东方朔像一帧，后有立堂老人识语一则。行间有夹批，栏上有眉评。每出后有怀荫居士、苎萝山长、笛人涵玖诸人总评。

李斗（1750—1817？），字北有，号艾塘，别署画舫中人。江苏仪征人。监生。博学工诗，通数学音律。与名士袁枚、黄景仁、孙星衍、焦循、凌廷堪、阮元、汪中均有交往。著有《永报堂诗集》八卷、《艾塘乐府》一卷，并《扬州画舫录》十八卷，该书对扬郡山水园林、历史人物、律算艺术等以及当时扬州剧坛演剧盛况、班社演员、演出剧目等记录尤详。晚年纂修《盐法志》，以疾中食防风而愈，名所居曰防风馆。除该剧外，还撰有《奇酸记》传奇，传于世。

该剧作于嘉庆八年（1803），据《东方朔外传》敷衍。上卷目：星垣降神、东方得朔、帝仙坐对、邻母拜儿、仙人指路、摘爱斩情、秽貊当关、鹤报惊闺、李卫分防、父子换车、红泉荐枕、哭儿走难；下卷目：细君讹岁、失邻遇夫、问情闻角、汉兵绝幕、雁门相会、捷报颁恩、归邻化鹤、簪花赠马、嵩山三呼、汉宫重晓、灯火星图、岁星归垣。述上天遣岁、辰二星下凡，助汉武帝兴邦，是为东方朔及妻细君。逢彗星作祟，下凡托生南闾，占雁门关以图大汉疆土。东方朔得指星木，助卫青破敌。细君与东方朔结好后，奉命朝天。东方朔向武帝献九茎灵芝，武帝服后须发皆黑，乃大赏东方朔，封其为大中大夫。后东方朔随武帝游昆明池，观角抵戏，一时鱼龙变化，群仙献舞云云。二十出末笛人涵玖评曰：“生旦留场之下，乃灯戏也，时人名之为岁星图”，可知二十一出后为灯戏。据自序云：“癸亥冬，东园主人倩予制灯戏，岁星记传奇之所由作也。次年春，演于园中。”据此，知该剧完成后，次年（即嘉庆九年，1804）的元宵节即演于扬州东园。（戴云）

陈　烺

《紫霞巾》

紫霞巾传奇二卷三十折　传奇。清陈烺撰。《古本戏曲存目汇考》著录，但将作者误为“陈栋”。清嘉庆六年（1801）刻本。二册。半叶七行，行二十四字。白口，四周双边，单黑鱼尾。版框高宽：18.4×12.5。有眉评。上卷封面夺，下卷封面题：“紫霞巾传奇”、“嘉庆辛酉年夏五镌”。上书口题：“紫霞巾传奇”。卷首有嘉庆六年（1801）吴斯勃、郑振图序，并林煐、林兆泰、叶文超、谢春兰、林志仁、邱如衡、官崇、刘士棻、陈玉昆、杜洲、俞蓝瑛、冯缙、邱瑞云、丁椿年、罗希含、邱音越、萨廷沛诸家题词。每卷正文前有目录。卷端署：“榕西逸客编，东村氏评阅”。

陈烺（1750后—1825？），字士辉，号东村（一作“邨”），别署榕西逸客。福建闽县人。乾隆四十二年（1777）举人。五十八年（1793）至六十年（1795）官永春州德化县训导。曾官德化教谕，不半载，谢病归，授徒自给，多所成就。与林则徐父宾日友善。子登瀛，嘉庆六年（1801）进士，官中书。著述有《庄子注》、《杜诗注》、《垂老诗集》，其婿、门人曾与辑刊，惜今不传。

该剧上卷目：引子、诵志、评绣、惊卷、操湖、跪斋、双窥、猜诗、骇嫁、闹巾、探病、赠巾、赛标、砌赃、探监；下卷目：聘蛾、投池、逃劫、守楼、假婢、赘淮、双认、赴闱、封颈、认女、思英、淮警、哭蛾、剿寇、完巾。剧述维扬陆春英借寓同窗施石琮家读书，石琮表妹玉蛾因父病逝，随母投奔施家。石琮妹翠娟见玉蛾所绣梧桐凤凰汗巾十分精美，用夫家聘礼紫霞巾交换。玉蛾、春英以吟诗唱和互生爱慕，玉蛾以紫霞巾赠陆。端阳节，翠娟夫祝念星邀石琮、春英看赛龙舟，发现春英袖中之家传紫霞巾，心中忌恨，遂诬陷春英，使之入狱。玉蛾也被歹人卖入妓院。她誓不失身，被巡按韩公救至府中。韩公乃石琮岳丈，知春英冤枉，乃释之。后春英中进士，任淮安参军去剿匪，破敌立功，在韩公撮合下，与玉蛾终成眷属。（戴霞）

《花月痕》

花月痕传奇二卷三十二折　传奇。清陈烺撰。《古本戏曲存目汇考》著录，但将作者误为“陈栋”。清刻本。二册。半叶七行，行二十四字。白口，四周双边，单黑鱼尾。版框高宽：18.2×12.5。有眉评。上书口题：“花月痕传奇”。卷首有清嘉庆十三年（1808）登龙序及林芳、谢春兰、沈又田、杜子兰、崔浑、苏紫臣、卞玉怀、卢再植、林熯、萧爆、林材、姚怀祥、丁钰题辞。剧后有“评辞”。卷端署：“榕西逸客编，东村氏评阅”。

该剧上卷目：访艳、怜影、谈因、双映、嘱尼、重梦、局聘、画梦、题画、画会、折标、许婚、寓庵、梦拯、试奁、诳娶；下卷目：惊窜、阴护、尼讯、江遇、思女、梅泄、误执、墙怨、释鸾、忆霍、女离、男离、魂会、女错、男错、圆影。述吉水书生萧步月游学江南，见尼庵镜中有美人执杏花一闪即逝，向老尼打探知此女名霍映花。而映花在登楼观景时，亦于池水中见到萧之倒影，归得一梦，醒后将梦中幻景画出，并添上一男一女，旋又将男画作女，女画作男。院公付裱时将画失落，被步月拾得。步月见画中人似曾相识，题诗寄怀，不觉睡去。及被呼醒，发现画中人隐而复显，却互换装束。后见霍府悬赏寻画，料此画定出映花之手，便托老尼提亲。其间由于魏公子作梗，又分处两地，待重团聚时，二人已迷失本性：映花自称萧郎，步月却言闺中之事。家人只好将二人易装，扶立堂上交拜。此时韦驮忽执杵上，二人终被喝醒，复返本性，归真而去。（戴霞）

左　潢

《兰桂仙》

兰桂仙传奇二卷二十出首一出　传奇。清左潢撰。《今乐考证》著录。清刻本。二册。图八帧，其中“仙圆”一图镌有“云阳吴心一写”、“金陵韩会瞻镌”字样。半叶九行，行二十二字。版框高宽：17.7×13。左右双边，白口，单鱼尾，上书口题：“兰桂仙”。有眉批。卷端题：“兰桂仙传奇”，次行分署：“吴门沈起凤蒉渔正谱”，“龙眠左潢巽毂填词”，“皋城程秉铨楠村评点”。有眉评。上卷卷首有汤金钊序，按察史方昂撰之《宫氏双孝娥传》，“长白恩普书于练水舟中”之《兰桂仙传奇序》，清嘉庆九年（1804）赣南观察廖寅复堂氏之序，同郡赵文楷介山氏之序，吴甸华之《兰桂仙传奇序》，古蓼程秉铨之序，作者自撰之《题宫氏双孝娥传》、《自序》、《纲领》、《凡例》二十七则。卷末有作者之《后序》。下卷卷首有清代吴兆萱撰《奉谢左巽毂先生惠赐兰桂仙传奇瑞芝堂四六文小启》，徐泰观撰《题兰桂仙传奇寄调绕佛阁并序》，以及嘉禾周升桓山茨、长白宁贵鞠谿、七十六叟湘亭邓振甲、海阳叶士琦澹亭、仁和倪本仁心悫、同里许鲤跃春池、桐城王敏绥宁、山阳徐礽就亭、秦邮吴兆萱螺峰、新阳许春霆餐霞、同里孙衢药亭、嘉兴钱有序恕堂、中州蒋荣昌霁绛、汪世杕杜芗、姚持衡觉沤、慕光阁、山阴周承甲北坨氏、姚江岑振祖镜西、无锡吴宝书松崖等人之《题辞》，马春田、王琅、赵伟、孙衢等人之《诗余》，卷末有沈起凤跋，左其年《读伯兄兰桂仙传奇书后》。此剧每出后有识语，曲律音韵，阐释详细。

左潢（1751—1811以后），字巽毂，别署巽毂散人、号古塘樵子。安徽桐城人。清乾隆四十二年（1777）举人。历任丹阳、歙县等地教谕。工诗文，有《瑞芝堂四六文》、《精选程稿汇源》、《皖人书录》、《消闲四种》（《探花集字谱》、《卧游名山谱》、《红楼茗饮谱》、《会真别趣》）。精音律，与曲家沈起凤交好，作传奇《桂花塔》、《兰桂仙》两种，皆存。

此剧作于清嘉庆五年至六年（1800—1801），是根据嘉庆四年（1799）南笼太守宫崎岫二女行孝事迹编撰，主旨是维持风化，扶掖人伦。上卷目：

提纲、仙饯、守篋、春园、家宴、平苗、守殡、哭守、写经、刲股、邻惊；下卷目：仙忆、萱萎、哭母、埋香、哭妹、恤烈、婢祭、舟榇、迎舟、仙圆。剧写清乾隆、嘉庆年间，南笼知府宫崎岫奉旨赴黔征苗，因不堪沙场劳顿，染病卒于任所。继室孙氏积劳成疾，其女兰芳、桂萼昼夜服侍，不辞辛劳。为让母亲早日康复，兰芳刺血写经求佛保佑，桂萼刲股煎药侍奉。天神被姊妹孝行感动，降临宅第驱邪护佑。孙氏抱病五载不治而亡。兰芳、桂萼见父母相继死去痛不欲生，行孝自缢殒身。宫家连遭丧事生活贫困，幸得巡抚冯大人赐银赈济，以及贵州按察使方昂与同僚解囊共助，方得扶棺回归故里。兰芳、桂萼本为天宫兰、桂二仙谪降人间，死后与父母一起重返天宫得封仙号。此剧曾流布吴门、广陵剧坛。（刘效民）

曾衍东

《豆棚图》

豆棚图一出　杂剧。清曾衍东撰。《清代杂剧全目》著录，剧名作《小豆棚》。该剧原无剧名，剧首标“述意”，剧末【尾声】有云：“他年演唱《豆棚图》须认咱”，故剧名作《豆棚图》为妥。清光绪间申报馆仿聚珍版排印笔记小说《小豆棚》卷十六所收本。半叶十二行，行二十四字。白口，四周双边，单花鱼尾。版框高宽：12.2×9.3 。上书口题：“小豆棚”。卷端题：“济宁曾衍东七如氏著，永嘉傅传声谷参校”。

曾衍东（1751？—1830？），字青瞻，号七如，别署七道士。山东嘉祥人。乾隆五十七年（1792）举人，曾任湖北江夏知县。后因事被议，戍居温州。性落拓不羁，工诗文及书画篆刻，遇赦后贫老不能归，卒于温州。著有《哑然集》、志怪笔记小说《小豆棚》，末篇“述意”，系单出短剧《豆棚图》，系作者自写其生活意趣，约作于乾隆末年。述作者八口清贫，四壁萧然，却不离花、酒、琴、棋、诗、字、画，故自号七如。他常年奔波，炎夏从海上归来暂作杜门之计，在豆棚架下校阅近作《小豆棚》，并向围坐的家人偷闲讲上几段故事，大儿钓得鲤鱼可作下酒之物。一家人在豆棚下自得其乐。（戴云）

罗梅江

《红雨绿雪楼三种》

红雨绿雪楼三种　传奇剧本集。清罗梅江撰。《古本戏曲存目汇考》著录，将书名误题为《红雨绿云楼三种》。清乌丝栏稿本。四册。半叶七行，行十七字。版框高宽：18×10。板心下方印“红雨绿雪楼”。有“路工”及“小隐绿萝村”、“红雨园”、“梅山琴畔人”、“锦棫（城？）”、“弦管醉风流”等章。

罗梅江（1754？—1805以后），字不详，或号“梅山琴畔人”，室名“红雨园”、“绿萝村”。里居不详。清嘉庆十年（1805）前后馆于白沟。除该集外，尚撰《雁停楼》传奇，有存本。该书收入《逍遥亭》、《敬寿碑》、《三缘报》三个传奇剧本。

《逍遥亭》，十八出，《红雨绿雪楼三种》之一。目录为：寻香、闺叙、拨玉、窥秋、结亲、洞房、请宴、寻医、归棹、窃香、洲会、叹子、赴任、查舟、释香、逃汇、抛玉、错香。写宦门子弟孟尝桓与帮闲李桐在广陵买得妓女秋娘上船。船到江心，秋娘被旧好杨祺劫走。孟尝与李桐捐银得官，杨祺拖欠官税被控。李桐重责杨祺后通知孟尝接回秋娘。待孟尝家人来后，李桐妻却命丈夫以妾顶替。

《敬寿碑》，十二出，《红雨绿雪楼三种》之一。目录为：自感、赐笔、闺饯、闹馆、留碑、嬉春、素邀、渡海、水斗、惊禅、吊素、哭碑。述陈太占游山时得文昌帝君赐生花妙笔，乃于山巅挥笔写“敬寿”二字。从此以写字为生，应邀往淮东、海州作字，被南海、扬子江二龙王争相抢去写水晶宫匾额。太占回乡时，须发斑白，老妻过世。他重游故地，独立敬寿碑前，感慨万分。

《三缘报》，十八出，《红雨绿雪楼三种》之一。目录为：贺子、遇盗、立祠、升迁、闻归、盘商、局骗、醉院、群哄、移祸、负宽、起解、痛母、警梦、曹乱、擒贼、活报、荣归。叙永嘉杜恭敬父亡后从姐夫徐生钱学贾。未几，徐鲸吞杜家大半产业，并诬陷恭敬杀人，使之发配充军。后山贼作乱，杜父托梦授恭敬平贼之计。恭敬依计而行，大获全胜，得以免罪封官，

衣锦还乡与家人团聚。而徐生钱则落魄乞讨，倒毙于雪地。（戴霞）

蒋知节

《阿修罗》

阿修罗十二出 传奇。清蒋知节撰。《曲目新编》著录，但入杂剧之中。清乾隆间秋竹山房刻本。一册。半叶九行，行二十二字。白口，单鱼尾，四周双边，有界栏。书口题："阿修罗"。版框高宽：16.5×13.5。封面题："外史传奇，阿修罗，秋竹山房"。

蒋知节（1754？—1812？），字冬生，号秋竹，江西铅山人。著名戏剧家蒋士铨次子。乾隆四十四年（1779）举人，公车北上，名益盛。曾短衣匹马，从缊侍郎度紫荆关，沿大同出塞阅诸部兵。福贝子经略黔楚，延入戎幕，治军书劳勚甚著，未尝求进一阶。著有《冬生诗稿》。撰《背子厓》、《阿修罗》、《平海记》剧作三种，后一种佚。

该剧卷前附《法苑珠林》，本事出于此，演须弥山罗睺阿修罗王与帝释斗兵事。"阿修罗"，梵语，略称"修罗"。意译"不端正"、"非天"等。原为古印度神话中的一种恶神，佛经所说天龙八部之一，六道之一。出目为：天戒、魔拘、缚魔、聘美、星迓、粲归、缘障、诬报、灵集、恩缘、风驱、会庆。剧叙帝释历修万劫，住极九天。某日，月孛星突然禀报，须弥山一带气雾甚恶。帝释召见太阳星君和太阴星君，提醒他们阿修罗大有法力，而且恶心好斗难以调伏，要多加提防。这时，须弥山摩婆帝城，罗睺阿修罗邀来毗摩质多阿修罗，商议如何同帝释争斗。他们要争犯日月，狂言要取日月做耳珰之饰。帝释为扶持日月，召来神兵天将与阿修罗奋战。结果，阿修罗战败，毗摩质多阿修罗被擒，罗睺阿修罗只得退回妙高山。罗睺阿修罗有一女名舍脂，有八万四千姿媚，绝世无双。舍脂已长成人，却无人敢来纳聘，罗睺夫人为此犯愁。突然，老人星远道而至，替帝释向舍脂求婚。罗睺阿修罗想到与帝释争斗失败而有心谢绝，但在老人星再三劝说下终于答应这门婚事，并请出夫人共商嫁女大事。罗睺对女儿放心不下，遂派天生伶俐的小罗罗随舍脂到天宫，嘱其小姐若有不如意之处，可遣五夜叉随时禀报。帝释遣天仙迎娶舍脂，舍脂在宫娥簇拥下，与众星同登天殿。某日，帝释与舍脂同游天界欢喜园，适逢二品妙莲开放，帝释欲由侍女陪同到荷香深处一游，让夫人先回。小罗罗有意搬弄是非，禀告帝释，与侍女同游恐非圣德之事。回去又挑拨舍脂，此事要告诉大修罗。舍脂恐父王得知后不肯善罢甘休，便立即制止。小罗罗背着舍脂遣五夜叉回去禀报，说帝释不守伉俪之好，在欢喜园中任意狎游。罗睺阿修罗听后大怒，请来勇健威势修罗王、奢婆罗修罗王、奢摩利修罗王、勇跃修罗王、华鬘威势修罗王、鞞摩质多罗修罗王同会妙高山，共同商议要直犯天庭。帝释调来中岳天中王、东岳天齐王、西岳金天王、北岳安天王、南岳司天王助战。帝释召见夫人，舍脂据实向帝释禀明事情原委，帝释并未加罪夫人。众修罗施魔法进犯天阙，帝释令五星列宿为天阵、五岳四镇为地阵、太阴四渎诸龙神为水阵、太阳六甲为三昧火阵分四路迎敌。天神让帝释入天堂持颂无上咒语，风神助战。霎时间，风刀狂舞，杀得众修罗四处逃窜。十万修罗在大修罗指挥下，一个个躲进藕孔逃生。众修罗被镇服，天清地宁，日月重光，万象祥和。帝释设长筵，慰劳百职，共庆升平。（吴秀慧）

汪应培

《催生帖》

催生帖四出　杂剧。清汪应培撰。《清代杂剧全目》著录。清嘉庆间原刻本。一册。半叶九行，行二十一字。白口，左右双边，单鱼尾。版框高宽：16×12.5 。书衣签及板心题：“催生帖”。卷首有之定（据《吹吹录》序，可知其为“蔡之定”）题诗，嘉庆十八年（1813）年作者自序及姜志望、孟长炳、何莹、钟洪、张崇勋题词。有夹批，末尾有总评。剧末有赵曰佩跋。正文署：“西湖香谷散人填词，蕺山耐斋居士评点。

汪应培（1756—1818以后），字厚田，一字香谷，号香谷散人。钱塘（今属杭州）人。汪应绍弟。二十四岁中举。嘉庆八年（1803）至十二年（1807）任内乡知县，后奉调入闱，充外帘受卷官。曾被挑取入馆，参与缮写《四库全书》，逗留京师数年。后宰菊潭多年。与朱凤森、孟长炳等友善。工诗文，与其兄应绍及朋辈倡和之作有《吹吹录》、《皇华小咏》、《停云小草》、《葭玉联吟》、《朋窗吟草》等。戏曲作品除《催生帖》、《香梦》、《锦归》、《不垂杨》、《帘外秋光》、《棠宴》外，还有《公宴》、《闺饯》、《俪筵》。

该剧目为：写怀、锡祚、兰征、欢宴。述钱塘女子孙绣增早适平阳右族，宦随梁苑，与丈夫同来菊水名邦。绣增贤惠，奈婚后多年无子。喜神知因其公公宰河阳时刑罚过当所致。案史查册籍后得知绣增命中注有子嗣，只是时辰未至。是夜绣增梦美人手持丹桂见赠，说是明秋吉兆。醒后想折桂乃科场佳话，来年又非大比之年，梦中事实难详解。然梦后居然有孕。绣增因公公赴省，便置酒内堂，举家欢宴。众人议论绣增自得佳梦便有喜讯，看来非但是得子之祥，而且此子定有科名之分。（戴云）

《不垂杨》

不垂杨六出　杂剧。清汪应培撰。《清代杂剧全目》著录。旧抄本，系过录《南枝莺啭》本。一册。半叶九行，行二十一字。白口，四周单边，朱笔圈点。叶心高宽：16.1×12.2。正文前有《自题清夜游》词一章，署："香谷未定稿"；"不垂杨目录"，署"香谷高世书编辑"；嘉庆二十二年（1817）作者《不垂杨序》，署："丁丑秋日香谷居士识于菊潭精舍"；书末附滦州陈志实撰《记泌阳杨氏女事》，并会稽孟长炳跋。首有"卢朝栋印"、"砚田"二章。

该剧据当时实事写成，目为：痴劝、飞语、矢贞、邻侠、冰谳、堂圆。述泌阳女子杨大妮幼许陶小官。及长，陶家道中落，大妮父杨坤欲悔亲，找县官了结此事。大妮闻之，屡欲自尽全节。县官令大妮与小官择吉成亲，斥杨坤嫌贫爱富，命其每年资助婿家银钱等物。并鼓励小官用心攻书，不负妻子节烈；嘱大妮努力持家，助夫成名。（戴云）

《香梦》

香梦一出　杂剧。清汪应培撰。清嘉庆间原刻《皇华小咏》所收本。一册。半叶九行，行二十一字。上黑口，左右双边，单鱼尾。版框高宽：16.4×12.5。

卷端题："香梦"。

剧述浙江仁和孙绣增，随公公赴任菊潭已然两载。公公赴京，值秋雨连绵，天气骤然寒冷，绣增惦念公公，希望他早日平安归来。逢婆婆寿诞，贺客盈门，绣增内外张罗。闲暇下来，她对丫鬟讲起昨夜梦游至一园，园中花开正盛，一仙姬手执丹桂，说是明年吉兆。她想折桂乃科场佳话，而来年又非大比之年。正在不解之时，丫鬟言道，梦中乃桂子兰孙之兆。小姐近日心慵力倦，针指懒拈，别有一般体态，正应梦中佳兆。绣增假意嗔怪。（戴云）

《锦归》

锦归一出　杂剧。清汪应培撰。《清代杂剧全目》著录。清嘉庆间原刻《皇华小咏》所收本。与《香梦》合订一册。半叶九行，行二十一字。版框高宽：16.4×12.5。板心题："皇华小咏"。述作者离开京城半月到汴城，而距其任所还有七百多里的路程。行走之间，他不禁想起在京城时，常有知己二三盘桓话旧，还有才女慕云芬侨寓都中，更得承欢之乐。现行抵省垣，连日阴雨，行路艰难。仆人建议到前面凉亭歇息片刻，于是二人走进亭中。望满眼暮秋之景，作者无限伤感；追念前欢，倍感离别之情。直待日色西斜，主仆二人在夕阳中重又上路。剧末有注云："二曲本名《驿亭槐影》，系归途遣意之作，草草已词，殊无足采。乃蒙两峰、玉亭两大君子指授伶工，播之弦管，于音樽雅集时，曼声低度，颇倾座客之耳。所谓一经品题，价增十倍也。感德陈情，用志数语。香谷自注。"由此可知，《香梦》、《锦归》二剧本名为《驿亭槐影》。（戴云）

《帘外秋光》

帘外秋光二出　杂剧。清汪应培撰。《清代杂剧全目》著录。清嘉庆间原刻本。一册。半叶九行，行二十一字。上黑口，左右双边，单鱼尾。版框高宽：17.3×12.5　。书衣签题："帘外秋光"。卷首有嘉庆二十三年（1818）作者自序，署："嘉庆戊寅冬十月钱塘汪应培香谷识于菊潭官舍"，并戊寅乡试考廉官作《行已有耻使于四方不辱君命》试文一篇，后有作者与高玉亭、周邻川、朱韫山诸人唱和之诗。有眉评。每出末尾有周百顺、朱凤森、孟长炳评跋。

该剧约作于嘉庆二十三年（1818）左右，出目为：闱遣、省怀。叙作者奉调入闱，充外帘受卷官。空闲时偕友人登明远楼眺望，想起自己四十多年来经历：作者二十四岁中举，适逢《四库全书》缮写需人，被挑取入馆，逗留京邸数年。又去周山任知县，履任以来，迭见树碑。稍有余闲，为诸生正讹补阙。后来到这里，蒙委外帘之事。现诸事已竣，又被意外事牵连，以至行期未卜。郁闷之下，自斟自饮。值秋雨绵绵，寸步难展，因重案牵涉，无端代人受过，在此羁留半载。千里之外老妻病卧，爱女云芬体质孱弱。十年仕履，马齿陡增，头衔依旧。想至此处，作者恨不能借三尺青铜，将唾壶击碎。作者“以过眼之烟云，写填胸之锦绣，谲语旁嘲，无非真情本色”（朱凤森跋）；“以不得意之事，作极得意之文；如怨如诉，亦庄亦谐。”（孟长炳跋）。（戴云）

《棠宴》

棠宴一出　杂剧。清汪应培撰。《清代杂剧全目》著录。清嘉庆间原刻本，与《帘外秋光》合为一册。半叶九行，行二十一字。白口，左右双边，单鱼尾。版框高宽：17.3×12.5。卷首有昵玛善、施谅、杨兆李、倪明进、戴铭、卫大壮、温聚德、冯鏊、陈恕绅、孟长炳、卫自强、孙景澜、郭文真题诗，并作者子女征康、征恩、征庆题诗。有眉评。尾有孟长炳总评，赵生觉跋并李峥嵘《读帘外秋光谨呈七律六首并序》。题词处标名“棠宴曲”，卷端标名“棠宴”。

据李峥嵘题诗序云“戊寅秋，邑侯香谷汪老父台奉帘差进省襄事五旬余，回任后……”可知，该剧所述乃作者于嘉庆二十三年（1818）前后宦菊潭之实事，述汪香谷明府薄宦菊潭，秋初奉调入闱，回任后众皆欢喜，要择吉悬匾于堂前。百姓陆续前来，为汪香谷上匾，还恭设筵席，请学中两位师爷陪饮。鼓乐声中，职员、贡生、生员、监生及乡亲父老依次献上柏鹿图一轴、寿桃一盘、萱花一盆、桂子一盒、线香一束，愿其禄位高升，夫妻百年偕老，堂上千秋，子孙荣贵，声名远播，到处留芳。又有人报，

其门下士多有高中者。香谷大喜，并告众人不日要去阳关巡哨。大家不免依依难舍，均挑指赞曰：真是一位贤宰官！（戴云）

张　衢

《芙蓉楼》

贤贤堂芙蓉楼传奇二卷五十出　传奇。清张衢撰。《今乐考证》著录。清乾隆五十六年（1791）刻本。二册。图一帧。半叶十行，行二十二字，白口，四周双边。版框高宽：18×14，有界栏。书口题："芙蓉楼"。封面右栏题："萧山张情斋填词"，中栏题："芙蓉楼传奇"，左栏题："绣像"，横题："乾隆辛亥季秋新镌"。卷前有清乾隆五十六年作者《自序》，《芙蓉楼传奇偶言》。卷端题："贤贤堂芙蓉楼传奇，萧山情斋张衢填词"。

张衢（1756 前—1836 后）。字越西，号情斋，别署病痱道人。浙江萧山人。工诗文、书画。著有《贤贤堂集》、《翠娱轩词》等。所著《信芳录》，载东林党事甚详。画宗北派，多奇气。撰传奇《芙蓉楼》、《玉节记》，流传于世。生平事迹见《民国萧山县志稿》。

《芙蓉楼传奇偶言》云："往余与来七在交，在王门填词，时以丝竹相娱乐。因谋制《芙蓉楼》传奇，草创大概，约为五十出。……日间酬应不暇，每夜挑灯独坐，必度数曲，凡积成二十余出。后以旋南急切，未竟此事。而在交已死矣。……前岁己酉之秋，文战既北，意败力歇，偶阅元人传奇数种，因忆及前词，遂锐意续成之，至去冬而脱稿。"据此，知此剧脱稿于乾隆五十五年（1790）。上卷目：题宗、哭集、嘱画、观风、物忌、画访、画订、投簪、仇遘、郊饯、私缉、计走、惊变、追舟、旅病、客寓、闻丧、奠遇、邻访、种情、艰遇、旅困、赴宴、叹试、赠赀、园订；下卷目：诗醋、媒蘖、玩月、错许、幽疾、私探、病间、寄书、悼殇、接书、闹殇、神判、梦诉、访士、哭墓、廷试、借尸、见母、闻喜、作合、影圆、仇雪、庙祭、命圆。剧写文妩娘本为宦门之后，因父母双亡而孤苦伶仃。妩娘闻东邻余安君才貌双全，且酷爱丹青，遂自画其容，将画遣人卖与余府。安君见画中人美如天仙，遂至文府问其根由，因而得见妩娘，二人盟定终身。姑苏太守马如龙出观风题目，余安君作文应制，以文辞流畅、才华出众，被马如龙之女妙娘拔为魁首。恶少钱狼、钱豹忌恨安君才华，买通师爷萧虎，诬告安君。时马太守因病归乡。安君为躲避灾祸，即赴京师。妩娘携乳母，乘舟追至，二人在舟中合卺。马太守病逝，安君前往祭奠。妙娘向其倾诉衷肠，两相盟誓，携手同上芙蓉楼。马太守堂弟马世求为图私利，欲将妙娘嫁与乔生，妙娘母错许。妙娘因此抑郁成疾，恹恹而终。妙娘托梦与安君，言她与安君姻缘未尽，不日将借尸还阳，与安君完聚，同上芙蓉楼。安君廷试高中，任江都相。元友士之女似兰染病身亡，妙娘借尸还魂，向元友士道明就里，遂归马府认母。安君闻讯赶到，与妙娘成婚。三日后，携妩娘、妙娘同赴任所。萧虎双目失明，后以算命为生。钱狼、钱豹沦为乞丐。清汪光被有同名传奇，记杜弱兰、郑英等人事，与此本事不同。（吴秀慧）

《玉节记》

贤贤堂玉节记传奇二卷五十二出　传奇。清张衢撰。《今乐考证》著录。清咸丰元年（1851）重刻本。二册。半叶十一行，行二十二字。白口，有界栏，四周双边。版框高宽：18.8×13.2。书口题：“玉节记”。封面题：“咸丰辛亥冬季新镌，萧山张情斋填词，玉节记传奇”。卷前有清嘉庆五年（1800）自序。卷端题：“贤贤堂玉节记传奇，萧山情斋张衢填词”。

《自序》云：“唐人撰《魏夫人传》，清虚真人命飞元玉女鲜于虚，拊九合玉节。鲜于虚者，虚也，余假其名以为戏，亦犹司马相如之赋以《子虚》称也。”上卷目：标题、芳信、凡心、灵卜、妻梅、诉帝、得像、扬氛、花梦、兵迁、仙别、尘收、试劝、兵占、解围、赠费、哄房、惊寇、避兵、识难、义合、智全、庭慰、罪迁、画询、香聚；下卷目：仙逢、冰语、疑婚、弋信、叙姻、折寇、假书、坠计、送行、掠美、陷魔、脱难、军逢、劫尽、索姝、诧腐、画意、禅机、台军、荡寇、仙偶、岩栖、识真、遇友、见岳、朝天。剧写北宋时闻人谐，字曼甫，为文星下凡，流寓西泠，甘守清贫。飞元玉女鲜于虚偶登望星台，见文星下世，星光短缩，知其厄运相缠，遂生怜悯之情，因此，被上帝贬谪人间，与闻人谐共渡劫难。上帝遣罗浮大仙、梅花仙子同助二人完劫。湖山土地将鲜于虚画像卖与闻人谐，并托梦明示，画中自有其人，与闻人谐有姻缘之分，不久两人将逢于兵火之中。方腊攻陷睦州，围困婺州，杭州太守司空君实带兵解救。鲜于虚扮作难民匿于杭州城，被太守夫人令狐氏收为义女。杭州城失陷，鲜于虚与义母逃至临安县，暂住总管皇甫廉善处。此时闻人谐已被招募从军，在皇甫处赞礼军事。罗浮大仙令梅花催放，引闻人谐至茶蘼亭与鲜于虚相会。鲜于虚赠闻人谐玉节为信物，闻人谐见与画中人及所持信物无二。贼兵假扮司空太守家人，迎接令狐氏、鲜于虚，闻人谐将二人护送出城后，母女二人遭劫。闻人谐寻至司空军营，告之详情。司空太守与皇甫廉善合兵扫平贼寇。鲜于虚趁乱回归洞府，命湖山土地引闻人谐至此相见。鲜于虚遂将缘故告闻人谐，二人成就婚姻后同返天宫。司空君实、皇甫廉善功高遭嫉，弃官隐居山中，被闻人谐、鲜于虚度上天宫，共享神仙之乐。（吴秀慧）

石韫玉

《红楼梦》

红楼梦十出　杂剧。清石韫玉撰。《清代杂剧全目》著录。朱丝栏旧抄本。一册。半叶十二行，行二十字。叶心高宽：19×13。卷首有清嘉庆二十四年（1819）苹庵退叟序，目录及忏摩居士、了一山人、清闻居士、谥箫题辞。目录下有“吴门张遇尧刻”字样。卷端题：“吴门花韵庵主填词”。

石韫玉（1756—1837），字执如，号琢堂，别署花韵庵主人。江苏吴县人。清乾隆五十五年（1790）进士，授翰林院编修。五十七年（1792）充福建正考官，旋视学湖南。嘉庆三年（1798）补重庆知府，后擢山东按察使。后因事被劾，于嘉庆二十一年（1816）引疾归，主苏州紫阳书院二十余年。尝修《苏州府志》。有《独学庐诗文集》、《晚香楼集》、《花韵庵诗余》、《读左卮言》、《多识录》等。撰《花间九奏》戏曲集，另有承应戏两种及《红楼梦》杂剧。

该剧本小说《红楼梦》，有梦游、游园、省亲、葬花、折梅、庭训、婢间、定姻、黛殇、幻圆诸出。演贾宝玉梦游太虚境，宝玉游园题匾额，元妃省亲、黛玉葬花，栊翠庵赏雪乞红梅，宝玉受杖责，袭人向王夫人进言，宝玉、宝钗定亲，最后黛玉焚稿而亡，以警幻仙子接引其真魂归真入太虚境为结。红楼梦故事被许多剧种改编，如京剧《太虚幻境》、《归省大观园》、《贾政训子》、《栊翠庵》；京剧、川剧、秦腔、越剧、粤剧《黛玉葬花》、《黛玉焚稿》等。（戴霞）

许鸿磐

《六观楼北曲六种》

六观楼北曲六种　杂剧剧本集。清许鸿磐撰。《清代杂剧全目》著录。清道光二十六年（1846）刻本。六册。半叶七行，行十六字。版框高宽约：13.8×10.5。封面题："六观楼，道光丙午年镌"。首有总目，题："六观楼北曲六种，山左许鸿磐著"。目录后有作者识语。

许鸿磐（1757—1837），字渐逵，号云峤，又号六观搂主人。山东济宁人。清乾隆四十六年（1781）进士。历任江苏安东知县、安徽同知、泗州知州，所至有声。因事离任，以教读为生。一生博涉群书，深于地舆之学。工诗词词曲，精于音律，与曲家朱凤森友善。著《方舆考证》、《六观楼文集》、《雪帆杂著》、《尚书杂记稿》等。订《六观楼曲谱》，作杂剧六种，总称《六观楼北曲》，流传于世。

《六观楼北曲》收录《西辽记》、《雁帛书》、《女云台》、《孝女存孤》、《儒吏完城》、《三钗梦》六种杂剧。

《西辽记》，四折，《六观楼北曲》第一种。首有清道光三年（1823）作者之《西辽记北曲序》。卷端题："西辽记北曲"。此剧创作于道光三年（1823），本事见《辽史·天祚记》。出目包括：大石缵统、肖后合围、戚臣除乱、天禧延祚。剧写西辽耶律大石是辽太祖八世孙，曾官拜辽兴节度使，由于被天祚皇帝猜忌，不得已统部西征，得人竹等七洲十八部，战败忽儿珊诸番。班师回朝途中，文武百官闻天祚皇帝被金兵拘执，于是拥立大石为天祐皇帝。金国遣官奉书勒逼西辽称臣纳贡，天祐怒斩来使，封六院大王萧斡里剌为兵马都元帅统兵东征，以图恢复祖业。萧斡里剌迂回万里，粮尽班师回朝。天祐叹道："皇天弗顺，数也。"从此固守边疆，抚辑部众。天祐在位二十年驾崩，感天皇后萧塔不烟统理国政，年号咸清，七年后传位太子夷烈。夷烈即仁宗，年号绍兴，在位十三年，驾崩时两个皇子尚在襁褓，皇妹普速完奉遗诏权摄国事。萧斡里刺有两个儿子，长子朵鲁不，次子朴鲁只。朵鲁不被招为驸马，是普速完的丈夫。普速完与朴鲁只私通，谋杀亲夫，酖杀储君，引起群臣激愤。萧斡里刺大义灭亲，入宫剪除逆乱，并立皇子直鲁古为君，改元天禧。直鲁古在位三十四年，国泰民安，命诸臣纂修《皇祖实录》。书成之日，辽太祖、德宗耶律大石、感天皇后萧塔不烟、仁宗夷烈入梦，称赞直鲁古定乱改元、纂修实录昭明统系，又传当年德宗所作《耶律歌》令宫娥演唱。

《雁帛书》，四折，《六观楼北曲》第二种。首有清道光二年（1822）作者《雁帛书北曲弁言》。卷端题："雁帛书北曲"。此剧创作于道光元年（1821），本事见《元史·郝经传》、《南村辍耕录》。出目包括：拜雁、得书、诘罪、还朝。剧写元世祖忽必烈，遣翰林侍读学士郝经出使南宋，商谈两国讲好息兵、征币寻盟之事。南宋与元曾有鄂州之战，当时南宋不敌，贾似道增币求和，回朝却谎奏大捷。贾似道怕郝经到来泄露此事，将郝经拘置在真州。忽必烈曾两次遣使诘问羁留国使缘故，贾似道皆置之不答。忽必烈震怒，派伯颜率兵攻取襄樊以儆宋人，随即乘胜攻打鄂黄。郝经在真州十五年，日夜思念故乡，遂仿效汉代苏武，将书信绑缚雁腿，让大雁把书信带回京城。郝经妻子崔氏，将丈夫来信转呈圣上。忽必烈见信震怒，派遣伯颜统兵二十万直指临安。贾似道将十三万羸兵安扎在芜湖，亲自到伯颜行营献币求和。行枢密院都事郝庸（郝经之弟），将贾似道押往真州让郝经处置，郝经拒绝贾似道的贿赂，斥责他误国误民等种种罪状。贾似道见求和无望，趁乱逃回芜湖。郝经回朝，得到朝廷嘉奖，被封吏部尚书，与妻子团聚。

《女云台》，四折，《六观楼北曲》第三种。首有清道光二年（1822）作者识于钧阳官署之《女云台北曲弁言》，卷端题："女云台北曲"。此剧创作于道光元年（1821），本事见《明史·秦良玉传》，略有润饰。出目包括：传概、誓师、叙功、完节。剧写明末，已故石柱宣抚司马千乘之妻秦良玉，智勇双全，身经百战。崇祯年间荒旱连年烽烟四起，人心畏缩疲于征战，朝廷难以调动兵马。永平失守，崇祯紧急下诏征兵，秦良玉率先裹粮而至，解除了国家的危难。崇祯大喜，召秦良玉戎装进见，亲制诗章予以嘉奖，并令秦良玉将万历以来二十余年的战功一一上奏分明。秦良玉身受国恩，誓歼群贼，无奈朝中用人不当，使国家局势日渐紧张。张献忠统部入蜀势如破竹，秦良玉与张令力据险要屡挫其锋。不幸张令战死，秦良玉以两万久疲之卒抵御百万屡胜之师，血战三昼夜，师溃而退归家乡石柱。蜀地失守，张献忠在成都称尊。此时李自成已攻入京城，崇祯吊死煤山，朝中群臣也纷纷投降。张献忠遣使劝降，秦良玉怒斩来使。秦良玉本为仙界天魔女，太白金星奉玉帝之命前来点化。秦良玉醒悟，将世袭职位传与儿子祥麟，嘱其抗敌不得投降玷污祖先，然后返还天庭归仙位。剧因崇祯诗中有“为卿更筑女云台”而得名。

《孝女存孤》，四折，《六观楼北曲》第四种。首有清道光二年（1822）作者于望云轩撰写的《孝女存孤北曲弁言》，卷端题：“孝女存孤北曲”。此剧创作于道光元年（1821），是根据清代桂林孝女张淑贞事迹撰写。出目包括：存孤、课侄、报姑、祭祠。剧写清初，桂林府参将张士佶与夫人王氏生有四子一女。四子随军效力，幼女淑贞事亲之暇，学习针黹，涉猎诗书，平素景仰节烈孝义。康熙十二年（1673），平西王吴三桂叛清，张士佶带领四个儿子和本部人马出城抵御不幸全部阵亡，王氏听闻凶讯自刎。淑贞接连失去父母兄长，忍住悲痛密遣家丁到城外寻得父兄尸首掩埋。兄长死后，嫂子相继离去，家中只留下一个襁褓中的侄儿。淑贞矢志不嫁，含辛茹苦二十年，将兄长遗孤抚养成人。侄儿名张延绪，聪明绝世，奋志攻书，十八岁中举，二十岁左右进京会试得中榜眼，钦授翰林院编修。为了感谢姑母养育之恩，延绪将姑母苦情上报朝廷，朝廷赐封淑贞官诰。延绪又为姑母修建“义姑祠”，旌其孝义。数年后，延绪曾孙张仲友，官授陕西肤施县知县，告假回乡重修义姑祠。清明时节，仲友率族人祭扫祖茔，拜祭祠堂，淑贞现身显灵。仲友告诫族人恪守祖训，尽忠尽孝以报义姑厚德。

《儒吏完城》，四折，《六观楼北曲》第五种。首有清道光元年（1821）作者《儒吏完城北曲弁言》，云：“吾友临桂朱韫山著《守濬日记》，记述其拒滑贼事，既嘱余为之制曲。”卷端题：“儒吏完城北曲”。此剧初稿名《守濬记》，清嘉庆年间收录于友人朱凤森所撰《韫山六种曲》中。此次重修，除改正刻本中的讹字遗句以外，对文字也略作修改，并更名为《儒吏完城》。出目包括：设防、拒寇、破围、颂功。剧写清嘉庆十八年（1813），滑县白莲教李文成被县官强太爷捕获监禁，其同伙牛亮臣聚众劫狱，杀死强太爷占据城池，并分兵攻打附近州县，使濬县受到威胁。濬县知县朱凤森紧急传谕全县绅耆议事，号召全城军民同心死守城池。牛亮臣、李文成、王道隆率众迭次攻城，朱凤森竭力殚心日夜防守十七日，亲自登城督战，击退贼寇无数次进攻，配合色克精阿率领的援兵歼灭贼寇，生擒贼首刘焕章、周延瑞。朱凤森守城有功，被加封司马官衔，濬县绅耆设酒筵为之庆功。席间，候补州官许某送来新填《守孤城北曲》助兴。

《三钗梦》，四折，《六观楼北曲》第六种。首有作者署为“六观楼主人”之《三钗梦北曲小序》。卷端题：“三钗梦北曲”。本事见清曹雪芹《红楼梦》。出目包括：勘梦、悼梦、断梦、醒梦。剧写大荒山青埂峰有娲皇炼石补天剩下的一块顽石，顽石受阴阳淬炼，得日月精华之气，生成灵性，化成男身，是为神瑛。顽石周围有神芝、绛珠、芙蓉仙草，得灵石荫庇，俱蕴灵机，化成女体。四灵物久居一处，偶动你怜我爱之心，渐露色授魂与之态。娲皇见而大怒，命警幻仙姑将他们贬落尘世受尽折磨以偿罪孽。贾宝玉性爱温柔，情耽花月，与姨表姐薛宝钗、姑表妹林黛玉同住大观园。宝钗、黛玉有羞花之貌，咏絮之才。侍女晴雯，容貌像黛玉，颇招众忌，加上她言语尖刻，怨毒益深。宝玉母亲王夫人听信飞言，将抱病中的晴雯逐出大观园。晴雯性情刚烈，次日便饮愤身亡。宝玉疾首痛心，通宵未眠，因闻小丫头说晴雯已升做芙蓉花神，即于枕上撰成《芙蓉诔》到园中芙蓉花前哭祭。黛玉爹娘早逝，兄弟全无，体弱多病，自幼寄居外婆家与宝玉一起长大，平素视宝玉为知己，以为可以托付终身。一日，她听说宝玉正与宝钗成亲，当下便昏厥跌倒。醒来之后，看破情关，焚烧诗稿撒手人寰。临终嘱咐侍女紫鹃，将自己的尸骸送归老家扬州埋葬。宝玉与宝钗成亲一载，赴省秋闱后遁迹不归。宝钗独守空房，听说有人在毗陵水驿看见宝玉身着缁衣，料想他已入空门没有归来之日，因此暗自悲伤。深夜，警幻仙姑入梦，招她来至太虚幻境，令神瑛侍者宝玉、绛珠仙子黛玉、芙蓉仙子晴雯出来相见，久别重逢，宝钗羡慕不已。警幻仙姑命仙姬抬出转轮镜，宝钗在镜中看到自己身着仙装，知道了自己的身世来历。仙子捧出琼浆玉液、仙界果品让四人小聚。席间，警幻仙姑命仙童演唱渺渺真人根据四人故事制成的《红楼梦曲》，宝钗醒悟。此剧以晴雯、黛玉之死为梦，宝钗之先溷尘后证果为梦中之梦，故得名《三钗梦》。清嘉庆年间，其友人朱凤森将此剧《断梦》、《醒梦》（更名为《出梦》）收入自己的戏曲作品《十二钗》中，词句略有改动。（刘效民）

江义田

《丹桂传》

丹桂传二卷三十四出　传奇。清江义田撰。《今乐考证》著录。清道光十年（1830）彩笔堂刻本。四册。半叶九行，行二十字。白口，左右双边，单鱼尾。版框高宽：17.4×12.9。封面右栏题："道光十年杏月刊"，中栏题："丹桂传"，左栏题："彩笔堂藏板"。板心题："丹桂传"，下标卷数及出名。卷首有道光九年（1829）彭邦畴、杨兆璜、陈懋龄、道光六年（1826）黄以旗、道光八年（1828）万荣恩序；次为孙星衍、蒋知白、杨欲仁、吴鼐、张敦仁、刘瑞琮、洪亮吉、梅海、张元揆、梁达榜、吴继昌、严骏、朱煜南、陶济慎、彭邦畲、汤仁、陈荣、彭邦畛、王鼎远、张宝、彭靖、谢予諴、洪遵规、刘澄、吴毓宝、蓝嘉言、梅曾亮、冯启蓁、胡廷耀、朱绶、杨芳灿、归懋仪多家题诗题词；再次为作者自书《对月感怀》词一阕，作者小像一幅，梅花图一幅，梦笔楼图一幅，题词一阕。卷端题："上元江义田晴帆填词，同里赵昆发正谱，侄宗海（耕畲）、墉（厔之）；子文达（凤仪）校字"。有印记多枚，主要有"积学斋徐乃昌藏书"、"榷藻楼藏书印"、"川农"、"约轩读过"、"忍默恕复"等。

江义田（1762？—1830以后），字晴帆，江苏上元（今南京）人。早年受业于樊轸亭，后因举业不遂，随粮艘抵京师，献赋都门，在舟中谱《玉佩记》数曲。法时帆大司成见而悦之，授诸歌伶。乾隆四十六年（1781），该剧在李明府内教演，蒋士铨过合肥得观此剧，极为称赏，遂收为门生。与法时帆、吴穀人、孙星衍、蒋知白、彭邦畴、杨兆璜、陈懋龄、黄以旂、万荣恩等唱和往来，老隐湖上。工词，有《梦笔楼词钞》。雅善填词，所作传奇，脍炙都门甚久。

该剧为作者老年之作，事本明纪本传。上卷目：家门、还金、驱妖、励志、拒色、省亲、筹试、计偕、天榜、祈嗣、羞逼、锡麟、捷报、掌判、私悔、花烛、公饯、归隐；下卷目：释疑、贿瑾、招忠、藩寿、谢宴、珠沉、鞫瑾、泄愤、应诏、闺叙、探敌、湖战、擒王、献俘、封伯、家庆。述余姚王华幼年家贫，但品行高尚，终于得中状元，并喜得贵子，取名守仁。数年后，守仁弱冠登科，因上书弹劾刘瑾，遭廷杖五十，被贬贵州龙场驿丞。刘瑾派刺客半路追杀守仁，守仁使金蝉脱壳计，将冠履遗在钱塘江边作投水状，自己隐入武彝山中。宁王朱宸濠久存不臣之志，竟杀朝廷命官，又将布政、参政等一十二人锁械下狱。王妃娄氏劝解不听，乃自沉江底。圣上觉察刘瑾有谋反之意，命驸马蔡震擒之，并将其凌迟处死，又获悉守仁没有死，大喜过望，乃重新起用之，命统领大兵赴江西征剿宁王。宁王兵败被捉，守仁将其打入囚车送往京城。逢郑氏八十寿辰，守仁以为母庆寿之名乞归林下。圣上封他新建伯，赐铁卷金书，给俸禄以终养天年。傅惜华认为“此剧律法工整，情文并茂，如《拒色》、《招忠》、《谢宴》、《珠沉》诸出，怨慕情途，低徊欲绝，缭绕于烟波浩渺之间，读之令人慷慨唏嘘，不知涕之何从焉！实可传之作。”（见《近五年来所获之戏曲珍籍》）（戴云）

舒　位

《瓶笙馆修箫谱》

瓶笙馆修箫谱　杂剧剧本集。清舒位撰。《今乐考证》著录。清道光间振绮堂刻本。 二册。半叶七行，行十七字。白口，四周单边。版框高宽：18×12。函套签题：“瓶笙馆修箫谱，道光振绮堂刻本”，封面有道光十三年（1833）赵之琛所题书名，并题：“钱塘汪氏振绮堂开雕”。全书收《卓女当垆》（按：原剧写作“卢”，下同）、《樊姬拥髻》、《酉阳修月》、《博望访星》四剧，每剧一折，均署：“大兴舒位铁云撰”。

舒位（1765—1815），字立人，小字犀禅，号铁云。大兴（今属北京）人，生于吴县（今江苏苏州）。乾隆五十三年（1788）举人。后屡试不第，以处馆、游幕为生。嘉庆二年（1797）随贵西兵备道王朝梧入黔，在军中任文书。与赵翼、蒋士铨、王昙等友善。著有《瓶水斋集》、《乾嘉诗坛点将录》等。戏曲作品有《瓶笙馆修箫谱》，包括杂剧四种。早期戏曲作品尚有《闻鸡起舞》、《琵琶赚》、《人面桃花》、《玉炉三涧雪》、《圆圆曲》等数种，惜不存。

《卓女当垆》，《瓶笙馆修箫谱》之一。卷首有费丹旭绘像一帧，后附汪适孙《貂裘换酒》题词。剧述司马相如与卓文君私奔后，到临邛开酒店为生。逢杨监回乡，从相如处取走《子虚赋》以悦皇上。县令王吉出迎杨监，经相如店前，始知其生活窘况，便要将文君父卓王孙治罪。卓王孙闻讯，急忙到相如处，请其关闭酒店，自己情愿平分家产与之。

《樊姬拥髻》，《瓶笙馆修箫谱》之一。卷首有费丹旭绘像一帧，后附汪适孙《烛影摇红》题词。剧末有汪适孙识语。本事自汉伶玄《赵后别传序》，述汉哀帝时，伶玄年老退归林下，买妾樊通德。通德祖姑曾入宫，亲见赵飞燕姐妹，故通德略知汉宫闱内事。一日，二人夜晚闲话，谈及飞燕姐妹乱后宫，争宠幸，谋害皇子，致使后来王莽篡汉。言此，樊姬占袖剪烛，弹泪拥髻，认为汉家的始终都与妇人有关，所以《史记》开端便有《高后本纪》，双燕乱宫，使大汉江山易主。伶玄听后亦不胜感慨，因此挑灯削札，作《飞燕外传》。吴梅认为该剧“论断史事，及有见地”，曲词又“颇为工巧”（见《中国戏曲概论》）。《集成曲谱》收入此剧，名《拥髻》。

《酉阳修月》，《瓶笙馆修箫谱》之一。卷首有费丹旭绘像一帧，后附汪适孙《瑶台第一层》题词。其本事见《酉阳杂俎·天咫》，述唐明皇与杨贵妃游月宫演奏“霓裳羽衣曲”后，使得翠绕珠闹的广寒殿渐多缺陷，须及时修理才能复顶上圆光。太阴仙主嫦娥遣修月匠头吴刚邀众仙修月，宋无忌、项曼都、月下老人、散花天女等应邀前来。嫦娥命银蟾放不夜光，玉兔捣长生药，以助修月。各仙尽使神功，终于使广寒宫圆光复照。京剧有同名剧作，系据此剧改编。

《博望访星》，《瓶笙馆修箫谱》之一。卷首有费丹旭绘像一帧，后附汪适孙《大江西上曲》题词。其本事见《荆楚岁时记》，元杂剧《张骞泛浮槎》（佚）亦演此事。述汉武帝时，博望侯张骞奉旨探寻黄河源头，以图治理之。时值七夕，牵牛织女鹊桥相会。张骞乘槎逆流而上到天河，向牛郎织女打听此事。双星借槎渡天河，牛郎为张骞指示河源，织女赠之织锦支机石以为凭证，并告之往寻成都严君平便知就里。于是张骞乘槎顺流而归，前去复旨。清道光间李文瀚撰《银汉槎》传奇，是受此剧影响。《集成曲谱》收入此剧，名《访星》。（戴云）

椿轩居士

《椿轩五种曲》

椿轩五种曲　传奇剧本集。清椿轩居士撰。《古典戏曲存目汇考》著录。清同治三年（1864年）刻本。十册。半叶十行，行二十五字。白口，四周双边，单鱼尾，有眉批。上书口题剧名，封面右栏题：“同治甲子新镌”，中栏题：“椿轩五种曲”，左栏题：“凤凰琴、双龙珠、金榜山、四贤配、孝感天，本暑（注，应为“署”）藏板”。有动作、砌末、髯口等提示。

椿轩居士（1769？—1847后），四川蒲江县人。姓名、生平均无可考。所著传奇五种：《凤凰琴》、《双龙珠》、《金榜山》、《四贤配》、《孝感天》、《天感孝》，合称《椿轩五种曲》，今存。

《凤凰琴》，二卷十六出首一出，《椿轩五种曲》第一种。二册。版框高宽：16×11。封面题：“凤凰琴”。卷前有道光十九年（1839）《凤凰琴序》，署：“道光己亥冬至后三日华亭王承华丽堂氏拜撰”，何一山跋。卷末有长秋山人《题词三十二首》，椿轩居士《答双槐堂题词原韵》七律四首、《再答双槐堂题词原韵》、《谢太平散人题词》、《谢答双槐堂题词菩萨蛮》、附录《双槐堂题椿轩词集》、《谢长秋堂题词》、《谢桂馨堂题词》、《谢左锦堂刊词》。卷端题：“凤凰琴原本，椿轩居士编次”。钤“碧蕖馆藏”印。本事见于《史记》、《汉书》等。上卷目：本意、择配、客梁、议婚、琴媒、虎（滕，改为‘女’旁）、拜琴、典衣、夷警；下卷目：汲井、当垆、闹妆、题桥、卖赋、檄蜀、郊迎、交驩。剧述西汉时，西蜀司马相如被梁王收为幕下之宾。他慨叹自己献赋西京、客游梁国而难觅红粉知己。因访故友，相如携绿绮琴和梁王所赐鹔鹴裘回蜀。途中，在巨富卓王孙家偶遇寡居在家的卓女文君。相如慕文君美貌，便在席间弹奏《凤求凰》曲以试文君之意，文君操红丝琴传意于相如。可是，卓王孙却因相如贫寒而不允婚事。观音菩萨得知此事，使猛虎冲散卓王孙和文君，文君与相如私奔。文君井台汲水、卖酒当垆，传为佳话。失宠于汉武帝的皇后陈阿娇，千金买相如《长门赋》以动君心，相如之才被汉武帝赞赏。恰逢蜀中羌夷作乱，武帝封相如为大中大夫兼中郎将前去平乱，相如檄文三篇统辖全蜀，荣归西蜀任太守职。卓王孙出迎三十里，皆大欢喜。同类题材剧目有：明陈贞贻传奇《当垆记》、清舒位杂剧《卓女当垆》等。

《双龙珠》，二卷十出首一出，《椿轩五种曲》第二种。一册。版框高宽：15.6×11。封面题：“双龙珠”。卷前有：《双龙珠目录》。卷端题：“双龙珠原本，椿轩居士编次”。卷末有《题词八首集本词句》。上卷目：本意、从军、报珠、焚溺、遇宫、请兵；下卷目：奇逢、转聘、剿海、廷配、巧合。剧述明永乐年间，倭人造反扰乱东海，钱绍德别妻从军，临行将妻子郑氏、儿子万选、女儿玉秀托付弟弟钱绍金照看。荒旱之年，观音菩萨查处旷职龙王，将其变身为鱼。龙王所变之鱼被钱绍金捕得，善良的郑氏以金指环换鱼放生。龙王为感谢郑氏救命之恩，赠她双龙珠避水御火。钱绍金要霸占嫂嫂家产，见水淹火烧均未得逞，便说兄长阵亡，以扶柩为名骗玉秀到妓院，将万选推入河中，将郑氏卖与赌徒。万选因有龙珠而不死，龙王收他为徒，传他武艺。玉秀从妓院逃跑，幸被宫中千岁爷所救，并收为义女。郑氏为全贞节跳水，被三妙庵尼姑救起。郑氏用龙珠治好岳员外之女岳金秀眼疾，并为金秀与万选订下亲事。千岁爷患眼疾重金请医，岳员外之子金华，用郑氏龙珠治好千岁眼疾而得与玉秀结亲。一家人因此相见团圆。钱绍德又因平倭立功被封为定海将军，皆大欢喜。

《金榜山》，四卷十六出首一出，《椿轩五种曲》第三种。四册。版框高宽：15.7×11。封面题：“金榜山”。卷前有道光十九年（1839）《金榜山序》，署："道光己亥年七月七日弟寿亭谨撰"，并有署"滇南华日来撰并书于州署之西轩"之《金榜山序》，序末尾题："恩进士巴州张文熙校正"。每出后有鹤山外史评语。卷末有蒲泉渔叟《题词八十首》。一卷目：本意、祈嗣、完美、贺麟、拯济；二卷目：神悟、赐梳、花泣、武媒；三卷目：花移、斩巢、凯别、药酬；四卷目：花配、房认、爵赏、锦旋。剧述巴州人张全仁与妻王氏膝下无子，闻听金榜山梓橦宫求子灵验，特进香朝拜。文昌梓橦帝君见其心诚，欲降子于他。王母身边瑶池女史触犯律条，被贬人间托生为白博通之女红玉，投身之际，携带白玉梳一枚，上刻"金榜山"三字。孝院柳姑，因前生夫亡不嫁，投生杨东璨家，为其女杨仙柳。书生汪宗节因岳父嫌贫退亲，到白博通家作其子扶图教师。汪宗节所聘之妻何芳兰，正是被卖至张全仁为妾之女，何芳兰守节自缢，感动阎王而还魂。张全仁见此，让汪宗节与何芳兰完婚，并赠金百两，助汪进京赶考。张全仁得子张曙，为之与红玉订下姻缘，信物即白玉梳。白家家业凋零，红玉不从兄长改聘而投水自尽，幸被已科举高中得官的汪宗节救起。因汪宗节是张曙的老师，故红玉与张曙持梳相认。汪宗节任西路诏讨使时所收义女杨仙柳亦嫁张曙。

《四贤配》，二卷十四出首一出，《椿轩五种曲》第四种。一册。版框高宽：15.7×11。封面题："四贤配"。首有《四贤配目录》，末有《题词四首》。卷端题："四贤配原本，椿轩居士编次"。此书上卷名《节义配》，出目为：本意、规友、边警、送嫂、谗友、全贞、诛奸、完案；下卷名《忠孝配》，出目为：梦因、接花、赠狮、平寇、移置、除奸、封配。上卷述书生屈天星与兄屈锦袍、嫂白观音相依为命。屈锦袍讨账外出，屈天星为避叔嫂之嫌，要嫂嫂暂回娘家居住。岂料白观音之妹白胭脂前来看望姐姐，时逢天降大雨，只能屋内存身。屈天星见此便往学馆留宿，途遇同学叶五尖。叶五尖虽家有妻室黄氏，但好寻花问柳，品性不端。他听说屈天星嫂妹胭脂在此，便心生歹意，前去调戏。岂料胭脂不在室内，倒遇上村中荡妇滕氏。屈锦袍归家见屋内有一男一女，误认为妻白观音与弟屈天星行苟且之事，便举刀将两人杀死。长白县内一刀两命之案引起侯爷安用的注意，经过详审，案情水落石出。屈天星与白胭脂无罪，当堂完婚，叶五尖之妻黄氏也判给屈天星做二房。屈锦袍被判随侯爷从军，以将功赎罪。下卷述屈天星进京赶考，其妻白胭脂一病身亡。胭脂死后，街市上出现一位名叫飞来鹤的民女，长相酷似胭脂。飞来鹤家贫，于街市卖身葬父，白老太太见其可怜，便收为义女。屈天星得中状元后，奉旨征讨作乱的金桂大王。交战中，金桂大王的女儿金花公主驱赶大象，官兵死伤无数，众人束手无策。白胭脂的魂灵于梦中赐飞来鹤神狮图，飞来鹤用神狮图助屈天星大败象阵，二人得以成婚。屈天星剿灭金桂大王有功，被封靖南侯。剧中诸人，忠孝节义俱全。

《孝感天》、《天感孝》合为《椿轩五种曲》第五种，二册。其中：《孝感天》，二卷十出首一出。版框高宽：16.5×11。封面题："孝感天"。卷前载有署为"蒲令茀庵雷承厚叙"之《孝感天序》，《孝感天目录》，其下端题："椿轩诗余"。卷端题："孝感天原本，椿轩居士编次"。卷末有长秋山人《题词八句》。上卷目：本意、奏案、诛布、秘丧、高庙、酖齐；下卷目：人彘、辞赵、辞燕、诉庙、归代。剧述汉高祖刘邦死后，吕后秘不发丧，趁此对刘氏宗室加以诛杀。齐王刘肥觐见吕后，筵席中被酒毒死。吕后妒忌戚夫人在高祖生前得宠，命人砍去其手足、挖去耳目置于瓮中，称为人彘。吕后诏赵王如意进宫，如意见此，吐血而死。而后，吕后又杀梁王刘恢、淮阳王刘友和燕王刘建。刘恒是刘邦的第四子，母亲薄氏因体弱多病而离宫往刘恒封地代城居住。刘恒汤水侍奉母亲，整整三年不懈。其孝道感动天帝，汉家基业因此而延续四百年，刘恒也因此而避祸全身。

《天感孝》，二卷十出首一出，版框高宽：16×11。卷前有《天感孝题目》，其下端题："椿轩诗余"。卷端题："天感孝原本，椿轩居士编次"。卷末有长秋山人《题词八首》。上卷目：本意、孝因、赎葬、善缘、恶缘、召齐；下卷目：诛吕、议帝、立代、遇合、赞结。剧述老汉窦成以捕鱼为生，与子广国、女绮房相依为命。绮房影映池水现出凤形，广国跌倒亦现虎形。窦成因欠税被官府缉拿，无奈自尽。绮房卖身葬父，逢吕后为鲁元公主选宫女，于是绮房被选入宫。入宫后，绮房因籍贯被派往代王刘恒府中。绮房夜梦父亲窦成，言吕后将赐毒酒与代王刘恒。次日，吕后果然遣人送酒，刘恒听绮房言得以不死。薄夫人见绮房贤淑貌美，便做主让二人完婚。太白金星奉上帝之命，使齐王刘襄助刘恒诛吕，因代王刘恒仁孝闻名于天下，被推为皇帝。代王登基后，封绮房为皇后。窦广国疑新国母即胞姐绮房，故修书认亲。一番周折后，姐弟二人得以团圆。天帝感代王仁孝，使汉家基业延续四百年。（孙红侠）

陆继辂

《洞庭缘》

洞庭缘十六出　传奇。清陆继辂撰。《今乐考证》著录。清光绪六年（1880）鸳湖刻本。一册。半叶九行，行二十一字，上下黑口，四周单边。版框高宽：17.6×13.8。有界栏。封面题："光绪六年岁在庚辰仲春之月刊于鸳湖"。卷前有何兆瀛序，卷端题："阳湖陆继辂祁生填词"。

陆继辂（1772—1834），字祁孙、祁生、又商、商对、季木，号霍庄，别署修平居士、小元池居士。江苏阳湖（今武进）人。清嘉庆五年（1800）举人。曾任合肥县训导、江西贵溪知县。工诗文，为阳湖派中一员。撰有《崇百药斋文集》、《清邻词》、《玉真阁吟稿》《合肥学舍札记》等。戏曲作品有《洞庭缘》、《碧桃记》。

本事见《聊斋志异》。剧叙北平人陈弼教，奇才超人，惟慕仙道。豫章节度使贾绾奉旨移镇巴陵，陈弼教同往，并劝其好友柳宗望同行。宗望因事耽搁，约好洞庭相会。洞庭君柳毅与王妃白龙鱼及公主龙宫宴会，玉敕忽下，命其会同风、雨、雷、电四神征讨蚩尤。贾绾在洞庭湖操练水师，洞庭王妃出巡湖上，不慎被军将射中。陈弼教见其伟观异常，知非俗物，遂将其放生。洞庭君携婢女织成出征。柳宗望寻陈弼教至洞庭，醉卧舟中，因戏织成被擒。洞庭君知宗望为本门同姓，便赠玉尺，将其放还。陈弼教遭风落水，误闯龙宫仙岛。王妃为报陈弼教救命之恩，将公主下嫁。洞庭君得知宗望为弼教好友，即遣崔媪将其追回，并将婢女织成嫁之。贾绾平定苗疆，归舟洞庭。洞庭君将其邀来，三人同在龙宫欢聚。（吴秀慧）

孔昭虔

《荡妇秋思》 《葬花》

荡妇秋思四折 葬花一折 杂剧剧本集。清孔昭虔撰。《清代杂剧全目》著录。清道光间稿本。两剧合为一册。半叶九行，行二十一字，以朱笔点板。叶心高宽：16×10.7。卷首有《孔昭虔先生小传》、《孔昭熏先生小传》、《片云悟道人题词》、及《荃溪自题》。有眉批。叶心题剧名及出目名。卷端有“闲吟冷醉”章。卷尾有琴南（孔昭熏）题记，并“路工”章。

孔昭虔（1775—1834？），字符敬，号荃溪（一作荃溪），别署镜虹吟室主人。山东曲阜人。孔广森子，少孤。嘉庆六年（1801）进士，翰林院编修。历任台湾道、陕西按察使、贵州布政使。屡充试官，得士多知名者。恪承家学，善隶书，工吟咏。所制乐府，皆可被之管弦。著有《镜虹吟室集》八卷（包括《镜虹吟室诗集》二卷、《经进稿》一卷、《绘声琴雅词》二卷、《扣舷小草词》一卷），存清道光间刻本。另有《古韵》、《词韵》等，皆未卒业。

《荡妇秋思》卷端题：“乾隆甲寅四月荃溪孔昭虔填词”，可知该剧作于乾隆五十九年（1794）。出目为：征别、营怨、楼思、梦圆。述吐蕃骚扰西北边关，振武将军不能御敌，上表请兵。折冲府内左翊卫有一亲兵欲杀敌报国，建功立业，便告别新婚妻子，来到边关。到此之后，他才知振武将军根本不思退兵之策，终日与羌女饮酒唱曲作乐。夜深人静，亲兵独自来到营外，见一轮明月下的旷野白骨，想自己宏图无以施展，心中万分惆怅。亲兵走后，家中新婚妻子苦苦思念。逢振武将军麾下有兵士到京办事，给她捎来丈夫亲笔信。她见寥寥数行字中勾勒出的边关荒凉凄清的情景，心如刀绞。她取出征衣，托他带给丈夫。又想捎几句话，却不知从何谈起。深夜，她梦见丈夫戎装归来，加官晋爵，并要接她同去赴任。待醒来时，伴随她的，是一盏寒灯，数点残星。

《葬花》卷端题：“嘉庆丙辰荃溪填词”，可知该剧作于嘉庆元年（1796），其本事取自曹雪芹《红楼梦》黛玉葬花情节。述双亲早逝的林黛玉投奔外婆家住进大观园，她常自叹红颜薄命，倍感孤独。逢暮春时节，绿叶成荫，落红如绮，黛玉心中烦闷，便独自出门来到园中。她见落花半随流水，半落尘埃，甚是心疼，便将花瓣小心地拾到一起，又在太湖石旁寻得一片净土，掘地将花儿掩埋。从春花凋谢，想到红颜将老，黛玉不禁顾影自怜，凄楚万分。现京剧、川剧、秦腔、越剧、粤剧等均有《黛玉葬花》这一剧目。 （戴云）

刘赤江

《一片心》

一片心残存四出 传奇。清刘赤江撰。《今乐考证》著录。清咸丰元年（1851）青莲堂刻《续缀白裘新曲九种》所收本。该剧正文半叶九行，行二十字。白口，四周双边。版框高宽：14.3×10.8。板心题：“一片心”及出目名称。卷端题：“蛟门七余散人填词”。原书封面右栏题：“待化老人辑”，中栏题：“新词九种曲”，左栏题：“续增缀白裘，青莲堂藏板”，上方横题：“咸丰元年冬镌”。卷首有《续缀白裘新曲九种序》，署：“道光卅年岁次庚戌长至前一日蛟门待化老人书于汉南之鼓缶草庐”。下钤“碧蕖馆藏”朱文印。

刘赤江（1775？—1850以后），号七余散人，晚年号待化老人。浙江镇海人。嘉庆五年（1800）举人。曾任安陆、兴山、广济、远安等地知县。嘉庆四年（1799）作《一片心》传奇，另作有《乞食图》。道光三十年（1850）辑刻传奇剧本集《续缀白裘新曲九种》。

该剧目为：梦会、逼婚、骂月、命将。剧写年轻书生戚我耘访友至武林，游西湖时遇好友陈义夫表妹柏意如。别后，戚生于舟中睡去，朦胧中与柏意如相会并定婚姻。意如父母以三代不招白衣秀士为由，劝他赴考。戚生情急梦醒。逢陈义夫做媒而归，告以舅母家求亲事。于是戚生决定赴京应考。临行，以一片心玉佩为定情之物，托义夫转交意如。戚生走后，柏母听信媒婆之言，将女儿许给有钱有势的郑福辰。戚生落第而归，被草寇劫上山寨，山大王欲将女儿强许于他。戚生知人间姻缘乃宋城月老所定，便赶到彼地。逢月老在定姻缘，他央月老将自己婚姻帖子更换一下，月老执意不允。两人争吵怒骂。一道人前来劝架，言月老乃上天所派，命已注定，自难更改，这桩公案日后自见分晓。他赠戚生四句偈言：思难而止，得意则行。自尽吾心，且待天意。并嘱“花甲一周后，到菩提山来见我。”戚生归家后，闻郑福辰去柏府抢亲，一怒之下，便将意如抢回，以致误伤人命，被判死罪。意如遣仆备酒饯行，刑前忽传圣旨到，言有都御史保奏海宁戚我耘解元出任参军，坐谋帷幄，出战疆场。于是戚生得赦，即刻启程，奔赴疆场。剧情止于此。以后情节或为戚我耘疆场立功，凭“一片心”玉佩找到柏意如。（戴云）

司马章

《花间乐》

花间乐传奇二十出　传奇。清司马章撰。《粹芬阁珍藏善本书目》著录。清乾隆五十七年（1792）种石山房刻《石圃外集》所收本。一册。半叶八行，行二十字。白口，单鱼尾，四周双边。天头有评语。版框高宽：19.5×13.5。封面横批题：“乾隆五十七年七月新镌”，右栏题：“石圃外集”，中栏题：“花间乐”，左栏题：“种石山房藏板”。卷端题：“秣陵庞淦虹溪评，白门司马章石圃编”。卷前有袁枚、庞淦题词。卷后有顾椿年东山题跋。

司马章（1776—1820），字实圃、实甫，号石圃、石坡。江宁（今江苏南京）人。著有《石圃集》、《石圃外集》。袁枚曾采其诗词入《随园诗话》。撰有传奇二种：《双星会》、《花间乐》，合刻为《种石山房二种曲》，今存。

该剧出目为：降花、花庆、惊美、会玉、春饮、俗赏、怨别、移花、会雪、谋雪、赴官、风劣、开府、幽诉、归隐、复降、重会、讨风、灯宴、召圆。剧演西天华严佛会，菊花仙使秋英，因偶对牡丹女史香玉回眸一笑而被谪尘寰，投胎黄氏，名为黄澹。为了却他们的一笑姻缘，花王将香玉降落人间花丛。花朝佳节，黄澹去雨花山游玩，在花丛中遇到香玉，两情眷恋。但好景不长，香玉被恶绅移栽卜家而夭亡。暮春时节，百花争艳。

封姨飞扬跋扈，妒忌成性，兴风起阵吹落众花。花王令香玉重生故土，与黄澹会同各路花神击败封姨。二人重还仙界。花王敕封黄澹为雨花台总领百花仙史，与香玉永住雨花山，长享花间之乐。（吴秀慧）

《双星会》

双星会传奇十二出　传奇。清司马章撰。《粹芬阁珍藏善本书目》著录。清乾隆五十七年（1792）种石山房刻《石圃外集》所收本。一册。半叶八行，行二十字。白口，单鱼尾，四周双边。天头有眉批。版框高宽：19.5×13.5。卷端题："江宁司马章实甫填词，舒城任康二田评点"。封面题：右栏题："石圃外集"，中栏题："双星会"，左栏题："种石山房藏板"。卷前有王芾、白铭、任康序。

出目为：神游、友聚、庙遇、宦闲、访娇、题扇、投江、释妓、顾曲、送归、梦讹、愿随。剧叙德、慧二星偶以小过暂谪尘寰。德星托生文慕卿，慧星托生秦娟娟。秦娟娟身落花柳，闭门谢客，颇思摆脱风尘。某日，慕卿与好友元畸士同游鸡鸣山，偶遇在蒋庙烧香的秦娟娟。慕卿、娟娟相互倾慕，并在神前拜结同心，誓偕永好。兵部侍郎秦正乏嗣，夫人劝其纳妾，被秦正谢绝。秦正偶得传奇《花间乐》，闻名妓秦娟娟善唱，欲将娟娟等女戏一班买来，以供消遣。娟娟为表明自己对慕卿不负初盟，遂跳江自溺。秦正在元畸士劝说下将歌妓全部放走。娟娟为江神所救，由云机娘娘送回家中。二星相会永结同心。袁枚《随园诗话补遗》卷三云作者"风神潇洒，年少多情，与周麟官校书有三生之约，而格于家范，乃撰《双星会》曲本，以舒结轖。"（吴秀慧）

朱凤森

《韫山六种曲》

韫山六种曲　戏曲剧本集。清朱凤森撰。清嘉庆晴雪山房刻本。十一册。半叶七行，行十八字。四周双边，单鱼尾，上书口题剧名。封面分三栏，右栏题："晴雪山房鉴定"，中栏题："韫山六种曲"，左栏题："才人福、辋川图、金石录、十二钗、平锞记、守濬记附刻”。首有作者《韫山六种曲序》述结集始末，云：“朝夕丹铅，作曲五种。既出仕，嘉庆十八年（1813），岁在癸酉，有守濬之役，任人许子云峤记其事，叶宫商而谱之，得六种曲焉。晴雪山房，不知何许人也，授之梓。”包括《才人福》、《十二钗》、《金石录》、《辋川图》、《平锞记》、《守濬记》戏曲六种。

朱凤森（1776—1831），字韫山。广西临桂（今桂林）人。清嘉庆六年（1801）进士，十五年（1810）官授河南濬县知县，因抵抗天理教农民起义，加同知县衔。官至奉政大夫，甚有政声。通于天文、地理、兵法、水利。擅长诗文、词曲。与曲家汪应培、许鸿磐友善。著《守濬日记》、《守城诗》。作杂剧《平锞记》，传奇《金石录》、《辋川记》、《才人福》《十二钗》。以上各剧与许鸿磐撰杂剧《守濬记》（原名《儒吏完城》）合称《韫山六种曲》。朱妻姚氏，参与创作《才人福》、《十二钗》等剧。《光绪续濬县志》及邓显鹤撰《河南濬县知县朱君墓志铭》记其生平事迹。

《才人福》，二卷十六出首一出，传奇，《韫山六种曲》第一种。《古典戏曲存目汇考》著录。版框高宽：13.6×10.2。据清恽珠《正始集》载，朱凤森妻子姚氏参与创作。首有清许鸿磐之《才人福传奇序》，卷末有清嘉庆二十五年（1820）自跋。此剧写汉朝司马相如与卓文君的故事，作于嘉庆二十五年，友人许鸿磐参与酌定拗口词句。本事见《史记》、《汉书》中的《司马相如列传》，以及《类说·异文集》、《华阳国志·蜀志》、《西京杂记》等。上卷目：题词、宦归、鹊叹、亭邀、琴心、蛮梗、当垆、献赋、买赋；下卷目：喻蜀、交骥、通夷、蛮贡、著书、寄吟、谏猎、琴圆。剧写汉朝，成都司马相如游宦还乡，因家徒四壁而投奔临邛县县令王吉。富户卓王孙闻知此事，设酒宴相邀，请县令作陪，意欲夸耀乡里。席间，卓王孙请相如试弹新购古琴，相如应邀操琴吟唱《凤求凰》，琴声打动卓王孙之女文君的心。文君夜晚来到相如的住处都亭，与之私奔。卓王孙闻讯大怒，拒绝为文君提供嫁妆。文君、相如生活拮据，于是卖掉车骑租赁了一座酒楼。相如与佣保一起做杂务，文君则亲自当垆卖酒。汉武帝喜爱相如之《子虚赋》，宣召其进见。相如当场作《游猎赋》进献，得到武帝赞赏。陈皇后因无子嗣被冷落在长门宫，用黄金、美酒请相如作解悲排闷之词赋。相如作《长门赋》，使圣心回转重新宠幸陈皇后。唐蒙激反西南蛮夷，边关告急。武帝封相如为中郎将出使蛮地，文君同行。相如途经临邛，蜀中官员、百姓到升仙桥迎接，卓王孙也前来与女婿和解，并接女儿回娘家居住。相如感化夷人给汉室进贡，不费一兵一矢绥服边疆，然后直接回京复命。相如思念文君，写家书催其来京。不料，文君误信相如已另娶新妇，于悲痛之余作《白头吟》赋解怀。卓王孙夫妇将文君送到长安，两人相见误会解除。同题材戏曲作品，宋代戏文有阙名所撰《司马相如题桥记》（存佚曲），官本杂剧有阙名所撰《相如文君》（佚）；元代杂剧有关汉卿《升仙桥相如题柱》，屈子敬《升仙桥相如题柱》，孙仲章《卓文君白头吟》，范居中、施惠、黄天泽、沈珙合撰《鹔鹴裘》，无名氏《卓文君驾车》，以上均佚；明代杂剧有汤式《风月瑞仙桥》（佚）、朱权《卓文君私奔相如》、朱有燉《汉相如献赋题桥》、叶宪祖《琴心雅调》，无名氏《汉相如四喜俱全记》（佚）、《司马相如归西蜀》（佚）；明代传奇有杨柔胜《绿绮记》（存佚曲）、韩上桂《凌云记》、陈贞贻《当垆记》（佚）、陈玉蟾《凤求凰》；清代杂剧有舒位《卓女当垆》；传奇有朱瑞图《封禅书》、许树棠《鹔鹴裘》、黄燮清《茂陵弦》（一名《当垆艳》）、椿轩居士《凤凰琴》、钱文伟《远山眉》（佚）；近世传奇有李季伟、云查民合撰《当垆艳》。此外，京剧、秦腔、川剧、评剧、越剧、粤剧、黔剧等剧种也有此剧目。清沈起凤有《才人福》传奇，演明姑苏张幼于与秦晓霞、李灵芸事，内容与此剧不同。

《十二钗》，二卷二十出，传奇，《韫山六种曲》第二种。《古典戏曲存目汇考》著录。版框高宽：13.3×10.2。首载作者《十二钗题词》。本事见清曹雪芹《红楼梦》。上卷目：先声、入梦、缘香、省亲、夜课、葬花、撕扇、结社、折梅、眠茵；下卷目：品艳、殒雯、诔花、抚琴、钗配、断梦、远嫁、哭黛、出梦、余韵。其中《断梦》、《出梦》（原作“醒梦”），是借刻友人许鸿磐《三钗梦》杂剧中的二出，词句略有不同。此剧每出故事独立，各不关联。其中《先声》写太虚幻境的神瑛和十二仙子动了凡心，要入红尘游戏。渺渺真人在他们降诞之期前来点化，并将《红楼梦》一书交与甄士隐、贾雨村。《入梦》写宝玉在秦可卿卧室梦游太虚幻境；《香缘》写宝钗寄居姨母的梨香院，小病初愈，宝玉前来探望，闻有异香，宝钗告知为冷香丸；《省亲》写元春省亲事；《夜课》写李纨夜晚督促儿子贾兰上灯攻书事；《葬花》写黛玉葬花事；《撕扇》写晴雯撕扇事；《结社》写探春与李纨、迎春、惜春、宝钗、黛玉、宝玉结海棠诗社事；《折梅》写宝琴雪地折红梅事；《眠茵》写史湘云赴宝玉生日宴席，归途醉卧芍药茵事；《品艳》写宝玉绘《红楼品艳图》，十二金钗各有集唐一首；《殒雯》写晴雯殒命事；《诔花》写宝玉作《芙蓉诔》悼念晴雯事；《抚琴》写黛玉深夜抚琴事；《钗配》写王熙凤用掉包之计，使宝玉与宝钗结成金玉良缘事；《断梦》写黛玉听傻大姐说宝玉与宝钗成亲，悲恸之下识破情关撒手人寰；《远嫁》写探春奉严亲之命远嫁他乡事；《哭黛》写黛玉死后，宝玉来到黛玉住过的潇湘馆，回忆往事悲痛不已；《出梦》写宝玉婚后遁入空门，宝钗梦入太虚宫，警幻仙子令宝玉、黛玉、晴雯出来相见。酒宴中，歌童演唱《红楼梦曲》；《余韵》写贾雨村、甄士隐奉命讲说《红楼梦》功德圆满，谒见渺渺真人复命，神瑛与十二金钗从人间回到太虚，梦醒皈依。后两出为增饰。以《红楼梦》故事为题材的戏曲曲艺作品很多，其中清杂剧作品有孔昭虔《葬花》、许鸿磐《三钗梦》、石韫玉《红楼梦》、周宜《红楼佳话》、严保庸《梦中缘》（一名红楼新曲，佚），清传奇作品有陈钟麟《红楼梦》、吴镐《红楼梦散套》、仲振奎《红楼梦》、万荣恩《醒石缘》等。

《金石录》，八出，传奇，《韫山六种曲》第三种。《古典戏曲存目汇考》著录。版框高宽：13.8×10.4。首载无名氏序。本事见宋洪迈《容斋四笔》中《赵德甫〈金石录〉》所录李清照《金石录后序》。出目包括：探奇、记园、斗茗、金变、别舟、词会、感旧、游仙。剧写北宋，赵明诚立有“穷尽天下古文奇字”之志，故每于朔望之日，便以衣质钱到相国寺寻购名人字画和古今奇器，回家与妻子李清照相对展玩。夫妻每获一书即日勘校装辑，得名画彝器亦摩挲舒卷摘指疵病，因此藏品的纸札精致，字画全整，品相冠于诸家。商贾手中有徐熙《牡丹图》，明诚见到爱不释手，然而终因囊中羞涩不能购得，此事使夫妇相向惋怅数日。靖康年间，金兵入侵中原，明诚买舟独归家乡池阳，所集书画不能尽载。清照自别明诚一病不起，遣人送往洪州的书画也因战乱而散佚，身边只剩下一些轻小卷轴写本和不成部帙的残书。明诚病故，清照在残存书稿中发现明诚撰写的《金石录》，回忆往事不胜感慨。剧中穿插清照的父亲李格非作《洛阳名园记》，记洛阳城之盛衰与洛阳园囿之废兴，以及明诚、清照随格非入山修道之事。

《辋川图》，八出，传奇，《韫山六种曲》第四种。《古典戏曲存目汇考》著录。版框高宽：13.8×10。首载唐薛用弱《集异记·王维》。本事见《集异记》、《太平广记》。出目包括：出山、宫诵、晋府、牒试、郁轮、听莺、画图、及第。写唐朝王维有才，交游权贵，以自度琵琶新曲《郁轮袍》、手绘《辋川图谱》、新填《辋川新词》得到玉真公主的赏识，公主助其取得状元及第。同题材杂剧作品有明王衡《王摩诘拍碎郁轮袍》、清黄兆森《郁轮袍》，传奇作品有明张琦《郁轮袍》。

《平锞记》，四出，杂剧，《韫山六种曲》第五种。《清代杂剧全目》著录。版框高宽：13.5×9.8。首有作者自序。此剧作于清嘉庆二十五年（1820），事本李勺洋《尊甫青萍观察擒马锞事》。出目包括：剑警、擒锞、升任、役述。写清乾隆年间，河南阌乡县土寇马锞聚众抗粮税，官府无策。李镁接任知县，闻马锞劫杀布商抢走货物，派十四名捕役前往查办。捕役夜宿古庙，马锞聚众放火，十三名捕役被烧死，只有一名捕役逃回报信。李镁得到消息，不顾乡绅耆老劝阻，亲自率领兵丁出城擒获马锞。李镁在任，案无留牍，百废俱修，又因平寇有功而升迁。四十年后，李镁之子勺洋途经此地，老差役张嘉言为其讲述当年平寇之事。为此，勺洋作《尊甫青萍观察擒马锞事》记其事。剧因剿平马锞之乱而得名。

《守濬记》，四折，杂剧，许鸿磐撰，《韫山六种曲》第六种。《清代杂剧全目》著录。版框高宽：13.6×10.1。有清嘉庆二十五年（1820）李兆元《守濬记北曲小序》，清嘉庆二十三年（1818）何文明序。此为初稿，作于嘉庆二十三年，道光元年（1821）重新修订，更名为《儒吏完城》，收入作者《六观楼北曲》。出目包括：设防、寇逼、破围、颂功。写作者友人朱凤森防守河南濬县事。剧情详见《六观楼北曲六种·儒吏完城》。（刘效民）

存韫斋

《龙江守岁》

龙江守岁一折　杂剧。清存韫斋撰。《清代杂剧全目》著录。清道光间朱墨稿本。一册。半叶十行，行十八字。叶心高宽：17.8×14.5。封面题："新戏"，下有"韫斋"朱文方印。卷端题："龙江守岁"。有"满州富察氏宝泉惜华"、"碧蕖馆藏"朱文印二。

存韫斋（1783？—1842以后），满州爱新觉罗氏。祖籍长白（今属吉林）。青年时代曾中高科，历官中外。嘉庆二十三年（1818），为桂仙女史《遇合奇缘记》传奇撰写凡例。后因事革职，远谪黑龙江。

该剧系作者远谪黑龙江后所撰，叙作者壬辰（道光十二年，1832）孟夏，参替朔方。彼时贵戚握节，从心所欲，他谏之不听，劾之未忍，以至酿成奇祸，革职听勘，远谪黑龙江。逢除夕夜，耳听爆竹声催，作者回想自己来此已一载有余，与家人、亲朋远隔千山，只有自己这华甲衰翁零丁孤苦地在此边陲地守岁，不禁万分惆怅。次日作者低头冒风雪依次到彼处大小十三家去拜年，而后与童儿回到庙中，宽衣解带，填词数阙，将此地风光寄往京中，示诸亲属。（戴云）

桂　仙

《遇合奇缘记》

新编遇合奇缘记五十出　传奇。清桂仙撰。清嘉庆间朱墨稿本。四册。半叶八行，行十八字。叶心高宽：20.5×13.7。有眉批。卷首有《遇合奇缘记序》；嘉庆二十三年（1818）韫斋撰《凡例十六条》，署："嘉庆戊寅季春上浣韫斋笔记"，下钤"韫斋"朱文印记；并目录、题词。卷端署："长白女史桂仙氏填词"。文末有嘉庆二十五年（1820）枝珍氏《遇合奇缘记后跋》，并统计文中曲牌、诗词歌赋数目。

桂仙（1784？—1819），女，祖籍或出东北满族。侯府千金。17岁时在老姑母的强媒之下，嫁与藩府世子为妻。善辞赋、戏曲。曾将自己与表哥暗恋实事以编年体谱为《遇合奇缘记》传奇，始于庚戌（乾隆五十五年，1790），终于丁丑（嘉庆二十二年，1817）。

该剧不分卷，共天宴、系足、议罪、降凡、奇遇、订盟、面试、闺思、馆忆、强婚、入谒、话旧、赏春、琴调、学诗、莺迁、祝寿、见蕙、谱弈、习字、赏荷、纸鸢、诞雏、猎饯、医病、坐怀、代报、妪合、询香、调艳、寄外、中秋、合卺、观妆、嘱绘、防患、措捐、私谏、赚囊、篡左、涤疮、阻觞、茶叙、再庆、冠（寇）警、奉环、上元、莲宴、同浴、作记诸出。上场诗“照下土的无量佛慈鉴恩情誓，附上水的老姑母硬破婚姻事。善治病的俏情郎妙手作良媒，爱读书的小宫娃灵心填密记”总括剧情梗概。述玉虚天帝宴请诸神，金童玉女趁月老醉卧，私用红丝系足，被玉帝贬落人间。男生帝室懿亲，女降椒房贵戚。庚戌八月，逢圣诞举国同庆。八岁的椟珍随父到古庙游玩，恰与舅父带七岁表妹桂仙相遇。二人相互爱慕，便到佛前焚香设誓永做夫妻。三年后，为贺叔祖母六旬华诞。椟珍随父前往祝寿又遇桂仙，便与之牵手同看《八仙庆寿》戏。几年后，侯爵小姐桂仙无奈嫁与藩府世子。虽然此前老侯爷已订东床椟珍，但在老姑母强行为媒之下，只得委屈女儿。自入藩府，桂仙终日愁眉，时时思念与之订盟的椟珍。三月后，世子移住梁园，椟珍听说，借与世子同谱同窗之由，前往祝贺。兄妹见面，感慨万分。自此，椟珍常去藩府看望桂仙。二人或弹琴，或对弈，或习字，或作诗，或对酌赏花。逢桂仙二旬华诞，椟珍赠其如意一柄，愿其寿同岳永，福共天长。赏荷时，椟珍采并蒂莲，二人祈盟，愿皇天垂鉴，来世夫妻。后桂仙生女，产后得病，半年后病体愈重，而世子要随圣上围猎差例，不能请假。他请旧日同窗椟珍，常来府中照应。椟珍亲请儒医为其诊脉，重新用药，并口哺喂药。桂仙十分感动，无以报答，命丫鬟蕙儿代其侍寝。在椟珍悉心照料下，桂仙病愈。中秋佳节，桂仙借椿庭华诞之际，将椟珍诓进燕尔堂。堂中设有酒宴，桂仙凤冠霞帔，借与乃翁祝寿际，与椟珍同行一礼。是夜，二人携手同入罗帐。椟珍少负才名，久登科甲，官运早财运偏迟。桂仙年周月济，并上下打点使之奔走宦途，终使调补户曹。二人私结鸾凤后，世子偶闻风声，对椟珍闭门不纳。桂仙巧言相辩，以解世子疑心。椟珍失查假印被革职，户部奏准捐复，桂仙愿资二数，并劝他不可自甘废弃。闻楱珍嗜酒狎优不务正事，她便写笺规谏。素知丈夫与楱珍对春秋三传深有研究，且楱珍现无耑业，桂仙建议其将列国世次纂成年表，使后读之一目了然。楱珍请桂仙帮助，议定每日午刻开馆。楱珍项后生疮，不敢乘车，日日徒行。桂仙经丈夫允许，亲为洗涤敷药。逢楱珍三十寿，桂仙欲开莲宴，以伸私祝。楱珍因母病笃，力辞。转年逢桂仙三十整寿。楱珍因服制未满，不便公开露面，便提前到府上献如意以祝。楱珍终捐复原职，往世子府中致谢。桂仙夫妇以酒相待。三人共饮，桂仙假醉，先退。楱珍将世子灌醉，到桂仙房中行云雨事。桂仙暗将先母所留瓜蝶、连环各一私赠楱珍。楱珍服制期满后，桂仙补开莲宴，以祝遐龄。六月天气闷热，桂仙命丫鬟备好香汤，二人同浴。浴后，楱珍建议将二人遇合奇缘的多情佳话写为传记，各收一本，以为异日展卷之助。桂仙依言，自此潜心作记，将二十六年来二人交往之事细细写出。剧中偶涉嘉庆十八年天理教起义攻打紫禁城事，但“凡有关系国家政事者，无论得失，不敢附入”。（见该剧凡例）（戴云）

谢　堃

《黄河远》

春草堂黄河远二卷二十四出　传奇。清谢堃撰。《今乐考证》著录。清道光十年（1830）春草堂刻本。二册。半叶八行，行十九字。下黑口，左右双边，双鱼尾。版框高宽：16.8×11.5。函套签题：“黄河远传奇，梦坡所有”。封面右栏题：“道光庚寅新镌”，中栏题：“黄河远传奇卷上/下”，左栏题：“春草堂藏板”。卷首有署“春草词人纪实”之《黄河远小引》、春草堂黄河远目录。卷端题：“春草堂黄河远”、“佩禾谢堃填词，梅卿女史按拍，湘舲侍妾校字”。

谢堃（1784—1844），初名均，字佩禾，号春草词人。先世由江西迁扬州，居少伯镇，遂为甘泉人。国子监生。工诗善画，曾久客山东。著有《春草堂集》、《春草堂随笔》、《兰言集》、《日损斋诗钞》等，均刊行于世。戏曲作品有《春草堂四种曲》，包括《黄河远》、《十二金钱》、《绣帕记》、

《血梅记》传奇四种。另有《芙蓉亭》院本（见《光绪广州府志》），未见传本。

该剧首出下场诗“王之涣有意无意，胥长公随机应机。聂隐娘失偶得偶，双鬟妓感恩报恩”可总括全剧。上卷目：传意、侨寓、备边、访旧（正文话旧）、神警、哭鬟、祭鬟、冥报、茶衅、幻卜、请符、收祟；下卷目：酬宴、前慕、莲眚、烟忏、阻宴、后慕、侠醋、遣害、移寓、雪楼、蛟变、分隐。叙唐时王之涣与王昌龄、高适于旗亭画壁后，南游海峤，东涉沧溟。因欲探黄河原委，便来到淮南。听说老友侠客胥长公也流落到此，决定前去拜访。王之涣到胥府，未遇胥长公，留下【齐天乐】词。胥归家后，见王留诗词，决定与妾楚香在南园请王吃饭。席间，大家叙起往事，无不怅然。王之涣问起当日旗亭画壁的双鬟现在何处。胥告之安史乱后，双鬟逃难途中，被歹人逼迫，急中得病而死。双鬟义妹聂隐娘撵走歹人，变卖衣物，买棺装殓。现棺木还停在庙中尚未下葬。王之涣听罢，大恸以致昏死过去，回寓所病数日。稍好转，王之涣前往庙中吊唁，抚棺痛哭，泪水湿透灵幢。而后换了套材，买块坟地，将双鬟棺木下葬，又立石碑，上书“杨双鬟之墓”。双鬟魂灵深感王之涣情意，告之上天，决定成就他与聂隐娘的婚事。后经一番曲折，王之涣终与侠女聂隐娘结为眷属。节师署中内记室红线慕王之涣才华，效仿红拂私奔，也与王之涣结亲。后王之涣得家童家信，决定返乡。王之涣与前来送别的胥长公拜别双鬟之墓，带聂隐娘、红线前往苏州去也。（戴云）

彭剑南

《影梅庵》

影梅庵传奇二卷二十八出首一出　传奇。清彭剑南撰。《今乐考证》著录。清道光八年（1828）冒氏水绘园刻本。二册。半叶九行，行二十二字。白口，左右双边，单鱼尾。版框高宽：17.7×12.5。封面右栏题：“道光戊子春镌”，中栏题：“影梅庵”，左栏题：“水绘园藏板”。板心题：“影梅庵”，并题每出目名。卷首有“较字姓氏”，署：“影梅庵乐府，溧阳彭剑南梅垞填词，如皋冒长清不波鸠刊”，并目录。卷端题：“溧阳彭剑南梅垞填词，休宁孙如金云岩正谱 ”。有“易心盦”章。

彭剑南（1785？—1850？），字梅垞，一字小陆，号稚观山人。江苏溧阳人，廪生。久试不第。与诗人陈文述、裴之父子交游。除《影梅庵》外，还撰《香畹楼》传奇，合称《茗雪山房二种曲》，今存。曾为陈文述谱《碧城仙梦》一剧，未竟。

该剧作于清嘉庆十九年（1814），取材于冒襄《影梅庵忆语》、张明弼《冒姬董小宛传》及吴伟业《题董白小像诗》等。上卷目：楔子（正文作“写意”）、牲盟、盒会、抚寇、失驭、半塘、献叛、省觐、赚城、限藩、黄山、失陷、愤疏、病忆、散赈；下卷目：得调、桐桥、心药、竞渡、醉月、归田、别玉、怜香、集饯、影梅、避难、平寇、椿寿、菊仙。述如皋诸生冒辟疆金陵赴考，与秦淮歌妓董小宛邂逅，缔结良缘。时张献忠起兵造反，被左良玉所败，降陈洪范。后献忠复反，破襄阳，杀襄王。熊文灿调辟疆父起宗往监左良玉军，辟疆血疏陈情，后诏命起宗改调宝庆按察副使。辟疆乘隙往桐桥访小宛，小宛苦思辟疆成疾，见辟疆病情立愈。起宗忧乱辞官，辟疆欲随行归故里。行前，托苏州刺史李巫臣照看小宛。逢乱，李巫臣为小宛事致书钱谦益，钱乃命妾柳如是至半塘伴小宛，又为其脱籍，送往如皋。小宛嫁后，尝伴辟疆往影梅庵，烹茶操琴。阮大铖等拥立福王得重用，仗势迫害众复社人，辟疆因此避往他处。清兵破金陵，扫平江南。辟疆乱后回归故里，时小宛已病入膏肓，被王母召为瑶池花史。

其书衣处有墨笔题记二则，其一曰：“孙君云岩与先公同官水部，曾题先生影梅庵传奇本，余时年（即道光六年，1826，笔者注）十八岁，得读此本，写定未刊之书也。今冒太守出如皋刊本，见视如遇旧，交喜可知矣。惟标目处为‘溧阳梅垞填词’，先生仅署正谱，与余昔所见写本相异，不知因何误刊。读竟，用志卷首，时年政八十。玄始读此卷，时甲子一周已。白门何兆瀛通甫志。时光绪戊子四月中。”（戊子，光绪十四年，1888，笔者注）其二曰：“卷中词句有当日极赏心者一字不讹，故知其误刊无疑。通甫再记”。并钤“八十翁”朱印。按，该剧又有道光六年茗雪山房刻本，卷尾作者附记云：“余始撰《影梅庵》止六折，云岩水部见之，笑曰：‘此

《桃花扇》笔墨也，但如食江瑶柱，以过少为憾耳。’因与云岩制题分谱，余填词什之七，云岩填词什之三。故京本用云岩款，附笔于此，用志不敢掠美之意云。”据何兆瀛题记及彭剑南附记，可断该剧为彭剑南、孙如金（云岩）合撰之本。（戴云）

周乐清

《补天石传奇》

补天石传奇八种　杂剧剧本集。清周乐清撰。《曲录》著录。清道光十年（1830）静远草堂刻本。八册。半叶十一至十二行不等，行十六字。白口，四周双边，单鱼尾。板心题书名并卷数，有眉批。唱词详注工尺谱。封面题："道光庚寅仲冬，补天石传奇，静远草堂藏板"。每剧每出前附图一帧，共四十二帧。卷首载清道光十年（1830）泗州陈阶平、吹铁箫人谭光祜、湘渔邱开来序三篇，道光十七年（1837）纯如子江左吕恩湛《跋》，作者之《补天石传奇八种自序》，并欧阳绍洛、张家榘、危焕台《题词》，作者自撰《补天石传奇八种凡例》六则。有《补天石传奇提纲》、《补天石传奇总目》。每剧卷端题："炼情子填词，吹铁箫人正谱"。

周乐清（1785—1855），字安榴，号文泉，别号炼情子。浙江海宁人。清嘉庆十九年（1814）任道州州判，嘉庆二十四年（1819）任祁阳知县、永明知县等职。有《静远草堂诗话》等著作传世。所做杂剧八种：《宴金台》、《定中原》、《河梁归》、《琵琶语》、《纫兰佩》、《碎金牌》、《纨如鼓》、《波弋香》，合称《补天石传奇八种》，今存。

《太子丹耻雪西秦》，六出，简名《宴金台》，《补天石传奇八种》第一种。版框高宽：18.5×13。出目为：定计、饯易、献图、潜师、灭秦、宴台。剧述燕太子丹遣荆轲、高渐离、秦舞阳到秦国，以献督亢地图为名借机行刺秦王。秦王不知就里，见图大喜，留荆轲等在客馆暂住。秦王诏高渐离入宫击筑，同时意欲与燕国订立永不侵扰之约。燕太子丹一面命燕国大夫田光前往三晋订约，一面拜并未真亡献头的樊於期为元帅，联合六国之兵伐秦。樊於期与赵将廉颇、韩将公孙婴、魏将公子无忌联合用兵，荆轲等人为内应，终于大败秦军。秦王毙命，秦公子扶苏自焚殉国。最后太子丹在黄金台庆功拜宴。

《丞相亮祚绵东汉》，四出，简名《定中原》，《补天石传奇八种》第二种。版框高宽：18.4×12.7。出目为：禳星、败懿、禅谌、归庐。剧述三国时期，诸葛亮接受刘备之托辅国，六出祁山伐魏。在五丈原以病亡假象吓退司马懿大军。司马懿以为诸葛亮真亡，故而出兵陷于葫芦谷内，被蜀军截杀而全军覆灭。诸葛亮乘胜追击，直捣洛阳。刘禅闻听大喜，亲往军前为诸葛亮卸甲犒军。诸葛亮复建汉室旧都，忠佞诸臣各有赏罚，然后功成身退，依旧羽扇纶巾，回到茅庐归隐。

《明月胡笳归汉将》，四出，简名《河梁归》，《补天石传奇八种》第三种。版框高宽：18.6×13.2。出目为：报书、释疑、关凯、墓封。剧述汉朝，李广之孙李陵因受奸臣公孙敖陷害，被匈奴俘虏。匈奴单于为使李陵归降，诓骗他说汉帝已灭李家全族。苏武在匈奴牧羊十九载得以还朝，北海牧羊之间得遇李陵，知他一心向汉，生不如死。李陵之弟李禹，挂帅来雁门关与匈奴交战，兄弟得以见面，并联合起来剿灭匈奴。苏武闻讯，来到当日河梁分别之地，迎接李陵还朝。皇帝颁圣旨表彰李陵一门，还将生前显赫的卫青、霍去病二人官职尽行革去，追封一生未得志的李广为北平侯。李陵建立大功，祭拜祖墓以慰忠魂。

《春风图画返明妃》，六出，简名《琵琶语》，《补天石传奇》第四种。版框高宽：18.5×13.5。出目为：诉庙、驻云、衔图、吼狮、归璧、圆乐。剧述汉朝，王昭君因不肯贿赂宫中画师毛延寿而被画得相貌丑陋。恰逢匈奴来人索要后宫美人和亲，汉元帝便让昭君出塞和亲。元帝见昭君相貌倾城，怒毛延寿所为而欲治其罪。毛延寿畏罪潜逃匈奴，并献昭君写真画像以取悦匈奴单于。昭君和亲行至雁门关，因思念故国而泣啼，弹奏琵琶以抒怀。琵琶之音被驾云路过的金母娘娘听见，遂驻云探看究竟。她得知昭君遭遇后，与青鸟使者定计解救昭君。青鸟使者飞到匈奴番宫，将毛延寿所绘昭君图衔至匈奴皇后宫中。匈奴阏氏见昭君貌美，害怕自己失宠，便不准单于迎娶昭君。单于只好送昭君归汉。途中，昭君受金母娘娘点化升仙，因善弹琵琶而被封为八音传乐仙女。

《屈大夫魂返汨罗江》，六出，简名《纫兰佩》，《补天石传奇八种》第五种。版框高宽：18.4×13.1。出目为：仙援、邻助、遇途、责约、求盟、勘罪。剧述屈原忠而被谤，自沉于汨罗江，被吴楚之间得道的渔父救起。渔父以赵国新主登基、胡服骑射以图国强为由，劝说屈原前往赵国借兵兴国以成就大业。屈原遂拜渔父为师，后只身前往赵国。他趁赵国国君赵雍出猎郊外之时，将自己借兵救国的意愿编成歌谣演唱。歌谣打动赵王，他命赵相肥义同廉颇合楚师伐秦。被张仪欺骗失国的楚怀王流落赵国，屈原与怀王君臣相见。楚赵两国大败秦国，楚雪国耻，楚怀王还国，谗害屈原的郑美人被怀王贬入冷宫，子兰羞畏自尽。屈原被拜为令尹，执掌国政。

《岳元戎凯宴黄龙府》，六出，简名《碎金牌》，《补天石传奇八种》第六种。版框高宽：18.6×13.1。出目为：矫诏、诘奸、渡河、殛术、凯筵、仙慨。剧述宋将岳飞，在宋室南渡偏安后以十年心力进兵燕云之地。功将成时，奸相秦桧却因暗通金国而屡下金牌诏岳飞回师。岳飞两难之际，部将杨再兴擒获奸细王荇兵，并在他身上搜出秦桧通敌的亲笔书信。此消息传至临安，将军韩世忠面斥秦桧，揭露其矫诏通金的行径。大理寺卿周三畏奉旨审秦桧一案，秦桧夫妇与张俊等俱被腰斩，首级传示军前。三军见此，士气大振，岳飞直抵黄龙大败金军。岳飞修宋室先帝祖庙，安抚百姓，迎圣驾北上还旧都汴京。岳飞因忠孝感天，被仙翁海陵徐神翁点化成仙。

《贤使君重还如意子》，四出，简名《纨如鼓》，《补天石传奇八种》第七种。版框高宽：18.7×13。出目为：酬乘、赐泉、绘赈、鼓圆。本事见于《晋书·邓攸传》、《东晋演义》等。述东晋平阳襄陵人邓伯道为人忠信，其弟因病丧命，临终前托孤邓方给邓伯道。兵乱之年，邓伯道举家逃难，因无力携亲子与侄共同逃生，遂将亲子遗弃于桑园之内，留下身世血书后带侄逃走。后邓伯道因为官清廉而受百姓爱戴，百姓不舍他辞官别任，作歌纨如鼓相送。在作歌人群中，邓伯道偶然发现一青年男子与自己桑园丢失的儿子极为相像。一番周折之后，邓伯道证实这青年确为自己桑园所寄之子，于是父子相认。元李直夫《邓伯道弃子留侄》、明无名氏《邓攸弃子抱侄》杂剧，清传奇无名氏《百子图》亦叙此事，近代川剧、湘剧、滇剧、秦腔、河北梆子等均有同题材剧目，京剧《桑园寄子》广为流传。

《真情种远觅返魂香》，六出，简名《波弋香》，《补天石传奇八种》第八种。版框高宽：18.4×13.2。出目为：警弦、取冷、吁冥、判医、乞香、合弦。剧述颍川人荀粲，娶曹氏女云香为妻，二人恩爱异常。岂料曹云香忽染恶疾，一病不起。荀粲请郎中甄某为云香诊病，甄郎中称云香火蕴于中，故阴阳相搏，要荀粲露坐中庭取寒冷之气，再以身为云香熨贴。荀粲依照执行，但终不可治云香之病。云香病亡，荀粲悲愤而怒告天庭于夜。阎君得知其冤，查冥界枉死城，带来众多庸医审判，将以救人之名行杀人之实的庸医变作粪蛆。名医华佗告知荀粲，波弋国东山之上有异香，名为“波弋香”。此香熏染，能使人死而复生。荀粲得知后，立意取来此香为妻还魂，他出关渡海来到波弋国，一路躲避毒蛇猛虎，遇美女亦不为所动。看管波弋香的淳于仙师，怜他痴挚，遂赠其波弋香一丸。荀粲得香后终与云香重聚。（孙红侠）

万荣恩

《潇湘怨》

新填潇湘怨曲本四集三十六出首一出　传奇。清万荣恩撰。《古典戏曲存目汇考》著录。清嘉庆五年（1800）青心书屋刻《醒石缘》所收本。四册。半叶八行，行十六字。白口，左右双边，单鱼尾。版框高宽：10×7.1。封面题：“前后红楼梦合谱，醒石缘，青心书屋藏板，嘉庆庚申春镌”。封二题：“潇湘怨”。板心题：“红楼梦传奇”，下标出目。卷首有嘉庆五年（1800）秋舲主人《醒石缘》序及作者《红楼梦传奇》序并附《离恨歌》，李葵、朱兰、刘嵚、陈佩兰、吴自新、俞用济等人所题词曲，目次，剧中角色配置及每出所用砌末说明。卷端署：“白下瀛洲小史万玉卿填词，同里浣红老叟李瘦人评点”。

万荣恩（清乾嘉间人），字玉卿，号青心居士、醒花生、瀛洲小史。江宁人（今南京）。诸生。姚鼐门人俞用济（遥帆）为其内弟。工诗能画，擅词曲。除该剧外，尚撰传奇《谪花楼》，已佚。

该剧为作者所撰《醒石缘》传奇之前半，取材于曹雪芹小说《红楼梦》。后半为《怡红乐》，乃述《红楼梦》续编之事，约作于嘉庆五年，分元、亨、利、贞四集。元集目：情旨、种情、庭聚、荐宾、探亲、神游、梦姻、奇缘、警曲；亨集目：归省、埋香、盟心、结社、祭祠、试玉、拾囊、检园、屈夭、撰诔；利集目：琴梦、巧逗、秘议、傻露、兰摧、诧醟、泪奠、惊幽；贞集目：余情、籍府、感痴、幻悟、醒玉、别试、却尘、骇报、舟遇、情缘。以“情旨”中四句下场诗总括全记：“苦钟情的贾宝玉遭逢生别离，病伤心的林黛卿担承死薄命。不损坏的潇湘馆常贮冷吟闻，有收场的警幻宫共入蒲团定。”述太虚幻境赤霞宫神瑛侍者常在灵河岸灌溉绛珠仙草，日久天长，使之修成女体。她因未酬其德，致使五内郁结，欲将一生泪水，报其浇灌之恩，于是二人下到尘世。剧从宝玉抓周、黛玉进府写起，穿插贾宝玉梦游太虚境与秦可卿婚配，宝玉、宝钗相遇见金锁，宝黛听曲，元妃归省，黛玉葬花，宝黛交心盟誓，大观园结诗社、贾家祭祖先，傻大姐拾绣春囊，抄检大观园、宝玉探晴雯、宝玉作《芙蓉女儿诔》、黛玉整理诗稿等情节。后凤姐献偷梁换柱之计，宝玉娶宝钗为妻，黛玉听傻大姐语得知此事，含恨而逝。逝前，李纨探黛玉病。新婚夜，宝玉发现新娘不是黛玉，大惊。闻黛玉泪尽而逝，宝玉哭灵。宝玉夜梦阴司，求见黛玉不得，云已入太虚幻境。朝廷因贾赦交通外官，倚势凌弱，命锦衣卫查抄宁府，将贾赦财产充公，革去世职，发往刑部议罪。宝玉入太虚境，见晴雯、黛玉等，但众人皆不理他，后又回到凡间。数年后，逢科考，宝玉与侄贾兰赴考，得中举人。但他看破红尘，遁入空门。（戴霞）

胡　重

《海屋添筹》

海屋添筹一折　杂剧。清胡重撰。《清代杂剧全目》著录。清嘉庆间刻《寿萱集》卷六所收本。半叶九行，行十九字。白口，左右双边，单鱼尾。版框高宽：19.3×12.8。板心题：“寿萱集”、“卷六”。

胡重（清乾嘉间在世），字菊圃，秀水（今浙江嘉兴）人。监生。工诗词，著有《说文字原韵表》。今存清嘉庆刻本。能作曲，撰《海屋添筹》、《嘉禾献瑞》杂剧二种，均为嘉庆八年（1803）为贺姚鸣庭母魏太恭人八十寿辰而撰。

该剧述护法神韦驮奉无量寿佛法旨游南海，与东、西、南、北四海龙王相会，见下界文士为姚母魏太恭人祝八旬寿诞，便也仿效添筹之祝。众水卒持三筹到，东海龙王取一筹掷入海屋，以为福兆；西海龙王掷海屋一筹，以为禄兆；北海龙王掷海屋一筹，以为寿兆。掷罢，众仙齐祝魏太恭人福如东海，寿比南山。（戴云）

《嘉禾献瑞》

嘉禾献瑞一折　杂剧。清胡重撰。《清代杂剧全目》著录。清嘉庆间刻《寿萱集》卷六所收本。半叶九行，行十九字。白口，左右双边，单鱼尾。版框高宽：19.3×12.8。板心题："寿萱集"、"卷六"。

该剧述嘉庆八年（1803），南岳魏夫人八旬寿诞，东方朔奉东王公法旨，邀张果老等八仙前往致贺。此时何仙姑亦奉西王母之命，率领梅、杏、桃、蔷薇、石榴、荷、秋海棠、桂、菊、芙蓉、山茶、腊梅十二月花神乐部，前往南岳魏夫人寿筵前祝寿。五谷神手执嘉禾一枝，匆匆赶来，祝南岳大地稻谷年年丰收，风调雨顺，国泰民安；祝高堂寿比南山。（戴云）

四中山客

《六喻箴》

六喻箴传奇二卷十五出　传奇。清四中山客撰。《古典戏曲存目汇考》著录。旧抄本。二册。半叶十行，行二十至二十四字不等。叶心高宽：17.3×12.3。封套题："六喻箴传奇，旧抄本"。卷首有嘉庆八年（1803）四中山客《六喻箴传奇自序》，署："嘉庆癸亥年乙卯月丙寅日四中山客撰"。

四中山客（清乾嘉间在世），姓字、里居、生平皆不详。

该剧上卷目：初音、感春、闺叙、北上、寺寓、奇遇、惊寇；下卷目：

窜沛、投友、幽思、医会、定计、还愿、酬愿、舟隐。写书生司空兆梦应试过苏州，题诗东禅寺海棠院壁上，与女子何影娘相遇，惊为绝色，遂央僧人法相做媒。逢崆峒山山大王闪电光突然到此打劫，抢走影娘并丫鬟幻姐。闪电光见影娘姿色出众，欲收她为妾，影娘誓死不从。压寨夫人露华见影娘可怜，便认她做义女，收在房中。司空兆梦流落到湖广，以行医为生打听影娘下落。影娘到山寨后，因忧伤竟一病不起。露华命喽啰下山去请名医给影娘看病。影娘见行医者竟是司空兆梦，病顿好大半。司空兆梦嘱影娘养好身体，让幻姐到他寓所去取药，并将脱身之计写在药方之上。正月十五日，影娘与幻姐依计到双林寺烧香，司空兆梦早已在此恭候。趁人不备，三人上了早已备下的船只，前往沛郡太守子虚衙中。后在子虚太守的操办下，二人结为眷属。（戴云）

蓉鸥漫叟

《续青溪笑》

续青溪笑　杂剧剧本集。清蓉鸥漫叟撰。《今乐考证》著录。清嘉庆间原刻本。一册。半叶九行，行二十字。白口，左右双边，单鱼尾。版框高宽：16×11.5。板心题："续青溪笑"，并每剧简名。卷端残缺，标名已失，只存"蓉鸥漫叟填词，□□寓公正谱"数字。该书包括《劝美》、《说艳》、《桂苑》、《茶围》、《惊寒》、《教戏》、《珍旧》、《醒芳》八部短剧，每剧一折。剧中所述多金陵妓女故事，文词平庸。

蓉鸥漫叟（清乾嘉时人），姓字不详。或认为即桐城张蠡秋，可备一说。工诗词，与孙星衍、仲云涧友善。著《邗江百爱诗》、《金阊竹枝词》。嘉庆"己未（1799）秋客白门，羁邸无聊，取青溪近事可供谈噱者，各填一曲……言情叙事，无所虚伪"。（见《青溪笑》自序）撰杂剧集《青溪笑》（收短剧十六种）、《续青溪笑》，均存世；撰传奇《联珠记》、《梦琼图》、《金带围》、《渡花缘》四种，均佚；另有《青溪三笑》，未见流传之本。

《劝美》，《续青溪笑》第一种。述主人公曾与坊曲间妓女眉娘邂逅而遇，颇有惜玉怜香之意。再见时便劝其要从长计议及早抽身，不可只图眼前，不管日后。眉娘听罢，决心急流勇退，深掩朱门，结束卖笑生涯。

《说艳》，全名《卖花奴同途说艳》，《续青溪笑》第二种。述东花园卖花吴小郎解种植之方，擅浇灌之术，清晨从花市搜求奇葩异卉，日间挎篮卖花于门户人家。江北董大娘走街串户，以替人拢头掠鬓为生。二人邂逅瓜棚，闲聊中，争夸自己所见之姑娘最美。

《桂苑》，全名《隐仙庵喧阗游桂苑》，《续青溪笑》第三种。述南京隐仙庵桂花开放，游人踵至。杨丽环与女儿喜子也来赏花，与老相识万相公不期而遇。说书人赛柳生在半山腰摆场说书，杨丽环与万相公点《扬州宴》一曲。天色暮，游人散，隐仙庵又恢复往日平静。

《茶围》，全名《钓鱼人彳亍打茶围》，《续青溪笑》第四种。述钓鱼巷有一帮游手好闲之人，每日掮伞去妓院打茶围。他们频频往来于两条古巷，关情花柳，借故看娇娥。并一呆就是半日，借喝茶谈些不相干的话题，走时故意将伞遗忘。院中妈妈总是追到门口，将遗忘的伞送去，希其下次再来；姑娘们却总是将茶杯送出，省得他们再来。

《惊寒》，全名《王寿卿被褐惊寒》，《续青溪笑》第五种。述老妓王寿卿家徒四壁，被褐惊寒。风雨交加之夜，她想起二十多年前随父初到吴中，曾度曲白门，颇负时誉。一时客人拥门，金钱满屋，罗绮盈箱。后遇人不淑，以致积蓄皆空。思起旧日繁华盛景，她万分惆怅。

《教戏》，全名《叶香畹开堂教戏》，《续青溪笑》第六种。述吴门名妓叶香畹移居建业十余年。昔日寻宫按商，珠喉一串，颇解莺簧品玉。于今年华已过，人事多迁，无以为生，只得手执红牙拍板，开堂教戏。既可消遣清昼，又不致坐吃山空。

《珍旧》，全名《一柄扇妙姬珍旧迹》，《续青溪笑》第七种。述昔日名妓汤十，小字靥花，住新桥牛市。门庭寥寂，景况萧然。一日，张家河亭有客来邀，汤十动身前往，见旧日姐妹的花容月貌清减许多。众人谈到汤十珍藏雪鸿居士旧日所画扇儿一柄，那居士的画现很难得。屋中有二西客见此扇，得知汤十生活拮据，便出高价购买，遭汤十严词拒绝。

《醒芳》，全名《九转词逸叟醒群芳》，《续青溪笑》第八种。述安峰逸叟邀旧日好友至妓院闲聊，谈及往事，不胜感慨。安峰逸叟一时高兴，

将青溪旧事编成《货郎儿九转》弹词演唱。词中流露出对昔日繁华的眷恋和对眼前景况的惆怅。（戴云）

江雪樵

《牡蛎园》

牡蛎园四出　杂剧。清江雪樵撰。《今乐考证》著录。清嘉庆二十四年（1819）一枝山房刻《清溪风雨录》卷下所收本。一册。半叶八行，行十六字。白口，左右双边，单鱼尾。版框高宽：12.6×9.3。板心题："清溪风雨录，下卷"，并标出目。卷端题："雪樵填词"。

江雪樵（清乾嘉间人），字不详，别号雪樵居士。江西人，久寓南京。善诗词戏曲，著有《清溪风雨录》、《秦淮见闻录》等，均存。

该剧出目：寻秋、雪忆、游湖、话别。述金陵歌女香娘赁寓牡蛎园中。一日，李雨亭、周介轩踏雪同到牡蛎园会香娘，众人饮酒行令，谈及霞城散客离乡十载，近日准备还乡，香娘不禁为年逾五旬的霞城散客担心。霞城散客返乡日，雨亭、介轩等好友皆来送行。香娘乘船到水西门外去与之告别。二人见面后，依依话别。霞城散客取同样玉玦两枚各存其一为信物，约定明年回金陵后以图良晤。（戴云）

吴　镐

《红楼梦散套》

红楼梦散套十六出　传奇。一名《红楼梦曲谱》。清吴镐撰。《今乐考证》著录。清光绪八年（1882）蟾波阁刻本。一册。半叶六行，行十七字，白口，左右双边。版框高宽：16.7×12.3。上书口题："红楼梦散套谱"，标出名，下书口题："蟾波阁"。函套朱笔题："红楼梦散套，蟾波阁"，封面题："红楼梦曲谱，松隐居士题，光绪壬午仲春开雕"。卷首有光绪元年（1875）听涛居士书《红楼梦散套序》，卷端题："红楼梦散套，娄东黄兆魁订谱"。每出前附图二帧，共图三十二帧。有"长沙南雅曲社之印"、"长沙徐汉立珍藏印”，并“康生看过”章。

吴镐（清乾嘉时人），字荆石，别署荆石山民。镇洋（今属江苏太仓）人。监生，父任京口游击。喜文墨，专攻诗、古文词，笔意古雅，为同里诗人彭兆荪所赏。后家道中落，以病酒卒。著有《荆石山房诗文集》、《汉魏六朝志墓金石例》。

剧本小说《红楼梦》，末出情节为作者自拟而编。凡归省、葬花、警曲、拟题、听秋、剑会、联句、痴诔、鞶诞、寄情、走魔、禅订、焚稿、冥升、诉愁、觉梦诸出。有元妃省亲、黛玉葬花、宝黛读曲、宝钗吟咏、黛玉悲秋、尤三姐自尽、湘黛联诗、宝玉悼晴雯、众贺黛玉生日、宝钗作诗感黛玉、宝妙相遇、宝黛以禅语定情、黛玉焚稿、黛玉魂归太虚、宝玉哭祭黛玉、宝黛相逢天界等内容。吴梅谓该剧词藻结构 “脍炙人口，远胜仲（振奎）、陈（钟麟）两家”（见《中国戏曲概论》）。（戴霞）

王懋昭

《三星圆》

三星圆四集八卷一〇四出附录一卷　戏曲剧本集。清王懋昭撰。清嘉庆十五年（1810）踵武堂刻本，嫏嬛书屋藏版。八册。半叶九行，二十字。白口，四周双边。单鱼尾。版框高宽：19.5×13.5。封面题：“绣像三星圆传奇，嘉庆庚午新镌，嫏嬛书屋藏版”。上书口题：“三星圆”，标集数、出目名。下书口题：“踵武堂书”。卷首有嘉庆十年（1805）上虞梅轩王懋昭叙、梅轩主人自白、嘉庆十年陈绮树叙、嘉庆十三年（1808）朱亦东叙、王熙题词、陈煾“三星圆赞”胡树本跋、采荷老人占序、徐超群、胡栋、陈兆莲、金待镕题辞，例言十一则，附剧中人物绣像十六帧。并列有戏脚、脸谱。正文前以“全部提纲”总括全剧，每集开场有曲表家门。卷尾有嘉庆十四年（1809）同里沈德林《总评人品说》，并胡昆元、沈履谦等题词及梅轩自述《演戏庆寿说》。卷末附录《神宴》、《弧祝》、《帨庆》三剧。

王懋昭（清乾嘉时人），字梅轩，别署梅轩居士，梅轩主人。浙江上虞人。工诗文，善制曲。所作戏曲四种，均传世。

《三星圆》，传奇。《古典戏曲存目汇考》著录。约作于嘉庆八年（1803）六月，初集上卷目：开场、庆觞、赏梅、劝耦、析爨、赒贫、缔姻、伤春、拗媒、疏兰；下卷：思归、宁亲、荐友、托账、听婢、探郎、胁奸、哄主、递笺、谏闺、赴京、迕院、筹谐、倩醉、合欢。二集上卷：开场、征梦、经商、认匪、放熊、纵虎、畏谴、忏诗、解忏、售货、拟酬、却赠、携妾、咎妻、闹阃；下卷：教女、询姑、窃莲、惊寐、噬凶、躲园、下山、啮淫、别家、交簿、还简、皈元。三集上卷：开场、捷闱、修本、弹相、议醉、定刑、降氛、募兵、侵疆、警檄、立嗣、命将、御寇、话缘、辞捐、赈饥；下卷：稽案、证果、度魂、遗囊、占鳌、嫉贤、参座、规父、会边。四集上卷：开场、调军、挑战、疗胆、拆锦、访仙、谴符、破阵、伏魔、捣寨、投表、和番、膺使、矜孤、嫁钗；下卷：册王、俦鸾、策勋、赘凤、觐母、祷子、获丸、复形、锡男、赐名、剖贞、圆奇。叙唐时钱塘陈祖公娶兵部郭文龙女，二次应试得中，因弹劾卢杞被处宫刑，只得立侄宗勉为嗣。宗勉高中状元，挂帅出征抵抗扶余国，凯旋而归。祖公赈灾有功，复官出使扶余封王。天帝感其善行，遣天医星下凡赐丸，祖公竟复形生子。皇帝赐名，后召为驸马。祖公集福禄寿于一门，故名。后世传奇《独占鳌头》系据此剧改编。

卷末附录《神宴》、《弧祝》、《帨庆》三杂剧均为庆寿戏，每剧一折。《清代杂剧全目》著录。《神宴》述香山九老值某神寿诞，率众拜祝千秋。并祈求某神保佑人间风调雨顺，五谷丰登，百姓岁岁平安。《弧祝》述白居易邀香山社友张浑、卢真等往某地儒宗庆贺寿诞。众人备寿礼，又联寿诗一首，以当华封之祝。《帨庆》述上界九灵太妙金母知下界某老夫人寿诞，命金童玉女前去拜祝。二童领命，带瑶圃五色蟠桃前往。寿筵前，老夫人家森森兰桂，儿孙满堂尽属英才。老寿星鹤发童颜，精神矍铄。金童玉女献寿桃，恭祝老人寿比南山。（戴云）

潘炤

《乌阑誓》

乌阑誓传奇二卷三十六出 传奇。清潘炤撰。《古典戏曲存目汇考》著录。清嘉庆间刻《小百尺楼丛刊》所收本。七册。半叶九行，行十六字。白口，四周双边，单鱼尾。版框高宽：10.1×7.9。封面右栏题："随园老人鉴定"，中栏题："乌阑誓"，左栏题："小百尺楼藏版"。上书口题："乌阑誓"，并标卷数，下书口题："小百尺楼"（首叶错标成"小尺百楼"），卷首有嘉庆二十年（1815）秦基二序、嘉庆七年（1802）王訢序及乾隆五十九年（1794）作者自序，袁枚、翁方纲、朱珪、石韫玉、叶绍本、蔡本俊、张斐然、世恩、熊琏所题诗词，图八帧，并琅嬛仙客题画，另有顾玉书、叶又纨、陈云贞、铁保、曾燠、吴鼒、张问陶、言朝标、李仲昭、林绍龙、白镕、李宗昉、周兆基、叶新丰、李觐龙题词，潘炤《长恨歌》（用白香山韵，写霍小玉事），蒋防《霍小玉传》。卷尾有袁子才跋、潘炤识、吴廷琛跋。卷端署："吴江潘炤銮坡氏填词"。

潘炤（清乾嘉时人），字銮坡，号桃源渔者，别署笠泽小沧道人。江苏吴江人。嘉庆间官给事中，与当时文士袁枚、翁方纲、王訢、石韫玉等均有交往。其作品大部收入《小百尺楼丛刊》之中，主要有：《钓渭间杂脍》（包括《銮坡居士红楼梦词》、《小百尺楼小品六种》等），除该剧外，戏曲作品还有《梦花影》及《小沧桑》杂剧二种。

该剧作于乾隆五十九年（1794），事本唐人蒋防《霍小玉传》，同一题材的作品还有明汤显祖《紫箫记》、《紫钗记》，清蔡应龙《紫玉记》。该剧增出乌丝阑为贯串线索，后两出亦为作者杜撰。上卷目：先声、赴试、拾缣、说媒、定情、要誓、宴春、镌第、闻捷、诀别、饯送、假省、婚约、求巫、贷友、售钗、赂觅、赠金；下卷目：报信、路规、叹女、倩见、避迹、挟游、强合、伤逝、埋香、就姻、旋任、惊寝、擿琴、灭寂、讼遣、肃闺、复凡、仙圆。首出有诗曰："染没信誓的乌阑幅，翻少折证的紫钗曲。哀如醉生的李十郎，喜不梦死的霍小玉。"叙才子李益与霍王女小玉成百年之好，洞房夜，李益在小玉乌丝阑素缣上题誓，以永证同心。后李益中进士得官，回故里省亲。归家后，在母亲的强命下，与卢府女定亲。两年过去，小玉多方打听李益下落，始知其已变心，遂终日哭泣，身染重疾。侠士黄衫客见李益如此绝情，甚感不平，于是强挟之到小玉处。小玉举素缣怒斥李益负心毁约，大恸而绝。李益新婚之夜，小玉魂化为少年，屡与卢氏戏。李益怒休卢氏。之后两次续娶均如此。最后小玉魂归尘世，现身与李益团圆。（戴云）

《小沧桑》

小沧桑四折　杂剧。清潘炤撰。清嘉庆间刻《小百尺楼丛刊》所收本。一册。半叶九行，行十六字。白口，四周双边，单鱼尾。版框高宽：10.1×7.9。封面及板心题：“小沧桑”。卷首有銮坡居士题序、目录下有“摘锦四折”字样。卷端署：“笠泽小沧道人填词”。

目录为：登莱、得陇、劫桑、超海。述元真子张志和在海上捕鱼，收弟子渔者。渔者好赴人之急，元真子便请正阳子以黄白之术点石成金，得九品金二百镒。渔者想去登莱观，元真子将得来二百镒金赠之，以济其所需。莫侯出西川游东岱，闻曹南素称花园，风景名胜很多，便信步行来。来到蓬莱阁酒楼，他买醉一时，询问仙山消息。渔者途遇钟离子，钟让他到三神山求迹，并赴崆峒山。渔者依言，突被人推醒，原乃南柯一梦。后遇莫侯要去仙山，但无盘缠。渔者便将师傅相赠之二百镒金转赠莫侯，以解其燃眉之急，并告之此金乃点石而成，日后必须完补，千万不能失信。莫侯满口答应。莫侯一生落魄，后西上长安，谋了陇西半职。他刻薄嘴口，说是沐猴而冠。手下朱蛛、常虫、吴蚣、赖蟆、钱蝎等得陇望蜀。莫侯又在自家摆下家宴，又想到巫峰见襄王神女。渔者奉师命寻访三山，蒙钟离子指点，往瑶池探取穆天子八骏故迹。经火焰山遇女娲说明情况，女娲乃放之过去。在水帘洞他又遇钟离子，奉命赴陇西，得知莫侯在彼任职，便前往讨以前之贷金，以便返回时交还师父。见面后，莫侯有心还金，但其手下人十分势利。白水真人职掌盈虚，闻渔者困于索金。后钟离子到来，言其劫满行圆，将为超海。并命点化莫官，及早了结。否则夺其利禄，使终老贺兰山下。渔者来到莫府，莫侯百般辞却，硬为之饯行。后天神降临，责令其还金，否则夺其冠带，莫侯只得照办。渔者受真人点化，带莫侯到方丈瑶池洞天崆峒，知黄金白银，后来均成泥沙，使之悟彻，并将所婪之金命天马行空，送还元真子完取因果。元真子来接取渔者共赴瑶池之会，再回烟波去也。说对渔者是一小劫。（戴云）

梅窗主人

《百宝箱》

百宝箱传奇二卷三十二出首一出　传奇。清梅窗主人撰。《古典戏曲存目汇考》著录，但将作者误为黄图珌。清光绪二十年（1894）袖海山房石印本。四册。半叶九行，行二十字。白口，四周双边，单鱼尾。版框高宽：11.7×7.8。板心、卷端题："百宝箱"，书衣签题："百宝箱传奇，光绪石印本"封面题："绘图百宝箱传，光绪甲午袖海山房石印"。卷首有乾隆四十六年（1781)梅窗主人自序，序后有杜十娘、李千先绣像二，命选、院乐、递书、送别、侦情、祝发、柳饯、遣媒插图八帧，并汪瑶圃、张琴川、张东岩、刘清江、刘牧人、方笠塘、卜振千、萧云槎、田丹崖、汪对琴、郑溶、沈在秀题词。有"浮槎氏所藏曲"章。

梅窗主人（清乾嘉间人）。姓名、里居、生平不详。

该剧作于清乾隆四十六年（1781），上卷目为：标目、命选、访柳、教坊、游遇、院乐、边警、召征、兵捷、递书、誓嫁、助李、赎身、送别、舟泊、听歌、计骗；下卷：侦情、沉箱、投庵、归南、祝发、遇柳、劫金、卖字、柳饯、得第、荣归、劝嫁、遣媒、纳聘、打郎、婚圆。本事见《警世通言·杜十娘怒沉百宝箱》。明郭濬《百宝箱》传奇，清夏秉衡《八宝箱》传奇，均属同类题材。述书生李甲进京谋功名，遇名妓杜十娘，一见倾心，遂交往。逢西昌国破雁门关，直抵潞州。朝廷起用李甲父李志为兵部尚书总督军务，领兵前往解围。李志命家人接李甲回家乡临安。十娘与李甲十分恩爱，闻之欲归，乃说动老鸨，许其纹银三百赎身从良。李甲行囊告罄，同窗柳遇春慷慨赠银，将十娘赎出。返乡途中至瓜洲江口泊歇，李甲恐回去后遭严父责罚，闷闷不乐。十娘百般逢迎，弹曲以解其忧。邻船富商孙富闻声走出舱外，见十娘，惊其美貌，遂邀李甲过舟小酌。言语之间，知李甲心事，遂以银千两换十娘。十娘闻讯，怒斥李甲负心后，抱百宝箱跳入江中。后被救，栖身尼庵。柳遇春返乡遇十娘，将其带回苏州。后李甲中状元，知遇春有表妹甚美，乃遣媒人至柳府求亲。洞房夜，李甲方知新娘为十娘。十娘命丫鬟鞭打李甲，李甲苦苦哀求，终得十娘原谅。周贻白认为“其团圆场面，似落旧有传奇俗套，因之《沉箱》一出，殊不紧张。且以李甲于十娘投江以后，赴京会试中状元，宁有是理？”（见《曲海燃藜》）秦腔有同名剧目，京剧、评剧、越剧、河北梆子《杜十娘》，川剧《李甲归舟》也演此事，均以杜十娘抱百宝箱投江为结。（戴云）

秋绿词人

《桂香云影》

桂香云影乐府八折　杂剧。清秋绿词人撰。《清代杂剧全目》著录。清道光间刻本，二册。半叶八行，行十八字。白口，左右双边，单鱼尾。版框高宽：17×12。书衣签题：桂香云影乐府传奇；封面题：桂香云影乐府。卷首有道光二十六年（1846）序，署：“时在柔兆敦牂阳月鸥梦词人序于珠湖小沧浪馆”；并目录。卷端题：“秋绿词人填谱”。有“与君约略说杭州”、“欢喜吉祥”印记。

秋绿词人（清嘉庆年间在世），似为浙江绍兴人。姓字、生平不详。周贻白认为道光间画家顾椿年室名鸥梦庐，或为该剧序者鸥梦词人。近人或认为即该剧作者。

该剧目录：赴试、湖遇、双赠、海警、避兵、迷山、写影、梦圆。叙明时山阴汪梦桂赴杭州应乡试，遇扬州妓女刘桂云于西湖花神庙，与订白头约。后遭倭乱，梦桂献平倭策于朝廷，因此被封为元帅前往灭寇。及倭事平往觅桂云不得。梦桂摹写其容，题曰：“桂香云影”。是夜梦众花神引桂云来会，互诉离别之情。（戴云）

程居易

《碧玉玲珑》

碧玉玲珑八出　传奇。清程居易撰。《古本戏曲剧目提要》著录。清道光十年（1830）手稿本。一册。正文半叶八行，行二十五字，叶心高宽：22.5×15.9。卷尾题："清道光十年小春月程居易撰并书"。

程居易（清嘉道间人），生平事迹待考。撰有传奇《碧玉玲珑》。

该剧出目为：暗夺、祈求、对泣、谋劫、归安、夺囊、失意、全婚。剧写唐宪宗时，裴公平因屡建战功，被封为晋国公，权威显赫。万泉县令卫趋炎巴结权贵，欲选一队美女作歌姬，献给晋国公。他闻太学黄彬之女小娥貌美倾城，且善音律，琴棋书画、箫管琵琶样样精通，是难得的人才，便多次去黄家劝黄彬献出小娥，均遭拒绝。清明时节，黄彬去扫墓，卫趋炎打探到小娥留在家中，遂遣人去黄家抢人。他谎称小娥父亲已同意，并收下了三十万贯钱钞，允许将人立即带走。小娥言自己已是有夫之女，且父为太学，决不会做图财背盟，趋炎附势之事。卫趋炎不容分说，命人将小娥强拉上轿抬走，待黄彬归家，小娥已被送往京城。原来唐碧幼时，已用碧玉玲珑作为聘礼，与黄小娥订婚。唐碧因一直宦游南地，二人未完花烛。唐碧升为湖州参军，遵假回乡完婚。闻小娥被抢，怒不可遏，决心找回小娥。黄彬取钱三十万贯给唐碧，并遣家人狗儿陪同一起进京。不想狗儿途中起歹心，串通船家，将三十万贯钱及唐碧所有资斧、文簿、执照全部抢走。黄小娥被抢到裴公平家之后，一直满面愁容。晋国公见此，知其被迫所为，便换上便装，外出走访，察看民情。晋国公来到晋升店旅馆，见唐碧独自含泪喝闷酒，便上前询问。唐碧据实相告。晋国公回到府中，找小娥问明详情，又遣人将唐碧请来，提出愿为二人主婚。晋国公遣手下人分头去为小娥置办妆奁、布置洞房，又派人去吏部为唐碧再取参军诰敕。万事俱备，晋国公亲自为小娥、唐碧主婚，并赠唐碧宝钞千贯，令其携小娥去湖州赴任。（吴秀慧）

邓祥麟

《避债台》

避债台四折　杂剧。清邓祥麟撰。《清代杂剧全目》著录。清刻本。一册。半叶九行，行二十字。白口，单鱼尾，上书口题："避债台"。版框高宽 14×10.5。有眉批。卷前有大翮山人自序，琴想居士许月南序及木末居士题词。卷端题："大翮山人填词，琴想居士题评"。

邓祥麟（清嘉道时人），字樵香，后更名湘霖，别署大翮山房主人。河北栾城人。嘉庆十五年（1810）举人，由誊录出任广西横州知州。道光九年（1829），改任象州知州。工文词，亦能作曲。著有《大翮山房集》、《六影词草》等。戏曲作品仅《避债台》杂剧，流传于世。

该剧出目为：虑债、奔台、煮鬼、说梦。剧叙常山人南阳君琼，字子固，幼时熟读经史，饱览词章。后因连遭不幸，债台高筑。年关逼近，南阳君琼因无计偿债，只好出去躲避。他先到城南庄三间茅草破房隐藏，不料催租小吏追踪而至。他只好转移到村东柴武台，又被几个寻他的朋友碰上。无奈，他又逃至城西栾台。刚想歇口气，粮店、药铺、钱庄、酒肆的逼债人接踵而来。他用尽心机，才将这些人打发走。最终，他想到大翮山中有一小嫏嬛洞，藏到那里也许会无人找到。他来到此洞，由于饥饿劳累，不久就睡去。朦胧中感到被才穷、文穷、学穷、命穷、交穷的五穷鬼纠缠、揶揄。正无奈之际，郁垒、神荼二神奉钟馗之命将五鬼带走，并说钟馗要提携寒士，为穷儒出气。少顷，长恩御史至，言已将南阳君琼名禄注明天册，封他为嫏嬛都护，守此洞天。醒来 ，年关已过。南阳君琼在回家路上听人们纷纷议论，除夕夜有一群讨债人在南阳生门口逼债，均被钟馗赶走。南阳君琼回到家中，债主们果真散去，妻子以草具杯盘候他多时，他将梦中故事讲给妻子听。南阳君琼将他家中几间茅屋借名"大翮山房"，内隔一室借名"小嫏嬛洞"，以表他安不忌危之意。夫妻将钟馗像悬于户壁。南阳君琼还乘兴写了"大翮山房"、"小嫏嬛洞"两个匾额，悬于门上。夫妻二人又将长恩、脉望、郁垒、神荼四神祝祷一番，庆幸今年的债务总算躲了过去。（吴秀慧）

春　桥

《四喜缘》

四喜缘杂剧四出缺第四出　杂剧。清春桥撰。《清代杂剧全目》著录。清道光抄本。一册。半叶七行，行十八字。叶心高宽：17.3×10.5。有署为“道光乙酉（五年，1825）仲夏古虞春桥氏题”之《四喜缘弁言》，又有1936年郑骞之题识。题识云：“此书确是旧钞，曲文亦整洁可诵。羡季以为胜汤雨生《逍遥巾》多矣，惜末折佚去，无从觅补。区区一杂剧，其传亦有幸有不幸耶。春桥不知为何许人，读其自序，知曾作幕岭南，所可知者如是而已。丙子秋日，过羡季夜漫漫斋，案头得见此书，携归插架。书为隆福寺保萃斋所售，价洋二元也。是年中秋后，因百记于北平东城寓庐之慕歌室。”钤“郑”、“骞”连珠白文印，“因百所有”朱文长方印。

春桥（清嘉道间人），姓字不详。古虞人。曾作幕于岭南，生平事迹无考。所作戏曲现存《四喜缘》杂剧一种。此剧创作于道光五年，是作者为友人李也先、陶云松而作。首有提纲，云：“老书生闲中弄墨，小蛮姬众里留青；多情人清尊倚玉，江湖客去棹迎花。”出目包括：志喜、喜思、喜集、送喜（正文残缺）。剧写陶四州、李三阳偶遇色艺双全的江湖卖艺女子四喜、二姑，四人时常欢聚。陶四州在真乐园为四喜设宴，言进村、李三阳等几位知己同往作陪。席间，四喜、二姑走马弄鞭、对舞宝剑，与陶、李共饮。二女随父乘舟东归，陶四州怅然若失。言进村谱《四喜缘》记其事，谱成之日，请陶四州、李三阳前来赏玩，并请刚到京城的吉升小班旦角吉升、玉儿扮演剧中四喜、二姑以助兴。（刘效民）

雪　松

《卉中缘》

卉中缘传奇二卷十六出首一出　传奇。清雪松撰。《明清传奇综录》著录。清道光十三年（1833）沈世俊精抄本。四册。图二帧。卷尾残。半叶八行，行十六字。叶心高宽：12×9.5。封面题：“雪松外集，卉中缘”。

卷端题："卉中缘"，次行题："雪松戏笔"。首有道光十三年自序、沈世俊跋，以及道光十四年（1834）自跋四则。

雪松（清嘉道间人），号守斋，姓氏不详。幼家贫，未能从师读书，十岁左右始谙八股。喜诗词、歌赋，清道光十三年随父赴南浦，其间作传奇《卉中缘》。此剧为作者的处女之作，剧中科诨、苏白，出于表兄沈世俊之手。

该剧上卷目：提纲、仙谪、庆寿、亭会、花聘、谗谮、逼贞、逃庵、辞婚；下卷目：秋思、陷番、抢美、回朝、园遇、锄凶、荣归、花圆。剧写天宫的梅花、海棠侍花仙使下凡，以先春、香云为名投生韩、赵两家，两人自幼订有婚约。先春家道中落，投奔赵家。香云继母钱氏嫌贫爱富，趁丈夫不在逼先春退婚，将其赶出家门。钱氏又逼香云改嫁富人钱保。香云不允，连夜出逃，被碧月庵住持收留。先春离开赵家，进京赴试得中进士，领旨出使番邦，不畏威势完成使命。钱保在碧月庵发现香云，立即抢劫回府逼婚。危急时刻，香云父亲得到梦兆赶到钱府寻女，香云得救并与先春完婚。作者以寒梅不畏霜雪，比喻世间不畏威势之士。以梅花、海棠作合填词，意欲描摹人世间的孝义忠贞。（刘效民）

罗　瀛

《祷河冰谱》

祷河冰谱十二出首一出　杂剧。清罗瀛撰。《今乐考证》著录。清道光间吴仪写刻本。一册。半叶八行，行十八字。白口，四周双边，单鱼尾。版框高宽：16.7×12.1。书衣题签、封面及上书口题："祷河冰谱"。卷首有清道光四年（1824）秋东昌耿维祜序，祷冰图谱目录，汪仲洋（少海）题词。序后、卷尾有"吴仪写刊（梓）"四字。卷端题："南昌罗小隐填词，成都汪少海正拍"，并有"此书曾藏蔡仲壎家"朱文印记。全剧曲文旁皆注宫谱。

罗瀛（清嘉道间人），字小隐。江西南昌人。能文章，兼通音律。曾为耿维祜幕宾。

该剧作于清道光四年（1824），据嘉道间名臣陶澍事迹改编。陶澍，字子霖，嘉庆十九年（1814）任江南监察御史，一年后擢户科给事中，巡视淮安漕务。其冬，漕船在高邮为冰所封，澍祷于露筋祠，一夕冻解（见陈銮《陶文毅公行状》）。出目为：证因、使荣、贞叹、巡河、冰警、漕迫、祷祠、履冰、神应、开冰、庆挽、锡封、祠宴。述陶霖新授御史，奉旨督率江广各帮船队运粮南归。行至高邮地面，日暮泊歇。夜晚风雪突降，数千只漕船尽为冰雪所困。陶霖乃降香于露筋祠，日夜祷告。露筋圣母见其心虔诚，遂奏请天帝，发下风神散布阳和之气，使冰雪消融，河水畅流。陶霖见此，急率船队鱼贯而行，驶出瓜洲口。待船队过后，河水复结为坚冰。陶霖知是神灵保佑，乃奏请朝廷重建露筋祠。（戴云）

佑 善

《鉴花亭》

鉴花亭八出 杂剧。清佑善撰。《清代杂剧全目》著录。清道光二十九年（1849）漪兰室朱墨稿本。一册。半叶八行，行二十字。叶心高宽：12.5×7.8。函套书签题："鉴花亭，道光己酉钞本，漪兰室旧藏"。封面题："鉴花亭，己酉季秋，漪兰室藏"。目录叶题有："孚斋主人填词，初稿，北词，时道光二十九年九月十五日稿于含爽斋，漪兰室录"等文字。卷末题："道光己酉年九月望日注，漪兰室集"。朱笔标注句读、曲牌、韵、格、叠等。钤"漪兰室"、"佑善之印"、"孚斋主人"印记。

佑善（清嘉道时人），字孚斋，号天民，又号天香主人，别署孚斋主人，室名漪兰室、含爽斋。满族，宗室，爱新觉罗氏。官二等侍卫。工诗词，精制曲。著作有《漪兰诗词集》。作杂剧《鉴花亭》、散曲〔南北双调合套〕《惠园感旧》，现存于世。

此剧由唐代八个宫廷故事组成，以写武则天为主。出目包括：称周、怀肉、鸣冤、赋诗、赏花、神怒、灯游、天戮。其中《称周》写武则天改唐为周，在宫中寂寞，诏秦怀义、武三思进宫相聚。《怀肉》写秦怀玉接连得孙，设家宴庆贺。游医杜萧暗取宴席肉食上报朝廷，称秦怀玉于禁屠之日违禁。武则天传唤秦怀玉，审明缘由赦其无罪，将杜萧赶出朝门。《鸣冤》写周兴向朝廷密奏苏良嗣、狄仁杰、安金藏同谋造反，而武则天只对苏、安用刑严审，二人不服，痛斥周兴陷害忠良。《赋诗》，写武则天让上官婉儿传百官到御花园赋诗饮酒作乐之事。《赏花》，写武则天酒醉，敕旨百花冬季齐放。群芳遵命，唯牡丹违旨。武则天大怒，令刑部拷打牡丹，然后遣送江南。《神怒》，写安乐公主和太平公主欲用祇洹寺维摩诘的胡须斗草游戏，维摩诘发怒，命小鬼做法警示，两位公主见状乞神宽恕。《灯游》，写武则天携宫女上街赏花灯以求君臣同乐之事。《天戮》，写李隆基未禀父王，私自起兵进发长安入宫斩韦后之事。（刘效民）

王　曦

《东海记》

东海记十六出　传奇。清王曦撰。《今乐考证》著录。清道光十一年（1831）宛邻书屋刻本。二册。半叶十一行，行二十三字。白口，单鱼尾，上书口题："东海记"，下书口题："宛邻书屋"。版框高宽：17.7×13.5。有眉批。封面题："道光十一年孟夏，东海记，宛邻书屋"。正文前有清道光五年（1825）作者自序，附孙星衍作《东海孝妇墓碑记》、《重修东海孝妇庙记》记文二篇。卷末有张琦、周履端、慎伯甫跋文三篇和包世臣《后序》。张琦跋文云："季旭此本，结撰谨，用意深，摛词宅句，与云亭、清容伯仲，而得意处直逼临川矣。"

王曦（1796—1847），字季旭。江苏太仓人。世家子弟，为张琦婿。高才不遇，偃蹇以卒。著有《鹿门词》、《东海记》传奇。妻张纨英，工诗文、书法，为"昆陵四女"之一。王曦生平事迹见《光绪武阳志余》卷十一。《东海记》有陈宝所撰嘉庆刻本十二出。此剧系郯城知县周履端不满陈宝所作《东海记》，嘱王曦另行谱写，情节无大出入。

剧演东海孝妇故事。本事见《汉书》、《太平御览》等书。出目为：请见、探病、劝嫁、惊缢、诬服、哭郡、法场、天葬、旱魃、梦感、报旱、之任、祷墓、降泽、公祭、冥谴。剧叙西汉时，山东郯城外五里窪，有周某之妹远嫁他乡，家中只有老母与之相依为命。周某病入膏肓，临终前将老母托付于旧有婚约的邻家女青姐。周某去世后，本来就病弱的周母身体每况愈下。青姐自愿为周某守节，十年如一日侍奉婆婆。青姐的孝顺贤惠，感动了乡邻王一大，他时常来帮助和接济周家婆媳。婆婆不忍连累花容月貌的青姐，屡劝其改嫁，俱被谢绝。婆婆无奈，遂自缢身亡。青姐万般悲痛，在乡邻帮助下，请回远嫁的小姑准备将婆婆入殓。小姑见母自缢，认定是青姐逼迫所致，告到剡城县衙。县令昏庸，不顾乡亲为青姐作证、求情，执意将青姐押入大牢，屈打成招，判以斩刑。县吏于公认为此案毫无实据，但力争不得，携全案文宗至郡衙。郡守未经审理，仍判斩刑。行刑前，青姐为证明自己无罪，要求立一幡杆，言若有罪，杀头之血向下流；若无罪，杀头之血会逆流而上。行刑后，血果逆流而上，直冲幡顶。青姐死后，乡亲们将青姐尸体与周家母子葬在一起。青姐死后三年内，剡城县遭天报，连年大旱，颗粒无收，民不聊生。三年后，新换郡守、县令，重审此案，为青姐昭雪，并步行到青姐坟前上香，为民请命。天降瑞雨，苍生得救。（吴秀慧）

严保庸

《珊影杂识·盂兰梦》

珊影杂识二卷　清严保庸撰。清道光十九年（1839）金阊刻本。一册。附图一帧。尾残。半叶九行，行二十三字。版框高宽：19×14.5。上卷封面一题：“珊影杂识上，图、赞、传、墓志、孤蓬听雨录”。下卷封一题：“珊影杂识下，盂兰梦传奇，盂兰梦曲谱”。上下卷封二均题：“道光己亥仲春刊于金阊旅次”。下卷卷末题：“姑苏阊门外洞泾桥西首吴青霞斋刊刻”。

严保庸（1796—1854），字伯常，号问樵。江苏丹徒人。清嘉庆二十四年（1819）解元，道光九年（1829）进士，改庶吉士，官授山东栖霞知县。工绘画，精音律，尤善制联语。在京会试时，因结交伶人为直隶总督长龄所纠。在山东栖霞任职时，因以官署为词场歌榭而被罢归。曾建“梦楼”演家乐。晚年落魄，客居袁浦。著作有《问樵集》、《问樵遗墨》、《兰谱》、《珊影杂识》等，楹联多收录于章钜《楹联丛话》。作传奇《兰花步》，佚；杂剧《梦中缘》（一名《红楼新曲》）、《同心言》、《奇花鉴》、《吞毡报》、《双烟记》均佚，今仅存《盂兰梦》。

此书是作者悼念侧室张佩珊的纪念集。上卷内容包括：张佩珊图赞，清道光十九年（1893）长洲顾承撰《佩珊女史墓志》，严保庸撰《孤蓬听雨录》；下卷内容包括《盂兰梦传奇》和《盂兰梦曲谱》。其中，《盂兰梦传奇》卷端题署为“丹徒严保庸伯常填词”，卷末有华亭张祥河、贵筑彭宗岱、建宁夏世堂、盱眙汪云任题跋四则。此剧虽标“传奇”，实为杂剧。全剧一折，《曲目表》著录。剧写七月十五中元节，庄守中祭奠已故爱妾张佩珊。盂兰盆会上，佩珊亡魂被地藏王菩萨超度到离恨天。临行，地藏王菩萨令佩珊与丈夫在梦中相见，剧因以得名。《盂兰梦曲谱》，卷端题署：“南丰谭祖同桐舫订”，正文仅收《盂兰梦传奇》的曲词部分，曲词右侧注有工尺谱。剧中角色庄守中，与作者姓名同义。《清代杂剧全目》有“庄守中”条，引焦东周生《扬州梦》第三卷，云：“庄问樵太史守中，诗、书、画、曲，一时四绝。制《盂兰会》四剧，脍炙人口。”此处“庄问樵太史守中”，当是“严保庸”之误，《盂兰会》当是《盂兰梦》之误。（刘效民）

梁廷枏

《小四梦杂剧》

小四梦杂剧　杂剧剧本集。清梁廷枏撰。清道光间刻本。二册。半叶八行，行十八字。白口，四周双边，双鱼尾。版框高宽：15.2×11.5。板心题各杂剧名。该书原无总书名，每种剧作首页题剧名，《小四梦杂剧》书名乃该书分编者自拟。据傅惜华《清代杂剧全目》著录，此书乃清道光间原刻《藤花亭十五种》所收本。

梁廷枏（1796—1861），字章冉，号辫红醉客，别署藤花主人。广东顺德人。道光十四年（1834）副贡，任澄海训导。早年肆力于力学，为总督阮元所器重。林则徐任两广总督时，特请其共商战守之策。咸丰元年（1851）升内阁中书，加侍读衔。著述甚丰，有《南汉书》、《金石称例》、

《论语古解》等十五种，总题曰《藤花亭十五种》，精音律，有《藤花亭曲话》问世。撰杂剧四种，一般称为《小四梦》，包括《江梅梦》、《圆香梦》、《昙花梦》、《断缘梦》，另有传奇《了缘记》一种，未见传本。

《江梅梦》，四折一楔子，《小四梦杂剧》之一。《今乐考证》著录。该剧约作于道光年间，首有作者自序，标名："江梅梦杂剧"，署："藤花主人填词，养花精舍点论"。有夹批。本事出《旧唐书·梅妃传》、唐人《江采苹传》等，述莆田江采苹在及笄未字之年入唐宫，深得唐明皇宠爱，因喜种梅，赐号梅妃。杨玉环进宫后，梅妃失宠，迁入上阳东宫，从此独守空房。于是她写《东楼赋》以抒哀怨。唐明皇见后想起昔日与之旧情，十分不忍，遂趁杨妃睡去，暗来上阳宫与之相会。后安史之乱爆发，梅妃落叛贼之手，骂贼身亡。待乱平，唐明皇回宫，遍寻梅妃不得，是夜于梦中与梅妃相会。

《昙花梦》，四折一楔子，《小四梦杂剧》之一。《清代杂剧全目》著录。首有《藤花主人记》，附录《西河集》中"曼殊葬铭"、"金绒儿从葬铭"。标名："昙花梦杂剧"，署："藤花主人填词，红豆村樵评校"。有夹批。本事出《西河集·曼殊葬铭》。述丰台女子张曼殊本观音大士供养净瓶中的一支白芍药，因有二十四年尘缘，便降生人间。她十八岁嫁与萧山才子毛奇龄为小妾，后毛妻自萧山来京，奇龄知妻子性奇妒，乃将曼殊迁至右安门坟园，托一婆子照看曼殊。毛妻知此事，让那婆子假传奇龄之语，立逼曼殊改嫁。曼殊信以为真，哭昏过去。奇龄闻此，请名医以祖传秘方治之，终使曼殊清醒过来，后终因病体沉重而逝。同僚得知曼殊去世，均到毛宅安慰奇龄，并作诗词以志纪念。

《圆香梦》，四折一楔子，《小四梦杂剧》之一。《今乐考证》著录。该剧约作于道光年间，卷首有道光四年（1824）龚沅序，李绣子、袁献祚、吴应逵、李少渔、谢培元、李瀛宾、刘步蟾所题诗词。卷端标名："圆香梦杂剧"，署："滕花主人填词，藕香水榭订谱"。有夹批，卷尾有藕香水榭、畸农跋文。述书生庄达与潮州妓女李含烟一见钟情，并订百年之好。后庄达赴试京华，含烟亦随兄长回潮州。含烟返乡后因思念庄生，竟一病不起而亡。庄生因思念含烟终日无精打采，以至落第。他对此毫不在意，起程赶往潮州。途中宿客店，夜梦含烟魂，告之已死。庄达醒后，赶到江波寺为之建水陆道场追荐亡灵。此举感动众香国主，乃召来已作散花仙子的含烟与之相见，无奈庄生已不再认识。众香国主指出二人的感情不过是一段幻缘而已，劝之应以前程为重。庄生终于醒悟。

《断缘梦》，四折一楔子，《小四梦杂剧》之一。《清代杂剧全目》著录。首有《藤花主人记》。有夹批。标名："断缘梦"，署："藤花主人填词，弹红醉客点论"。述岭南书生高梦生与珠江民女陶四眉同作一梦，梦中二人相恋，私订终身，情意绵绵，经三年之久。一日，陶氏梦魂寻访高生，恰高生梦魂亦外出访陶氏，两不相值。梦王夫妇得土地报知此事，便令二梦魂相见，竟各不相识。于是梦王夫妇点破前缘，谓二人各有一段幻缘，理应梦中相见。现夙债已偿，梦缘已断，应解脱情丝。二梦魂闻之猛省，被送回世间。（戴霞）

金连凯

《业海扁舟》

业海扁舟六出　杂剧。一名《济世保婴法曲》，又名《警世保婴法曲》。清金连凯撰。《清代杂剧全目》著录。清道光十七年（1837）朱墨稿本。三册。半叶八行，行十八字。白口，四周双边，单鱼尾。叶心高宽 19.3×13.2。封面题："业海扁舟，酸心苦口；万语殷勤，至愿回首"。上书口题："业海扁舟"，下标出名。卷首有序多篇，分署乐斋、愚弟惇顺、莲池居士、白山悟梦子、友月居士、六乙子等。有"白山"、"乐斋"、"绵凯"、"惇顺"等章多枚，另有"浮槎氏所藏曲"白文印记。

金连凯（1798？—1838），爱新觉罗氏，名绵恺。字白山、乐斋，号悟梦子、六乙子，别署莲池居士、吉善居士、友月居士。为清宣宗旻宁同父异母弟。封惇亲王。道光六年（1826）将升平署太监藏匿府中，次年受降爵处分。道光十八年降为郡王，罚俸三年，革去红绒结顶，金黄蟒袍，同年底忧愤而逝。除该剧外，尚著《灵台小补》（一名《梨园粗论》）一书，今存。

该剧作于清道光十三年（1833）左右，出目：当头喝棒、阐明因果、自爱潜行、新词申警、彼岸同登、大慈扫业。剧述慈愍法师因世间人多为梨园所害，便设场宣讲，奉劝梨园子弟弃暗投明，脱离业海。梨园武生听后远遁他乡，一江苏老汉自幼流落京师，听宣讲后自编一套《九转货郎儿》新曲，在闹市中自弹自唱，历数梨园冤业，以图唤醒世人。伶人董洁听了这套曲子，想自己自幼从安徽进京学艺，曾名噪京华。如今却穷困潦倒，令人心酸。其师兄请董洁帮助规劝徒弟兰秀好好学艺，董洁见兰秀改业之志已坚，便携他连夜逃出通州，直奔家乡而去。众多子弟也均脱离业海，同登彼岸。该剧每出分别套用《升平宝筏》、《北饯》、《夜奔》、《弹词》、《劝妆》、《劝善金科》的现成曲调，并详注角色、服饰。（戴云）

赵对澂

《酬红记》

酬红记八出首尾二出　杂剧。清赵对澂撰。《今乐考证》著录。清嘉庆二十五年（1820）金陵刘文奎刻本。二册。半叶八行，行十九字，白口，左右双边，单黑鱼尾。版框高宽：15×10.9。封套题：“酬红记，嘉庆刻本”；封面及上书口题：“酬红记”，正文首叶下书口题：“野航十三种之一”。卷首有王城序，后有“金陵刘文奎家刻字”字样；并嘉庆二十五年（1820）卢先骆序，张丙、吴庆恩、黄锡元、陆煜、吴嵩梁、徐汉苍、许颐、邢寿恺、刘斯恒、程绍芳、龚舫、王朴山、吴克俊、汪芬、陈葶、袁青、袁嘉、吴素、张季芬、王畹兰、何佩玉、陈方海、米倬、张毓庆、金登瀛、董桂洲、欧阳长海、陆聪应、金畊华、江世槐、徐启山、孙岩霖三十余家题诗、题词、题曲。卷端题：“野航填词，小鹤正谱”，卷尾有后人墨笔题【贺新凉】词一首，署：“岁乙卯夏四月商丘芠衣袁诚格题于荭芗馆”。

赵对澂（1798—1860），字子澂，　字念堂，号野航，别署浮槎山樵。安徽合肥人。道光廪生，历仕学官，后补广德州学正。擅诗词吟咏，著《小罗浮馆诗集》。所著合称《野航十三种》。

该剧目为：勘谱、蝶宴、鹃啼、川氛、驿怨、会剿、公车、讯红、征和、赏歌。剧述蜀中女子鹃红父早逝，与母相依。因避兵乱携婢出逃，一路备尝艰辛，竟一病不起。临终于驿站粉壁题断肠诗六首以抒情怀。二十年后，浮槎山樵进京赴试过此，见鹃红题壁诗，顿感肝肠寸断。于是抄录鹃红之诗，并和诗数首。回去后将此广寄同人，征求合作，使鹃红事迹长留人间。据《崇百药斋集》卷十二云，其事其诗系陆继辂、刘嗣管、洪饴孙三人伪造，为三人“寒夜被酒，戏为联句”之作。（戴霞）

蒋恩澨

《青灯泪》

青灯泪二卷三十六出　传奇。清蒋恩澨撰。《古典戏曲存目汇考》著录。清光绪十六年（1890）希切斋主人校刻《竹林老屋外集》所收本。半叶十一行，行二十一字。版框高宽：15.2×11.8。天头有眉批。书衣签题：“青灯泪传奇上/下，小颜署”，封面右栏题：“竹林老屋外集”，中栏题：“青灯泪”，左栏题：“事略原诗并梓”。钤“显性男子”印记。卷前有余嘉穀《青灯泪传奇叙》，清同治九年（1870）郭俨《叙》，作者《自序》，叶襄所撰《事略》，《代札原诗》，以及骆敏修、罗洪钧、何友玉题词，作者《自题青灯泪传奇》诗四首，孙春龙所填《诗余·沁园春》。卷端题：“青灯泪，梅水道人填词，菘友居士述略，堪喜斋主人鉴正，希切斋主人校梓”。卷尾有光绪十六年孙春龙《青灯泪传奇跋》。

蒋恩澨（1800？—？），字酉泉（一说酉采），号梅水道人。湖北黄梅人。清道光五年（1825）举人。著有《四六古文》、《竹林老屋诗抄》、《毛诗广义》等。传奇作品《青灯泪》，今存。

该剧上卷目：艳场、置局、谒舅、嘲师、客舫、才塾、集宴、藏笺、独步、双评、旁扰、意箴、梵絮、僧约、巧遇、醉迕、别艳、叹舟；下卷目：求婚、述聘、情探、计诳、诀影、询病、泪吟、歌遣、决姻、险谏、悼玉、扫庐、叹逝、感逃、苦忆、央寻、魂会、曲传。剧述钱塘书生黄子俊，因兄长携母亲赴金陵为幕，独自被送往舅父陆炳文府上读书。陆炳文有一女名敬媛，与子俊年龄相仿，二人渐渐互生爱慕之情。子俊才学过人，性情狂放，常与教书先生辩论学问。值陆炳文生日，舅母侄儿魏咏之前来祝寿，与子俊一见如故，二人结为八拜之交。后子俊考中钱塘县第一名文学生，咏之也考得杭州府学宗师奖赏。子俊在宗师大人处谈天说鬼，深得赏识。陆炳文见子俊才华显露，便私下与夫人商议，欲将女儿许配于子俊。子俊无意中听到这番谈话，欣喜万分，遂与敬媛私定终身。一次子俊酒醉之后，言语冒犯舅父，舅父心生怒气，设计将子俊送回金陵。子俊回金陵后，向母亲禀明，来年登科即要迎娶敬媛。子俊走后，陆炳文欲将敬媛另许好友孟忠贤之子，遂指使家丁假冒黄家书信，说子俊在江南已定亲事。敬媛信以为真，相思成疾，梦中见到子俊迎娶，惊吓而醒，灯下一字一泪、写诗寄情。科场日期临近，陆炳文恐子俊回来探望，露出破绽，决意将女儿嫁入孟府。敬媛病情日益加重，最终手握诗稿，一命归天。子俊闻得敬媛去世的消息，得知是舅父假传书信所致，顿觉人生如梦，决定出家为僧。魏咏之四处找寻不见子俊，遂将子俊诗篇送回金陵家中。敬媛丫鬟将小姐临终诗稿托于竺山和尚，请其代为找寻子俊下落。竺山和尚作法，令神仙引领子俊与敬媛魂魄相会。经神仙劝诫，子俊最终愿意斩断情根，回家孝母。周贻白评："在一般传奇俗套中，尚能冲破樊篱，使成一真正之悲剧，殊可刮目。惟关目方面，似稍欠安排。"（见《曲海燃藜》）（孔培培）

李文瀚

《李云生词曲四种》

李云生词曲四种　传奇剧本集。清李文瀚撰。《今乐考证》著录。清道光刻本。八册。半叶九行，行十八字。下黑口，四周双边。全书收《紫荆花》、《胭肢舄》、《银汉槎》、《凤飞楼》传奇四种。严敦易言："这四种传奇著作，先后亘八年，都在作者官陕西时，初刻本谅亦在陕所印。作者似是相当谨严核实而有条理的，每剧必皆叙明著述的时地年月和起讫，对于引用的典故及事迹的来源，都附有详尽的'考证'、'考据'与'本传'，多者至十数页。偶一穿插的人物和事件，都要有所本，而不背于史实。曲文虽平庸，曲律虽舛讹，他自己并不讳言。"（见《元明清戏曲论集》）

李文瀚（1805—1856），字云生，号莲舫，别署讯镜词人。安徽宣城人。道光八年（1828）举人。赋性躁急，办事勤敏，工书画，善词章。历任陕西乐城、鄠县、岐山县令，四川嘉定府知府、夔州知府，卒于四川。著有《味尘轩诗集》十三卷，周仪𬀩称：“天才浩瀚，奇气盘郁，沉浸久之，当与古作抗衡。”所作传奇《紫荆花》、《胭肢舄》、《银汉槎》、《凤飞楼》四种，合称《味尘轩四种曲》（又称《李云生四种曲》）。

《紫荆花》，二卷三十二出。《李云生词曲四种》之一。清道光二十二年（1842）味尘轩刻本。二册。版框高宽：18.5×13。书衣签题：“紫荆华，壬寅孟冬下浣绮汉许丽京题，绮汉”。封面右栏题：“壬寅秋七月梓”，中栏题：“紫荆花”，左栏题：“味尘轩藏板”。卷前有道光十八年（1838）《紫荆花序》，署：“道光十有八年（1838）岁在戊戌七月六日蘋花仙吏吴门金宝树题于武城县境之褚官屯舟次”，《凡例》七则，道光二十二年（1842）之《自叙》。卷端题：“紫荆花传奇，长白清安泰秋浦正谱，宣城李文瀚云生填词，善化贺仲瑊美恒评校。”天头有眉批。上卷目：提纲、仙证、花谶、诡计、闺疑、枭变、侠饯、改聘、旅感、京叙、引梦、忆子、救玉、替嫁、寄叶、延医；下卷目：哭弟、嗟掠、虎噬、挂灯、庵祭、魂游、奇谋、再造、情思、侦匪、泛舟、湖遇、解饷、收侠、诧生、闹圆。剧写书生理珠（字合浦），弱冠年华，未取功名。其兄理璧在京为官，欲请父亲与理珠一同进京。启程之前，理珠打算与五年前即已订亲的徽商凌戌之女凌玉娘完婚。不料，凌家嫌贫爱富，有意推托悔婚，并将玉娘另许与富商鲍家为妻。理珠临行之际，结拜好友傅松前来送行。理珠到京后，思念玉娘，花神感其情深，遂安排二人梦中相会。梦中理珠将实情相告，玉娘悲恨不已。玉娘出嫁之日，誓死不从，欲跳河自尽，为傅松所救，暗送于理珠舅母家中。理珠身体原本虚弱，加之感伤人情炎凉，进京半年竟抱病身亡。理珠死后，魂魄在花神指引下，借玉娘兄长之尸，还魂重生，并应试得中。玉娘与舅母为避战乱，逃至西湖，恰遇理珠父亲。最终，父子、兄弟、夫妻一家重逢。上元佳节，理珠、玉娘有情人终成眷属。该剧《凡例》云：“剧名《紫荆花》取紫荆花下宜兄弟之意，借花神为枢纽联络夫妇，夫妇合而兄弟自全，毋庸泥也。”严敦易言该剧“虽用的是《牡丹亭还魂

记》的粉本，女改为男，却不及《还魂》有情致、有理性，觉得牵强得很。”（见《元明清戏曲论集》）

《胭肢舄》，二卷十六出。《李云生词曲四种》之一。清道光二十二年（1842）味尘轩刻本。二册。版框高宽：17.5×13。书衣签题：“胭支舄，壬寅孟冬下浣绮汉许丽京题，绮汉、丽京”。封面右栏题：“壬寅仲冬”，中栏题：“胭肢舄”，左栏题：“味尘轩藏板”。卷前有《聊斋志异胭肢原传》，道光二十二年许丽京、周赓盛撰《胭肢舄传奇序》二篇及作者《自序》，又有赵之燡、钱文伟等人之《胭肢舄题词》。卷端题：“胭肢舄传奇，太仓周赓盛雨蕉正谱，宣城李文瀚云生填词，磁州张镔雨香评点。”天头有眉批。剧演蒲松龄《聊斋志异·胭脂》事。上卷目：借端、吟社、医牛、缘逅、遴才、询病、续旧、冒盟；下卷目：遗舄、拒杀、诬服、哭监、平反、镜冤、庙判、送亲。写卞牛医之女胭脂，及笄年华，花容月貌，因家世寒贱，尚未婚配。一日，与龚王氏闲话，恰逢书生鄂秋隼自门前经过，胭脂见秋隼一表人才，心生爱慕。龚王氏见状许诺为其说媒。山东学使施愚山阅岁考文章，鄂秋隼、宿介二人文章深得赏识。胭脂久等不见说亲回信，遂相思成疾。龚王氏与宿介多年有奸，宿介自龚王氏处得知胭脂爱慕鄂秋隼一事，便假冒其名，半夜潜入胭脂院中，抢得绣花鞋一只，以此为信物，欲娶胭脂。不料此鞋又被毛大捡去，毛大知情后又深夜假冒鄂秋隼潜入卞牛医家中，被卞牛医发现。卞拿刀追杀，混乱中毛大夺刀将其杀死。胭脂母亲告官，鄂秋隼屈打成招。济南知府吴南岱疑鄂秋隼一案有诈，派人探听真假，并将龚王氏、宿介、胭脂押来一同审问，宿介供出顶替鄂秋隼赴约抢鞋一事。后经施愚山设计，终得知毛大为杀人元凶。鄂秋隼得施愚山保奏，破格升为本籍知县，并在吴知府安排下，摒弃前嫌，与胭脂结为夫妇。宿介与龚王氏通奸、假冒有罪，被罚为奴三日，替二人料理成亲之事。京剧《胭脂判》、《龚王氏》、《洗冤记》故事情节与此类同，秦腔、川剧、越剧、曲剧也有改编本上演。

《银汉槎》，二卷十八出。《李云生词曲四种》之一。清道光二十五年（1845）风笛楼刻本。二册。版框高宽：18×13。书衣签题：“银汉槎，道光乙巳娄东徐元润题”，封面右栏题：“道光乙巳三月”，中栏题：“银汉槎”，左栏题：“风笛楼藏板”。卷前有道光二十五年周腾虎、武澄撰之《银汉槎序》二篇，作者之《银汉槎自序》，徐元润、马国翰等撰之《银汉槎题词》，以及《张骞本传节略》、《汲黯本传节略》、《考据》、《凡例》。卷端题：“善化贺仲瑊笠云正谱，宣城李文瀚云生填词，阳湖周腾虎韬甫评校。”天头有眉批。事本《荆楚岁时记》中所载《博物志》，张骞遇织女，水怪兴波，则本诸《山海经》。上卷目：借题、星渡、忧天、策使、怪谈、鼓浪、叹灾、泛槎、议饷；下卷目：郎耕、犯斗、女织、赠石、赈难、叱怪、访平、证疑、赞石。剧写汉朝武帝时，雌鼍率妖孽兴风作浪，致使山东水灾泛滥，黎民流离失所。张骞出使西域后得封博望侯，奉命前往治水，路遇富商卜氏。东海郡守汲黯，筹集粮饷救济灾民，卜氏出资二十万银两慷慨相助。张骞一路寻求河源，来至昆仑山下，忽见一道河流清且涟漪，经牧童指引，在织女处觅得支机石，并在炎帝之女精卫的协助下，将水妖与鼍王一一降伏。卜卦人严君平告诉张骞，所遇之人即为牵牛、织女。张骞将治水过程禀奏圣上，圣上不信，欲罢其官。幸得东方朔力保，才免被罢黜。为感牵牛、织女之恩，塑牵牛、织女、精卫、鼍妖之石像安置于昆明池上。牛郎安池东，织女安池西，精卫在高坡，鼍妖压水底，以示彰瘅。严敦易认为该剧“用意似有所衬托影射，系以当时河患为隐喻，对于灾民之赈救，尤所关注，故特著一汲黯以表示之”。（见《元明清戏曲论集》）

《凤飞楼》，二卷二十出，《李云生词曲四种》之一。清道光二十七年（1847）味尘轩刻本。二册。版框高宽：17.5×12.7。书衣签题：“凤飞楼，道光丁未冬张镬题签”。封面右栏题：“道光丁未仲冬”，中栏题：“凤飞楼”，左栏题：“味尘轩藏板”。卷前有马国翰、李锡淳撰《凤飞楼传奇序》两篇，道光二十七年作者《凤飞楼传奇自序》，《考据》，以及梅曾亮、周腾虎等人之《题词》，《凡例》九则。卷端题：“凤飞楼传奇，鄞县陈僅渔珊正谱，宣城李文瀚云生填词，干难锡淳厚菴批评。”天头有眉批。剧情取材于《岐山邑城》所载烈女梁珊如事。上卷目：发微、遣凤、就馆、屠惨、慨时、负米、议守、激勇、蓄刃、被虏；下卷目：勒金、城陷、哭尸、瞰美、梦讬、夺刀、触壁、神驱、凤醒、阐幽。剧述浙江石门人梁大业，弃学从幕，与女儿梁姗如共赴岐山。姗如才貌双全，尚未婚配。不久贼兵入侵，潼关失守，岐山告急。为防不测，姗如将一纸刀藏于身上。岐山民众生计困苦，梁大业率众士兵守城备战。村民蹇逢吉之父为贼兵所擒，蹇逢吉得知后，以家有金银为名，将父亲骗脱，自己却被乱刀砍死。梁大业兵部不敌贼军，梁大业战死，梁姗如被贼兵掠去。贼兵首领浑天猴看中姗如美貌，欲娶为压寨夫人，虽用尽各种手段威逼利诱，姗如皆不肯依从，只好将其囚在楼中。土地婆婆奉姜嫄圣母的懿旨，变成媒婆，浑天猴令其为自己说媒。姗如立志以死保全贞洁，趁贼兵送饭之际，欲用藏在身上的小刀自刎，小刀被媒婆夺去后，又试图吞食碗片自尽，又被制止。最终姗如以屈从为由，将媒婆骗走，然后撞壁而亡。玉帝被其贞烈精神感动，封为贞烈天仙。梁大业身为幕友，能治大义，封为三十三天刑部都督。（孔培培）

蔡荣莲

《支机石》

支机石六出　杂剧。清蔡荣莲撰。《古典戏曲存目汇考》著录。清光绪十七年（1891）蔡希邠刻本。一册。半叶九行，行二十字。白口，单鱼尾，四周双边。版框高宽：18.3×13.8。卷端题：“新建蔡荣莲金炬填词，尹恭保彦孙正拍。”封面题：“光绪辛卯孟秋同刊”。卷前有清光绪十三年（1887）自序，杜湘、尹恭保题词。卷尾有光绪十七年（1891）孟秋蔡希邠跋，云：“先大夫二十三岁在西昌书院时，长夏无事，相传一昼夜脱稿而成者也。先大夫素不娴音律，偶阅史至汉武帝元狩元年夏五月，遣博望侯张骞使西域。客适有谈其泛天河者，并新得舒白香词谱，兼取诸家院本填制成曲。”

蔡荣莲（1805？—？），字金炬，新建（今江西南昌）人。道光十七年（1837）举人，德兴训导。撰杂剧《支机石》。

该剧出目为：临机、寻源、赠石、观星、问卜、还朝。剧叙织女嫁牛郎后，懒理机杼。上帝令二人隔天河而居，惟七月七日命百鸟搭鹊桥，二人才可相见一次。上帝将上清洞府珍奇宝物支机石交与织女，令她将其放在织机旁。汉武帝遣博望侯张骞出使西域。张骞探河源误入天河，织女将

支机石相赠。回朝后，张骞被汉武帝封为会仙王，世袭罔替，保令名于后日，永笃忠贞。（吴秀慧）

黄燮清

《倚晴楼七种曲》

倚晴楼七种曲 戏曲剧本集。清黄燮清撰。清光绪间刻《韵珊外集》本。十册。半叶九行，行二十二字。白口，左右双边，单鱼尾。封面右题："韵珊外集"，中题："倚晴楼七种曲"，左题："茂陵弦、帝女花、脊令原、鸳鸯镜、凌波影、桃溪雪、居官鉴"。书衣墨笔题："倚晴楼乐府"。书口处题每剧剧名及出目名。每剧均有封面，题写剧名。有眉批。

黄燮清(1805—1864)，原名宪清，字韵甫，一字韵珊，号西园主人，别署吟香诗舫主人、茧情生。浙江海盐人。清道光十五年（1835）举人，同治元年（1862）任宜都令。次年调松滋，代理知县，甚有政声，未几卒。生前与姚燮、张际亮、严保庸等戏曲家均有交往。著有《倚晴楼诗集》十二卷、续集四卷、《倚晴楼诗余》、《国朝词综续编》二十四卷、《拙宜园集》等，戏曲作品除该集所收七种外，还有《玉台秋》、《绛绡记》二种。

《茂陵弦》，二卷二十四出首一出，传奇，《倚晴楼七种曲》第一种。《今乐考证》著录。版框高宽：17×12.5。卷首有道光十六年（1836）曾菊人、瞿世瑛序及道光十年作者自序、道光十四年（1834）吴德旋序，目录。卷端署："钱唐瞿世瑛颖山评文，海盐黄燮清韵珊填词（下注"原名宪清"），仁和李光溥俭才订谱。"卷末有道光十年（1830）评语，署："庚寅上巳那和提生立衔拜识"，并康叶封、俞兴瑞、石之英题词。该剧作于道光十年（1830），取材于西汉司马相如与卓文君的故事，上卷目：写意、旅慨、闺颦、琴媒、箫语、奔艳、怒婚、当垆、赏赋、应诏、谪娇、谕檄、输衾；下卷目：买赋、回宫、请臣、媚势、使夷、妒梦、射围、谏猎、情猜、诗感、觞别、琴圆。述司马相如与卓文君凭借一曲《凤求凰》而私奔结成伉俪，婚后无以为生，乃于临邛道边开设酒肆。文君当垆，相如涤器，生意倒也兴隆。经同里杨得意举荐，相如进京见天子献《上林赋》，武帝喜其文才，封为中郎将。陈皇后因妒失宠，被贬长门。她以重金请相如帮助，相如为之作《长门赋》，代抒皇后幽怨之情，武帝为之所动，夫妇和好如初。后相如请归田园，武帝赐御题匾额，紫诰花封等。从此相如、文君重调绮琴，和琴瑟之好。

《帝女花》，二卷二十出，传奇，《倚晴楼七种曲》第二种。《今乐考证》著录。版框高宽：17×12.5。卷首有道光十三年（1833）许丽京序、陈其泰序及道光十二年（1832）作者自序，目录。卷末有韵珊自识，万立衔、汪适孙、陈作敬、吴廷燮、沈彦曾、王本仁、何岳龄、查仲诰、李光溥、张泰初、杨尚观、吴承勋、徐宗淑、席慧文、万钿、钱宝珩、吴藻诸家题辞，尾有道光十三年朱泰修及其胞兄际清跋。卷端署："海昌查仲诰竹洲正谱，古盐黄燮清韵珊填词（下注"原名宪清"），荣城孙福海补堂重校。"该剧作于道光十二年（1832），上卷目：宣略（目录作"佛贬"）、宫叹、伤乱、轶关、割慈、佛饵、朝哄、哭墓、骇遁、探讯；下卷目：歼寇、草表、访配、尚主、觞叙、医穷、香天、魂游、殡玉、散花。述明末甲申之变，义军攻入京城，崇祯帝斫杀全家后自尽，坤兴公主被砍断手臂后被救。清兵入关后，知公主原与都尉周世显有婚约，乃多方访求，终于在酒楼寻到世显，于是使二人以明代礼仪完婚。婚后，二人虽十分恩爱，但公主终因国破家亡抑郁难解而一病身亡。吴梅谓此剧"文字哀感顽艳，几欲夺过心余。虽叙述清代殊恩，而言外自见故国之感。"（《百嘉室曲选·帝女花题识》）据孙恩保《桃溪雪题词》注云："韵珊前制《帝女花》曲，日本人咸购诵之。"可知该剧在当时影响极大，已流传到日本。现粤剧亦有同名剧目。

《脊令原》，二卷二十四出，传奇，《倚晴楼七种曲》第三种。《曲录》著录。版框高宽：16.8×12.5。卷首有道光十四年（1834）秋新城陈用光序，目录。卷端署："新城陈硕士夫子鉴定，海盐黄燮清韵珊填词（下注"原名宪清"）"。该剧作于道光十四年（1834），本《聊斋志异》中曾友于事。上卷目：萱寿、树党、规弟、哄周、释系、争服、挠殡、怀归、挞弟、仁恕、移居、成返；下卷目：群阋、公讯、改葬、诣泊、别父、依叔、推刃、牝噬、收曾、三捷、息讼、家圆。述昆阳曾悌字友于，与弟仁、义乃庶母所生；长兄曾成乃嫡出，早年母子被强盗掠去；孝、忠、信三子为继室贾夫人所生。曾父早逝，孝、忠、信三子以嫡出自居，屡屡相欺于友于兄弟。曾成于强盗处逃回，曾孝等不肯收留他。仁、义因友于迁到新居，正无依靠，见兄长归家，便收拾房屋，使其得以安顿。后曾孝二子、二媳相互残杀，均死于非命。曾孝心中烦闷，失手将亲家冯老儿打伤，由此吃官司入狱。友于闻讯，不计前嫌，掏银两使人从中斡旋，救曾孝出狱。曾孝幡然悔悟，兄弟遂和好。《诗经》有“脊令在原，兄弟急难”句，故名。

《鸳鸯镜》，十出，杂剧，《倚晴楼七种曲》第四种。《今乐考证》著录。版框高宽：16.5×12.4。卷首有道光十四年（1834）秋新城陈用光序，目录。卷端署：“新城陈石士夫子鉴定，海昌查仲诰竹洲正谱，海盐黄燮清韵珊填词（下注“原名宪清”）。”卷尾有陆次山题词及道光十五年（1835）作者自跋。该剧作于道光十四年（1834），本《池北偶谈·碎镜》，出目为：粲逅、豪游、艳招、梦警、拒约、忏情、旅盟、灵祐、迎榜、谒祠。述南昌闺秀谢玉清有咏絮之才，清明踏青与书生李闲不期而遇，互生爱慕之情。玉清自见李闲，神魂恍惚，最终春情难耐，遂遣丫鬟青鸾携祖传鸳鸯镜往李闲家，约三日后于谢家祠堂见面。楚人王湘到江右寻访名士，遇暴风雨栖身于谢氏祠堂，冥冥中见有神道拷问老翁，并谈及鸳鸯镜。原来玉清乃谢朓之后，他知玉清要与同里秀才相会，恐玷污家风，便招李父责问。王湘醒后，见李闲持镜上，要买此镜。李父魂暗上，夺镜掷地。二人大惊，李闲以实情告之。王湘劝之以前程为重。后二人均登新榜，王湘有意撮合谢、李好事，但得知玉清已修炼成仙。

《凌波影》，四出，杂剧，《倚晴楼七种曲》第五种。《今乐考证》著录。版框高宽：16.6×12.4。卷首有陈其泰撰“凌波影传奇序”，卷端署：“海盐黄燮清韵珊填词”（下注“原名宪清”）。剧本曹植《洛神赋》。目录：梦订、仙怀、达诚、赋艳。述曹植至洛川，夜梦与洛川神女相互爱慕，醒后怅然。次日，曹植如梦中约过洛水，远远望见一仙姬脉脉含愁盈盈欲语，便朝她一拜。二人互诉衷肠，但不敢越礼。待仙姬隐去，曹植问洛川仆人，知是洛川之神，名唤宓妃。曹植思向日宋玉赋神女，便也挥毫作“洛神赋”以记之，并命访妙手，将此事谱入《凌波影》中。京剧之《洛神》系据此而改编。

《桃溪雪》，二卷二十出，传奇，《倚晴楼七种曲》第六种。《今乐考证》著录。版框高宽：17.2×12.5。卷首有道光二十七年（1847）作者自序，嘉善黄安涛撰《吴绛雪传》，绛雪小像一帧，后有杨璿华赞，目录。卷端题："武林李光溥俭才评文，海盐黄燮清韵珊填词（下注"原名宪清"），钱塘瞿传鼎颐斋、仁和余炘朗斋正谱。"卷尾有南岳山樵雪琴题词、孙恩保、吴承勋题诗并王逢辰题【念奴娇】一首。该剧作于道光二十六年（1846）冬，取材于清初烈妇吴绛雪事迹。上卷目：闺叙、防衅、延素、闽变、送外、约降、题筝、遣援、别素、旅病；下卷目：惕讣、寇逼、绅哄、迫和、墜崖、收骨、玩图、雾捷、吊烈、仙证。述清康熙十三年，耿精忠在福建谋反，部下总兵徐尚朝一路杀来，所向披靡。叛兵杀到浙东，处州失守，永康一带危在旦夕。县令召本地乡绅议事，有人提出，徐尚朝乃好色之徒，如献美人，可保全城免于屠戮。此邑吴绛雪才貌双全，况近日新寡居家，可请之救全城。绛雪闻此事，指责朝廷豢养军队的无能，反让女子代行。但为一方百姓，她挺身前往。尚朝见绛雪果然绝色，想即成好事。绛雪提出必须马上撤兵，沿途不许骚扰。尚朝乃拔寨起行，向金华进发。行至深山，绛雪支开兵丁，跳下山崖。后康亲王平定叛乱，百姓协助其族人厚葬吴绛雪。吴梅评曰："《帝女花》、《桃溪雪》自是上乘。惟其词秾丽柔靡，去古益远"。（见《顾曲麈谈》）

《居官鉴》，二卷二十六出，传奇，《倚晴楼七种曲》第七种。《曲录》著录。版框高宽：16.7×12.2。正文前有目录。卷端署："海盐黄燮清韵珊填词"（下注"原名宪清"）。卷尾有光绪七年（1881）黄燮清婿冯肇曾跋。该剧约作于咸丰四年（1854）左右，以友人福建王雪轩家传《居官宝鉴》事为原型。上卷目：授鉴、海警、解饷、议抚、愤边、椿训、玩鉴、送姬、花颂、辑妖、渔哄、靖盗、闺忆；下卷目：哭灾、争赈、驰讣、梦诀、匪变、守苕、祷佛、筹防、化玉、疏荐、亭判、舟悼、传鉴。述王文锡前往江浙上任，行前，身为滇南郡守的父亲将自著《居官宝鉴》赠之。文锡到任后，时时以《居官宝鉴》所述为座右铭，他安抚渔民，打击海盗，使百姓得以安居，由此政声甚佳。后蒙抚院大人保奏，以监司升用。其子蔚霄也因才德补以司马之职。文锡认为自己从政以来全仗先父《居官宝鉴》指导，故将此书传与儿子，让他好好为官，努力上进。（戴云）

汤世潆

《东厢记》

东厢记四卷十六出首一出　传奇。一名《后西厢》。清汤世潆撰。《古典戏曲存目汇考》著录。清光绪申报馆仿聚珍板排印《申报馆丛书余集》所收本。半叶十二行，行二十三字。版框高宽：12.2×9.5。封面题：“东厢记，申报馆仿聚珍板印。”卷首有道光十三年（1833）澹宁居士之《东厢记序》，蓬山李岛序及道光十一年（1831）作者《自序》、《复序》，《凡例》十七则，《引训》，《先辈驳语》，《传闻四说》，《莺莺答张生书》。卷端题：“东厢记，琴城汤世潆鹤汀填词，古埠胡来照鉴空评点”。

汤世潆（清嘉道间人），字鹤汀。琴城（今江西南丰）人。不应科举，早年游历燕、秦、楚、粤等地二十余年，晚年寓居福建。著有《四书解》、《学庸考》、《性论朱注辨》，合名《鹤汀初稿》，另撰有《训蒙杂字》，道光十一年（1831）作《东厢记》传奇。

该剧一卷目：梦节、租厢、探红、拒色；二卷目：祝寿、慰母、议赘、辞婚；三卷目：劫寺、前悼、平芮、皈空；四卷目：后悼、遥祭、童会、庆圆。剧述张生辞别莺莺进京赶考，不料初考未中，只得暂住寺庙东厢，留京等候下科。而此时崔夫人的侄儿郑恒考中状元，崔夫人欲将莺莺许配于他。莺莺不肯依从，并恳请母亲将婚事宽延两年再定。此后，张生考中榜眼，前往京城吏部天官韦谦之府中行拜。韦公有女，聪慧貌美。他见张生青年才俊，欲招婿府中。张生思念莺莺，婉言拒绝婚事，并令琴童速捎书信迎接莺莺及母亲来京。孙飞虎妻芮如花对张生有意，欲在寺庙中劫持张生，却误将琴童劫去，张生书信落于芮如花手中。莺莺误信张生入赘韦相府的谣言，遂独自入水月庵为尼。红娘与崔夫人寻不到莺莺，以为莺莺投河自尽。杜君宝元帅奉圣命剿灭芮如花，芮如花带琴童逃跑途中，遇到仙人将琴童救出。仙人道出天机：张生与韦府小姐、莺莺与郑恒，命中原本是两对夫妻。只因张生与莺莺偷行淫事，故罚张生头年落榜，并将韦小姐改配与郑恒为妻，而张生与莺莺尚有姻缘未了。在仙人指引下，琴童找到修行的莺莺道出实情。远在京城的张生，闻得莺莺投河自尽悲痛不已，设立灵位祭拜。后琴童返回，张生得知莺莺未死，喜出望外，遂令人列队恭迎。张生与莺莺有情人终成眷属，红娘留为侧室，韦小姐配婚郑恒。（孔培培）

周　宜

《红楼佳话》

红楼佳话六出　杂剧。清周宜编纂。《清代杂剧全目》著录。清武进赵氏影抄稿本。一册。半叶六行，行十二字。叶心高宽：15.3×9.3。首页有朱笔点板。封面右栏题："据稿本景钞"，中栏题："红楼佳话"，左栏题："武进赵氏麟趾手钞并藏"，卷首有"红楼佳话目次"，卷端署："悼红楼主人周宜编纂"。尾有题记："聊以自娱不足斋借吴县齐筱庵家藏稿本景写一部　武进赵麟趾题记"。有"麟趾珍藏"朱印，并"康生看过"、"康生"朱白文印记。

周宜（清嘉道间人），字里不详，号悼红楼主人。生平待考。

该剧本事取自曹雪芹小说《红楼梦》。有会艳（俏佳人他乡逢故旧）、情谑（痴公子出口没遮阑）、题帕（意中人索解意中话）、葬花（眼前话唤醒眼前人）、艳逝（弓影杯蛇　魂归冥路）、哭艳（心怀木石计入空门）诸出。述林黛玉因母贾夫人早亡，应外祖母史太夫人之邀，从扬州乘船来到京城。贾府众人将黛玉迎进府中。她与贾宝玉一见如故。春末，园中落红无数，黛玉触景生情，手持花帚以净土将花掩埋，并作《葬花词》。宝、黛二人日久情生。但王熙凤却认为金玉良缘最好，建议用掉包计骗过宝玉，并嘱府中上下不得走漏消息。傻大姐无意泄露真情，黛玉闻讯一病不起，终于含恨而逝。宝玉昏聩中与薛宝钗成亲，清醒后知黛玉已亡，无限伤感。大比之年，宝玉奉父命应试。行前到潇湘馆辞行。物在人亡，宝玉万念俱灰。他告别家人上路，准备金榜提名后遁入空门。（戴霞）

陈学震

《双旌忠节记》

双旌忠节记二卷三十二出首尾各一出 传奇。又名《双旌记》、《忠烈记》。清陈学震填词。《古典戏曲存目汇考》著录。清同治间刻本。四册。半叶九行，行二十一字。版框高宽：16.2×12.3。卷前有同治八年（1869）作者撰《双旌记原序》，同治十年（1871）胡士珍、王炳奎之《序》二篇，同治九年（1870）高承庆之《序》，以及众人题词等，并《双旌忠节目录》，署："淮山子杨陈学震填词，同邑祉亭高承庆正谱，受业锡嘏丁纯校对，男邑卿毓良编辑"。卷末题："板存淮安旧城西长街蒲葭巷二帝祠内"。

陈学震（清道光至光绪间在世），字子杨。山阳（今江苏淮安）人。以教馆为业。擅词曲，作有传奇三种：《双旌记》、《生佛碑》、《水月缘》，后一种未见传本。

该剧取材于清咸丰年间实事。上卷目：弁场、寇警、虏迁、闺范、内应、复城、乞援、授职、淮防、入幕、谒师、议姻、肄业、赴难、佳期、合师、统兵；下卷目：鏖战、进封、旋里、赴省、遇贼、死忠、预兆、惊梦、凶问、迎丧、劫棺、死节、返棺、合葬、旌奖、祠祀、赞语。叙清咸丰年间，阜阳陈振邦被太平军所俘，值江南提军袁甲山统领三军渡江而来，陈振邦趁机逃脱，又斩关落锁，打开城门放入袁军，助袁甲山获得胜利，他因此获得袁甲山的赏识。后太平军与捻军数十万人卷土重来，将天六城池紧紧围住。陈振邦只身突围搬来救兵，使官军取胜，遂获嘉奖，升任副将一职，并奉命镇守清淮。此时，官媒将才貌双全的吴府千金许配陈振邦。婚期临近，忽遇紧急军情。陈振邦毅然辞别岳父奔赴战场，凯旋后方与吴氏完婚。陈振邦英勇善战，屡建战功，升为提督军门。逢张仲愚兵乱，陈振邦前往迎敌，终因寡不敌众，在援兵未到时战死沙场。吴氏夜梦丈夫为国捐躯，超生天界，醒后急派家丁四处打听。在得知所梦情景为真事后，吴氏麻衣迎丧。后见护送灵柩队伍走来，吴氏悲愤恸哭。由于陈氏族里不同意将振邦尸骨葬于山邑，因此伺机劫去灵棺。吴氏阻拦不住，殉节而死。振邦手下众军士将其灵柩劫回，与吴氏合葬于淮安郡城南门外。朝廷闻此

事，遂下令为陈振邦夫妇修建祠堂，以旌表陈氏夫妇的忠节双全。该剧对太平军及捻军多有贬词。（孔培培）

张　道

《梅花梦》

梅花梦二卷三十四折　传奇。清张道撰。《古典戏曲存目汇考》著录。清光绪二十年（1894）刻本。四册。半叶九行，行二十一字。版框高宽：17.1×13。封面题：“光绪甲午年十月，梅花梦，小门生曹笃光署检”。卷首有同治元年（1862）劫海逸叟《梅花梦自叙》、《梅花梦题词》、《梅花梦折目》、《梅花梦扮色》、《梅花梦砌抹》。卷尾有作者《梅花梦杂言》，及咸丰十年（1860）、同治元年（1862）作者题诗六首，并有署“光绪甲午九月既望男预谨识于长沙使院”之《刻梅花梦后跋》。卷端署：“劫海逸叟钱塘张道填词”。

张道（1821—1862），又名张炳杰，字伯几，号少南、劫海逸叟。浙江杭州人。有《南翁文集》、《影香词》、《雪烦词》《雪烦丛识》、《旧唐书疑义勘同》等传世。所作传奇一种《梅花梦》，今存。

该剧本明周清源《西湖二集》卷十六《月下老错配本属前缘》、冯梦龙《情史》及支如增《小青传》等。上卷目：写概、梅谪、筹艳、讶梦、催访、佛醒、画讯、触缘、旁话、驼串、旅卺、妒惊、灯谑、慈忤、寃徙、云忆、评疑；下卷目：闲吟、替花、语影、舫絮、算遣、誓佛、北怀、听雨、豪宴、感稗、魂怜、缄恨、梦了、圆殉、判醋、天圆、寄韵。剧述梅花仙子寒香，因为戏要误事被贬下界，投生为扬州乔小青，表字玄玄。乔小青天生蕙性，自守孤芳，挑灯夜读《牡丹亭》。以后感慨自己瘦影自怜，作诗抒怀。后小青嫁与浙江西塘冯云为妾，冯云正妻妒甚，终难容小青。她被迫搬到孤山别墅以后，郁郁而终。同类题材戏曲作品有，徐野君《春波影》、吴炳《画中人》、《疗妒羹》、来集之《挑灯剧》、范文若《梦花酣》等，曲艺作品有弹词《薄命小青词》、子弟书《梅屿旧恨》、木鱼书《小青吊影》等，20世纪初，冯春航、吴继兰的改良京剧《冯小青》亦叙此事。（孙红侠）

俞　樾

《二奇合传》

二奇合传　传奇剧本集。清俞樾撰。清惜阴社刻本。一册。半叶十行，行二十一字。白口，左右双边，单鱼尾。版框高宽：16.6×11.8。有界栏，封面钤“惜阴社本”朱印一枚，上有墨笔题：“二奇合传”。包括《骊山传》、《梓潼传》传奇二种，每剧八出。

俞樾（1821—1907），字荫甫，晚号曲园居士。浙江德清人。清道光三十年（1850）进士，点庶吉士。咸丰二年（1852）授翰林院编修，咸丰五年（1855）出任河南学政，为御史曹泽所劾，罢归。先后主讲吴县紫阳书院及杭诂经精舍、上海求志书院，致力于学术研究，为一时朴学之宗。光绪二十九年（1903）复任翰林院编修。一生著述颇丰。戏曲作品除《二奇合传》外，还有杂剧《老圆》一种。其生平著作均辑入《春在堂全书》。

《骊山传》，《二奇合传》之一。《古典戏曲存目汇考》著录。出目为：周廷遣使、骊山命将、四将成功、外邦贡献、西王建号、西域巡游、天使下迎、周王功宴。此剧系为考证骊山女（骊山圣母）即西王母之来历而作。开场由磐圃老人叙主旨云：“惟班、马载得详，骊山奇迹始昭彰，因游戏谱此章，梨园弟子试排场。”剧叙周文王时，北方猃允、西域昆夷常来侵扰。戎胥轩之妻姜氏，人称骊山女。文王命骊山女镇守西陲。骊山女击退戎卢、渠勒等四国进犯，威震四方。欺羽、卜卢、康民等国纷纷前来朝贡。骊山女建号西王母，从此西域物阜民丰，一派升平景象。骊山女将国政交与儿子中潏，出关巡游，遍历卑陆、精绝、焉耆等国，每到一处，都为当地百姓解决困难。行至常阳山，紫微仙吏奉紫微大帝玉敕，率领天神天将、金童玉女持节奉迎骊山女回归天庭。周武王伐纣灭商，一统天下，设十大功臣宴，骊山女亦列位其间。

《梓潼传》，《二奇合传》之一。《古典戏曲存目汇考》著录。目录为：生辰闻变、仗义拒新、却币公孙、奉表汉室、春田劝耕、学宫讲艺、百龄大会、遗祠闲话。此剧系为考证梓潼帝君（文昌）之来历而作。开场由磐圃老人叙主旨，云：“望文昌远在天，历历斗魁边。安得有名姓存留，二月生辰，三巴乡县，化书诬罔真堪划，璩志分明自可援。翻新案，是真非是赝，请诸公来看文君传。”剧叙文昌，字子奇，梓潼人，汉平帝时任益州太守文参。到任后当地盗窃不生，狱讼几绝，政简刑清。王莽篡汉，公孙述据蜀称帝，先后遣人游说，文昌凛然拒绝。汉室兴，拜文昌为镇远将军，封成义侯，兼领益州刺史。文昌游巡属郡，劝农兴学，开垦稻田，增建学社。文昌百岁，远近百姓纷纷前往祝贺。民间咸为立祠，奉若神明，称梓潼文君。（吴秀慧）

陈　烺

《玉狮堂传奇》

玉狮堂传奇十种附《悲凤曲》　传奇剧本集。清陈烺撰。清光绪十七年（1891）武林刻本。十册。半叶九行，行二十二字。书衣签题：“玉狮堂十种曲”。封面题：“玉狮堂传奇十种，光绪十一年四月刊于武林”。其后镌有“辛卯（注：光绪十七年，1891）秋九月樵益智图字以奉叔明先生雅正，弟童叶庚”字样。全书收《仙缘记》、《蜀锦袍》、《燕子楼》、《海虬记》、《梅喜缘》、《同亭宴》、《回流记》、《海雪吟》、《负薪记》、《错姻缘》传奇十种，后附《悲凤曲》一种，系无曲牌一问一答的说唱形式。

陈烺（1822—1903），字叔明，号云石山人，晚年号潜翁，别署玉狮老人。江苏阳湖（今常州）人，以教馆、佐幕为生，晚年以盐官分发浙江，督严州关，署理三江场、龙山、桐庐盐务。光绪二十七年（1901）辞官，参研佛学。诗文有《云石山房剩稿》（稿本）传世，收游记、跋、题辞、诗及散曲八套。撰传奇《仙缘记》、《蜀锦袍》、《燕子楼》、《海虬记》、《梅喜缘》、《同亭宴》、《回流记》、《海雪吟》、《负薪记》、《错姻缘》，合称《玉狮堂传奇十种》。

《仙缘记》，二卷十八出，原名《仙猿记》，又名《碧玉环》，《玉狮堂传奇》第一种。《曲录》著录。版框高宽：18.2×13.1。封面题：“玉狮堂传奇第（注：原文为“弟”字，下同）一种，仙缘记。”卷前载有清光绪十七年（1891）仁和谭廷献《总序》、清光绪十四年（1888）俞樾《总序》、光绪十年（1884）吴唐林之《序》、光绪八年（1882）作者《自序》，以及钱元涪、周舫等人之《题词》。卷端题："仙缘记传奇，阳湖陈烺潜翁填词，铁岭宗山啸吾校正"。《自序》云："《仙缘记》传奇之所由作也，书成梦白衣女子冉冉而来，申词致谢并求将猿字易去，醒而异之，因改今名。又名《碧玉环》。" 故事取材于《太平广记》卷四四五所引唐人小说《孙恪》。上卷目：辞宦、归程、访僧、情感、劝试、旅困、售环、移居；下卷目：园遇、问病、环合、授剑、闺忿、赴任、遇盗、归真。述唐时，书生孙恪随同父亲辞官回家，路经峡山寺，寺中老僧赠其碧玉环一只，并预言其姻缘与此有关。孙恪赴洛阳赶考未中，迫于生计，只得将碧玉环当出。袁娘子以重金收买碧玉环，并留孙恪于袁府居住。袁娘子姨母做媒，令两人结为夫妇。新婚之夜，孙恪发现袁娘子也有一个碧玉环，与自己的完全相配。孙恪表兄张闲云前来做客，看到孙恪脸上妖气甚重，于是赠其宝剑，令藏于密室。不久，袁娘子身感异样，经再三盘问，孙恪终于说出宝剑之事。袁娘子激愤不已，要相公独居书斋考取功名。几年后，袁氏产下孪生二子。孙恪考得功名，任职南康经略判官。赴任路上，遇到贼匪，幸得游历到此的张闲云遣天兵相救，才得以化险为夷。后再经峡山寺，寺中众多猕猴来此觅食，见此情景，袁娘子泪别儿子，化成白猿追逐群猴而去。此时，小和尚忽记起，师傅自幼曾蓄养一猿猴，极为聪慧，便将碧玉环系其头上。开元年间，猿猴被人买去献于天子，豢养于上阳宫。安史之乱以后，猿猴不知去向。袁氏即当为此精灵。至此，孙恪无心赴任，遂披发入山。

《蜀锦袍》，二卷十六出，《玉狮堂传奇》第二种。《曲录》著录。版框高宽：18.1×13.1。书衣签题："玉狮堂十种曲"。封面右栏题："玉狮堂传奇第二种"，中栏题："蜀锦袍"，卷前有光绪十年（1884）宗山之《序》，以及宗得福、边保枢、朱文玉等人之《题词》。卷端题："蜀锦袍传奇，阳湖陈烺潜翁填词，铁岭宗山啸吾校正。"故事取材于明末史实。上卷目：樵话、闻警、援播、劫营、平播、计陷、系狱、鸣冤；下卷目：袭职、复仇、闯氛、勤王、赐袍、断袂、兵溃、遥奠。剧述明代石硅土司马千乘，与播州叛臣杨应龙交战，其妻秦良玉前往播州救援。秦良玉巧施计谋，突袭杨兵。杨应龙仓惶逃往兰州后，受军师指点，在奢崇明处设计陷害马千乘，致使马千乘受诬陷被囚，不久即死狱中。秦良玉与弟弟一同围剿奢崇明部。李自成起兵，秦良玉应征勤王，得崇祯皇帝召见。皇帝亲赐律诗四首、锦袍一件，以示嘉奖。最终明朝大势已去，京城失守。秦良玉用兵之计不为朝廷所用，加上寡不敌众，遂以身殉国。

《燕子楼》，二卷十六出，《玉狮堂传奇》第三种。《曲录》著录。版框高宽：18.2×13.1。书衣签题："玉狮堂十种曲"。封面右栏题："玉狮堂传奇第三种"，中栏题："燕子楼"。卷前有光绪十一年（1885）汪学瀚之《序》、俞廷瑛之《序》，以及束允泰、俞廷瑛等人之《题词》。卷端题."燕子楼传奇，阳湖陈烺潜翁填词，铁岭宗山啸吾校正"。上卷目：开宴、梦因、移镇、遣刺、纳姬、激刎、品艳、赐宴；下卷目：赏春、玩月、星陨、誓嫁、寄诗、楼殉、怜香、感旧。剧述唐德宗时，淮南节度使张建封，因奉旨征讨李希烈叛乱而遭其忌恨。李希烈派胡中刺杀张建封。徐州乐部有一歌妓，名关盼盼，雅通音律，色艺双绝。胡中将关盼盼献于张建封，从而得以来往于张府之中。一日，胡中正欲伺机刺杀张建封，无意中听到张建封一番忠义之言，顿时醒悟。在向张交待实情以后，挥刀自刎。关盼盼入张府以来，其才华深得张建封与夫人喜爱，并与张建封建立了深厚的感情。后来，张建封病故，关盼盼独居燕子楼，守楼十年，饮痛而卒。

《海虬记》，二卷十六出，《玉狮堂传奇》第四种。《曲录》著录。版框高宽：18.2×13.1。书衣签题："玉狮堂十种曲"。封面右栏题："玉狮堂传奇第四种"，中栏题："海虬记"。卷前有宗山之《序》，以及吴唐林、俞廷瑛、宗山等人之《题词》。卷端题："海虬记传奇，阳湖陈烺潜翁填词，铁岭宗山啸吾校正"。上卷目：玩图、遣使、涉海、覆舟、遇救、诘因、巡幸、阅边；下卷目：听琴、心许、尚主、豪饯、闺别、投诚、伏剑、圆聚。剧述明代山东巡抚李乘，受皇帝之命，根据海图寻找密处。梦中得泰山土地神指点"高明"二字，恰营中就有名唤高明之人，李乘遂命高明与二仆携海图赴海寻访。不料，高明所乘船只遭遇风浪，被来此游玩的大同公主海玉婵所救，并将其带回岛国。玉婵之母见高明一表人才，欲以公主相许。玉婵之父海杰带领高明沿岛巡视，高明劝其归顺朝廷。高明与大同公主成亲，并与海杰一同回朝。回朝之后，海杰自刎而死。高明加封总兵之职，将公主接回，一家喜庆团圆。

《梅喜缘》，二卷十六出，《玉狮堂传奇》第五种。《曲录》著录。版框高宽：18.3×13.2。书衣签题："玉狮堂十种曲"。封面右栏题："玉狮堂传奇第五种，续刻"，中栏题："梅喜缘"。卷前有查亮采之《序》，以及邓嘉纯、俞廷瑛等人之《题词》。卷端题："阳湖陈烺潜翁填词，铁岭宗山啸吾校正"。上卷目：娱亲、托女、鬻婢、感孝、情诉、婚阻、自媒、遣嫁；下卷目：寻女、闺忆、神显、卖身、认父、祝发、庵会、双圆。剧述金陵人氏程无垢，因家境贫困，欲赴西川为幕，临行前将女儿青梅托付于堂弟程无量。程无量好吃懒做，赌博成瘾，为偿赌债，他将青梅卖与王士丽员外，为员外之女阿喜做使女。青梅见邻舍书生张介受虽家境贫寒，但人品忠厚，便主动为阿喜牵线做媒。但王家嫌弃张家贫寒，不愿结亲。青梅遂自行为媒，嫁与张介受。五年之后，程无垢返回吴门寻女，得知青梅卖与王员外家为婢，而王家早已迁往晋阳，便一路寻女来到晋阳。王员外受贿行私，被朝廷问罪，又路遇强盗受惊，不久与妻子双双亡故。阿喜卖身葬父，富有才欲娶其为妾。有才妻生性彪悍，换下阿喜，自己登上花轿，使阿喜逃过一劫。阿喜流落尼姑庵，恰遇寻女到此的程无垢，便认其为义父。青梅嫁与张介受后，激励丈夫考取功名，张介受连登甲榜。青梅随夫进京，途中避雨尼姑庵，与父亲、阿喜相遇，喜得团圆。后阿喜亦嫁张介受。

《同亭宴》，八出，《玉狮堂传奇》第六种。《古典戏曲存目汇考》著录。版框高宽：18.6×13.2。书衣签题："玉狮堂十种曲"。封面右栏题："玉狮堂后五种传奇之一"，中栏题："同亭宴"，左栏题："嘉定钱元涪题"。卷前有光绪十六年（1890）俞樾之《序》，以及李维翰、刘鼎等人《题词》。卷端题："同亭宴传奇，阳湖陈烺潜翁填词"。出目为：会真、求仙、检籍、梦警、避难、设宴、述异、崇祀。剧述秦始皇尊荣已极，欲求长寿，遣方士徐福寻求海岛仙人。徐福带领童男童女五百人，驾舟前去访寻。众仙人因秦始皇暴虐无道，遂断其求仙之念。

《回流记》，八出，《玉狮堂传奇》第七种。《古典戏曲存目汇考》著录。版框高宽：18.7×13.5。书衣签题："玉狮堂十种曲"。封面右栏题："玉狮堂后五种传奇之二"，中栏题："回流记"，左栏题："嘉定钱元涪题"。

卷前有光绪十五年（1889）吴唐林之《序》，以及俞廷瑛、朱沄、刘炳照《题词》。卷端题："回流记传奇，阳湖陈烺潜翁填词"。故事取材于明朝宁王妃娄氏事迹。出目为：妆楼、罢宴、逞兵、画谏、败北、沉江、私葬、神游。剧述宁王朱宸濠欲举兵反叛朝廷，其妃娄氏深感忧虑。一日，在阳春院宴饮，娄氏苦劝宁王要顾全名节。宁王不听忠言，以清君侧为名发兵。副都御史王守仁乘其内部空虚，遣将袭取，将其挫败。娄氏避难江中，感伤不已，投江自尽。龙王知其忠节，命水卒将其尸身送至故土南昌地界。渔翁捕鱼时将尸骨捞起，辨明娄娘娘身份后，将其安葬。上帝念其深明忠贞大义，封为灵慈英烈贞妃。

《海雪吟》，八出，《玉狮堂传奇》第八种。《古典戏曲存目汇考》著录。版框高宽：18.6×13.2。书衣签题："玉狮堂十种曲"。封面右栏题："玉狮堂后五种传奇之三"，中栏题："海雪吟"，左栏题："嘉定钱元涪题"。卷前有光绪十六年（1890）红豆词人杨葆光之《序》，以及刘鼎、朱沄、陈祖昭、刘炳照《题词》。卷端题："海雪吟传奇，阳湖陈烺潜翁填词"。出目为：拒聘、忤令、寄子、遁迹、猺宴、琴诉、遄归、殉琴。剧述明末南海秀才邝露，才学出众、琴艺高超，妻子早亡，有一独子。县令欲与之交结，多次邀请，均被邝露严词拒绝。县令恼羞成怒，买通教官，诬陷邝露毁谤圣贤，不仅革其功名，还欲加以治罪。邝露避至西粤桂林边界，得傜侗土司收留，教习土司之女辩娘弹奏古琴。数载后，邝露返乡，昔日冤屈已得以申雪，儿子也长大成人。但此时清军战火逼近，他已无家可归。邝露万般惆怅，赋《抱琴歌》一章留于后世，而后抱琴投海而亡。阴界封其为本境城隍。

《负薪记》，八出，《玉狮堂传奇》第九种。《古典戏曲存目汇考》著录。版框高宽：18.6×13.2。书衣签题："负薪记传奇，玉狮堂十种曲"。封面右栏题："玉狮堂后五种传奇之四"，中栏题："负薪记"，左栏题："嘉定钱元涪题"。卷前有俞廷瑛之《序》，以及司马湘、刘炳照之《题词》。卷端题："负薪记传奇，阳湖陈烺潜翁填词"。故事取材于《聊斋志异·张诚》。出目为：怀饼、刈薪、斧虎、冥索、别亲、寻弟、途遇、归聚。剧述齐州人张民轶，因兵乱与原配夫人失散。逃至豫中，娶继室生子张讷。

继室亡，又娶妻牛氏，生子张诚。牛氏生性悍妒，命张讷每日上山伐薪。张诚天性友爱，常暗地里帮助兄长。一日，张诚暗助张讷伐薪，不幸被老虎衔去。张讷痛不欲生，绝食而毙。在阴间，张讷得菩萨指点，得知张诚未死。神仙将张讷送回阳间。张讷告别父母，立誓找到兄弟张诚。张诚为张千户所救，来至齐州。张千户一家到城外游春，遇一乞丐，细问才知，是张讷寻弟到此。后又得知，张千户之母实为张民轶失散多年的原配夫人，张千户实即张讷与张诚的兄长。于是全家同回豫中，骨肉、夫妻团聚。

《错姻缘》，八出，《玉狮堂传奇》第十种。《古典戏曲存目汇考》著录。版框高宽：18.5×13.3。书衣签题："玉狮堂十种曲"。封面右栏题："玉狮堂后五种传奇之五"，中栏题："错姻缘"，左栏题："嘉定钱元涪题"。卷前有光绪十六年（1890）俞樾之《序》，以及祝良、刘炳照之《题词》。卷后有光绪十六年刘炳照之《后序》，光绪十七年（1891）徐光鋆之《后序》。卷端题："阳湖陈烺潜翁填词"，卷末有"男振翥、翰、翮、翼、翱同校字"字样。出目为：卜葬、议婚、悔亲、代嫁、窥妆、前梦、后梦、荣归。取材于《聊斋志异· 姊妹易嫁》。剧述书生毛纪家境贫寒，为张学古收留家中读书。几年后，张学古欲将长女张大姑许配毛纪，但大姑嫌弃毛家贫寒，不愿出嫁。完婚之日，张大姑不肯上轿，情急之下，由二女儿代替姐姐出嫁。后毛纪考中解元。张大姑虽嫁与一富家子弟，但丈夫不务正业，家境渐衰后病故。张大姑得知毛纪登科的消息后，愧悔难当，遂遁入空门，削发为尼。

《悲凤曲》，《玉狮堂传奇》附录，版框高宽：18.9×13。封面中栏题："悲凤曲"，左栏题："曲园居士题"。卷端题："悲凤曲，玉狮老人填词"。卷末有瀚丞、习之跋，云："《悲凤曲》系先君晚年著作，词成，俞曲园太史怂恿付梓，留以儆世。惟页数不多，难于装订，兹敬附于十种曲后，俾免散失。已巳夏日瀚丞、习之敬志。"故事讲述浙江衢州府江山县王家童养媳毛氏，受婆婆百般迫害。先逼其为娼，毛氏以灶煤涂面方得保全。后婆婆又锥刺、割耳、剪舌，终将毛氏害死。知县得知后，严审此案，将婆婆监毙，为毛氏申冤。（孔培培）

刘恭璧

《续西厢记》

续西厢记杂剧四出　杂剧。清刘恭璧撰。旧稿本。二册。半叶九行，行二十四字。叶心高宽：20×12.5。朱笔圈点。书根处题："广陵山农续西厢记稿本"。卷首有道光二十二（1842）年作者"续西厢记序"，并有署"道光壬寅仲春广陵山农陇西郡玉如少荣氏题于醉月西楼"之后序。正文前有题目正名及目。每出首尾及每段每节中均有评语。署："广陵山农李少荣批评"。卷尾有补恨使者鱼竹氏心如、白门校书张佩娥月仙、广陵薄命侬王小云氏题词三首。钤有"归公"、"康生"印。

刘恭璧（清道光间人），字鱼竹、心如，别署安宜补恨使者。生平不详。

该剧系为《西厢记》续写剧情。目录为：夺魁、病妆、寄书、荣归。题目正名：张君瑞庆及第，崔莺莺病春妆。小琴童传捷报，接圣旨大团圆。述唐代书生张珙自别莺莺来到京师后，度日如年，回想往事，不胜惆怅。贞元十八年（802）系大比之年，张珙等众举子赴试。发榜日，他遣琴童前去打探，忽听炮声连响两通，店小二云是报喜之声，隔壁举子有中状元、榜眼。张珙闻听大哭。后报子、琴童相继报已中探花。张珙大喜，取白金三两赏送报人。自张生去后，莺莺心情郁闷而病。见园中落红成阵，啼鸟成群，她无限伤感。闻知黄榜已放，更是烦闷。琴童来报，言相公已中探花，莺莺见捷书，病体顿愈。她速速写了回书，并将汗衫、耳枕、玉环、斑管等物打成包袱，交给琴童。张珙见信读之，十分欣慰。张珙高中后在翰林院编修国史，适圣驾光临，圣上见他才学优长，龙颜大悦，授之河中府尹，并赏假一月，与崔小姐完婚。张珙衣锦荣归，各官员及同年都来相送。崔莺莺凤冠霞帔，终与张珙洞房花烛成百年之好。（戴霞）

许善长

《瘗云岩》

瘗云岩二卷十二出首一出 传奇。清许善长撰。《古典戏曲存目汇考》著录。清光绪三年（1877）碧声吟馆刻《碧声吟馆丛书》所收本。一册。半叶九行，行二十二字。白口，左右双边，单鱼尾，版框高宽：16.7×12.3。有眉批。板心题："瘗云岩"，并标出目。丛书封面题："碧声吟馆丛书"，"瘗云岩、燕脂狱，茯苓仙，灵娲石，神山引、风云会、谭麈、香消酒醒，南昌文德堂藏板。"该剧封面题："瘗云岩，憨寮居士题"，"光绪丁丑三月碧声吟馆开雕"。卷首有郑忠训、王天璧序，及黄明灼、黄煦、吴绂荣、李昭炜、饶佩勋、郑忠训、李士棻、甄觃、万同伦、潘衍桐、周友檀诸人题辞，张德容、吴昌言、汪日宾、周庆昌、潘敦俨、万同伦、王先谦、潘衍桐、汪绶之、萧云经、刘凤仪、姚暹、陈景谟、汪熙敬题词，柳江情痴子所著《爱云小传》附《爱云回书》。卷尾附同治九年（1870）跋，署："庚午谷雨节海阳逸客书于狮江寓斋之小停云馆"。卷端题："西湖玉泉樵子填词，海阳停云逸客评点"。

许善长（1823—1890后），字季仁，号玉泉樵子、西湖樵子，别署西湖长。浙江仁和（今杭州）人。父母早逝，祖父许宗彦为经学家，祖母梁德绳亦有诗名。自幼擅长吟咏，道光年间优贡生，历任江西建昌、信州知府等。著有《碧声吟馆谭麈》、《倡酬录》、《倡酬续录》等，戏曲作品有：《瘗云岩》、《胭脂狱》、《茯苓仙》、《神山引》、《风云会》、《灵娲石》，均存。平生作品均收入《碧声吟馆丛书》。

该剧上卷目：传概、旅迁、蹇遇、饵金、赠珮、枭警、鸳分；下卷目：靖寇、报书、鸨辱、鸩媒、侠敛、恨题。叙咸丰年间金陵女子爱云本为良家女，因战乱与父母失散，为鸨母钱氏收留，无奈堕入烟花，但为人性情高傲，以身在青楼为耻。经谌丽川引荐与洪农（情痴子）相恋，以白玉琚为定盟信物。不料战事再起，爱云遂随钱氏迁居吴城，鸨母贪图金钱，强迫爱云服侍商家虞百万，爱云不从，备受凌辱，又遭鸨母毒打。她料想与洪农婚事难成，遂服药殉情而死。战事平息，洪农得知爱云亡故，伤心欲

绝。据《茯苓仙》许德裕题词："叔曾制《瘗云岩》曲，河口犹有能歌者"，可见该剧曾予以演出。（王路平）

《胭脂狱》

胭脂狱十六出首一出　传奇。清许善长撰。《古典戏曲存目汇考》著录。清光绪十年（1884）碧声吟馆刻《碧声吟馆丛书》所收本。一册。半叶九行，行二十二字。白口，左右双边，单鱼尾，版框高宽：16.5×12.5。有眉批。板心题："燕脂狱"。封面题："燕脂狱，卓山题"，"光绪十年岁次甲申嘉平月署"。卷首有《聊斋胭脂传》，光绪十年玉泉樵子自叙及目录。卷端署："胭脂狱，西湖玉泉樵子填词"。

该剧约作于光绪十年，本《聊斋志异·胭脂》，出目为：提纲、议婚、遇粲、述怀、问病、讲艺、续欢、踰墙、失履、凶杀、诬承、覆勘、诉冤、绎供、提鞫、庙讯、判圆。叙东昌府卞璞以牛医为业，生有一女名胭脂。一日，她与青年书生鄂秋隼邂逅，慕其仪表秀美，芳心暗许。邻居王氏自荐愿促成二人好事。王氏归，将此事告姘夫宿介。宿介觊觎胭脂姿容秀美，便深夜潜入胭脂房中，冒鄂生之名欲图胭脂，遭胭脂拒绝。宿介心有不甘，强脱其绣鞋而去。此事被无赖毛大暗中获知，并拾得宿介忙乱中丢失的绣鞋。毛大趁机亦来胭脂家行奸，却误入其父卞璞居室。卞璞惊觉，大喊捉贼，被毛大杀害。毛大仓皇之中，将绣鞋失落地上。胭脂告官，聊城知县胡图草率办案，将鄂生屈打成招。济南知府吴南岱复查此案，从绣鞋入手查案。他从王氏口中得知宿介一节，便拘拿宿介，严刑逼供。宿介屈招杀人，遂定为死罪。巡抚施润章路过此地，分析卷宗，找出疑点。他巧计断案，几经周折，终于查出毛大乃杀人真凶，遂释宿介，并将毛大逮捕处斩。施润章当堂断胭脂嫁与鄂秋隼。京剧《龚王氏》（又名《胭脂判》），越剧《胭脂》，均为同题材剧目，桂剧、川剧、河南曲剧、秦腔等亦有此剧目。（王路平）

《茯苓仙》

茯苓仙十四出　传奇。清许善长撰。《古典戏曲存目汇考》著录。清光绪九年（1883）碧声吟馆刻《碧声吟馆丛书》所收本。一册。半叶九行，行二十二字左右。白口，左右双边，单鱼尾，版框高宽：16.3×12.3。有眉批。板心题："神仙引"。封面题："茯苓仙，光绪癸未九月碧声吟馆开雕"。卷首有光绪二年（1876）玉泉樵子序言，及汪世泽、郑由熙、张鸣珂、许德裕题词，卷尾有作者子许德滋跋。卷端署："西湖玉泉樵子填词"。

该剧作于光绪二年（1878），取材于《建昌府志》所载麻姑事迹及《麻姑仙坛记》。出目为：采药、寿萱、泄神、传道、归省、宦辞、栖真、会宴、鞭背、鉴心、献寿、释篆、广教、建坛。叙农家女姑与嫂巫氏上山采樵时，偶遇茯苓仙。巫氏言食之可长生不老，麻姑遂以红线系其衣襟，追至松根下，掘出茯苓服食，遂成仙。麻姑弟麻二发现姐姐仙术，便告知家人。麻姑遂遁身，云游四海，于洪西山中小有洞天潜真修道。由此，后人称此山为麻姑山。道士王远传道蔡经，并收慕名而来的辞官引退的陈式为弟子。蔡经随师外出云游。七月七日，麻姑与盱源仙姥、王远同至蔡家，会道饮宴。后众仙为王母献寿，王远登坛说法宣扬教义。（王路平）

《灵娲石》

灵娲石十二出 传奇。清许善长撰。《古典戏曲存目汇考》著录。清光绪十一年（1885）碧声吟馆刻《碧声吟馆丛书》所收本。一册。半叶九行，行二十二字左右。白口，左右双边，单鱼尾，版框高宽：16.4×12.4。有眉批。板心题："灵娲石"。封面题："灵娲石"，"光绪十一年三月碧声吟馆开雕"。卷首有光绪九年（1883）憨寮所作序言，以及汪世泽、郑由熙、张鸣珂、何焕章、许德裕题辞，并光绪九年玉泉樵子自叙。卷端题："灵娲石，玉泉樵子填词"。

该剧由十二出短剧组成，每剧一出，均取材于春秋列国名姝之事。十二出短剧为：伯嬴持刀、忠妾覆酒、无盐附膝、齐婧投身、庄侄伏帜、奚妻鼓琴、徐吾会烛、魏负上书、聂姊哭弟、繁女救夫，并附录西子捧心、郑袖教鼻。后两剧前载作者自识，云："余初制此编，与憨寮拟议，择可谱者谱之，劝惩兼寓，原无成心，非一律彰美德也。乃憨寮命名曰《女师篇》，出示同人。或曰：'十二人者不类。如伯嬴等十人皆可为师，而西子为亡国之孽，郑袖为工妒之尤，岂足并列！'余因更名曰《灵娲石》，似于本意无伤矣。或仍以为不然，必欲删去此二出。余不忍割爱，遂附于篇末，亦三百篇正变并存之意云尔。”从中可看出作者创作的宗旨。《伯嬴持刀》，写春秋时吴楚柏举会战，楚军大败。吴王阖闾攻入郢都闯进宫殿，楚平王之妻秦女伯嬴临危不惧，持刀保节。她以理服人，劝退吴兵。《忠妾覆酒》，写卫人主夫妻巫氏与人私通，她与奸夫合谋欲以毒酒害死主夫。婢女知其阴谋，献酒时佯装跌倒，毒酒倾撒于地，使主夫免遭于害。《无盐附膝》，写齐国无盐邑女子钟离春，因貌丑无所容于乡里。她闻齐王奢侈乃直言进谏，并献治国之策。齐王感其贤德，遂迎娶为后。《齐婧投身》，写齐国女子婧为解救因醉酒触犯国王法令而入狱的父亲，投身相府，自荐为相国晏婴的姬妾，伺机救父之事。《庄侄伏帜》，写楚国十岁女童庄侄，因楚王不修政治，耽于游玩，趁楚王南游之际，于南郊面谏，国君纳谏的故事。《奚妻鼓琴》，写虞人百里奚之妻万里寻夫至秦国，想方设法进入相府，鼓琴与百里奚相会的故事。《徐吾会烛》，写齐国某村女子均在李吾家会烛夜绩，徐吾因家贫少烛，女伴们开始不愿她参加。后徐吾以自己的行动说服女伴允许她夜间参加纺绩。《魏负上书》，写魏王欲为太子立妃，及待选定，见女子甚美，竟欲自纳。魏大夫如耳之母魏负上书谏阻，国王纳谏，乃将此女赐与太子完婚。《聂姊哭弟》，写聂政刺杀韩相后，恐累及家人，剜面毁容后自杀。其姊聂莹挺身相认，以传其名。《繁女救夫》，写工匠为晋王造弓，晋王因试弓不得法，反诬工匠手艺不佳，欲杀之。匠人之妻繁女进谏说理，指明缘由。晋王再试，箭果然穿透七札，遂将匠人释放。《西子捧心》，写越国美女西施有心病，病情发作之时，常以两手捧心。邻女东施以为此点正是西施美丽之处，随效仿西施捧心，遭到大家的嘲笑。《郑袖教鼻》，写郑袖得楚王宠爱，魏国献美人，郑袖恐美人与之争宠，遂告美人，楚王嫌她鼻子不美，教她以袖掩鼻。美人信之，如法去做。郑袖随即向楚王言美人掩鼻，是嫌楚王臭。楚王大怒，下令将美人削鼻。（王路平）

《神山引》

神山引八出　传奇。清许善长撰。《古典戏曲存目汇考》著录。清光绪十一年（1885）碧声吟馆刻《碧声吟馆丛书》所收本。一册。半叶九行，行二十一字左右。白口，单鱼尾，版框高宽：16.8×12.4，左右双边。有眉批。板心题："神山引"。封面题："神山引，光绪乙酉卯月梓于碧声吟馆"。卷首有汪世泽、郑由熙、张鸣珂、许德裕题辞，并《聊斋粉蝶传》、《随园神山引》、目录，卷尾有玉泉樵子自题之《调寄疏影》一词。卷端题："神山引，玉泉樵子填词"。

本事出《聊斋志异·粉蝶》，出目为：肆联、舟引、叙姻、授谱、粉谪、裙归、药饵、琴圆。述琼州人阳曰旦到雷州访友，返回途中，舟行至海，遭遇飓风，被虚舟暗引至神仙岛。时已初冬，但此处仍然满树蓓蕾，和风袭人。闻琴声，见一少年出迎。问明来由后，少年引其入见少妇十娘，攀谈后得知十娘乃阳生十姑。阳生遂告其祖母年已六旬，有疾，走路蹒跚，需人扶持。阳生请十娘抚琴，十娘奏《飓风操》，并令侄学，阳生顿悟。十娘离去，阳生与丫鬟粉蝶相互爱慕，粉蝶被责，谴降人间。十六日后，阳生思家欲返，十娘赠琴送药。返家后，阳生方知自己已离家十六年，原聘未婚妻业已改嫁他人，阳生遂改聘钱秀才之女荷生。成亲时，阳生才知荷生即为粉蝶投生，恰好十六岁。京剧《粉蝶》，川剧《粉蝶配》均为同题材剧目。（王路平）

《风云会》

风云会二卷二十四出　传奇。清许善长撰。《古典戏曲存目汇考》著录。清光绪三年（1877）碧声吟馆刻《碧声吟馆丛书》所收本。一册。半叶九行，行二十二字。白口，左右双边，单鱼尾，版框高宽：16.3×12.6。板心题："风云会"，并标出目。有眉批。卷首有唐张说所撰《虬髯客传》，二卷首有作者序言。封面题："风云会，憨寮居士书眉"，"光绪丁丑三月碧声吟馆开雕"。卷端署："西湖玉泉樵子填词，天都梅溪逸叟订谱"。

该剧本事出唐传奇《虬髯客传》，上卷目：示因、谪配、授秩、营都、惜春、概世、雨代、雪仇、策谒、拂奔、捕逼、偕逃；下卷目：聚异、订盟、访友、樵吟、筹防、告变、图宫、定鼎、投主、报书、开宴、证仙。述隋朝末年，隋炀帝荒淫无道，百姓苦不堪言。碧虚真人奉天帝之命，命真主降凡，并指示玉帝座前金童玉女下凡，了却尘缘，二人遂转世为太守之子李靖和豪门歌伎红拂。隋炀帝醉心于离宫、龙舟之乐，不思朝政，将政事委托给司徒杨素，杨素因此日益骄横。李靖有志报效国家，向杨素进献治国良策。杨府歌伎红拂敬佩李靖侠肝义胆，便连夜逃离杨府至李靖住处，表明心迹。二人情投意合，私定婚约。为躲避杨府官兵的搜查，二人出逃，行至客店，遇虬髯客张道坚。三人一见如故，义结金兰。不久李渊起义，推翻隋朝，李靖在其麾下效力。虬髯客在新罗南诏联合起兵，自立为王，派力奴告知李靖夫妇。后三人功德圆满，被接引上天。本传言："起陆之贵，际会如期，虎啸风生，龙吟云萃"，故名《风云会》。川剧、滇剧有同名剧目。同题材剧作还有：京剧《红拂传》、《红拂记》、《三侠图》等。（王路平）

醉筠外史

《味兰簃传奇》

味兰簃传奇 传奇剧本集。清醉筠外史撰。《古典戏曲存目汇考》著录。清光绪七年（1881）刻本。四册。半叶九行，行二十一字。白口，四周双边 ，单鱼尾。封面题："味兰簃传奇，岁在重光大荒落壮月镌"，封套误题该剧为"同治刻本"。书中收入《烈女记》、《侠女记》传奇二种。

醉筠外史（清咸同间人），姓名、里居、生平皆不详。所制传奇两种，总称《味兰簃传奇》，今传于世。

《烈女记传奇》，八出首一出，《味兰簃传奇》之一。版框高宽：11.7×8。封面题："烈女记"。板心题："烈女记，味兰簃传奇"。卷首有清同治十年（1871）醉筠外史撰《烈女记传奇序》，卷尾有同治十年作者自跋。卷端题："烈女记填词"。该剧约作于同治十年（1871），取材于同治初年当地实事。目录：标目、绩叹、贷金、浣遇、姻阻、图欢、宵逸、续饵、缳楼。述新宁县彭溪村少女江大姐聪明美貌、勤劳善良，自幼与吴家定亲，但尚未完婚。乡里富豪钱百舸员外垂涎于江大姐美貌，与江母密谈，欲娶其为妻。江母贪其钱财，愿女儿嫁钱员外。江大姐闻讯后连夜逃往婆家，钱员外寻至婆家，婆家将江大姐锁在楼上，欲借此为生财之道。愤怒不堪的江大姐遭受骨肉相谋，自尽身亡。

《侠女记传奇》，十二出首一出，《味兰簃传奇》之一。版框高宽：11.5×8。封面题："侠女记"。板心题："侠女记，味兰簃传奇"。卷首有同治十年（1871）作者自序，并有署"辛未嘉平侠女记成自题"之题词二首，卷尾有"主人杂记"。卷端题："侠女记传奇"。该剧约作于同治十年（1871），取材于嘉道间两江总督陈銮事，剧中改名为陈鸾，剧情也多有虚构。目录：标目、南游、寒姻、巧遘、侠赆、后赠（正文作"后饯"）、拒冰、谋赚、访虚、谋讽、巧圆、画锦、归养（正文作"乞养"）。述湖北江夏书生陈鸾自幼与富豪吴家之女订婚，后陈父故去，家遭中落，吴父为使女儿另择高门，逼迫陈鸾写下退婚字据，并送他三百银。陈鸾拒收其银。秦淮名妓杜小红在七夕与陈鸾邂逅，在听了陈鸾遭遇后，她资助其应试并愿与之白头偕老。陈鸾北上赴试，以新科探花及第。吴女因父退婚，恼怒病亡。吴父悔之，将小红收为义女，与陈联姻。后因小红又重访秦淮，陈鸾因此被劾，归养故里。（戴霞）

胡盍朋

《汨罗沙》

汨罗沙传奇二十出首一出 传奇。清胡盍朋撰。《古典戏曲存目汇考》著录。民国排印《古僮文献捃遗》第二种本。半叶十四行，行三十字左右。版框高宽：17.2×13.2。四周双边，单鱼尾，下黑口。上书口题："古僮文献捃遗"，中书口题剧名、出数、出目。书衣题："古僮文献捃遗第二种，汨罗沙传奇，栩缘题"。卷端题："汨罗沙传奇，勿疑轩主人填词"。钤"杨氏振春"印记。卷首有署为"古僮徐瀛蓬仙"之《古僮文献捃遗序》，署为"铁秋吴绍矩"之《胡子寿先生事略》，以及胡盍朋诗四篇，胡翘汉诗三篇，清光绪十四年（1888）王诩之《汨罗沙传奇序》，作者之《汨罗沙传奇自序》、《汨罗沙传奇后序》，古僮汤润略剑修之《汨罗沙传奇补序》（附1916年铁秋识语），以及胡嵩林、张润珍题词，汉司马迁之《屈原列传》（节录），唐沈亚之《屈原外传》、《建陵山房诗抄》三篇，《汨罗沙传奇例言》十七则等。个别出目后有注。

胡盍朋（1826—1866），字子寿、簪廷，号小樵亭主人、勿疑轩主人。江苏沭阳人。幼聪颖，工诗文。清道光二十二年（1842）补博士弟子员。屡应乡试不第，以教馆为生。著《白榆堂诗》、《十国宫词》、《九秋诗》，以及赋若干卷。善制曲，有传奇四种：《汨罗沙》、《海滨梦》、《鹤相知》、《中庭笑》，后两种未见流传。

《汨罗沙》创作于清咸丰元年（1851），系作者游金陵妙香庵，参拜三闾大夫画像后有感而作。本事见《史记·屈原列传》、沈亚之《屈原外传》。出目为：占梦、捣衣、呵壁、赏橘、作歌、偕隐、卜居、神迓、怀沙、碎石、招魂、远游、说梦、还魂、贤聚、化鸟、祭砧、还朝、收场、巡江。剧写战国时期，楚怀王、襄王听信谗言，将屈原罢黜官职，放逐汉北、江南十余年，又欲将其驱逐出境。屈原悲愤万分，于五月初五投汨罗江自尽，死后被上帝敕封为湘江水仙。屈原的姐姐女媭，听到弟弟死讯悲痛不已，触捣衣砧石身亡。剧情发展至此有两个结局：其一，写屈原的弟子宋玉、景差、唐勒，到江边设祭为师招魂，怨气感天动地，上帝命诸神于九月初九送屈原还魂。宋玉将屈原才气、冤屈上奏襄王，襄王诏令屈原还朝。其二，写端午节，湘江水仙屈原与吴江水仙伍子胥并驾巡江玩景，看到三湘百姓在江中竞渡龙舟，用竹筒盛米致祭。同题材戏曲作品有：元睢景臣《楚大夫屈原投江》杂剧、元明间无名氏《屈大夫江潭行吟》杂剧、明徐应乾《汨罗记》传奇、清袁于令《汨罗记》传奇，以上均佚。清尤侗《读离骚》杂剧、郑瑜《汨罗江》杂剧，张坚《怀沙记》传奇，今存。京剧、川剧、秦腔、评剧、越剧、粤剧、河南曲剧有新编历史剧目《屈原》、《汨罗江》、《屈原投江》等。（刘效民）

《海滨梦》

海滨梦传奇六出 传奇。清胡盍朋撰。《古典戏曲存目汇考》著录。民国排印《古僮文献捃遗》第三种本。一册。半叶十四行，行三十字左右，版框高宽：17.2×13。四周双边，单鱼尾，下黑口。上书口题："古僮文献捃遗"，中书口题剧名、出数、出目。书衣题："古僮文献捃遗第三种，海滨梦传奇，栩缘题。"卷端题："海滨梦传奇"，次行分题："小樵亭主人填词”、“得月轩居士评校”。有眉批，每出后有评，卷末有总评。钤“杨氏振春”印记。卷首有清道光二十六年（1846）胡翘汉之《古僮文献捃遗序》，署为“古僮吴绍矩铁秋”之《胡南樵先生事略》，作者自撰之《海滨梦传奇》自序。附录张鸿烈《岸斋乐府》一首。

此剧作于清道光二十六年（1846），本事见《怀安府志》所载张大龄撰《支离漫语》。出目为：忧思、诱擒、探情、私遣、梦符、家祭。剧写汉代，吕后诱杀淮阴侯韩信，韩信门客季鹰扬暗地求见萧何，请求救助韩信年仅三岁的遗孤。南粤王赵佗遣使问候萧何，萧何修书，令季鹰扬携遗孤与信使同归。赵佗素来敬重韩信，接到萧何的信，收韩信遗孤为养子，封地于海滨，以韩字之半赐姓“韦”，以合门遇祸一人得脱而名“生”。韦生成人，骁勇异常，屡立战功，升授副将，与公主结婚，自此淮阴侯韩信的子孙后代在粤西繁衍。剧中赵佗曾梦见在海滨得少年将军韦生，韩信遗孤正应梦兆，此剧因以得名。（刘效民）

杨组荣

《绘图佛门缘》

绘图佛门缘二十出　传奇。又名《鹦鹉缘》。清杨组荣撰。《古典戏曲存目汇考》著录。清光绪二十年（1894）上海宝文书局石印本。一册。书名标“绘图”，而未见图（按：他处藏书，一出一图）。半叶十二行，行三十字。版框高宽：13.6×7.9。封面题：“绘图佛门奇缘，光绪甲午夏日上海宝文书局石印。”书根题：“鹦鹉缘”。卷端题：“绘图佛门缘”，以下分行题：“定远方濬聪子听正谱”，“怀远杨组荣筱坡编次”，“合肥王尚辰谦斋评阅”，“茂林吴其桢干臣校字”。首有清咸丰四年（1854）方濬颐之《序》，署为“光绪十一年（1885）仲春上浣花朝日富波赵酉蓉椒谷甫识于寄我斋中”之《新序》及附录题词【金偻曲】。

杨组荣（1827—1868），字筱坡，又作小坡。安徽怀远人。才霸性傲，所至多不和，一生失意。曾随其父兰坡至黟县教谕任，游黄山归来不久，抑郁而亡。赵酉蓉将其《西山鼓词》、《牙牌词》及诗文词曲数十篇遗稿辑入《蠡管录》。有传奇《佛门缘》传世。

该剧作于清咸丰二年至三年（1852—1853），是由方濬颐、王谦斋拟目，杨组荣填词。咸丰三年春天，书成大半，一时借观传抄者，殆无虚日。此书原稿遗失于战乱，传本是其友人赵酉蓉根据传抄残本补续。本事见《蕉窗随录》。出目为：提纲、佛果、拾雪、祖饯、扫叶、试对、避兵、纳子、忏春、Ꮤ楼、訾哄、序文、南山、幻证、梦唬（正文作“梦啼”）、丑搅、瞎闯、参梦．佛晋、盲词。剧写秀昙父母双亡，自幼被白云寺住持雪江收留而出家。夷人乌什忽喇率兵滋扰江南，烧毁白云古庙，雪江、秀昙被夷匪追杀走散，秀昙无奈还俗，被知府马道传收为义子。尹慧姑不堪忍受继母打骂，到桂子庵出家修行，几年后师傅隐蟾去世，慧姑被父亲生前好友梅玉树收为义女而还俗。王渊如梦中化作鹦鹉，为两家作伐，使秀昙、慧姑结成良缘。清钱维乔有《鹦鹉媒》传奇，写《聊斋志异·阿宝》故事，内容与此剧不同。（刘效民）

汪叙畴

《梅花梦》

梅花梦传奇二卷十六出　传奇。清汪叙畴撰。《古典戏曲存目汇考》著录。清光绪十年（1884）成都龚氏刻本。二册。半叶九行，行二十字。白口，四周双边，单鱼尾，版框高宽：13.6×9.2。封面题：“梅花梦，光绪甲申四月成都龚氏开雕。”板心题：“梅花梦传奇”。卷首有光绪九年（1883）成都吉唐道人之《梅花梦传奇序》、醉斋继主墨园氏之《梅花梦赘言十四则》，梅花梦传奇目录。卷端署：“凤仙博士评文，桃潭歌者填词，梦梅外史正谱。”有动作提示，每出末有评语。

汪叙畴（清咸同至光绪初年在世），字莼庵，号桃潭歌者。四川长寿人。同治四年（1865）进士，翰林院编修，授云南主考学政。著《梅花梦》传奇一种。但关于此书作者，吉唐道人认为：“长寿汪莼庵明经以不羁之才，作为元人院本《梅花梦》传奇……书成未梓，莼庵已作古人”（见卷首序）；墨园氏则云：“人言是书为汪莼庵先生作，某以百金易去。或又云即出广汉张某手，未知孰是？”（见卷首赘言）姑存疑于此。

该剧上卷目：呓语、梅谴、议婚、训女、斋访、示梦、媒决、聘梅；下卷目：忆梅、梅合、闲情、感遇、梅延、召梅、梅圆、结梦。首出下场诗云：“老王母硬主姻缘簿，小龙女仍返蓬莱路。结梅子他年中状元，梦梅花再世成夫妇。”述上界掌书仙官与梅花仙子相互爱慕，被王母贬下红尘，分别托生为书生元试章及淑女龙幼娴。黔西夜郎元试章少时好侍弄梅花，及长，别家赴川东巴渝从师读书。元积章近迁居巴水，闻知从兄试章到此，热情相邀。谈话间，本地乡宦龙雨畴到。原来，龙公听说自己同年元刺史令郎来此，特来造访。叙谈之间，试章云自己功名未就，并将自己手订文卷取出，请龙年伯斧正。龙公夫人早逝，九女一男中，唯八小姐待字闺中。当看罢试章诗文后，暗赞其学识，便将八女幼娴许配给试章。幼娴梦梅而生，故十分喜爱梅花。远嫁夜郎后，她与试章志趣相投，把家中半亩小园全种上梅花，闲时或下棋品茗，或读书吟诗，生活十分幸福。后试章赴考省垣。半年后，只见书童梦引归家报信，云元公子无面归家，与一二同好往江西游庐山。幼娴知试章落第，急写书信一封，恳请其速返乡。幼娴身怀有孕，夜梦送子张仙到，称奉金母懿旨，将修文院仙郎送与梅仙为子，且以所留绿萼梅花为信。梦醒果生一子。数年后，幼娴一病不起。冥冥之中，见梁玉清、董双成二仙到，传瑶池金母敕旨，云梅仙下世二十九载，尘缘已尽，今乃限满之期，命二仙接引归真。幼娴终于病逝，试章悲痛欲绝。忽手下来报，云夫人未曾逝去，现在蓬莱山薄命洞中请其一会。试章闻罢，带梦引乘风来到洞口。见夫人丫鬟侍梅早在等候，云奉梅仙小姐之命，在此等候掌书仙官。二人相见后，夫人自称梅仙，言蒙帝释天尊之恩，敕吾二人永为夫妇，受四十年尘中之福云云。后试章猛然惊醒，乃南柯一梦。（戴云）

李慈铭

《桃花圣解盦乐府》

桃花圣解盦乐府　杂剧剧本集。李慈铭撰。《古典戏曲存目汇考》著录。

清崇实斋刻本。一册。半叶九行，行二十二字。上下黑口，四周双边，双鱼尾，版框高宽：13.6×9.2，书口处标剧名。封面右题："越缦堂稿本"，中题："桃花圣解盦乐府"，左题："崇实斋校刻"。全书包括《舟觏》、《秋梦》杂剧两种，每剧一折。每剧卷端署："会稽越缦堂李慈铭莼客稿本，萧山种骏文校刊"。

李慈铭（1829—1894），初名模，字式侯，后更名慈铭，字爱𢜩伯，号莼客，晚号越缦老人。浙江会稽（今绍兴）人，清同治九年（1870）举人，光绪六年（1880）成进士。官至山西道监察御史，为人耿直，敢于直言议论臧否，人多嫉之。甲午战争爆发后，忧愤成疾而亡。广览博学，擅作诗文、能制曲填词，精于考据。著有《越缦堂日记钞》、《湖塘林馆骈体文钞》、《白华绛树阁诗集》等。撰杂剧《舟觏》、《秋梦》两种，合称《桃花圣解盦乐府》。

《舟觏》，《桃花圣解盦乐府》第一种。卷尾有越缦自跋、又记及沤老誉书。述武林人施弄珠貌美聪慧，随父到浙东经商，寓居鉴曲，与兹纯父两情相悦。邻人仇壬从中作梗，使弄珠反嫁于黄牙郎。未及一年，黄将家财荡尽，并将弄珠卖入教坊。弄珠父母回乡扫墓，路遇贼寇，生死未卜。弄珠忧愤成疾，被假母送至暨阳就医。此时，兹生已作为观察使被派到越州任职，所有官员均来觐见，惟有蓬莱驿驿丞仇壬因官微未能觐见。施弄珠被官家传唤，奉命承值，无奈只好连夜返回。她在舟中练习琴曲，步月散心的兹生闻声赶至，与弄珠相见。仇壬恐怕兹生忌恨当年之事，遂请命自愿出重金，为弄珠赎身。兹生、弄珠终成眷属。

《秋梦》，《桃花圣解盦乐府》第二种。卷首有作者《桃花圣解盦乐府外集》，署："会稽莼老自记"，篇末有沤公所作跋两篇。叙江南书生莫峤远离家乡，客居京师，因贼寇四起与家中失去联系。莫峤少时曾与婴娘情投意合，惜婴娘早丧。一夜莫峤于梦中与婴娘相会，二人情意缱绻，互诉离别相思之苦。东方即将放亮，婴娘离去，莫峤醒来，方知是梦境。（王路平）

魏熙元

《儒酸福》

儒酸福传奇二卷十四出首尾二出 传奇。清魏熙元撰。《古典戏曲存目汇考》著录。清光绪十年（1884）玉玲珑馆刻本。二册。半叶九行，行二十字。白口，左右双边，单鱼尾，版框高宽：16×12.4。有眉批。上书口题："儒酸福"，并标出目，下书口题："玉玲珑馆"。封面题："儒酸福传奇，瑶华令史署检"，"光绪十年岁在甲申仲春上丁开雕"。卷首收录倪星垣序言，《例言》。卷端题："钱唐汪绳武薇伯正谱，杭州魏熙元玉岩填词，萧山倪星垣莲舟评文。"卷尾附光绪七年（1881）作者《自跋》一篇。

魏熙元（1830？—1888后），字玉岩，号玉玲珑馆主人。浙江仁和（今杭州）人。清咸丰八年（1858）举人，曾任桐乡教谕一职。性情豪侠，爱好渔猎。咸丰十一年（1861）家人丧生于战乱，仅其孤身一人幸免，颠沛流离。著有《玉玲珑馆词存》。早年曾撰传奇《犁乐轩》、《玉堂春》、《西楼梦》、《宝石庄》四种，合称《餐英馆乐府四种》，惜毁于战乱。晚年所作《儒酸福传奇》一种，存于世。

据作者《自跋》言："庚辰春，禾城（按，今嘉兴）岁试，欢联寅好，寒酸逼人，非可描绘。莲舟倪子嘱为此中人写一小传。不揣荒陋，选韵循腔，阅五日而稿脱"，可知该剧作于光绪六年（1880）。全剧打破传奇讲述一人一事的惯例，无贯穿始终的故事情节，出场人物各异，每出一故事，均以"酸"字贯穿。出目为：酸意、酸因、酸影、酸忿、酸趣、酸警、酸梦、酸嘲、酸思、酸痗、酸慰、酸庆、酸毓、酸窘、酸果、酸情。首出《酸意》是全剧"大旨"，以八句诗交代该剧整体风貌："具酸骨的华紫君热肠沃雪，多酸态的倪蛰斋冻手生春。带酸语的文照藜惊心瓦砾，吐酸气的白家驹得意风尘。飞酸兴的殷梦良槎浮玩月，含酸味的周蝶仙路阻登云。添酸丁的和子鹤早梅结子，享酸福的毕郎山大笔通神。"尾出《酸情》为"余味"，概括作者创作思想。中间为故事主干，描写儒生寒酸状态，所收故事乃作者及其友人实录。《酸因》述上帝玉楼落成时，天宫中士子演奏了不合时宜的乐曲，惹得天威震怒，将他们贬到人间作读书人，是为儒生。本来上天安排了金、德、康、寿、考五个牌子，然而儒生降生时，白驹抢先将“金”牌套上，后世儒生只得持有其余四牌；《酸影》述周蝶仙等一群连年赶考，但从未得中的举子，暂居精严寺吟诗作画，剧中描写了举子们相互酬唱、相互赞美的酸样；《酸忿》写书生华紫君满腹经纶却家境萧疏，在受到小商贩们鄙夷后，他抒发世态炎凉之忿；《酸趣》刻画了三个出身于书香门第的落破书生泛舟湖上，用大碗喝酒，酒醉后互诉牢骚的样子；《酸警》写某寺院新修建的藏经阁城墙过高，遮挡了学堂的采光。官府责令方丈三日内拆毁，和尚却将赶考书生文照藜安排在藏经阁住宿。众人拆墙之际，文照藜狼狈逃离；《酸梦》写书生毕朗山生计落破，后梦有人赠其万两银票，他以此钱修建亭台楼阁，遇灾难时又有贵人相助云云；《酸嘲》述广漠州人白家驹以钱财捐得一个小官，对于前来相求之人，给予各种冷嘲热讽的奚落；《酸思》述书生殷梦良夜晚在亭台间散步，一时困倦，倚亭而睡。梦与学友文照藜在月色下饮酒畅谈，遇月宫童子奉玉局仙苏髯翁之命邀请二人往月宫欣赏歌舞。及返回，就被书童唤醒；《酸痗》写书生倪蜇斋命运多舛，故而寄情于画梅，又染上鸦片。上帝怜其沉疴，令海上极乐国教主用丹药救治。后倪生遇学友毕朗山，朗山出示所填新曲《酸痗》一首与他切磋，倪生读后连连称赞；《酸慰》述毕朗山约周蝶仙游西湖，二人谈到功名和生计，感慨颇多；《酸庆》述毕朗山一家五口，父喜读诗书，母持家有方，一家其乐融融。恰值父母五旬寿诞，儿女为父母拜寿，友人送画一幅以为贺寿之礼；《酸毓》述官员和子鹤喜得贵子，同僚前来称贺；《酸窘》写毕朗山对妻子倾诉家境艰难，逢龙老爷送纹银二十两以接济，二人感激不尽。诸乃斌母亲患病急需救治，毕朗山慷慨借钱，并为贫民发放粮米；《酸果》接续酸因，写上帝念其四人在凡间谦恭有礼，命其返归天庭。（王路平）

郑由熙

《雾中人》

雾中人十六出首一出 传奇。清郑由熙撰。《古典戏曲存目汇考》著录。清光绪十六年（1890）暗香楼刻本。一册。半叶九行，行二十二字。白口，左右单边，单鱼尾，版框高宽：16.1×12.2。有眉批。封面题："雾中人，光绪庚寅秋七月刊于暗香楼。"卷首有光绪十二年（1886）张检之及光绪六年（1880）程秉铦所作序言，甘菊佣、志道人题辞。篇末附光绪十六年（1890）胡承谟跋。卷端题："岭海志道人评定，天都啸岚道人填词，梁安湖上醉渔正谱"。

郑由熙（1830—1899后），字晓涵，一字伯庸，号啸岚，又号坚庵，别署啸岚道人。安徽丰口（今歙县）人，寄居江宁（今南京）。清同治优贡，因军功显赫，保举任新昌知县、靖安知县之职。与许善长交往甚密。擅长诗文、词曲、书法。著有《晚学斋诗文集》、《莲漪词》等。所作传奇三种，《木犀香》、《雁鸣霜》、《雾中人》，合称《暗香楼乐府》。均存。

该剧出目：提纲、庆归、誓练、聘校、议防、城屯、郊饯、散练、争堵、警楼、弃关、衙哄、寺留、贼侦、佛现、雪掳、雾脱。述清咸丰时，关中人龚常驻守徽州三年，因抵抗太平军不力，被参。清政府命晋询代其职，晋询上任后改变战策，本着只守城，不守险的原则行事。徽州知府见都堂晋询，欲求派兵抵挡宁国险要之口，遭拒。太平天国优王木天良攻下从山关，杀死守将，并与娼王吴天理合力攻破城池。金华府老爷请新安人庾信怀校阅试卷，战乱中庾信怀携家迁徙十余次，最后至黄山曹竹寺躲避。观世音菩萨因庾信怀世代为善，便命雾神密布大雾，使庾信怀一家遇救，终结善缘。（王路平）

《雁鸣霜》

雁鸣霜八出 传奇。一名《花叶粉》。清郑由熙撰。《古典戏曲存目汇考》著录。清光绪十六年（1890）暗香楼刻本。一册。半叶九行，行二十二字。白口，左右双边，单鱼尾，版框高宽：16.7×12.2。天头有眉批。封面题："光绪庚寅秋七月刊于暗香楼"。上书口题："雁鸣霜"。卷前有光绪十五年（1889）江夏刘光焕序，光绪十四年（1888）作者自序，光绪十六年（1890）余瑞璋跋。卷端题："雁鸣霜一名花叶粉，梁安湖上醉渔正谱，天都啸岚道人填词，新建心香居士评订"。

剧本《谈麈》所载史震林《西清散记·双卿事略》，出目为：听读、婚农、写经、饷黍、绘浣、填词、贞和、汇传。剧叙江苏丹阳女子贺双卿，自幼聪慧好学，但因家境贫寒，不能读书，常在比邻书塾窗下窃听读书声，并试学作诗。十八岁嫁到周家，丈夫目不识丁。双卿终日劳作，春耕秋收，挑水做饭。她闻写经可消灾延福，遂捡来桂叶用花粉在上写经。双卿打稻归来，见到处是红红的霜叶，一片秋光，空中的孤雁叫得可怜，遂填词一首，排解烦闷。双卿在河边洗衣，被画家闻人璧看到，绘成浣衣图，并赋诗一首。闻人璧拿着赋诗的浣衣图请夫人看，夫人大加赞赏。她听说双卿作有许多诗，因怜才心切，立即遣侍女把图送到周家，并从双卿处索到题诗花叶。为使双卿之诗得以长期保存并流传下去，闻人璧夫妇取来纸笔，将一片片叶上题诗整理抄录下来。（吴秀慧）

张云骧

《芙蓉碣》

芙蓉碣传奇二卷十四出　传奇。清张云骧撰。《曲录》著录。清光绪九年（1883）刻本。二册。半叶九行，行十八字，上下黑口，左右双边。版框高宽：13.4×9.8。有眉评。书衣签题："芙蓉碣传奇，南湖前辈同年属，袁照藜题。"封面题："芙蓉碣，光绪癸未嘉平开镌。"板心题出目名。卷首有光绪九年武威樊增祥序及署"光绪四年岁在戊寅二月文安张云骧南湖氏志于济南官廨之鬘花行馆"之自序，并刘淮煩、蒋师辙、易顺鼎、王璞、张云鸿、盛昱题词，目录。卷端署："武陵王以慜梦湘评点，文安张云骧南湖填词，上元吴孝绪云在按拍。"卷尾有南湖居士题【水调歌头】词一首，光绪四年（1878）吴孝绪跋。末叶有墨笔题记："四年二月十一日，买老寿共二本，价钱一千。”每卷卷端钤“和廷藏书画印”。

张云骧（清同光间人），字南湖，河北文安人。光绪元年（1875）拔贡，曾宦济南，官内阁中书。著有《冰壶词》。戏曲作品除该剧外，十七岁时还曾撰《桃花源》杂剧，未见传本。

该剧作于光绪四年，取材于高寄泉《蝶阶外史》所载李荣姑及其婢女陈春华事，但改动较大。上卷目为：仙谴、议婚、阄哄、萱萎、幕谈、拒暴、哗赌；下卷：江忆、奸集、店警、双沉、留香、吊碣、城圆。述上界芙蓉花史与白莲花史因思凡被贬人间，分别托生为顺天府李蓉姑及其婢女陈春华。蓉姑幼年丧父，母亲带着她与兄长李豹投奔舅父度日。舅父出远门后，把家事托付给李豹。李豹好赌，竟将舅家产业典当一空，母亲为此忧恨成疾。临终前，她将蓉姑许配给知县朱达鸿之子朱天霞。后天霞随父赴浙江开化任所，蓉姑与春华相依为命。天霞久无音信，李豹便以无媒妁为凭，将蓉姑强许于当地土豪。土豪迎娶蓉姑，蓉姑决心守节。李豹谎称天霞已死，将蓉姑卖与他人为妾，以还赌债，并欲将婢女春华纳为侧室。蓉姑闻讯，誓死不从。春华为报主恩，与蓉姑一同沉于门前河中。（戴霞）

《芙蓉碣》

芙蓉碣传奇二卷十四出　传奇。清张云骧撰。《曲录》著录。清稿本。二册。半叶九行，行二十字。叶心高宽：　23×12.3。有眉评，并有舞台动作、服饰、布景、砌末提示。函套签题：“芙蓉碣全函”。封面题：“芙蓉碣传奇，戊寅夏四月下瀚青溪生题。”卷首有光绪四年（1878）张云骧之《芙蓉碣传奇自序》及目录，卷端署：“文安张云骧南湖填词”。卷尾有南湖居士自题之【水调歌头】词一首，后有“壬午秋九月云笙读”字样，并“已卯闰月二日眉叶庵侍者读过”，“民国十四丙寅元月晋斋读”两行墨字。末叶有署鬘花旧扫花童填于谥萧榭之《读芙蓉碣题后即借自题原韵，南湖居士词宗正之》。首有“十二碧城□良侍者”白文印，自序末有“张云骧南湖印”、“十八郎”章，下卷卷端有“七十二芙蓉主”印，尾钤“荟生眼福”朱印。提要见上。（戴霞）

李崇恕

《桃花源记》

桃花源记词曲四出 杂剧。清李崇恕撰。《清代杂剧全目》著录。清光绪五年（1879）寓形斋刻本。一册。半叶十行，行二十字。白口，四周双边，单鱼尾，版框高宽：16×12.5。有界栏。封面右栏题："光绪乙卯夏月刊"，中栏题："桃花源记词曲"，左栏题："板存寓形斋"。卷首有作者题《桃花源记词曲》小序，晋人陶潜的《桃花源记》、《桃花源诗》，唐人王维《桃源行》，了因题【临江仙】词一首。

李崇恕（清同光时人），别署颠悟主人。书斋名为寓形斋。河北蔚县人。事迹待考。工诗词，能制曲，作有杂剧《桃花源记词曲》一种，流传于世。

本剧据晋人陶潜的《桃花源记》改编。出目为：探源、惊渔、嘱别、访洞。剧叙武陵渔叟黄道真日驾扁舟捕鱼，早起见花瓣顺水漂来，朝此方向前行，见一岩洞，顺亮光进去，又一片佳境。茅屋数间，炊烟缭绕，芳草青青、黄莺啼鸣，桑麻甚美，笔尖难绘。村中人热情好客为渔叟准备酒食，请他讲外面的事情。渔叟从东周列国直讲到魏晋。村中人与世隔绝，听到这些感到新奇，争先恐后拉渔叟去家中饮酒。渔叟欲归，时清明小雨霏霏，村人拿斗笠、蓑衣相送，并嘱勿告他人。渔叟走后，六丁六甲施法术，用云雾迷住洞口。渔叟到武陵太守处送鱼，在太守询问下，终于说出了所见佳境。太守遣人随渔叟去寻，始终没有找到。（吴秀慧）

刘清韵

《小蓬莱传奇》

小蓬莱传奇十种 杂剧剧本集，又名《小蓬莱仙馆传奇》。清刘清韵撰。《清代杂剧全目》著录。清光绪二十六年（1900）上海藻文书局石印本。六册。半叶十二行，行三十四字，白口，四周单边，单鱼尾。板心题："小蓬莱传奇”，并标每剧剧名及出目名。每册书衣签题：“小蓬莱仙馆传奇，庚子三月，长洲章钰”。封面题：“小蓬莱阁传奇十种，郎亭汪鸣銮署检”，“庚子仲春上海藻文石印”。卷首有光绪二十六年（1900）俞樾序，《小蓬莱传奇十种》总目录。卷尾有俞樾跋。每剧卷端题：“东海刘清韵古香填词，古僮钱梅坡香岩较订”。有“曼殊傅氏所藏”印。此集虽名为“传奇”，但其体制实为杂剧。包括《黄碧签》、《丹青副》、《炎凉券》、《鸳鸯梦》、《氤氲钏》、《英雄配》、《天风引》、《飞虹啸》、《镜中圆》、《千秋泪》十种。

刘清韵（1841—1916，一说 1842—1915），字古香，小字观音，因排行第三，又称刘家三妹。东海人（今江苏海州），为盐商刘蕴堂之女。自幼聪慧，精通诗词，兼善书画，能制曲。十八岁嫁于沭阳才子钱梅坡，所居之地名为“小蓬莱仙馆”，夫妇闭门吟诗作画。因遭洪灾，辗转流离于江南，返乡后，得友人帮助而印行稿集，晚年凄凉。著有《小蓬莱仙馆诗钞》、《瓣香阁词》、《小蓬莱仙馆曲稿》等，所撰剧作二十四种，除上述十种外，近年还发现《望洋叹》、《拈花悟》两种存世，其余皆没入洪水之中。

《黄碧签》，十二出首一出，《小蓬莱传奇十种》第一种。版框高宽：12×8.9。出目为：提纲、扫殿、仙宴、代勘、见母、求子、济鸿、补缘、联捷、归娶、遇侠、斩蛟、同升。述玉虚仙子、旷阔道人和守真子奉玉帝敕旨代勘案件：使矢志寻母的孝子仇二梅与母亲再续前缘，让平定捻军的石龙章助仇二梅建功立业，并惩处了不忠不孝不仁不义之徒。仇二梅投胎杭州富户朱瑶家，朱瑶夫妇年近五旬，喜得贵子，与其妹丈合捐米粮救济流民。此善举使其子朱培因高中状元，与妹丈女儿结为连理。培因为官清廉、行德政。侠士元彪生有神力，幼遇异人习得奇术，意欲斩赤蛟为民除害，遇朱培因，义结金兰。他在朱培因支持下勇斩赤蛟，并一同飞升。

《丹青副》，十二出首一出，《小蓬莱传奇十种》第二种。版框高宽：12.3×8.8。该剧取材于《聊斋志异·田七郎》，出目为：提纲、梦谶、慈训、访梦、惊耗、探监、庆寿、祸萌、赴义、泄愤、感恸、寻亲、奠墓。剧演关东宦家子弟武承休襟怀豁达、好士轻财，偶在梦中被梦神指点得知田七郎与己有恩，遂寻找梦中之人。登州山野村夫田七郎乃真诚孝子，血性男儿，一家人寄居长白山下以打猎为生。武公子寻访至此，田家以厚礼相赠。武公子欲与七郎结友，被田母婉拒。不久，田七郎因与人争猎豹，误伤人命，被监押。武公子闻讯，冒雪连夜赶至监牢探望七郎，又不惜重金保全七郎性命，两人因此而成莫逆之交。林儿为武公子门客，觊觎新夫人美貌，在花园中欲图夫人上手，被武公子得知，扭送往官府。途经吴赖家，林儿被吴赖救。七郎得知，暗将林儿杀死，又恐累及武公子，便装作陌路人。武家叔父因林儿一事被贪官当堂打死，七郎将家小托付故友佟友仁，闯入县衙杀死吴赖和贪官。武公子得知真相，感动不已。数年后，田豹成人，高中状元，回家寻父。在父亲的墓前，得与武公子相遇。京剧《田七郎》亦叙此事。

《炎凉券》，八出首一出，《小蓬莱传奇十种》第三种。版框高宽：12.2×9。出目为：提纲、访相、闺喁、失舟、彰善、聊美、平蛮、荣归、宴旧。演陈杰胸怀大志，仗义疏财，但被邻居视为倾家败产浪荡子。陈杰遂远离家乡，访求出类拔萃之人。一日，陈杰偶遇生不得志受庸人诋毁的任贵，二人一见倾心，成为莫逆。他们请相士看相，预言二人将来大贵。帮闲人夏才偕贵公子富大爷路遇，闻听后讥笑不已。赶考之日临近，任贵妻谢氏以私蓄送夫赴试，任贵约李子虚同船而行。即期，李子虚却于两日前陪富贵二公子先行。任贵觅船不得，欲投河自尽，幸遇贩米客陈仁美代为筹划盘费，方获成行。后任贵联捷，深为朝廷赏识，不到十年既已官至宰相。谢氏欲将二婢收为妾，恰巧陈仁美二子来谒，任贵遂以二婢许之。陈杰为将，因平定撑黎孤涂立功，得享富贵。任贵因年迈，告老还乡，其子任继代父职。任贵还乡宴请旧友，得知当年他守船所坐之石，已改名为“登云石”。

《鸳鸯梦》，十二出首一出，《小蓬莱传奇十种》第四种。版框高宽：12.3×8.7。出目为：提纲、嘱访、行乞、赏图、应聘、侦美、入选、赚归、恸逝、还珠、殉玉、酬墓、闹诗。演绎明时书生张灵遇海虞教授崔文博之女崔莹，一见钟情。崔文博赏识张灵《乞食图》，欲将崔莹许之。不料宁王朱宸濠选美女，选中崔莹。张灵闻之，气绝身亡。及朱宸濠造反被擒，崔莹被放回，亦自缢殉情。后唐寅扫墓，听说张灵夫妇并肩坐在石上，知二人在九泉之下已结为夫妻。

《氤氲钏》，十出首一出，《小蓬莱传奇十种》第五种。版框高宽：12.3×8.7。出目为：提纲、判偿、访美、遗钏、劫美、惊钏、警札、悟因、舟忆、诰圆、证因。演陶元璋出门寻访佳人，与黄佩芬订婚，氤氲使者又以美人香引陶生与白玉英相会。本分大王白健劫走黄佩芬，白玉英得与黄结为姊妹，见自己赠给陶生的氤氲钏在佩芬手，大惊。不久，白健兵败自刎。陶生出使泰西，回朝后方与二女团圆。三人本是张船山和两个修文郎谪降人间，南华老仙奉玉帝敕旨来了结此段公案。

《英雄配》，十二出首一出，《小蓬莱传奇十种》第六种。版框高宽：12.4×8.8。出目为：提纲、惨诀、婚引、得婿、贼氛、筹行、馘左、辞墓、梦因、冒试、悼寻、签应、仙隐。述杜宪英幼年丧父，她文武双全，美貌聪慧，欲觅一英雄为婿，后与周孝喜结良缘。不意烽烟突起，夫妇二人集合村民，排兵布阵，抵御贼兵，守卫家园。贼首左山虎欲娶杜宪英为掌印夫人，反被宪英生擒。战乱中周孝落入敌手，宪英为救夫将贼首放归。此后夫妇二人失散。战乱中周孝侧身行伍，屡立战功，官居提督之职。杜母思婿，忧伤而亡，宪英决意外出寻夫。二人在舟中重逢。周与杜本为金童玉女，因扫花不力，谪降人间。因女贞男义，矢志不移，被引升仙界。

《天风引》，十出首一出，《小蓬莱传奇十种》第七种。版框高宽：12.3×8.8。出目为：提纲、贾训、容炫、飓变、歌酬、具掷、储遇、宫赘、荣聘、慈祭、养圆。该剧据《聊斋志异·罗刹海市》改编。演马俊入赘龙宫之事。福建莆田人马俊清秀俊朗，沉溺诗书，父母年迈，劝其弃书从商以谋生计。马俊出海贩货，龙王在海上发难。天妃娘娘降旨，马俊不在劫数内，令水卒护送马俊至大罗刹国。大罗刹国执戟郎对马俊盛情款待，并荐他为官。因该国美丑颠倒，马俊只得戴上假面具，后因朝事纷争，马俊乃弃官。一日，马俊偶遇龙宫太子得见龙王，龙王赏识其才貌双全，遂招赘他为驸马。马俊托乡人带回家书，父母方知他还活着。不久，马俊迎父母到龙宫，后共登仙界。

《飞虹啸》，十出首一出，《小蓬莱传奇十种》第八种。版框高宽：12×9。出目为：提纲、家宴、遇贼、堕阱、蒙救、快刺、追悼、开坟、荐幕、凝盼、重圆。该剧据《聊斋志异·庚娘》改编。演明末金大用与妻庚娘因战乱南下，途遇广陵王十八偕妻逃难，金生夫妇遂与之同行。庚娘暗告金生，王十八居心叵测，勿与之同舟。但金生见王十八代觅巨舟，十分殷勤，便不忍相拒。日暮泊舟芦荡，王十八趁机挤金生入水，并溺死其父母。庚娘见全家遭难，亦不惊。王十八逼庚娘求欢，庚娘以月事拒绝，后见王妻与王争吵，言不愿做杀人贼妇，亦被王十八溺于水中。至金陵，王十八寻庚娘至家，又欲犯。庚娘笑而力劝酒，王十八以为庚娘顺从，欣然与之对饮。王十八大醉，庚娘乃以刀刺王。王母闻声而来，亦被杀。其弟王十九至，庚娘自刎不死，即出奔投水。大家验其尸，见窗上有一纸，备述其冤情。大家感其为烈性女子，遂为珠冠袍服葬于南郊。金生溺水未死，被淮上尹翁所救，留课其子。后闻救得一溺妇，自言为金生妻。生奔视竟为王十八妻，并要金生收纳。又传女子诛仇事。金生闻讯，且悲且喜。适有副将军袁公见金生而爱之，聘为记室参机务，有功授游击，始与王妻婚配。夫妻同至金陵拜庚娘墓。荡舟中流，忽见舟中一少妇绝似庚娘，乃以闺中隐语呼之，果为庚娘。相见大哭。盖庚娘葬后，为盗墓人破棺而复生，为镇江耿夫人收为女儿。金生遂拜耿母，并得二妇。川剧、滇剧有同名剧目，京剧《庚娘》亦叙此事。

《镜中圆》，五出首一出，《小蓬莱传奇十种》第九种。版框高宽：12×9。出目为：提纲、饯游、留婚、图形、感画、合璧。叙书生南楚材娶妻薛氏，夫妻情深。后楚材应父好友赵太守之邀，前往河南颍州。赵太守见楚材风流倜傥，才貌双全，便托幕友李湘芳为媒，欲将女儿许之。楚材推说已经成亲，太守便将楚材灌醉，强迫他与女儿成婚。一年之后，薛氏闻之，便自画小像一帧，连同与楚材定情信物，一同寄与丈夫。楚材见后深受感动，翌日，便辞别赵氏父女归家。后薛氏玉成南、赵婚事，并和睦相处。

《千秋泪》，四出首一出，《小蓬莱传奇十种》第十种。版框高宽：12.3×9。出目为：提纲、题峰、贳概、累官、偕隐。述武林人沈嵊赴试途中登高赋诗，并将此诗题于考场墙壁上，此诗得到考官宋兆和的赏识，因此而被拔至前茅。后二人交往甚笃，经常把酒话诗。不料，政敌却诬兆和饮酒赋诗不理民事，兆和因此被参革职。于是宋兆和便与沈嵊至天台山偕隐。（王路平）

徐　鄂

《诵荻斋二种》

诵荻斋二种　传奇剧本集。清徐鄂撰。清光绪十二、十三年（1886、1887）大同书局石印本。四册，图二十帧。半叶九行，行二十二字。版框高宽：13.2×9。函套书签题："诵荻斋二种，光绪石印本"。图案板框，无界栏。有眉批。上书口题："梨花雪"，下书口题："诵荻斋"。

徐鄂（1844—1903），字午阁，号棣华，别号汗漫生、汗漫道人，室名诵荻斋。江苏嘉定（今属上海）人。清光绪十一年（1885）举人。曾幕游河北、河南、山东、江西等地，以功叙同知，保知府，分浙江补用。六十岁卒于家。博学多才，工诗文、书画、词曲，精算术。著《六士射复子平运》、《追臆说》、《经界求真》、《筹算洪由》、《平方捷密》、《隶体寻源》等。作戏曲四种，合称《诵荻斋曲》包括《洛水悲》、《点额妆》（以上佚）、《梨花雪》、《白头新》。

《梨花雪》，十四折，一名《白霓裳》。《八千卷楼书目》著录。封面题："诵荻斋第一种曲，光绪十二年丙戌十二月四日成，大同书局石印"。卷首有清同治三年（1864）之《烈女黄婉梨诗并序》和峨峰老人序，清光绪十三年（1887）自跋，《天岳山馆文钞》第十九卷所收《书江南黄烈女事》，光绪十二年（1886）自序，光绪十三年杨颐序，秦本桢序。有太璞山人、杨彦深、朱尔楷、史钟骏、孙宗翰题词。卷端题："梨花雪，一名白霓裳"，次行分题："茂名杨容甫夫子鉴定"、"嘉定徐鄂午阁填词"、"宝山秦本桢眉声评校"。每出冠图，末有江皋侍史评语。卷末有清光绪十三年徐鼎襄跋。事本清同治年间江南烈女黄婉梨事迹。出目为：堕劫、巢幕、灌园、合钗、漏网、盼捷、惨罹、矶沉、舟梦、写忧、雪恨、埋香、吊烈、返真。写同治三年曾国荃攻破太平天国都城南京，湘军杀死少女黄婉梨全家，强掳婉梨登舟至湘潭。途中，婉梨作绝句自述被掳情况，并在关王桥旅店用鼠药毒死兵卒，然后自缢身亡。此剧被誉为徐鄂代表作。

《白头新》，六折。《八千卷楼书目》著录。封面题："诵荻斋第二种曲，白头新，光绪十三年丁亥四月朔日成，大同书局石印”。卷首有《钦定礼部则例》一则、李次青元度撰《书程允元暨妻刘贞女事》，黄钧宰撰《金壶浪墨·白首完婚》，作者按语，以及光绪十三年自序。卷端题：“白头新”，分行题：“嘉定徐鄂午阁填词”、“茂名杨彦深瀹灵评点”，每出冠图，有眉评。卷末有秦本桢跋。此剧作于光绪十三年，本事见《书程允元暨妻刘贞女事》、《金壶浪墨·白首完婚》。出目为：守义、誓真、馆卫、访庵、署婚、廷表。剧写清康熙、雍正年间，程允元两岁随父客居北京，与直隶平谷县刘登镛之女玉环订婚，旋即返回原籍淮安。双方断绝音信五十余年，各自坚守婚盟誓不嫁娶。允元随漕船北上，在天津尼庵访得玉环，并由县令主持完婚。此时，两位新人已白发如霜。同题材戏曲作品有清李天根《白头花烛》杂剧，今佚；清吴恒宣《义贞记》传奇。（刘效民）

朱冠瀛

《梅花梦》

梅花梦传奇二卷二十五出　传奇。清朱冠瀛撰。清抄本。二册。半叶十一行，行二十一字。叶心高宽：17.3×13。卷端题：“桐乡冯锋梓臣正谱，海盐朱冠瀛紫仙填词，仁和夏曾传薪卿评文”。卷后有“海盐朱冠瀛紫仙著”之《指马楼词余》。

朱冠瀛（清咸丰前后在世），字紫仙，浙江海盐人。生平不详。著有《香雪词》、《香雪词余》、《指马楼词余》等，多抒失意之愁。撰传奇《梅花梦》，今存。

该剧上卷目：写意、旅梦、艳觏、粤变、密誓、赴试、泣别、姑迎、生挽、奉檄、秋思、庙诉、讯病；下卷目：痴探、问课、伤乱、花陨、入幕、寇逼、归道、歼魁、惊耗、指迷、哭墓、梦圆。剧述观音大士帐下慈云侍者、司香大女在华龙会上有一笑之缘，落入凡尘分别化身嬴元、梅丽春，二人须历一番苦缘。吴郡人嬴元旅途中夜梦金尚忠引其拜见美人梅丽春，被魔王阻挡惊醒。嬴元客居姑苏两载之后，一日，在汪家园偶遇梦中人梅丽春，欲与之交好，先被拒，后二人互以扇、砚作信物，立下婚约。

嬴元赴浙乡试，与丽春作别，丽春折梅相赠。时石通自粤乱，攻陷金陵。姑苏城危在旦夕，丽春被接到姑母家避祸。嬴元乡试不中，返回姑苏，寻梅丽春不见，又远赴甬东找寻，半载过去，仍未寻得，便投张百芳军中。丽春思念嬴元成疾，病逝他乡。张百芳兵败自刎，嬴元返回苏州，惊闻丽春已亡故。金尚忠点化嬴元了却凡缘，梅丽春、嬴元回证仙班。（王学锋）

胡薇元

《鹊华秋》（《壶庵五种曲》）

鹊华秋四折　杂剧。清胡薇元撰。《清代杂剧全目》著录。清末民初《玉津阁丛书甲集》附刻《壶庵五种曲》所收本。一册。半叶十行，行二十三字左右。四周双边，白口，单鱼尾。版框高宽：17.8×12.5。上书口题："壶庵五种曲"。封面有圆形图案，图案四周题："玉津阁集"，中间题："甲"字。卷前有光绪三十一年（1905）六月冯熙题词，陈亘题词，以及附录《壶庵曲论》，卷末有作者自跋。目录叶题："壶庵五种曲目，鹊华秋南曲杂剧、青霞梦南曲杂剧、樊川梦南曲杂剧、缁书图北曲散套、壶中乐北曲散套"。

胡薇元（1850—1921后），字孝博，号诗舲、诗林，别号壶庵、玉津居士、七十二峰隐者、白梅亭长等。河北顺天大兴人（今属北京）。清光绪三年（1877）进士。清末在广西、四川、陕西等地为官。著有《玉津阁丛书甲集》十二种，第六种为《壶庵五种曲》，其中包括：杂剧《鹊华秋》、《青霞梦》、《樊川梦》三种；散套《缁书图》、《壶中乐》二种。

该剧目录为：义赠、廉陷、捷征、菽奉。剧叙济南人刘恩长在四川为官。因岁荒，请免积欠粮款，被上官驳饬，气忿身亡。因亏累银一万四千两，上官一次次文书催缴，并要扣留家属。继任胡濬念刘恩长是为民所累，慨允代填，并向刘家赠银三百两，使其灵柩得归故里。胡濬遣人回乡，变卖了自家祖产，尚未凑足。总督部示谕，限胡濬三个月内缴清欠款，逾期革职，并查抄监追。胡濬之子龙威，应试连捷，以部郎选用，星夜赶回西蜀，解救父危。（吴秀慧）

《青霞梦》(《壶庵五种曲》)

青霞梦四折 杂剧。清胡薇元撰。《清代杂剧全目》著录。清末民初《玉津阁丛书甲集》附刻《壶庵五种曲》所收本。一册。半叶十行，行二十三字左右。四周双边，白口，单鱼尾。版框高宽：17.8×12.5。上书口题："壶庵五种曲"。《壶庵五种曲》之一。

该剧目录为：谪降、解组、缘证、归神。剧叙胡龙威之妻原为崇霞圣姥宫中之青霞仙子，与龙威有十载良缘，缘尽病逝。青霞亡后百日，龙威与之梦中相见。青霞告知龙威，他们的缘分已了，此后有曼云续此前缘。(吴秀慧)

《樊川梦》(《壶庵五种曲》)

樊川梦四折 杂剧。清胡薇元撰。《清代杂剧全目》著录。清末民初《玉津阁丛书甲集》附刻《壶庵五种曲》所收本。一册。半叶十行，行二十三字左右。四周双边，白口，单鱼尾。版框高宽：17.8×12.5。上书口题："壶庵五种曲"。

该剧目录为：荐召、三迁、拘囚、西隐。叙辛亥革命时，胡龙威做了兴安知府，反对新政。新军入据，都督三次招降，均被拒绝。胡龙威宁为玉碎，不为瓦全，携全家投井未遂，被判死刑。百姓听说要杀胡青天，纷纷至都督府求情，许多绅耆亦同心力保，使胡龙威暂免执刑。在咸宁监禁数月后释放归蜀，做了清朝遗老。(吴秀慧)

陈时泌

《晚清陈氏传奇二种》

晚清陈氏传奇二种 传奇剧本集。清陈时泌撰。清光绪末年裕湘机器局排印本。四册。半叶六行，行十九字。白口，四周双边，单鱼尾。版框高宽：16.9×10.3。包括《武陵春》、《非熊梦》传奇二种。该书原无总书名，此名乃图书分编者命之。

陈时泌（1865？—1906后），字季衡，武陵（今湖南常德）人。常年奔走于南北，以游幕为生，清光绪二十七年（1901）移官至湖南常宁襄校试卷。三十一年（1905）夏至巴邱。自谓“早年好吟咏，近好谈经济。凡遇有关时局升将得失之故，辄为长短句”。（参见《武陵春自序》）撰传奇《武陵春》、《非熊梦》二种，均传于世。

《武陵春》，八出，《晚清陈氏传奇二种》之一。《古典戏曲存目汇考》著录。二册。卷首有阎镇珩、郑藻序及光绪二十七年（1901）作者自序，并李瑞清、邓乘鼎、陈天聪、沈德宽、董昌达、继昌之题词。该剧作于光绪二十七年，取材于庚子事变中义和团事。目录为：渔迅、难旋、路遇、拳叙、叙洋、拳根、战略、杂谭。述庚子事变后，隐居于武陵源的文士武陵渔人进城卖鱼时，听路人叙说八国联军杀入北京，皇太后、皇帝闻讯仓惶出逃，洋兵闯入京城，烧杀抢掠，无恶不作，京城沦陷，百姓遭殃。武陵渔人听后异常悲愤，他向从京城避难到武陵的湖南国子监生打听消息。书生边叙边议地详细介绍了事变发生的起因和经过。

《非熊梦》八出。《晚清陈氏传奇二种》之一。《古典戏曲存目汇考》著录。二册。函套签题：“非熊梦传奇”。卷首有“光绪三十甲辰春二月武陵陈时泌季衡”之自序，并张伯莼、雷筱秋、刘采九、沈炯甫、刘琴轩、蒋蓉生之题词。该剧作于光绪三十年（1904）春，取材于沙俄侵略我国东北事。目录为：辽警、梦舆、特遇、草檄、誓师、凯旋、款约、梦明。剧述俄军侵占我国领土奉天，日军为此与俄交战。腐败的清政府得知这一消息，不思收复失地，竟然丧权辱国，宣布中立。隐居于武陵源的文士武陵渔人在得知这一消息之后，非常气愤。是夜，他梦见自己在度辽统兵大员营中担任参谋，随军队出兵东征，击败沙俄侵略者，大获全胜而归。此剧借以表现作者的爱国思想及平生抱负。（戴霞）

贺良朴

《海侨春》

海侨春传奇二卷十二出　传奇。清贺良朴撰。《古典戏曲存目汇考》

著录。民国排印本。一册。每叶十三行，行三十三字，板心高宽：17×13。封面题："海侨春传奇"。第一至七出、第十一出后有评语。

贺良朴（1861—1937），字履之，号篑公，别署南荃居士、南荃外史。湖北蒲圻人。清末拔贡，曾任上海广方言馆监督及邮传部官员。1912年以后，历任北京大学美术教员、北京艺专教授、北平画学研究会导师。晚年诗酒自娱，售画自给。著有诗文集《篑庐全集》，未刊。著有传奇《叹老》、《海侨春》二种，今存。

该剧一卷目：国魂、慨世、侨囚、疯诉、愤约、侠戕；二卷目：访云、大会、公抗、闺豪、奸贩、察私。首出有诗总括全剧："勇金寿力距（拒）美禁约，侠遁云智除汉奸民。苦侨氓畅游新大陆，痴南荃沉醒万年春。"剧述美国禁止华工过境，老大国魂与少年国魂新旧交接，欲振国魂。南荃居士收到商会传单，被邀参加六月十八日大会，商议抵制美禁华工苛约。黄震东赴美游学，被囚水监，见陶老恸儿、仇官哀父、疯妇思夫等众侨民之悲惨状况。疯妇历数种种苦楚，黄震东扮关圣帝君惊吓疯妇，使其安静。商会首董曾金寿为美禁华约愤恨不已，顶着海上各界质疑，约请各位商董坚持抵制美货之期不变。人镜学社社员冯夏威赴美领事馆服毒自尽，以示抗议。南荃居士拜访女学生遁云，二人同赴六月十八日大会，首董曾金寿坚持不延缓抵制美货之期。众人抵制美货，遁云、东方旭旦、张昭汉等众女会面，共展女中豪情。邬规、王伯旦私贩美货，被曾金寿得知。剧情未完而止。（王学锋）

袁　蟫

《瞿园杂剧》

瞿园杂剧五种　杂剧剧本集。清袁蟫撰。《清代杂剧全目》著录。清光绪三十四年（1908）排印本。一册。半叶十二行，曲词行二十七字，念白行三十字。版框高宽：15.8×11.2。封一题"瞿园杂剧"，"仙人感、藤花秋梦、金华梦、暗藏莺、长人赚"；封二题："光绪戊申春杪"，"东家颦、西江雪、神山月、玉津园四种续刊"。首有清光绪三十四年自序，又有沈宗畸、张丙廉、胡熙寿、王在宣、赵调梅、徐旭、余棨、袁蟫之《题辞》。剧为作者对清朝末年变革维新局势的有感之作。自序云："或有感触信口吾吾，伸指拍几，每剧作小套一二则，仿古人《四声猿》、《龙舟会》之例。"包括《仙人感》、《藤花秋梦》、《金华梦》、《暗藏莺》、《长人赚》五种杂剧，每剧一折。

袁蟫（1870？—1912以后），字祖光，又字小偁，号瞿园，别署暖初氏，室名绿天香雪簃。安徽太湖人。清光绪二十年（1894）进士，官吏部主事。性情潇洒，工诗文，流丽雅近六朝，著有《瞿园诗草》、《瞿园诗余》。擅南北曲，清光绪二十五年（1899）前后，作传奇《双合镜》、《支矶石》、《鸱夷恨》、《红娘子》数种，各数十出，今未见印行流传。清光绪二十九年（1903）以后在京，作杂剧《仙人感》、《藤花秋梦》、《金华梦》、《暗藏莺》、《长人赚》、《东家颦》、《钧天乐》、《一线天》、《望夫石》、《三割股》、《西江雪》、《神山月》、《玉津园》十三种，前十种以《瞿园杂剧》、《瞿园杂剧续集》之名印行，后三种未见印行流传。

《仙人感》，《瞿园杂剧五种》第一种。卷端题："杂剧第一仙人感，瞿园戏编"。剧以清光绪末年，西方军事入侵中国和西方宗教、文化、思想传入中国为背景，写公元1901年，仙人吕洞宾醉游岳阳楼，面对西人纷纷涌入湖南内地，读书人以提倡平等自由为当世奇才杰士，新科举人和进士昂首轩眉、经纶满腹赶往汴梁、燕京追逐繁华等世情百态大发感慨。

《藤花秋梦》，《瞿园杂剧五种》第二种。卷端题："杂剧第二藤花秋梦"。卷末附录作者《沁园春·值小藤花馆》一阕。剧写光绪末年，蘧生入京为官半年，整日奔波于车喧马哗热闹场。匡山大隐黄半痴寄书，劝他抛却红尘同栖林谷，而他却留恋京都的繁华不愿离去。时值秋凉，蘧生值宿小藤花馆，午梦中享尽朱红粉黛、富贵荣华，又经历拳匪战乱使一切化为乌有。梦醒以后似有觉悟，心生捐弃世间浮名功利，入深山学道之意。此剧主人公蘧生，实为作者化名。

《金华梦》，又名《孽海花》，《瞿园杂剧五种》第三种。卷端题："杂剧第三金华梦，一名孽海花"。剧写清光绪年间，苏州名妓赛金花与才子金雯青结婚，随其周游英、法、俄等国。金雯青死后，赛金花重落风尘，辗转来到北京。庚子年间，八国联军入侵中国，赛金花与八国联军首脑周旋，尽力保全京城，而事后王公大臣却争为己功。赛金花因少女凤龄被毒一案被判返回姑苏原籍，由于资金用尽而病弱憔悴，只得在阊门江上租小船居住。时近黄昏，赛金花回顾着当年的风光进入梦乡。梦中，金雯青的鬼魂谴责她背弃三生盟誓，情人伯灵、瓦德西以及少女凤龄的鬼魂也前来索命。噩梦惊醒，赛金花对自己的孽海生涯有所悔悟。

《暗藏莺》，《瞿园杂剧五种》第四种。卷端题："杂剧第四暗藏莺，瞿园戏编"。剧以清朝鸦片流入中国为背景，写阴氏阿芙、阿蓉、阿莺三姐妹同嫁华氏三兄弟，将三兄弟纠缠得骨瘦神疲、奄奄欲死。华父命三兄弟即刻休妻，大郎、二郎从命，唯三郎入赘阴家，被阿莺用毒品福寿膏控制，只得明休暗不休。作品将阴氏三姐妹比喻为对人有毒害的鸦片。

《长人赚》，又名《卖詹郎》，《瞿园杂剧五种》第五种。卷端题："杂剧第五长人赚，一名卖詹郎"。卷末附《苍山旧主笔记》、《呓余小志》二则，此为《长人赚》故事之本。剧写徽州詹五，身高九尺有余，在上海码头被和罗国的人贩子吗拉哒用蒙汗药灌痴，连夜登船运往和罗国街头展览赚钱。和罗国女王闻此奇人，宣诏入宫陪奉数日，赏金银财宝无数。吗拉哒带詹五走遍南洋岛国，在澳洲矮人古国引起轰动，詹五被召入皇宫封为驸马，配以皇女、王室贵胄女、民间淑女百人，专司创造人种之事。（刘效民）

《瞿园杂剧续编》

瞿园杂剧续编五种 杂剧剧本集。清袁蟫撰。《清代杂剧全目》著录。清宣统元年（1909）丰源印书局排印《晨风阁丛书甲集》所收本。一册。半叶十二行，曲词行二十九字，念白行三十二字。下书口题："丰源印书局承印"。版框高宽：17.2×11.5。封面题："瞿园杂剧续编，己酉季冬之月"。首有清宣统元年（1909）作者书于绿天香雪簃之《瞿园杂剧续编叙》，云："第于每戏结局时，取其事之可歌、可泣、可恨、可耻、可感、可兴者，一一阴识之。故传《东家颦》也，讥戏之不得其似也。传《钧天乐》也，惜戏之有始而无卒也。传《一线天》、《望夫石》、《三割股》也，痛戏中之人之不达时务，悠悠抱其志，以终古也"。该书收入《东家颦》、《钧天乐》、《一线天》、《望夫石》、《三割股》五种短剧。

《东家颦》，一折，《瞿园杂剧续编》第一种。卷端题："东家颦，瞿园杂剧第七种"，实为第六种。卷末附金绶熙《读东家颦曲本奉题二绝句》，黄第《题东家颦戏本》，戴述经《读东家颦剧赘语如右》，黄兆枚《题东家颦曲本》。剧写东施效颦故事，借以讽刺清末新学家在改良维新中盲目全盘照搬西方之举。

《钧天乐》，一折，《瞿园杂剧续编》第二种。剧写春秋末期时局动荡，晋国赵鞅壮年英锐，继祖宗之功业，握大国之全权，又准备笼络人才，剪除蟊贼，完成封疆大业。天帝因赵鞅本为上天皋狼将军转世，子孙当有霸主之分，于是召他魂魄到天宫，预先演示人间王侯盗贼、成败废兴之事令他警悟。事毕，赵鞅离开天宫，准备回到人间继续完成大业，下界维新少年簇拥前来迎接。见此情景，游天使者感叹："我们冷眼人从旁看来，毕竟看他闹到几时才了局也"。此剧是讽刺清末维新改良之作。剧因赵鞅得闻天宫"钧天广乐"而得名。

《一线天》，一折，《瞿园杂剧续编》第三种。卷端题："一线天小剧，瞿园戏编"。剧写日本古代诗人近藤道原，生前被一班青年魑魅排挤，空怀一腔忠愤无法报国，抑郁投海自尽。不料，地府阴曹舞弊徇情与人间一样，他的魂魄因为无钱行贿被贬，终日不能见天日，只能与饿鬼膻奴为伴。近藤道原不甘沉沦，守定孤忠，不断吟诵生前因酷嗜《离骚》而作的《读骚百咏》。他的一片血诚使石罅迸裂，眼前现出一线青天，魂魄从此跳出樊笼。

《望夫石》，四出一楔子，《瞿园杂剧续编》第四种。卷末有作者自署为"暖初氏"的识语，以及黄第《读望夫石剧率拈绝句简暖初》、六噫先生《读暖初氏望夫石书后》。目录为：楔子、送别、樱会、望远、化石。写日本鹤冈女子爱哥新婚，丈夫富山五郎将应征入伍。临行，五郎怕爱哥长年独守空房，劝她自由婚嫁，爱哥以门前僵石为誓以死相守。五郎阵亡，爱哥化作望夫石殉情。一群主张自主婚嫁，口讲维新的青年对此举不以为然。作者认为："日本维新四十余年，闻至今尚有黄发遗民颓卧空山，老死不变者。我国变法，毹毹少年则仿欧美，徒周孔之经，而畔汉宋之学者比比皆是，安得执破箧遗编，遍访深山穷谷之野人，握手唏嘘共语也”。此剧表达了作者对清末主张维新变法、提倡自由婚姻青年的不满。

《三割股》，一折，《瞿园杂剧续编》第五种。卷端题：“三割股，瞿园戏编”，卷末有作者自跋。剧写京城文老员外病危，三个儿子出差未归，长媳、三媳和小女割自己身上的肉为文老员外作药引，而二媳入新学堂参加文明议会没有守在公公身旁。作者在剧中，一方面批评三女割股疗亲是“呆守旧，不谙时务”；另一方面批评那些读书的女学生们不懂纲常。作者自跋云：“余撰《三割股》之文，怏怏不怡者累日，为文氏之次妇惜也。定之为新界女学生，非敢臆为武断也，抑亦不如是不足以标异于三者之间耳。”（刘效民）

何　镛

《乘龙佳话》

乘龙佳话八出　杂剧。清何镛撰。《清代杂剧全目》著录。阿英《晚清文学丛抄·传奇杂剧卷》收此剧。清光绪十七年（1891）石印本。附图二十四帧。一册。半叶十八行，行四十二字，有界栏，左右双边，白口，单鱼尾。版框高宽：19×12.2。卷端题：“古越高昌寒食生撰”。卷前有光绪十七年自序，序中谈到该剧原为某昆班而写，后因该班停歇，未果。

何镛（清同光间人），亦作何墉，字桂笙，号高昌寒食生。浙江山阴（今绍兴）人。精音律，善鼓琴。曾任《申报》主笔。生前所著颇丰，均辑入《一二六存稿》。戏曲作品仅有杂剧《乘龙佳话》一种。

本事取材于唐人小说《柳毅传》。出目为：下第、牧龙、传书、屠龙、还宫、宾筵、归里、乘龙。剧叙洞庭龙女嫁泾川小龙为妻，频遭强暴。泾川龙王助纣为虐，父子痛打龙女，并将其赶出家门，罚其河滩牧羊。湘中人柳毅进京赶考下第回家，途经泾川，遇龙女诉说冤情，顿生怜悯之情。柳毅传书至洞庭。龙女之叔钱塘君性情刚烈，盛怒下，杀死泾川小龙，救回龙女。洞庭龙王为答谢柳毅传书之情，盛筵款待，并赠奇珍异宝，柳毅不受。钱塘君欲将龙女许配柳毅，亦遭拒绝。柳毅归家，妻韩氏已重病身亡。龙女托名卢女，嫁柳毅为妻。宋杂剧有《柳毅大圣乐》，宋元南戏有《柳毅洞庭龙女》，均已不传。明黄惟楫《龙绡记》、许自昌《橘浦记》、清李渔《蜃中楼》以及近代戏曲中京剧、华剧的《柳毅传书》，均演此事。（吴秀慧）

孙大武

《海棠梦》

海棠梦传奇六出首一出　传奇。清孙大武撰。清光绪十八年（1892）绿色丝栏稿本。一册。半叶八行，行二十一字。版框高宽：16.5×10。书衣签题："海棠梦传奇，蕙农题签"。封面墨笔题："海棠梦传奇，蕙农署首"，下钤"周培懋印"章，并题："元默执徐之冬书于峡江"。卷首有杨益之（下钤"伯执"印）、汤之晋、杨霖（下钤"肝胆皆冰雪"朱印）、沈瀚（下钤"此中有真意"印）、孙大武（下钤"蘅芜清梦"印）、蔡公采（下钤"未妨惆怅"印）、沈叔美、周培懋、陶公简诸人题词，并附《桃芬事略》（下钤"伯执"印），后有署"蘅芜清梦人记"之叙，下钤"薄负才情自憔悴"章。目录处题："花清月瘦君评点，蘅芜清梦人填词，海棠旧梦人校定"。卷端题："花清月瘦君审音，蘅芜旧梦人填词，海棠旧梦人校定"（下钤"君采"朱印）。

孙大武（清同光间人），山阴（今浙江绍兴）人。生平事迹不详。该书原题"蘅芜清（旧）梦人填词"，未署作者真实姓名。据卷首题词下印章，可知其名孙大武，蘅芜清梦人应为其号。

该剧据时事编写，目录为：缘恨、投府、窥园、定情、梦别、寄恨、埋冤。首有四句下场诗总括全剧："入朱门桃根零落，见红颜柳眼垂青。定情夕中宵惊梦，埋香冢千古伤心。"述修江张桃芬虽生书香门第，但逢乱世父母双亡，只得投靠舅父家生活。在其十六岁时，舅父忽然染病不起，后竟撒手人寰。桃芬无以治丧事，邻舍杨妈替之四处求告，同村富户柳员外施舍棺木，使舅父得以埋葬。桃芬无以为生，经杨妈介绍，进柳府为婢。柳府少爷柳盈字梦爻，幼读诗书，未曾登第。见府中新来婢女桃芬眉目清秀，不免心动。一日，桃芬到柳家花园散步，走到花架下，忽见柳公子手书诗词，其中流露出种种情思，但想到自己飘零的身世，心中万分惆怅。春去秋来，柳盈忽约桃芬到其书房，诉说对她的眷恋。夜晚，二人书房共枕。柳夫人得知此事，不禁大怒，斥责桃芬引诱公子，并唤媒婆进府，要择日将其嫁与夏家。桃芬知事情难以挽回，便修书一封，并将自己衣裙、钿盒、绣鞋等物托好友留与公子，自己到夏家后绝粒身亡。柳盈见桃芬旧物，又惊闻其亡故消息，不禁大悲，认为自己害了她。在一阴沉之日，柳盈与仆人在乱冢之中，找到桃芬之墓。他将酒肴、纸帛放好，虔心祭奠。回首往事，心中无比凄怆。（戴云）

支碧湖

《春坡梦》

春坡梦二十出首一出　传奇。清支碧湖撰。《明清传奇综录》著录。清光绪刻本。二册。半叶七行，行十四字。下黑口，四周双边，双黑鱼尾。版框高宽：21.9×13.5。书根及板心处题："春坡梦"。卷首有光绪三十二年（1906）梦生子虚氏序，卷尾附中山刺史碧湖氏述《续义和拳源流考》。

支碧湖（？—1906后），名恩，字苏翁，号碧湖，别署半更生。河南洛阳人。清光绪进士，曾为广东吴川县知县，后擢定州刺史，参与镇压义和团运动。

该剧目为：开宗、题词、萌变、曲诱（正文作"间曲"）、旅侦、抗廷、之任、议辕、脱险、谳成、官叹、转关、盘库、野探、局商、返定、慨京、銮回、宣武、祝春、结梦。正文第十三出"野探"以后出目数字均错标。剧述洛阳支恩，曾为州官，因打义和拳立功而擢定州刺史，又与洋人签约，将其强占的银库赎出。八国联军攻占北京，京城面目全非，生灵涂炭。支恩夜梦自己联合西藏喇嘛并安南、朝鲜等周边诸国共商对敌之策。正当他为自己建奇功而得意之际，一场大梦归醒。（戴云）

金绥熙

《隔叶花》

隔叶花传奇四卷三十六出　传奇。清金绥熙撰。《古典戏曲存目汇考》著录。清光绪三十年（1904）以文手录本。四册。半叶九行，行二十一至二十四字不等。叶心高宽：17.1×12.5。封面题："勺园曲，甲辰七月以文手录"。卷首有评语三则，分署："乙未七夕前八日梅生识于濑江舟次"（乙未，1895）、"松龄傅伯贞甫"、"光绪丁酉八月拜读一遍半塘王鹏运"（丁酉，1897）；次为商城周焌圻题诗，再为光绪二十年（1894）勺园主人自序，署："青龙次阏逢敦牂，招摇指大渊献，勺园主人书"（阏逢敦牂，甲午，1894；招摇（昭阳？）指大渊献（癸亥？1863，或指月份？待议）。正文前有总目次，有眉评。

金绥熙（？—1909后），字韨青，号勺园、绮佛，浙江桐乡人。官补知府。光绪三十四年（1908）与沈宗畸、延清、陈霞章等在北京宣南创著涒吟社。著有《清雅堂诗文集》、《艳雪词抄》等。与王鹏运、袁祖光等友善。雅擅词曲，除该剧外，还撰传奇《可怜虫》、《青楼烈》，均存；杂剧《梁园雪》、《紫云迴》，均佚。

据自序所言，该剧情节不尽虚构，为当时实事，或即作者自述之作。一卷目：开场、梦遘、慨交、购云、雪丐、揣眉（正文作"揣媚"）、结彩、却聘、醋哄；二卷目：情款、衔诤、围炉、谄荐、雨媒、阿东、鞋卜、炫幕、课兰；三卷目：祠禊、情絮、逼鸾、侠欧、斥谗、莽悔、檄间、赚云、咎荐；四卷目：再诤、愤拒、扇慰、禅遁、幕忏、花饯、访禅、赆帕、崖送。剧述浙江槜李人华璠久客梁园，夜梦二绝色女子被叶隔住，刚要除去隔叶，被马嘶惊醒。华璠在交游聚会时，先后与李师师巷中行院女子杜是云、马又兰结识。二女慕华郎人品儒雅，愿与成百年之好。华璠悦二女美貌，又发现其乃梦中之人，于是便经常到杜、马院中，或弹琴，或赋诗，或博弈，或作画。华璠旧友叶丕侯见此十分嫉妒，乃离间华与二女关系。又兰不为所动，是云却轻信叶言，冷落于华。于是叶丕侯乘虚而入，买通老鸨，将是云强娶回府中。是云这才得知中了叶之圈套，誓死不从，被叶关进孤花庵。甲午六月，华璠要回浙乡试，青楼姊妹闻此，摆酒为之饯行。又兰知华郎不日登程，郁郁不乐。谈起是云，二人唏嘘，决定到庵中看望是云。是云以浸透泪水的红丝帕相赠。华郎起程，众友相送。车到繁台，又兰等候在此。华郎嘱其留步，并望常去照看是云，言罢登程而去。傅惜华认为“斯作格律精严，情辞丽密，关目排场，如李邺侯九仙骨，节节灵通。”（见《近五年来所获之戏曲珍籍》）（戴云）

孤屿学人

《贤星聚》

贤星聚传奇二卷三十二折存十六折　传奇。清孤屿学人撰。《古典戏曲存目汇考》著录。旧乌丝栏精抄本。二册。半叶九行，行二十字。白口，四周单边，版框高宽：14.8×10.7。书衣题：“贤星聚传奇”。卷首有“子虚子识”、“山癯漫题”之自序、贤星聚色目、贤星聚院本目录。卷端题：“贤星聚院本，孤屿学人山癯填词。”有“海虞寄舫”、“余氏圣鸿”、“莉园”印章。

孤屿学人（生卒年不详），号山癯。姓名、里居、生平皆不详。

该剧演竹林七贤事，上卷目：述概、勖妇、市眠、窥客、社集、辟秀（目录注：此折移赴市后，但正文并未移）、奸谮、聚救、赴市、谏夫；下卷目：荷锸、被逮、慈训、悼友、镇节、蜀叛。首出四句下场诗总括全剧：“韩夫人屏间窥俊杰，山太傅林下期佳侣。怆旧游忆往古风存，续前盟雅集贤星聚。”述山涛与嵇康、吕安契若金兰，他经常让妻子备酒肉以待二友。阮籍在黄公酒垆处喝醉，伏少妇旁睡去，众酒客认为其无礼欲殴之，被黄公劝住。山涛与向秀为同乡，刘伶与嵇、阮交好，大家见黄公酒垆之侧有一竹林，很是清雅，便决定到竹林畅饮。席间，阮咸踉跄奔来，云吕安受兄长牵连，被捕入狱。嵇康闻之，便离席往救，众人没有拦住，均为之担心。向日，钟会欲结交嵇康，但受其冷遇，便怀恨在心，现见嵇康为吕安兄弟申诉，便落井下石。他对司马昭言嵇康上不臣天子，下不事王侯，素存二心，不若指其为吕安之谋而杀之。司马昭信其言。太学三千诸生闻嵇康受钟会诬陷收在狱中，往见钟会，代申其冤，使司马昭更欲杀嵇康。吕安被杀后，嵇康赴市，刑前，他嘱其子依其平日之言，便席地而坐，弹奏一曲后就刑。嵇康故去后，虽家徒四壁，但嵇妻经常教子嵇绍要好好读书。刘伶经常酒醉不醒，致使家中一贫如洗，想起当日竹林七贤之交，如今人事已非，他心灰意冷。一日他与家童荷锸到郊外要开垦荒地，云要惟酒是务，遍游天下，死后将此锸坐坎埋葬自己。山涛官拜礼部尚书已然十年，多次辞归，无奈圣上不准。司马昭因魏室诸王尽在邺城，恐生变故，便命山涛前去镇守。钟会终于在蜀起兵反叛，司马昭奉命亲征。剧情止于此。该剧国图藏下卷的后半部，目录为：却聘、送穷、计功、克蜀、荐剡、闻笛、贪污、贡丝、阍拒、读赋、空访、垆感、再集、徙置、进图、星聚。述阮籍醉后大哭而死，阮咸逃官而去。向秀投司马昭不被重用，作《思旧赋》后不知去向。嵇康子嵇绍困于生计，向父旧友袁毅、王戎求助，遭拒。山涛远调冀州刺史，王戎感念群贤均散，遂起归隐之心。嵇绍后为秘书丞，一日与山涛子山简来到竹林，在黄公酒垆处观看《竹林雅集图》，听其讲述七贤往事，便萌生七贤后人再聚之意。在黄公的帮助下，七贤后人终于在山府后园相会，以应德星聚拢之象。（戴云）

丁传靖

《沧桑艳》

沧桑艳二卷二十出　传奇。丁传靖撰。《古典戏曲存目汇考》著录。清光绪三十四年（1908）刻《豹隐庐杂著》本。一册。半叶九行，行二十一字。白口，左右双边，单鱼尾。版框高宽：17.3×12.3。上书口题：“沧桑艳”，下书口题：“豹隐庐杂著”。天头有评语。封面题：“沧桑艳，光绪戊申开镌”。卷首有陈圆圆小像一帧，光绪三十四年作者自叙，陈圆圆事辑及作者撰“圆圆传辑补”。卷端题：“樊樊山、缪艺风两先生鉴定，豫章游毅之九云论文，丹徒丁传靖闇公填词，婺源石凌汉弢素正拍”。卷尾有缪艺风、蒋醉园、李吟白、蔡禹言、陈伯雨、叶中泠、李丹叔题词。

丁传靖（1870—1930），字秀甫，号闇公，又号松隐行脚僧。江苏丹徒人。清光绪二十三年（1897）副贡。宣统二年（1910）由陈宝琛推荐任礼学馆纂修。擅诗词，能作曲。著有《闇公诗钞》、《红楼梦本事诗》、《福慧双修盦小记》、《宋人轶事汇编》、《张文贞公年谱》等。戏曲作品三种，除该剧外，尚撰《霜天碧》、《七昙果》。吴梅谓其剧作“词采葩发，雅近倚晴，而于声律之道，则茫乎未有所闻也。”（见《瞿安笔记》）

该剧取材于明末清初吴三桂与陈圆圆事，并参照陆次云、钮琇《圆圆传》及作者《圆圆传辑补》。上卷目：买艳、侠劫、却献、如觐、赠美、破京、劫香（正文作“劫美”）、闻变、宫叹、乞师；下卷目：破贼、珠环、封藩、却币、入道、藩变、池殉、魂游、降鸾、访墓。述常州陈圆圆幼时被卖到苏州妓院，她天生丽质，能歌善舞，很快红遍江南，有“姑苏第一红”之美称。田国舅去姑苏挑选美女入宫，圆圆入选。边关吃紧，崇祯皇帝为使山海关总兵吴三桂能竭尽为皇家效犬马之劳，抵御清兵入关，便将圆圆许与吴三桂。甲申之变，闯王李自成攻入北京，崇祯皇帝煤山自尽。闯王部将刘宗敏闯入吴府，将圆圆据为己有。三桂怒发冲冠为红颜，投清报仇。多尔衮率清兵攻入北京，闯王军队仓皇出逃，三桂与圆圆团聚。三桂因战功封王滇南，拥兵自重，康熙削藩，使三桂反。后三桂兵败病死衡州，圆圆遂自沉于莲花池。圆圆死后，其魂游吴王旧宫，满目凄凉，又游苏州及京城，已人事两非，她无限怅惘，乃回云南。滇中文士游商山寺，听说圆圆投池殉身事，便相约访寻圆圆墓地及三桂王府。仪征书生阮福游滇，闻商山寺中设乩坛是陈圆圆降鸾之所，又读《商山鸾影》，知降鸾乃乾隆初年事，其中所载之降鸾诗乃圆圆手笔。于是他打听到圆圆埋香之所，便去拜访。（戴霞）

陈　栩

《花木兰》

花木兰传奇十六出　传奇。陈栩撰。《古本戏曲存目汇考》著录。旧抄本。一册。半叶十一行（道白小字双行），行二十四、五字。叶心高宽：

21.8×17.2。以朱笔点板。书衣题："花木兰传奇"。卷首有目录，出末多有评语。首页有"霜崖居士"、"瞿安"朱印，并"满州富察氏宝泉惜华"、"碧蕖馆藏"印记。末页有"路工"章。该本原未题作者姓名，与《著作林》刊本相核而定作者。

陈栩（1879—1940），原名陈嵩寿，字昆叔，后改名栩，字蝶仙，号栩园，别署天虚我生、惜红生、太常仙蝶等。钱塘（今浙江杭州）人。清末贡生。南社社员。曾主编《著作林》、《游戏杂志》、《申报·自由谈》等。曾编《九宫曲谱正宗》，存清光绪《著作林》第一期本。撰写《泪珠缘》、《玉田恨史》等小说多种，所著辑为《栩园丛稿》等。除《花木兰》外，还撰传奇《落花梦》、《桃花梦》、《自由花》、《桐花笺》、《媚红楼》等。

该剧本事取《木兰辞》，共传概、夜织、丑令、卖锦、瞒帖、鬼荐、逼征、哭饷、乔探、允代、家演、拜将、侠应、义杀、壮别、锾信诸出。述敌兵犯境，直逼长城，朝廷急征兵士赴前线杀敌。有慕容后生，慕同里女子花木兰年轻貌美，欲与之成亲，便暗地做手脚，使木兰父花弧老将军去出征。木兰不忍重病的父亲前往，便打定主意，乔装改扮男子，代父从军。木兰到前线后所向披靡，很快便受到提拔。壮士岑坚等久闻木兰英名，特带庄丁五千，军饷十万前来投效。数年后，花弧得女儿家书，知她早过燕山，已渡黄河。统领大军势如破竹，敌军已远远退去。花弧家人为此设宴以庆。（戴霞）

《自由花》

自由花传奇五出　传奇。陈栩撰。《古典戏曲存目汇考》著录。清光绪间《著作林》活字本。一册。半叶十一行，行二十三字，白口，四周单边，单鱼尾。版框高宽：13.5×9.3。封面题："自由花传奇"，卷端题："自由花传奇，天虚我生著"。上书口题："自由花传奇"，鱼尾下注出数及目名，下书口题："著作林第×期"。每出末有评语。

该剧分载于《著作林》第一、二、四、十期，似未完之作，存逼遁、捕花、旅店、酒楼、闹学诸出。述官宦之女花懊侬接受新思想，不满足于做足不出户的闺阁小姐，要效仿古代巾帼英雄班昭、秦良玉作一番事业。

其父花全曾为礼部员外郎，因得罪权贵，挂冠归里。兄长花蠹、花蠡不思读书上进，只想纳粟买官。为结交富豪，他们私将懊侬许配给当地豪绅蒋公子。懊侬得知，便与丫鬟红芸女扮男装，深夜逃走。二人晓行夜宿，连走七日，在一家旅店遇贾维新。谈话之间，贾断定二人追求新潮，且无处栖身，便以可增长见识为名，建议她们去自由学校学习。其实，该校乃贾借钱私办，全校只一不得志的秀才左慕陵充当校长及文理各科老师。因招不来学生，入不敷出。他们谈话被江湖相士秦五楼听去，秦见懊侬、红芸举止言谈不像男子，从店家口中得知二人姓名后，联想到报上刊登的寻人启事，断定眼前这位“花自由”便是花家所要寻找的女子花懊侬。逢元宵佳节，蒋公子在山上大办灯会，花氏兄弟也到场凑趣。秦五楼到，说破花家之事，并答应带其寻妹，自己因此巧赚白银千两。此时贾维新拿到懊侬主仆预交的半年学费便逃之夭夭，留下一堆欠账让左慕陵应付。懊侬主仆刚走进学校，碰上债主正在搬桌椅抵账。懊侬问明情况后，情愿出经费重开学堂，并请左慕陵继续教课。左怕再受欺骗，死活不肯。懊侬无处可去，只得与红芸重奔天涯。（戴霞）

《桐花笺》

桐花笺传奇八出尾一出　传奇。陈栩撰。《古典戏曲存目汇考》著录。清光绪间《著作林》活字本。二册。半叶十一行，行二十三字，白口，四周单边，单鱼尾。版框高宽：13.5×9.3。封面、卷端题：“桐花笺传奇”，署：“天虚我生”撰。上书口题：“桐花笺传奇”，并注出目名，下书口题：“著作林第×期”。每出末有评语，第五出七至十叶叶心有错印处。

该剧分载《著作林》第二至九期，第十一期又载“传概”。取材作者友人周子炎与金阊妓薛小凤事，目录为：蝶引、龙迷、题楼、（失名）、密约、试别、云行、分笺、传概。传概有下场诗总括全记：“点不破的桐花笺钟情小凤，锁不住的宿杏楼密约痴龙。逞聪明的薛宝云扶鸾络鸲，惹风波的胡礼图打鸭惊鸳。”述书生周志娴与琴童泛舟西湖游六和塔，遇一道人，与之闲谈良久，临走，留下罗浮山人所画一桐花笺。周友阮逢仙与宋仙洲巷薛家班名妓宝云交好，逢仙约志娴同往宝云妆楼小宴。席间，志娴忽见宝云小妹凤仙倩影，却不得相见。次日，琴童送来阮生柬帖，言凤仙昨夜归来，知周生等候很久，甚感抱歉，今特备笔砚，邀其前去题楼藉谈云云。志娴读后大喜，直奔宋仙洲巷。凤仙本出名门，但家道中落。母病逝，父贫不能营葬，凤仙自愿卖身葬母。其父入都求食，只得将凤仙卖与邻人为童养媳。逢庚子之乱，父入都后杳无音信，邻人遂改初心，将凤仙卖到妓院。她知志娴几次造访，深见其情意，便约之到此。志娴应凤仙之求，为其妆楼题写“宿香”，并呼之为“凤儿”。自题楼后，二人互生爱慕，但鸨儿索五百金方肯梳笼。志娴虽不吝惜钱财，但觉凤儿终不能为己所有，更怕将来鹊巢鸩占，空买憔悴。逢七夕，志娴见阮生书信，言宝云已设计将鸨儿调出城去，使之天晚不得入城。志娴大喜，径直来到凤儿处。二人饮酒谈情，周郎将定情诗题于桐花笺上，而后与凤儿同眠帐中。未久，周郎奉父命临安应试，他约凤儿到金阊码头作别。二品统领胡礼图在码头迎接上司，看见周郎与凤儿依依惜别，深被凤儿美貌所吸引。经打听，知此美人乃薛家班雏妓，于是便前往宋仙洲巷。鸨儿言其外出，命宝云接客。胡礼图想将宝云娶回做小，鸨儿以曾往庙中降香，得月下老人简帖，云宝云乃天仙下凡，与阮生有夙缘，若不将宝云嫁阮生，便遭天谴为由拒绝。后阮生交足宝云身价钱，将她娶到停云别墅。宝云走后，鸨儿为维持班中生意，不顾凤儿卧病，几次强命她接客，凤儿誓死不从。后接周郎信，言名落孙山，不久便归，凤儿日盼夜想与周团聚。胡礼图娶宝云不成，心生恨意，命官府封薛家班并抓人。鸨儿以银贿差官，恳求带凤儿远避他乡。凤儿闻信要自尽，被丫鬟夺下绳索。后她听从丫鬟言，将写有周郎定情诗之桐花笺裁作两半，其一寄与周郎，另一自己珍藏，又拔簪划壁题句，以期将来团聚。后随鸨儿打点箱笼上路。剧情止于此。七出末评语曰：“本篇看似阮薛二人一段结束文字，讵知却是后部《鸳鸯劫》开篇文字”；末出又有评语：“作者谓《桐花笺》止此一束，后部易名《鸳鸯劫》传奇，吾不知其如何结构”云云，可知该剧还应有下部，名《鸳鸯劫》，未见。（戴霞）

无名氏

《杂剧四种》

杂剧四种　杂剧剧本集。清无名氏撰。原书无总书名，此名为分编者自拟。清康熙九年（1670）萃雅堂抄本。一册。半叶八行，行二十四至二十六字不等。朱笔点板。叶心高宽：23.4×9.5。封面题："《百花庆寿》、《五子争奎》、《天开寿域》、《八蛮进宝》"四剧名，并题："康熙九年"、"萃雅堂"。该集所收四剧，每剧一折。卷端有"惜华所藏戏曲文献"、"满州富察氏宝泉惜华"、"碧蕖馆藏"印记。

《百花庆寿》，《清代杂剧全目》著录。述地仙降临凡世，十洲三岛各路神仙前往称贺，催花仙吏与护花仙吏率众花仙同临凡界，为地仙奉祝遐龄。在寿筵前，众花仙献上鲜花，并联诗祝愿阖家造福。催花仙吏与护花仙吏分别奉上南方佛种优昙钵罗花、瑶池宝相琼花，祝东翁无量大寿，康宁增福。

《五子争奎》，《清代杂剧全目》著录。述高元帅奉九天卫房圣母娘娘之命，将一顶金盔放置殿前。娘娘膝下五子见此，纷纷争抢金盔要戴。娘娘见此情景，吩咐将金盔送给年龄最小的印君，将来出将入相，以彰善报。并命高元帅将小印君送至人间，自己与众孩儿在仙乐声中打道回府。

《天开寿域》，《清代杂剧全目》著录。述安期生邀众仙下凡赴人间寿筵。赤松子、广成子、云中子、抱朴子分别献上长春花、长生果、长寿面和万寿酒，并联诗一首以贺寿。

《八蛮进宝》，《清代杂剧全目》著录。述大回回国乌思哈嗒奉国主之命，率海岛各国使臣入关献宝。使臣到齐后，有人建议，先将各国贡物名称及妙处、用途报来：朝鲜国贡物是夜明珠与定风珠，前者可在暗室中生辉，后者可在海中平息风浪；日本国所贡紫霞杯，斟上琼浆玉液声如仙乐，杯中酒可去病延年；琉球国所贡通仙枕，用之可梦巫山神女和蓬岛仙台；暹罗国所贡水犀角，携之入海可不沾湿衣裳；安南国所贡珍珠帘，此帘可透轻风，凉肌体；高丽国所贡之照胆镜，悬之堂上可辨忠奸；女直国所贡千人被，千人所用，冬暖夏凉；扶余国所贡枷楠床，奇香无比，可去腹疾。乌思哈嗒命将使臣所报一一登记后，率众前往关内。（戴云）

《两生天》

两生天二十二出 传奇。又名《一文钱》。清无名氏撰。《曲海总目提要》著录。清康熙间抄本。一册。半叶十行，行二十八至三十二字不等。叶心高宽：23.9×12.5。封套题："串本一文钱"、"康熙抄本"。卷首有残阙处，首行字迹模糊，依稀可辨"两生天，一名一文钱"。

该剧据元杂剧《庞居士误放来生债》和明徐复祚《一文钱》杂剧合并、增饰而成。第一至十四出无出目，第十五至二十二出目为：焚券、害魔、戒舍、（失名）、沉舟、卖篱、升天、复位。述西安卢至、襄阳庞蕴前生乃大阿罗汉，凡心未净而托生人间。卢至家富却性悭吝，家中门神七年不换。年夜儿子吃不到糖糕籽圆，妻子埋怨。他说绝嗣也要积钱。年初一为谢客托辞到郊外庙中烧香，见四门乞丐饮酒作乐，散去时地上遗一文钱。卢至赶忙拾起。因腹内饥饿而买一文钱芝麻，为躲避犬鸟夺食，徒步跑至深山密林，恣意而啖。后经如来点化，终于明白世上一切均为虚假之物。庞蕴为当地富豪，全家乐善好施，常焚借据，并在门上贴出告示，要广放来生债。庞蕴见佣工罗和因做工辛苦而睡眠不足，给他一锭元宝让其做买卖并睡上几宿好觉。罗和得钱后反而一宿无眠，便将元宝还与庞蕴后出家。庞蕴过磨坊听牲畜对话，云其前生欠庞蕴钱财无力偿还，因此来生变作牲畜。庞蕴大惊，遣散家中奴仆，放还牲畜，将家中财物放在十只大海缸中，以舟载之沉入海底，自己与妻女入山学道。后在帝释接引下得见如来。至此，卢至与庞蕴皆归正果，在大阿罗汉班中归列。（戴云）

《祥麟艳》

祥麟艳总纲二卷二十八出 传奇。又名《祥麟儿》。无名氏撰。清乾隆元年（1736）渔田正先抄本。二册。半叶十行，行三十四字左右。叶心高宽：22.5×10.5。上卷卷端题："祥麟艳总纲上卷，沃里正先录"，下卷卷端题："祥麟艳下卷总纲，沃里正先手录"，卷末题："祥麟艳总纲上下卷终，大清乾隆元年岁次丙辰梅月，共纸四拾五张。渔田正先录”。钤“柳坪”、“周越然”、“惜华所藏戏曲文献”、“满州富察氏宝泉惜华”、“碧蕖馆藏”印记。卷首尾有题记两则，其一为清钱载用朱笔题写，云：“祥麟儿一卷，曾藏过一部，今已不知归在何处矣，今因见是曲，批阅一过，犹忆昔时在吴门名妓唱和时，不胜为之感慨云。乾隆十三年（1748）槜李钱载志”；其二为清柳坪用墨笔题写，云：“是书嘉庆九年（1804）八月得于武林清和坊市上，价三千文。柳坪记”。

此剧根据《杨家府演义》故事敷衍，剧中角色、情节与小说略有不同。剧写宋朝，四川杨文鹿弱冠成名，官居御史，其兄文标在家掌管祖业。文标有三子，文鹿年逾四十而无子。辽兵入侵中原，枢密使王钦若与杨父有仇，假公报怨，向朝廷保奏文鹿出使辽邦和番，想借机陷文鹿于绝境。文鹿接旨携哑奴杨义前往。王钦若上朝，探听到杨延昭已看出辽军所设天罡阵的破绽，天罡阵即日可被攻破，于是写密书给萧太后暗通消息。萧太后接到密书，急命耶律夫人重整天罡阵。文鹿到辽邦，深得萧太后的喜爱，耶律夫人意欲以公主夜珠相配，并盟誓招亲后立即议和退兵。文鹿信以为真，与夜珠成亲。杨延昭到边关查探敌阵，被番兵发现险遭不测，孟良箭射耶律夫人，杨延昭始得脱险。杨延昭探阵时发现，天罡阵原来的疏漏已被补全，因而怀疑是文鹿泄露军机。文鹿与夜珠结婚，以为议和已经成功，准备立即回国复命，不料意外发现王钦若密书，继而又从番兵口中得知耶律夫人的盟誓是假，辽军正在准备向宋朝进攻。文鹿趁夜珠外出未归，携密书盗令箭逃离辽邦。夜珠发现文鹿逃走，飞骑急追，中途接到耶律夫人箭伤严重命在旦夕的消息，只好放弃追赶回到营地。文鹿逃回本朝营寨，误投王钦若营帐，被王钦若诬陷通敌而绑缚法场。文鹿遣哑奴杨义往杨延昭营帐求救，适杨延昭外出，孟良以为杨延昭遇难，随哑奴赶赴法场。杨延昭归来得知此事，怕孟良发生意外也赶到法场，文鹿得救。杨延昭以为文鹿归顺辽邦泄露军机欲行斩首，文鹿取出王钦若给萧太后的密信，证明是王钦若泄露军机。王钦若抢先向朝廷奏本，诬告文鹿和番投敌，杨延昭劫法场是其同伙。八王德昭奉旨审问二杨，文鹿呈上王钦若密信，指出王钦若脚底刺有“贺驴儿”番家名姓。王钦若通敌证据确凿被斩首，杨延昭加升征辽大将军，文鹿加升都御史。文鹿观星象，建议杨延昭先破天罡阵。耶律夫人已死，夜珠代为统帅天罡阵。文鹿逃走以后，夜珠身怀六甲。杨延昭率兵入阵，孟良与夜珠厮杀，夜珠因腹中疼痛而败阵，天罡阵被攻破。夜珠阵前分娩，血光冲破天魔阵，辽军大败。文鹿破辽有功，官居台阁荣归故里。文鹿妻子董氏，私下屡劝文鹿与兄长分割家产，文鹿在庆功家宴上向文标提出分家。文标认为，子嗣之事为大，待文鹿有子嗣以后即可分家。董氏甚妒，但苦于无子，在文标的激将之下为文鹿同时纳进五妾，不久妻妾各生一子。萧太后死后，夜珠被众人推举执掌朝政，此时儿子已经12岁，母子常想归顺中华与文鹿团聚。夜珠闻杨延昭率兵连破五关，于是携子投奔杨延昭，杨延昭护送夜珠母子找到文鹿。文鹿前后共得七子，夫妻、父子一门团聚。此剧与明姚子翼撰《祥麟现》的内容相似，但剧情结构略有不同，或为《祥麟现》别本。（刘效民）

《鱼篮记》

鱼篮记二十四出　传奇。清无名氏撰。《曲海总目提要》著录。清乾隆三年（1738）重订精抄本。二册。半叶七行，行二十九字。叶心高宽：20.5×10.7。封面："鱼篮记廿四出，三年正月重订"，后人用圆珠笔加"乾隆"二字。正文标有弋腔演唱符号。

本事见《包龙图判百家公案·金鲤鱼迷人之异》、《龙图公案·金鲤》。上册目：四海清宁、金府庆寿、刘珍自叹、过府请婿、三精游戏、元宵玩灯、鱼精思情、牡丹游园、调戏刘珍、花园觅规、金宠辱婿、迷珍逃走；下册目：遣仆追赶、金府家惊、三精会议、真假判断、迷恋天师、牡丹回家、玉皇升殿、刘珍分别、观音下凡、大战鱼精、鱼篮收精、考试团圆。剧写宋仁宗时，相国金宠告老还乡，与妻子王氏、女儿牡丹一起生活。书生刘珍，父亲曾是朝廷吏部侍郎，后来父母双亡，家境逐渐衰落。刘侍郎在世时，曾与金宠指腹为婚，为两家子女定下婚约。金宠自叹膝下无儿，接刘珍到府中攻读诗书，欲待他日功名成就以后与牡丹完婚。上元节，东海鲤鱼幻化成美女上街玩赏花灯，拂晓来到金府花园的鱼池栖身，无意中听到刘珍朗朗的读书声而心生爱意。深夜，鲤鱼幻化成牡丹模样到书房与刘珍相会，并邀其次日到花园定誓盟。次日，刘珍到花园赴约遇到牡丹，正要上前施礼，不料被其婢女春香奚落，因而感到莫名其妙。金宠夫妇得知此事，训斥刘珍不知上进败坏家风。夜晚，鲤鱼幻化成牡丹再次来到书房，假说父母将要拆散姻缘，带刘珍逃出金府。金宠闻刘珍出逃，后悔白天言语过重，于是遣仆急追，不料追回的却是鲤鱼幻化的牡丹。一时金府出现两个牡丹，真假难辨。鲤鱼得知金宠将请包公判断，急放毫光请洞庭螃蟹相助。洞庭螃蟹幻化成包公来到金府，与真包公一起审案。众人不能辨别真假包公，包公也不能辨别真假牡丹。鲤鱼得知真假牡丹将被送到张捷天师府中鉴别，又急放毫光请三江口赤虾相助。赤虾幻化的张天师使众人难辨真假，张天师也难辨真假牡丹。赤虾趁乱迷倒张天师，携鲤鱼和刘珍逃脱。张天师醒来急向玉帝申奏，玉帝查清此事是东海鲤鱼、洞庭螃蟹、三江口赤虾所为，于是派殿前四大元帅带领天兵天将下凡收服三精。天兵包围三精，鲤鱼自身难保，忍痛向刘珍说出实情，并赠三宝让刘珍赶快逃脱，刘珍深得鲤鱼情谊而恋恋不舍。南海观世音知道，东海鲤鱼运用神通搅乱尘世，但是并没残害生灵，于是化作渔妇在江边等候收度。三精与天兵大战被赶至江边，见到观世音便躬身顶礼，情愿洗心受戒遁入空门。刘珍赴试得中状元，回到金府与牡丹完婚。同题材剧目有：明郑国轩《牡丹亭》（佚），明无名氏传奇《鱼篮记》，清无名氏传奇《双牡丹》，京剧《碧油潭》、又名《真假牡丹》、《碧波潭》、《碧波仙子》，越剧《追鱼》，晋剧《鲤仙闹洞房》等。此外，与此剧名同事不同的剧目有清范希哲《鱼篮记》传奇，一名《双错卺》，写唐代于楚、尹若兰事；明无名氏《鱼篮记》杂剧，全名《观音菩萨鱼篮记》，写观音菩萨、布袋和尚度脱张无尽事。（刘效民）

《雪里梅》

雪里梅二卷三十出　传奇。清无名氏撰。《传奇汇考标目》著录。清乾隆四年（1739）抄本。一册。半叶十行，行二十至二十二字不等。朱笔点板。叶心高宽：22.3×10.7。封面题："雪里梅总日"。上卷尾题"乾隆己未肆年桃月下浣日□闲笔录雪里梅上卷终"；下卷尾题："乾隆己未孟夏中浣日□闲笔录雪里梅下卷终"；卷末题："此本抄写点板无误，不可轻贱”。末页错钉另外剧本一叶，名“曹子芳”。前三出有残阙叶。

本事取《史记》本传。上卷十七出，下卷十三出。述战国时魏人范雎未遇时屡遭轻贱，曾因事为须贾所诬，又遭相国魏齐手下毒打，以致将肋骨打折。在好友王稽、郑安平的帮助下，化名张禄入秦，得秦昭王重用封相。后攻魏以雪前仇。《曲海总目提要》卷十六著录同名剧目，言“明季旧本，未知谁笔。演刘文光得妾事，取女诗中凌寒雪里梅为标目也”，与此本事不同，当为两种不同剧作。现京剧《赠绨袍》、梨园戏《范雎》、川剧、秦腔、同州梆子《绨袍记》均演此事。（戴云）

《华封三祝》

华封三祝 杂剧剧本集。清无名氏撰。《清代杂剧全目》著录。清乾隆九年（1744）抄本。一册。半叶八行，行二十二字，朱笔点板眼。叶心高宽：17.9×10.1。封面题：“华封三祝”、“乾隆九年”。卷端有“惜华所藏戏曲文献”、“满州富察氏宝泉惜华”、“碧蕖馆藏”印记。全书包括《南星拱照》、《童叟欢迎》、《庆祝无疆》三个剧本，每剧一折。

《南星拱照》，《华封三祝》第一种。述南极仙翁侍童鹤、鹿二仙知仙翁要到人间献瑞呈祥，添筹增寿，拱照皇家，忙赶来侍候。二金童持灵寿杖、寿筹瓶，二玉女捧寿桃、金壶引南极仙翁到来。寿星说，人间五福寿为先，他祝世间四海安宁，百姓享有无疆寿年。逢太平盛世，众仙驾祥云下凡往祝。

《童叟欢迎》，《华封三祝》第二种。述太平盛世，安乐村中一百岁庄农无忧无虑，子孙满堂。在风和日丽，柳暗花明之日，他率五世儿孙到郊外一游。幼孙们手捧牡丹花、万年青，手拿铜雀锣、太平鼓，高唱太平歌，歌颂天子太平君，百姓太平民。幼孙女们手持鱼水和谐、喜上梅梢、万年如意与五福三多四盏灯，边耍灯边唱歌与祖爷听。歌中祝愿君王万事常如意，万载把寿添，百姓愿把皇恩报。百岁庄农率儿孙共祝四海升平，风调雨顺，圣寿无疆。

《庆祝无疆》，《华封三祝》第三种。述逢太平盛世、南极呈辉之时，司木星官率四季催花使者并十三月花神来到人间，令万花齐放，以点缀

太平景象。南极仙翁也来凑趣，愿天开寿域，万花争艳，并祝皇上江山万万年。（戴云）

《斗婵娟》

斗婵娟三十二出 传奇。无名氏撰。《今乐考证》著录。清乾隆抄本。四册。半叶九行，行三十一字。叶心高宽：18×10.6。封套签题："斗婵娟传奇，乾隆抄本，叶怀庭手订曲谱"。封面题："斗婵娟，整戏曲本上部共三十二出"，"姑苏叶点注工尺和板"。有朱笔圈点及扮相、动作提示。

本事见《明史》。出目：传旨、报逸、饯任、引匿、拒珰、逼遣、赠窜、肉诨、戏警、旅寓、误欢、逗情、书泄、鞫袒、计释、絷奸、骇牒、途陷、恳救、双劫、忿追、逆炽、诡鸩、奸毙、驿订、密叛、告变、协剿、争擒、哗辩、农述、斗圆。述明英宗复辟后，宦官曹吉祥与石亨、徐有贞勾结，发动兵变，诬陷于谦，于谦冤死。于谦之子于晟与苍头熊信，逃往三台山下，看守坟墓。曹吉祥派人追捕，于晟与熊信再逃往蒙阴，途中遇老吉父女。老吉之女乃江西巡抚韩雍府中丫鬟，二人便将于晟藏于韩府，被韩雍之女彩鸾发现。她赠银与于晟，嘱其投奔韩雍。于晟途中被擒。明英宗处死石亨，曹吉祥恐受牵连，与义子曹钦谋反，欲拉拢羽禁军都督孙镗，被拒。孙镗恐变，命子孙挽、女慧姬回老家避难。孙氏兄妹归家途中救了于晟，于晟不胜感激，遂与慧姬订下婚约。彩鸾回京见父，从孙氏兄妹手中夺走于晟，韩雍将彩鸾许配于晟。曹氏父子谋反，韩、孙二人率兵平息叛乱。于谦沉冤得雪，彩鸾、慧姬同配于晟。（申文）

《凤凰台》

凤凰台存二十七出 传奇。清无名氏撰。《北平国剧学会图书馆书目》著录。清乾隆年间抄本。二册。半叶九行，行二十四字。叶心高宽：20×11。卷端钤"小旋风柴进里人"之印。函套题："串本凤凰台，乾隆抄本"。首尾叶有残缺。

剧写唐朝儒生郭紫鱼，字定公，七十五岁仍功名未就，独栖元贞楼。张道士因修建文昌阁，请定功在随缘簿上撰写序文。冯太守见定功所撰序文词流畅俊逸，因慕其文才，遂将十八岁小女相许。婚后三载，定功在岳丈和妻子劝说下，进京应试，结果中了进士。殿试前，考生要以生辰干支填写序齿录。唐皇欲从应试人中，为已故功臣李光弼之女择婿。按干支推算，将定功年龄误作十五岁，恰与李女相配。皇上钦赐定功为状元，将李女许之，并随嫁万贯家产。内监李辅国因嫉妒定功，总想借机败坏其名声。凤麟国被昆明国围困，驰书求救。辅国故意举荐定功出征。定功打起"郭"字号旗上阵，被昆明统帅误为郭子仪军队，闻风而逃，不战自降。凤麟国母为报解救之恩，将小女长寿许定功为妻，并以仙果相赠。定功食仙果后白发变黑，返老还童，虽年过百岁，仍连生五子，位列朝班，永享荣华富贵。（吴秀慧）

《仙女采芝》

仙女采芝一出 杂剧。清无名氏撰。《清代杂剧全目》著录。清乾隆间抄本。一册。半叶九行，行十八字。叶心高宽：16.6×11.1。卷端有"惜华所藏戏曲文献"、"满州富察氏宝泉惜华"、"碧蕖馆藏"印章。

剧述上元夫人侍者采芝仙子得先天五老金章知照，请夫人赴灵椿大会。上元夫人遂命采芝仙子往东八千里外芙蓉山，召仙女采灵芝百筐，送至平江，交福佑真君转送灵椿大会。芙蓉山种有灵芝五百余亩，一百二十名仙女在那里常年耕种，食彼处灵芝可长生不老。采芝仙子领命后，骑上元夫人电光兽来到芙蓉山，吩咐仙女们速采灵芝百筐。于是仙女们紧张忙碌，鹿鹤们也帮忙口衔芝草往筐内装。采毕，众仙女驾起云头，将百筐灵芝送往灵椿大会。（戴云）

《灯剧四种》

灯剧四种 杂剧剧本集。清无名氏撰。《清代杂剧全目》著录。清乾隆间抄本。一册。半叶六行，行二十五至二十七字不等。叶心高宽：24.5×10.5。封面题四剧名，并题"灯剧"。卷端有"惜华所藏戏曲文献"、"满州富察氏宝泉惜华"、"碧蕖馆藏"印记。全书包括《玉堂富贵》、《四书集趣》、《夺锦升天》、《天锡和合》四种杂剧，每剧一折。

《玉堂富贵》，一名《瓜瓞绵长吉庆如意》。《灯剧四种》第一种。述上元佳节，上天造化小儿临凡，将造化赐予伟人与积功施惠者。他见某家红光笼罩，瑞气成球，知其有三多佳客，五福全人，便施造化与之。集善童子献吉庆有余、万事如意以祝，祝人间平安如意吉庆好，年年都把花灯闹。

《四书集趣》，《灯剧四种》第二种。述萧人儒妻子平日醋意十足。大年初三，萧人儒外出拜年，被儿子看见，回家告诉萧妻。萧妻大怒，待人儒归后，将其痛打。日已西沉，萧妻仍不起床。人儒打洗脸水，又买点心，萧妻仍不满意。最后，萧妻要去看花灯，命人儒提了食盒与马桶在后跟着伺候。剧中对话多集《四书》中语。

《夺锦升天》，《灯剧四种》第三种。述太平时节，又逢元宵佳节，百姓争先恐后去看花灯，一路闹闹嚷嚷，相互取笑，十分热闹。后来，他们见到闹花灯的情景，宝塔灯、鳌山灯、狮子灯、流星灯、飞鸟灯、荷花灯、鲤鱼灯、虎儿灯等各式花灯展现在眼前，使人眼花缭乱，目不暇接。百姓共祝年年岁岁五谷丰登，风调雨顺。

《天锡和合》，《灯剧四种》第四种。述上界和合二仙在上元佳节来到人间祝福，愿世间和万象之新，合一元之气，并和合而得福禄财喜，合理而升公侯伯子男。南极仙翁献甲子绵绵之瑞，祝人间福寿绵绵。（戴云）

《萱寿、赞乐、衍庆总本》

萱寿、赞乐、衍庆总本　杂剧剧本集。清无名氏撰。《清代杂剧全目》著录。原书无总书名，此名为分编者自拟。清乾隆间抄本。一册。半叶九行，行十九至二十一字不等，行间曲词附宫谱。叶心高宽：20.6×15.5。卷端有“惜华所藏戏曲文献”、“满州富察氏宝泉惜华”、“碧蕖馆藏”印记。全书包括萱寿、赞乐、衍庆三个剧本，每剧一折。

《萱寿》述上界崔元微爱花，位列花仙。凡仙府之玉树琼芳、琪花瑶草无不精心栽培。某日，他信步来到花神厅，见此地张灯结彩、绛烛高辉。湖山神告之，浙四方百姓乐业湖山，又逢某人大寿，故此热闹。元微闻之，使十六名花童执玉堂富贵，共同祝寿。

《赞乐》述人间某人华诞，观音率十六罗汉并韦驮、天母、善才、龙女前往祝寿。祝人间风调雨顺、四海升平；祝寿星全家和睦，并禄位高遐、福寿无疆、子孙繁衍、科甲绵延、九代同家。

《衍庆》述瑶池金母率董双成、许飞琼前往广寿天尊处赴宴。路至武林，被此地草木葱茏、湖山郁秀所吸引，以至流连忘返。后遇老子、李白诸仙正在祝福人间老人高寿。于是金母上前与其共祝寿词，以应祯祥之瑞。致罢，各仙各归洞府。（戴云）

《月容镜》

月容镜存二至四段共二十七出 传奇。清无名氏撰。清李乾山抄本。三册。半叶七行，行二十二字。叶心高宽：24×16.2。封面题："李乾山记"。 卷端钤"惜华所藏戏曲文献"、"满州富察氏宝泉惜华"、"碧蕖馆藏"印。

该剧二段目：救匿、反赚、露情、奸谋、巧会、飞渡、困山；三段目：旋师、相约、阻敕、极谏、镜订、逼毙、三逅、冒谒、陷谷；四段目：女婚、醉草、破隐、首策、锄奸、空醋、寇灭、访试、功宴、仁周、叠圆。演云友白以月容镜为信物，与张若霞等人的婚姻故事。剧叙明正德时，奸相刘瑾、江彬等人阴谋篡位，鼓动皇上云游江南，以便途中趁机勾结匪人劫驾。正德船至小庾岭，随行的无敌将军万元龙及胞妹彩霞遭绑架。彩霞婢女兰香深夜纵火引诱敌兵，趁机救出万氏兄妹。书生云友白因为万氏兄妹辩理也遭追赶。友白慌忙中逃进大将军张勇家花园。张勇得知友白乃好友静庵之子，便将其安顿在书房住下。一日，张勇之女若霞无意窥见英俊潇洒的友白，再也放心不下。婢女素萼看透小姐心事，化名石霞文改扮男装前去打探，得知友白父母双亡，尚未娶妻，遂为二人撮合。素萼将随身携带的有若霞题诗的折扇请友白看，并言张家小姐才貌双全。友白云必须亲眼见到若霞才可允婚。素萼出谋让友白连夜做出许多新诗，挂于四壁，趁小姐观诗之际窥其容颜。若霞正观诗性浓，张勇突然来到花园，若霞急躲壁后。张勇见友白才貌双全，欲将若霞许之。友白正求之不得，速将传家之宝月容镜拿出，作信物交与张勇。张勇拿镜一照，显现出正在身后窥视的若霞，以为二人早有私情，败坏了家风。张勇欲杀若霞，被众仆阻拦，遂逼若霞自己去死。素萼让若霞脱掉衣裙投入井中，蒙混张勇。随后，若霞、素萼二人男装连夜逃出家门。正德游雪山梅来岛，江彬串通山贼蔡化劫驾。张勇和万氏兄妹救驾。万云龙身中数箭，跳涧而逃。张勇带着男装的万彩霞和兰香冲出突围。正德见彩霞打仗勇猛，不知其为女儿身，封其为车骑都尉。江彬鼓动正德御驾亲征，无人书敕。狄奉仁得知此事，将同室友白用酒灌醉，赚其书敕，交于江彬。友白酒醒大悔，闯金殿将敕索回。江彬假传圣旨欲将友白斩首，万元龙挺身相救，为其鸣冤。皇上怒杀江彬及刘瑾，命张钦带兵翦敌。若霞自称云友白，与自称石霞文的素萼投奔张钦相府。张钦夫妻因喜爱若霞，遂将小女湘兰许之。出征前，张钦为湘兰操办婚事，若霞因不便说出真情，只好答应。婚后若霞以疮疾未愈为由，夜夜与素萼睡在书房。湘兰婢女偶然发现"石霞文"为女流，便告知小姐。湘兰将若霞、素萼叫来审问。若霞只得以实相告。张母得知，也为女儿婚事担忧。素萼冒石霞文去见友白，并告之，自己一直与若霞在一起，并结为百年之好。还说为友白觅见一位张湘兰小姐。友白听后愤然离去。张钦带兵打败山贼，救出张勇。御赐酒宴请张钦、张勇，由友白陪宴。张钦见友白以婿相称，友白好生奇怪。张勇赶到，大骂友白害死自己女儿。友白辩解，若霞已嫁石霞文。张勇回府问明奶娘才知内情。正德念彩霞多立战功，赐其为友白之妻。若霞带着月容镜与假扮石霞文的素萼会友白。友白大怒，欲索回月容镜，素萼还回女装，友白大悟。吉日，友白与若霞、彩霞、湘兰完婚，纳素萼为妾。京剧《玉容镜》亦演此事。（吴秀慧）

《人间笑》

人间笑三卷存中卷十一出　传奇。清无名氏撰。清抄本。一册。半叶十行，行二十字左右。叶心高宽：21.5×15.2。正文字大行疏，朱笔句读、点板。封面题："人间笑传奇"。卷端题："人间笑传奇卷中"。钤"惜华所藏戏曲文献"、"满州富察氏宝泉惜华"、"碧蕖馆藏"三枚印记。

本事见宋人随笔《调谑篇》，所存出目为：做腐、私秃、仆报、妒议、淫浑、屈责、通劫、窘夫、堕机、闺刑、惊吼。剧写北宋，湖广黄州名流陈慥之妻柳氏、王甲之妻王夫人，以及豆腐店薛世之妻金氏悍妒。陈慥到杭州游玩，私纳名妓暮霞为妾，并携归黄州，暂且安置在城东，欲通报柳氏之后再接回府中。不料，柳氏已先从金氏口中得知暮霞住处，又从王夫人那里讨得计策，于是暗地派人将暮霞绑架至王夫人府中暴打，待暮霞伤势稍有好转，又把她当作生日礼物送给陈慥。寿筵上，陈慥、暮霞相见而不敢相认，两人被柳氏百般凌辱苦不堪言。夜晚，陈慥偷偷探望暮娘，被柳氏当场捉住。柳氏设堂审问二人，用青藜杖责打陈慥，暮霞屡屡替陈慥求情，并且不顾身怀六甲，代替陈慥忍受锥刺小腹之刑，昏厥之后被官媒拖走。苏轼、佛印拜访陈慥，柳氏令陈慥顶灯跪行会友，苏轼、佛印嘲笑陈慥惧内。柳氏闻言怒吼，手执青藜杖赶走苏轼、佛印。以下剧情残缺。此剧部分内容类似明汪廷讷所撰传奇《狮吼记》。（刘效民）

《吉祥戏九种》

吉祥戏九种　杂剧剧本集。清无名氏撰。原书无总书名，此书名据《清代杂剧全目》著录。清乾隆间抄本。一册。半叶八行，行二十六字左右，朱笔点板眼。叶心高宽：26.5×10.5。卷端有“惜华所藏戏曲文献”、“满州富察氏宝泉惜华”、“碧蕖馆藏”印记。全书包括《寿庆群仙》、《群仙祝福》、《王母称庆》、《万年欢庆》、《枣庆长生》、《寿筵称庆》、《萃花仙》、《玉皇升殿》、《蟠桃初熟》九个剧本，每剧一折。

《寿庆群仙》，《吉祥戏九种》第一种。述久居洞府的八仙趁醉遨游下界，他们席地而坐，说着醉话。众仙分别问汉钟离、张果老、李铁拐、曹国舅、吕洞宾、何仙姑、蓝采和、韩湘子：为何说你有仙机，为何终日倒骑驴，折腿一只怎摇摆，为何听呼就跑来，为何终朝醉醺醺，为何都言你有夫，为何见钱笑呵呵，为何频将渔鼓歌。八仙各巧妙予以回答。最后汉钟离说，我等心如白云常自在，性如流水任东西，真是快活。待要离去，忽闻某家作寿，于是八仙前往。寿筵之上，白猿到桃源洞摘取仙桃献上。大家齐祝长生酒，并祝福禄寿满人间。

《群仙祝福》，《吉祥戏九种》第二种。述南极仙翁约众仙下凡赴寿筵，自己却姗姗来迟。众问何故，仙翁答曰，天开寿域，特往瑶池觅得蟠桃一枝，故而来迟。他问群仙，以何为庆。汉钟离、吕洞宾等八仙联诗一首，又将随身所带扇子、檀板、龙泉剑、渔鼓、葫芦、铁笛、花篮、长生草等宝物出示。南极仙翁云宝贝虽好，但非上寿之物。怎及我玄圃蟠桃，三千年开花，三千年结果，三千年成熟，食之福寿绵绵。众仙借以为是，于是与南极仙翁同赴寿筵。

《王母称庆》，《吉祥戏九种》第三种。述西王母携麻姑仙子、许飞琼、嘉庆子、弄玉、董双成、惜花仙、桂花仙、瑞鹤仙一同下凡贺某人华诞。来到华堂，众仙献上雪藕、香杏等贺礼，斟上麻姑酒，随即起舞翩翩，以表祝福。称庆以毕，西王母带领众仙各归各府。

《万年欢庆》，《吉祥戏九种》第四种。述蟠桃再熟之期，玉帝传旨备钧天之乐及琼浆玉液，召群仙天宫赴宴。福德星君、天禄星及无极星君应邀前往，与文昌梓童帝君及送子张仙在途中不期而遇。众仙见云物呈祥，知下界必有喜气，决定各留一物，以谶吉兆。福星以如意为赠，祝下界如意祯祥，受兹介福；禄星以牙笏为赠，祝人间奕世簪缨，永享天禄；寿星以海屋之筹为赠，祝人们筹添海屋，万寿无疆；文星以册书为赠，祝人间文运天开，书香馥郁；张仙以子为赠，云福禄寿虽齐，有子万事足。西王母赶到，见众仙各留符信谶言以为吉兆，遂以蟠桃仙酒为赠，愿人间多生漂亮女孩。刘海挂串金钱赶到，说须留下金钱万千，才能享荣华福全，大家称是。祝罢，众仙同赴蟠桃大会。此情节与《三幻集》中《万家春》相同。

《枣庆长生》，《吉祥戏九种》第五种。述安期生园内巨枣初熟，殷商箕子与阮籍相约同赴巨枣胜会，途中与遨游碧落的忍辱大仙相遇。箕子云安期生枣树八千年开花，八千年结果，其大如瓜，食之增寿百岁。他邀大仙同往。西王母率许飞琼、董双成执青芝、蟠桃到来，南极仙翁却姗姗来迟。众问何故，答曰过南天门时，见南瞻部洲有紫光直冲霄汉，便差翠虬打探。翠虬报曰下界正举办寿筵。众仙以为逢此胜会理当称庆，并以一物以佐瑶觞。西王母拿出蟠桃，许飞琼手举青芝，董双成手捧玉液，还有忍辱仙的翟龠，阮籍的霞觞，箕子的雪梨，安期生的巨枣。最后，南极仙翁筹添为寿，共祝人间福禄寿全，万年长寿。庆寿已毕，众仙同去瑶池畅饮。

《寿筵称庆》，《吉祥戏九种》第六种。原未标名，傅惜华据剧情而拟目（见《清代杂剧全目》）。述南极星君、商大夫钱鉴、汉东方朔、处士刘晨、秦时地仙安期生正在仙界闲游，忽见下界青气上升，祥云直耸，便决定下凡探究。途遇王母率斗垣仙子麻姑、瑶池仙女董双成、弈后嫦娥、秦公主弄玉与玄圃百花仙子。南极星君问众何往，答曰下界某人华诞，要去祝贺。于是星君与众仙同往。来到寿筵前，众将贺礼一一献上。有钱鉴的长生禄、百花仙子的年葩、安期生的大枣、弄玉的琼瑶、刘晨的五色芝、嫦娥的万年青、东方朔的仙桃、董双成的丹药、南极星君灵寿杖以及麻姑的紫霞觞。称庆以毕，众仙各返仙苑。

《萃花仙》，《吉祥戏九种》第七种。述唐进士唐玄微性耽泉石，入山修炼多年。玉帝因其平生爱惜名花，遂封之万花谷中惜花仙。逢花朝节令，合欢、牡丹、丹桂、海棠、玉蝶、碧桃等众花仙来此游赏，惜花仙邀众仙下凡赴寿筵。来到华堂，众仙献花庆寿，共祝春晖灿烂、海屋添筹。风姨与月妹也赶来凑趣，将胶梨火枣献上以祝。

《玉皇升殿》，《吉祥戏九种》第八种。原未标名，傅惜华据剧情而拟目（见《清代杂剧全目》）。述玉皇大帝宣文武百官上朝议事。太白金星奏下界窦氏九世行善积德，祈圣鉴。玉帝知窦天光本长庚星临凡，福禄兼全，其五子将登科三鼎甲，绵绵络绎享荣华。一丞相又奏吐蕃进犯大唐疆土，玉帝知破此非女将不可。乃命金星下凡，传授赵弼生之女琏梨花枪法，并以兵书宝剑相赠。窦天光五子窦俨与她合为佳配，将来共同为唐室中兴效力。玉帝说罢退朝，众神送太白金星下凡。

《蟠桃初熟》，《吉祥戏九种》第九种。述陈抟老祖位列仙班，一觉醒来，世上已过千年。这天风和日丽，鸟啼花笑，陈抟命侍童携了衾枕，来到蓬莱。他见此处风景绝妙，便在桃树下的芝草中铺好衾枕，安稳睡去。逢南极星君侍童到此寻找陈抟，见此情景，便推醒他，云星君约他下棋。陈抟听罢，收拾枕席随之来到瑶池。见到星君，二人对弈。有鹿童来禀，长庚星千秋华诞，玉帝与西王母邀众仙前往祝贺，特命南极星君速往桃园洞摘取蟠桃。星君遂携陈抟前去摘桃，共赴寿筵。（戴云）

《火焰山》

火焰山总讲十七出存十二出 传奇。清无名氏撰。清乾嘉间春台班演出本。一册。半叶十二行，行二十八至三十字左右。叶心高宽：25.3×15.8。以朱笔点板。有表演动作提示。首叶有《火焰山提纲》（即目录），并题有“堆金积玉，黄金万两”字，次叶题“火焰山总讲，春台班掌事置”，并有“日进千乡宝，时招万里财”、“一本万利，金银满斗”字。卷端钤“惜华所藏戏曲文献”、“满州富察氏宝泉惜华”、“碧蕖馆藏”印章。

该剧本小说《西游记》第五十九至六十一回。出目为：升座、上路、思春（下题“另录”，正文无）、说亲、入赘、洞房、忆子（正文无）、焰阻、借扇、赠丹、一调、二调、三调、法门、指别、取经、覆旨（后三出正文缺）。述唐僧师徒西天取经路上，路过火焰山，无法通行。孙悟空得知居住在翠云山芭蕉洞的铁扇公主有一柄宝扇，可扇灭火焰，便前往借扇。铁扇公主因儿子红孩儿之故，深恨悟空，故拒绝。孙悟空想巧计，三调芭蕉扇，终于将扇借到手。悟空扇灭山上的火焰后，唐僧率众徒弟过火焰山，又继续上路。现京剧、秦腔、同州梆子均有同名剧目。（戴云）

《太和保合》

太和保合十二出 杂剧。系开团场承应戏。清无名氏撰。《清代杂剧全目》著录。清嘉庆南府抄本。一册。半叶八行，行二十二字，叶心高宽：20×11.8。书衣有国剧陈列馆所贴标签，并齐如山“南府抄本，太和保合，齐如山藏”等题字。卷端有“高阳齐如山珍藏”、“惜华所藏戏曲文献”、“满州富察氏宝泉惜华”、“碧蕖馆藏”印章。有表演动作及砌末提示。

该剧出目为：普门伸庆、灵兽怀忱、冒充和合、恭献金丹、失丹扭控、鞫讼原情、乘醉诙谐、乔装演习、慷慨误还、露丹强索、猿猱幻相、和气凝祥。述逢圣主圣诞，文殊、普贤二菩萨欲献“天地中和之气、凝伫氤氲、万化千灵”之宝盒，以应太和保合之征。文殊座下青狮与普贤座下白象冒充主人化作和合二仙前往祝寿，玉面猿仙和金丝猴仙答应带它们前去祝寿，并去二菩萨处窃取宝盒。老仙和气翁与合中叟因无职无分不能参加盛典，便冒充和合二仙，拿着仁寿盒前去京中叩寿，途中仁寿盒被青狮窃去。瑶池金母命仙女许飞琼、吴彩鸾将九转金丹送至御筵祝寿，途中，宝盒金丹又被玉面猿仙和金丝猴仙抢走。二猿猴在争抢宝盒时，金丹落地被小仙拾到，他将金丹误还与和气翁与合中叟，但又被青狮、白象劫走。玉面猿仙和金丝猴仙将青狮窃得的仁寿盒抢走，假扮和合二仙前去叩寿。神将擒捉妖魔，金母令其献出金丹。玉面猿仙、金丝猴仙被带往度索山看守桃园，将功补过。圣主邀十洲三岛诸仙同庆，二菩萨恭献太和宝盒，众仙叩贺圣主。剧末有“太和元气之中，现出嘉庆万福寿，足征当今圣主无疆福、无疆寿，真乃洪福齐天、万寿无疆也”之句，可见该剧是为嘉庆皇帝祝寿而编演。（戴霞）

《丰绥谷宝》

丰绥谷宝八出　杂剧。清无名氏撰。《清代杂剧全目》著录。清南府抄本，一册。半叶八行，行二十二字。叶心高宽：19.2×12。书衣题：“南府抄本丰绥谷宝，齐如山藏”。封面黄皮红签，题“庆”字，有“旧大班”墨印一枚，红签题：“丰绥谷宝”。卷端钤“高阳齐如山珍藏”、“惜华所藏戏曲文献”、“满州富察氏宝泉惜华”、“碧蕖馆藏”印共四枚。

出目为：百谷天祥、千仓宝瑞、万方大有、亿庾绥丰、兆庶欢歌、京垓喜颂、秭穰物阜、正寿绵长。剧演圣主万寿圣诞，神农炎帝与诸神共商庆祝之典。冀、兖、青、徐、扬、荆、豫、梁、雍九州同庆，田禾茂盛，百谷天祥。炎帝命农丈人刘猛将率八蜡神为前驱响道，沿途巡省。此际正是各省报赛田功之时，一路走来，见赛社的、击土鼓的、吹豳雅的等，四海九州汇成了丰乐乡。金牛仙、玉瓮仙、瑞珠仙、珊瑚子等千宝也来献瑞。员峤山田神、扶桑国蔷神、南海农神、丰山稻神、贝明国稼神、大轸国谷神、北海稻神、东海禾神等带着嘉禾瑞麦，圣朝献瑞。螟、螣、蟊、蟓四虫为刘猛将所除，田鼠樊光仙遁去，八蜡神追到虎邱，樊光仙等田鼠被擒。农夫、农妇黎民百姓抬着祭礼京中叩祝。升平班唱上一段《火云洞》即兴发挥，观者拍手叫好。大有之年，到处洋溢着四海升平的欢乐景象。炎帝带着诸神将瑞宝、嘉禾瑞麦等献到御筵前，将这些百谷嘉种遍布人间，预

兆来年祥瑞。(吴秀慧)

《丰乐秋登》

丰乐秋登总本十二出 杂剧。系开团场承应戏。清无名氏撰。《清代杂剧全目》著录。清南府安殿本。一册。半叶八行，行二十一字。叶心高宽：20×12.8。书衣黄皮红签，签题："丰乐秋登总本十二出"；并贴有"庆"字黄签。有国剧陈列馆签及齐如山题："南府抄本，丰乐秋登"。钤"旧外三学"、"外三学记"二章。卷端有"高阳齐如山珍藏"、"惜华所藏戏曲文献"、"满州富察氏宝泉惜华"、"碧蕖馆藏"印章。剧中有表演动作提示。

全剧出目为：谷神效灵、一戒耕种、议祝尧年、抢取钉耙、寻耙思救、花果求兄、夺回钉耙、幻影盗耙、难辨真假、净坛辨形、为耙争斗、神农祝寿。述逢御宇治隆，炎帝神农氏与八谷星君亲到中华遍布嘉禾瑞麦以兆。猪一戒随师唐半偈往西天求真解归来，在五行余气山避迹养性。闲时，肩扛父亲猪八戒传下的九齿钉耙，率徒子徒孙开垦荒地，遍种一茎满车之嘉禾。晋人李方回登仙千余年后，知下界圣皇仁德，并注重农事，便邀钱妙真、钱妙意姊妹二人商议，要将天下未经开垦之地遍种嘉禾，以征盛世。二妙云须用净坛使者九齿钉耙锄耨，于是三人去一戒处借耙。猪一戒去京城游玩，回来后得知祖传钉耙被三仙抢走。他上门去要，三仙不给，反将其打跑。一戒一气之下上花果山找师兄帮忙。孙履真、沙致和听完事情原委，决定下山助一戒抢回钉耙。孙履真率小猴将钉耙抢回，二妙出主意让李方回变作猪一戒模样，趁黑夜将钉耙再偷出来。方回依言，结果得手。净坛使者猪悟能到四大部州做法事，恰遇此事，认出假一戒。假一戒现原形逃走。孙履真率众到万寿寺讨要钉耙， 三仙命将钉耙掩藏，与孙等打作一团。神农氏带嘉禾童子、八谷神下凡，正遇三仙与孙、猪等打斗，问明原因，知均为种嘉禾以报皇恩而斗。于是命三仙将钉耙物归原主，又将携带之瑞谷赠与众人播种，待秋天五谷丰登后同向御筵呈献。(戴霞)

《月中桂》

月中桂存二段八出 传奇。清无名氏撰。《明清传奇综录》著录。清南府抄本。为串关本。一册。半叶八行，行二十一字。叶心高宽：18.9×12.7。以朱笔点板。书衣红签题：“□□桂”、“二段”、“串关”，盖“旧大班”长方印章。根据剧中内容，可知题目应为“月中桂”。

该剧演武则天时事，出目为：除逆功成、花谑醋诨、邂会种情、闻警潜避、委访艳姝、书泄隐衷、闺侠抗聘、渔状赚敌。述唐时武氏乱政，李敬业暗保幼主出镇淮阳，被武氏派兵偷袭，死于军中。张昌宗以选举子为名，寻天下俊士以侍帝。宰相张说子桂林相貌伟俊，闻此事佯称李小姐与仆人女装逃至嵩山投奔安平王武悠绪，路遇郡主武中书与其结拜姊妹花桂姐。张昌宗奉旨到河南遍访安平王的消息，见嵩山脚下一老者同一妙龄女郎在垂钓，便起色心，欲收女子为偏房。桂林读岳父信不禁出声，被在后庭舞剑的郡主与花桂姐听去，二人方知桂林为男子。中书大怒，欲杀桂林，桂姐忙从中劝解，桂林将书信交与中书。县衙差役奉张昌宗命，来强娶中书、桂姐，被二人打跑。徐敬业手下大将马周与夫人李湘君合兵一处，夺舟过江，寻找幼主。剧情止于此。另，齐如山旧藏该剧三、四段，三段目：奏凯升平、怀情酬酢、闺媛订身、英雄息足、误劫鹿马、再夺桃僵、悄妆盗印、魃救击兵。四段目：翠山耀武、安平斥佞、房州社擂、获报趋朝、廷诤辩罪、劫夺山叙、喜慰解愠、月中桂圆。述郡主武中书及花桂姐知桂林为男子后，萌生爱慕之情。钦差张昌宗到嵩山寻桂林偶遇郡主与桂姐，见其貌美欲抢亲，却错将乔女装之桂林主仆抢进府中。桂林发妻宋月仙奉旨寻夫，郡主与桂姐夜潜钦差府，盗走钦差敕印，救出桂林主仆。郡主父安平王武攸绪不满武后所为退归林下，他连夜到京城上殿奏张昌宗丢失敕印欺君，建议废采选之事，招转庐陵王。武后勉强应允。因三女恰和“月中桂”三字，武后命同配桂林，即日成亲。剧中还穿插庐陵王房州设擂及翠云山义师合兵等内容。（戴云）

《中兴图》

中兴图存三段、十四段　宫廷大戏。清无名氏撰。《明清传奇综录》著录。清南府抄本。二册。半叶八行，行二十二字。三段白皮红签，叶心高宽：19.5×12.4。封面除题剧名外，有“旧外二学”方章，并有国剧陈列馆所贴标签，著录为“承应大戏库存本残本，藏者傅惜华”云云。卷首有“浮槎氏所藏曲”白文印记；十四段白皮红签，叶心高宽：19.3×12.7。封面除题剧名外，有“旧外二学”方章。

剧述东汉事，每段八出。三段目：越墙遇叔、首主图财、跳镬全名、乔装脱祸、宜秋遇苏、禹庙逢期、酒店见主、古迹脱危；十四段目：脱危遇故、纳娶妖狐、连环演剑、协助师徒、危急遇救、合议远图、三英遭困、朱华被屠。述刘秀被苏献追赶，只身逃进刘唐府。刘唐仆人崔亭向苏献告密，苏献领人搜府。苏献帐下冯异、王霸乃刘秀好友，将刘秀放走。刘秀在朋友的帮助下，逃到窦融府中，窦将刘秀扮为家将，混出城门。刘秀终于回归南阳。刘秀灭莽后，分守各镇。朱鱼有暗施奸计，倒换文凭，授刘秀部将巡检驿丞等小职。众大怒，扯碎文凭而散。王霸等人尾随大司马刘秀巡幸河北，见刘秀被桓法钦截住厮杀。众救刘秀而去。桓妻胡连环本熊耳山明霞洞一玉面狐精，图荣华富贵，与桓法钦结为夫妻。桓图王郎帝位，以胞妹名义将胡献与王郎，封正宫娘娘。大枪王刘接奉命领兵十万，协助王郎攻打刘秀，刘秀不敌刘接、桓法钦，败走台城。众人劝刘秀早正大位，以图远计。商议之中，桓法钦攻城，马武、姚期出战迎敌，却被胡连环施展妖术，困在军中。连环又将刘秀手下大将朱华斩杀。众将逃回城中。王郎命将台城团团围住，合力攻打。（戴霞）

《东汉春秋》

东汉春秋八出　宫廷大戏。清无名氏撰。清内府抄本。原书封面夺，书名佚，《东汉春秋》名乃图书分编者自定。清南府抄本。一册。半叶八行，行二十字。叶心高宽：17.5×12.3。朱笔点板，有表演、砌末提示。

述东汉事，为昆弋轮演。出目为：伏兵御敌、败绩全忠、苏成怀汉、王莽郊天、书赐绣旗、研参品格、报信分离、夫妻尽节。述王莽篡权后，皇族刘信、刘璜起兵讨莽，被莽军大将孙建包围。刘璜及其手下将领翟义、陈丰先后被孙建所杀，刘信侥幸逃脱。羽林军左卫将军苏虎目睹王莽篡权罪行，决心报国倒莽。为不连累家里，他先将父母、妹子在宛城安顿好，并嘱其隐姓埋名，待讨贼成功后再回家乡。随即，乘王莽南郊祭天之际，苏成箭射王莽，但只射中王冠。羽林军一哄而上，将苏成拿住。王莽亲自审问苏成，苏成不屈，声言只要不死，还将复汉讨贼。王莽自知理亏，但杀之又怕众人不服，于是赐他绣旗一面，并亲书“钦赐叛国复汉苏成”八字，将其释放。苏献知王莽所虑者乃刘氏子孙，便献计让在籍刘氏宗亲入京朝见，凡来者均杀之，不来者均讨之，这样可将刘氏子孙一网打尽，以绝后患。王莽依奏。刘秀自别父母，到退归林下的许子威处学习，与邓禹、王霸、严光等成好友。一日，窦融造访，言及京中之事，他建议刘秀速返乡报信。刘秀归家后见到父亲刘钦，说明原由。刘钦命刘秀赶快束装往南阳，投奔叔父及两位兄长，谋报仇之计。此时苏献大军已到城下，刘钦城头骂贼。兵丁破城杀进刘府，刘钦与妻樊氏投井殉国，刘府家丁亦全被害。此书疑即《中兴图》中之一段。（戴霞）

《东汉春秋》

东汉春秋八出　宫廷大戏。清无名氏撰。清内府抄本。原书封面夺，书名佚，“东汉春秋”名乃图书分编者自定。清南府抄本。一册。半叶八行，行二十二字。叶心高宽：19.6×12.8。

述东汉事，出目为：勅星辅汉、刘钦遣子、翟义起兵、讲学定品、拚躯射莽、书赐叛国、报信别亲、夫妇全节。所述与上书情节同，但曲白不尽相同。（戴霞）

《财星照》

财星照八出　传奇。清无名氏撰。《曲录》著录。清南府抄本。一册。半叶九行，行二十字。叶心高宽：20.3×13。书衣红签题：“财星照，松萝馆藏升平署抄残本，戊寅浴佛日雨后玄晖子题”。有“旧大班”墨印一枚。

此剧出目为：示因、牧读、知螟、诉穷、借富、妒恶、国计、逆盟。剧叙明正德时，兵部侍郎李忠贤之侧室生子李应时。李妻欧氏妒悍，遣侄欧宁富将应时扔在西山脚下。江西南昌乱石村人何可德，出身小康家庭，本为塾师，因连遭灾祸，多年失馆，只得以樵为生。何可德有一女，名灵姐。可德上山打柴，见一两三岁的小孩在山脚下哭，胸前佩有玉佩，不知姓名，更不知生辰年月。可德将其领回家，认做儿子，取名何福来。福来聪明好学，过目成诵。但因家贫，无钱上学，十三四岁还在比邻钱凫园家牧牛。某日，钱家令福来场上晒麦子，福来只顾看书，一阵狂风骤雨，麦子损失许多，福来因此被解雇。可德卖柴遇歹人抢去柴担，走投无路到元坛庙哭诉。元坛神因可德抚养福来有功，指示他鹤岭藏有八百万黄金，先借与他，三年后交与财星李应时。原来李应时为财星下凡，托生于文曲星李忠贤家为子。元坛神恐其生于富家，不知稼穑艰难，故让他父子离散，在何可德家受尽苦难，锤炼成扶危济困的慷慨财翁，再让他父子相见。可德携金进城开典业。欧氏将女兰香许配辛存仁之子有恒。存仁因弹劾刘谨被杖责一百致死。欧氏因此图谋赖婚。宁王谋逆，授李忠贤为都督，忠贤佯装答应。八出剧情止于此。另有一本为二卷三十四出，剧情较完整。叙可德得金后成为巨富，召集流民，开垦新田。忠贤探知宁王逆迹，趁宁王欲招福来为郡马之机，里应外合，平定叛乱。忠贤见福来的玉佩为自家祖传之宝，遂认子归宗。福来复名李应时，娶灵姐为妻。（吴秀慧）

《英烈传》

英烈传存六出　传奇。清无名氏撰。清南府精抄本。一册。半叶八行，行二十字，叶心高宽：18.3×12.4。书衣白皮，并贴有黄纸块，上书“时”字。纸签遗落，故书名佚。此书名据书中夹条定。末几出有表演动作提示。钤“旧外三学”长方章及“外三学记”正方章各一。

出目：临难托孤、谕神默佑、忠昭日月、节抱松筠、郭兴诉义、遇春复城。述陈友谅手下大将张定边兴兵犯境，直攻太平。太平守将花云十分英勇，更兼副将郭兴武艺超群，定边难以取胜。故此，他暗设诱敌之计，擒住花云，郭兴闯出重围逃走。花云妻郜氏将子花炜交给花云妾孙赛琼后，触阶身亡。太平城破，孙赛琼落入敌手。花云被俘后骂贼不屈，被绑在高杆之上乱箭射死。定边手下将领郑克明慕赛琼美貌，劝之归顺，不从。郑怒，将赛琼捆绑起来，自己回帐畅饮。大醉之中，忽见城隍土地领无数阴兵将赛琼母子救走，克明吓昏过去。郭兴跑到金陵上殿奏本，朱元璋听说太平失守，怒欲斩郭兴，刘基等众人讲情，朱元璋饶过郭兴，命之在常遇春帐下戴罪立功，夺回太平，为花云报仇。二人领兵杀奔太平，将张定边杀得大败。定边退守城内，不敢出战。剧情止于此。（戴霞）

《残唐》

残唐二十二出　传奇。清无名氏撰。清南府抄本。一册。半叶十二行，行二十四字。叶心高宽：24×19.2。卷首书“残唐”二字。有“外头学记”长方印记，并“惜华所藏戏曲文献”、“满州富察氏宝泉惜华”、“碧蕖馆藏”印章。书中夹签题“黄巢造反”。

该剧述残唐五代之事，系昆弋轮演。共黄巢越本、遣将接师、潼关会集、帅府呈情、计攻函谷、奇巧夺关、追迫存惠、墀头告急、五路伏兵、大破石岭、别任铜台、百工治事、大晏（宴）王师、二上捷表、病侠朱温、活擒绝海、揪袍掳带、夜雨思妻、夜抵黄河、蜜排犯计、劫营赚将、力救存孝诸出。述唐末黄巢造反，夺潼关，攻函谷，节节取胜，后其手下大将朱温倒戈降唐。剧中插入李存孝与朱温赌袍带，在雅观楼活擒孟绝海，刘知远雨夜思妻，李嗣源诬陷李存孝谋反，存孝被绑辕门，后为周德威所救等事。（戴云）

《紫金鼎》

紫金鼎十出　传奇。清无名氏撰。清南府抄本。一册。半叶七行，行二十字。叶心高宽 19.5×10，书衣有“外头学记”墨印。

出目为：索债代还、赏灯被盗、拾鼎枉招、二乔探监、冒名强奸、误拿屈供、包拯上任、洪氏托梦、获捉东风、拘审除恶。剧叙宋朝，河南生员魏锦因葬父与商人邓九滔借银二十两。邓九滔逼债，魏妻洪氏劝夫将她卖掉还债。魏锦不肯，夫妇痛哭，惊动比邻周二乔。二乔慷慨相助，代魏还债。元宵夜，惯偷鲁重深纠集贼人，将宦官唐介家抢劫一空。唐家有一香炉名紫金鼎，为稀世珍宝。分赃时，鲁重深以为破香炉无用，顺手丢弃路边。魏锦教学回家，捡起紫金鼎正在观看，遇捕快寻鼎追至，将魏误作盗贼，酷刑逼供，判成死罪。游僧陈有窜到魏家，强暴魏妻遭拒，恼怒之下将她杀死。二乔探监归来，欲将详情告知魏妻，却被倒在血泊中的魏妻绊倒。巡更人见二乔满身鲜血，被误作行奸杀妇之人。酷刑难忍，二乔被逼画供招认。魏妻到阎罗殿前哭诉冤情，包拯查明真相，将陈有、鲁重深缉捕归案，并奖二乔白银二十两，服侍魏锦进京会试。（吴秀慧）

《楚汉传》

楚汉传存第十段八出 宫廷大戏。清无名氏撰。清南府精抄本。一册。半叶八行，行二十字，叶心高宽：17.4×13。以朱笔点板。书衣白皮红签，并贴有黄纸块，上书“四”字。签题：“第十段，演义，楚汉传”，钤“旧大班”印。

剧述楚汉相争事。目为：背约称王、分镇诸侯、众愤苦行、辞汉烧栈、会友散谣、直谏遭烹、彭越助齐、攻击楚师。述项籍背怀王约，称霸天下，改号称王，分封天下。为牵制刘邦，项籍封刘邦为汉王，命镇守关中，封章邯、司马欣、董翳为三秦王，封锁其出路，欲图使刘邦老死该地。刘邦愤怒之下，想与项籍决一雌雄，被萧何、曹参、张良等劝住。众将随刘邦一起入川，张良送至关中后，便辞别众人回韩看主。出川后，他烧毁栈道，以绝汉王归路。以图让他安心守此，以图日后大展宏图。张良回韩途中，遇项伯，知执戟郎韩信不为项王所用，他知韩信有奇才，便谋划日后将其荐于刘邦。张良施计，授小儿童谣满街传诵，意欲项王迁都还乡。于是项籍传旨，速往彭城修葺宫殿，择日还乡。其手下韩生以楚人沐猴而冠之事劝项王，项王大怒，将韩生烹之。彭越乃田王驾下平齐破楚大将军，因项籍被约，不奉义帝之命自称王号，封田安于济北，田郁为齐王，故彭越起兵讨之，将楚军杀得大败。经核，该剧系从清代宫廷大戏《楚汉春秋》中析出者。（戴霞）

《万国麟仪八种》

万国麟仪八种 杂剧剧本集，系开团场承应戏剧本集。清无名氏撰。《清代杂剧全目》著录。该书原未标总名，此书名据《清代杂剧全目》著录所定。清内府精抄本。二册。半叶八行，行二十二字，叶心高宽：19.2×13.9。卷端有“惜华所藏戏曲文献”、“满州富察氏宝泉惜华”、“碧蕖馆藏”、“浮槎氏所藏曲”印章。有表演动作、布景、砌末（灯彩、机关）提示。全书共收《万国麟仪》、《三山鳌戴》、《光天抒颂》、《益地呈图》、《宝镜开祥》、《金桃献瑞》、《妙华叶算》、《泰策延厘》八个剧本，每剧一折。

《万国麟仪》，《万国麟仪八种》之一。写逢圣人出震，中华大地一片繁华盛景，四方贡使带贡物去中华皇都敬献。一路之上，江神、河伯奏《江汉朝宗之乐》以表献瑞。八蛮童手捧青瓶，二象奴引象背宝瓶也来此祝贺。宝瓶出彩，现出“太平有象”四字。众人欣喜，表演狮子舞绣球以庆。

《三山鳌戴》，《万国麟仪八种》之一。述逢圣人首出，四海龙神出海恭迎圣驾，眼见一片河清海晏的太平盛景。此时，河中突现鳌山一座，山上出彩，现出“海晏河清”四字。众神叩首以贺，共唱衢歌颂天保。

《光天抒颂》，《万国麟仪八种》之一。述四境安康，薄赋轻徭，万民乐业之世，又逢天降甘霖，众人齐声欢呼，预计又是个丰收年。乡民们为感戴圣恩，在四社长的带领之下，作个感恩春社，共祝圣寿无疆。

《益地呈图》，《万国麟仪八种》之一。述逢皇图乾坤一统时，九洲之神遣八神官捧金泥玉简职方带众人抬益地图进献。此时益地图及书简中忽出吉彩，现出“寰宇升平”四字，众神齐贺春色满人间。

《宝镜开祥》，《万国麟仪八种》之一。述逢圣主六旬寿诞，普天同庆。六寿星并十六星童手持嵌镜，意欲合珠璧光华，团仁寿宝镜，以显神州六合庥祥。众星童持镜载歌载舞，镜中展现瑶光，一大镜中出彩，现“太平万岁”四字。后面的小云幔内现出绣幡，一群仙女轻歌曼舞，给圣主祝寿。

《金桃献瑞》，《万国麟仪八种》之一。述逢万岁春光，西王母驾前司花玉女蟠桃献瑞以祝。各洞府诸仙也同来祝嘏。为此，花童净扫瑶池，广张锦宴，专候诸仙到来，同话长生。紫府群真与琼宫仙史的众仙应邀来到瑶池。西王母命其携蟠桃同往皇都，十六云童随往。四童捧一大桃来到寿筵，大桃现出“寿山福海” 四字，诸果也放出吉彩。众仙齐跪进果，共祝太平。

《妙华叶算》，《万国麟仪八种》之一。述逢帝治昌期，万年无量，因此诸天说法。八揭谛、韦驮、四金刚、文殊、普贤以及善才、龙女拥着观音大士都来听法。观音将杨枝净水洒沃祥池，使之献出金莲以彰瑞应。池中果然陆续现出三百六十朵金莲，最上一朵坐着无量寿佛。鹦鹉、仙鹤随之飞舞。众言果然一佛一花身，一花千万朵。于是大家恭祝苍生禔福愿无边。

《泰策延厘》，《万国麟仪八种》之一。述逢圣治光昭，皇图巩固之时，十六花童引十天官祝圣人荫寿，共赴寿山福海之筵。三元星官应邀前往。天官言三元星主降临定有奇瑞，以光盛典。说罢六十童子各执花甲牌起舞，后花甲牌出彩，现“万寿无疆”四字，诸牌各献“寿”字。于是众神齐祝圣寿无疆天地广。（戴霞）

《肉坵坟》

肉坵坟存十五出 传奇。清无名氏撰。清内府抄本。一册。半叶十一行，行十九至二十一字不等。叶心高宽：22.5×19.1。卷端处有“惜华所藏戏曲文献”、“满州富察氏宝泉惜华”、“碧蕖馆藏”印。

该剧原题“肉坵”，为昆弋轮演。目录为：详梦解厄、异姓同居、游春聚议、投京拜墓、东京夜战、盗食逢亲、击杀奸贪、投山啸聚、舆马奇逢、矫害元勋、法场解救、出使巡边、舍馆陈冤、延庆抱病、西塞犯边。述北宋时，杨文广夜梦黑虎惊入府中，被十数只恶犬围咬，醒后，他将此事告佘太君。太君言十日后寅日当有虎将受困。孟良、焦赞殁后，其妻退归田园，务农教子。后遇王氏母子，十分投缘，于是三家合住。逢三月三，王氏之子延庆与孟强、焦玉游春时，说起清明将至，想去东京上坟，苦于没有盘缠。孟强决定夜晚到母亲橱中偷取银两。三人一早动身。路上，孟焦问延庆，大王庄离京百十余里，为何其祖坟却在城内。延庆云当初祖上被奸臣陷害，三百余口身首异处，只父亲、叔父免于劫难。幸有神灵帮助，将骸骨、沙土攒成一堆，赐大然肉坵墓碑，留下遗迹。父亲避难于大王庄，被王员外招赘。后因奸贼搜庄，父亲遁迹边陲。自己要偷祭荒坵。二人方知延庆乃呼门之后。当朝国丈太师庞文早想将呼家斩草除根，在肉坵坟周围暗布官兵，准备拿获上坟之人。二更天，三人前来烧纸，因风大，不慎将周边房屋烧着，火光引来官兵。三人慌乱之际，逃到街上，巧遇寇准。寇准让他们去杨府避难。杨文广按梦中所示，早在府门外等候。进府后，众兄弟知均为忠臣后代，乃结拜。佘太君修书一封交给呼延庆，介绍他去西凉帅府避难，并命文广送呼延庆出城。文广诈开城门，赠呼延庆银两马匹，使之逃出京城。呼延庆途经齐家庄巧遇叔父呼延守信，庄中无赖贾真无意中发现齐员外外孙就是官府悬赏的要犯呼延庆，便串通衙中捕快到齐家进行敲诈。呼延庆大怒，将贾真一行杀死，而后应袁智、李能之邀，到齐平山做了镇山王。包拯巡边回京，遇文广，知呼延庆偷祭肉坵坟，遭官兵追捕被救事，乃嘱文广去西京避难，自己上朝救太君。庞文后知文广助呼延庆出城，乃上朝奏本，言佘太君纵孙放走钦犯，意欲谋反。结果佘太君被问成死罪，押赴西市问斩，后被包公所救。因六国骚扰边城，包拯奉旨赴塞北边庭。呼延庆想自己当初不辞而别，便想下山接母。途遇包拯，陈述前情。包拯嘱其改换姓名，赴试夺取帅印，领兵伐边，建功立业，得胜还朝后再报家仇。呼延庆接母到庄中，忽得急病，倒地不醒。此时西塞侬智高造反，率兵攻州破府，欲直驱中原。剧情止于此。（戴云）

《合欢殿》

合欢殿存四段（本）十六出　传奇。清无名氏撰。《曲海总目提要》卷四十著录该剧为“近时人作”。清内府抄本。四册。半叶六行，行十六字，朱笔圈点。叶心高宽：19.6×13.9。每段（本）首页有提纲（即目录）。

原剧卷数不详，头本目：蓄衅、仙梦、代父、试武；二本目：歼暴、解围、吊妻、夺辎；三本目：拉式（正文作“式围”）、授职、忿战、败阵；四本目：演狮、赚寇、矫罪、破蛮。述宋英宗时，占城国国王孟天雄不甘心向大宋纳贡称臣，便点齐兵马，杀奔关中。民女陈双娘梦中得九天玄女所授剑术，并女娲所赠金丹，陈抟所赠兵书宝剑。后效仿木兰，冒弟国宝名代父从军。她大破敌军，解元帅之围，因此升为副将。后又领兵夺回蕃王粮草，杀退敌兵，并将前来助阵的宾童龙国王妃逻婆女生擒。剧情止于此。《曲海总目提要》云剧情当以樊鼎与双娘，并双娘弟与河阳公主同于合欢殿成婚为结，惜后剧情已不复存。（戴云）

《庆乐长春》

庆乐长春六出 杂剧，系清宫月令承应戏。清无名氏撰。《清代杂剧全目》著录。清内府精抄本。二册。半叶八行，行二十二字。叶心高宽：18.9×13.4。函套签题："迎銮新曲，精抄本"。有身段、穿戴、砌末提示。卷端有"浮槎氏所藏曲"印章。

该剧为春季农历正月十九日"燕九承应"之戏，全剧以北曲演唱。出目为：群仙祝寿、胜迹遗风、现身示相、竹马秋千、社赛勾龙、祥标嘉穀。述长春道人邱处机受金元两朝征聘，功圆行满，飞举成仙。正月十九日乃其寿诞，元太祖为之排燕，故名"燕九"，留下燕九胜迹。五百年后又逢燕九，邱处机之师弟马丹阳、刘长生及弟子尹志年、张志素、綦志清、杨志修要为邱处机祝寿，众仙来到白云观。此时，白云观已群集各色人等，人们观赏着各种百戏、杂技，热闹非凡。邱处机等众仙突然云中示相，顿时百姓欢呼，瞻仰胜迹。从正月十六日起，村妇们便陆续结伴出来游玩，走桥成了她们的主要活动，据说走桥能使百病全消。村童们骑竹马，妇女们打秋千。大家听说赛社开始，各村庄都要去献技艺，于是便都到勾龙祠观看。十九日乃撤供散福之期，所有顽意儿都到祠前呈献。拈香已毕，众人津津有味看着杂耍，默默祝愿今年能有好收成。勾龙神见圣主当阳，万灵效顺，他奉玉帝敕旨，将各种嘉禾遍布寰宇，使天下丰登。邱处机等见下界一派太平景象，便降临尘世。大家共祝升平永享，万国丰穰。（戴云）

《贾家楼》

贾家楼六出 传奇。清无名氏撰。《明清传奇综录》著录。清内府抄本。二册。半叶八行，行二十字。朱笔圈点。叶心高宽：17.4×12.7。

剧本《隋唐演义》第二十三至二十四回，出名为：军门讨捕、私入登州、群英途遇、贾楼结拜、筵前啖遮、双雄被获。述程咬金、尤俊达在长叶林劫靠山王杨林的皇杠，还报出姓名。杨林命各州府县百日擒贼。秦琼奉历城知县命拿贼。他到少华山王伯党处询问此事，众人均不知晓。于是他入登州见杨林，请求宽限日期。杨林见秦琼相貌伟俊，武艺高强，十分喜爱，封其十三太保，赠金甲及虎头枪，并言讲其来历。秦琼方知两样东西乃先父遗物，而杨林为自己杀父仇人。权宜之下，他还是收下东西，并认杨为义父。后借机离开杨府。逢秦母六旬寿诞，众英雄前往祝寿，在贾家楼歃血盟结为兄弟。程咬金忽发奇想制恶作剧，挑拨单雄信与罗成反目。罗成拂袖而去燕山，程咬金假意追赶。行至黄土岗，恰遇杨林亲解皇杠过此。程咬金不知深浅又想劫道。杨林手下认出此人乃前番剪径者，此时尤俊达赶到，杨林怒擒二人。现京剧有同名剧目。（戴霞）

《黄金蝠》

黄金蝠四本三十六出存头、三、四本　传奇。清无名氏撰。《古典戏曲存目汇考》著录。清内府抄本。四册。半叶六行，行二十二字。叶心高宽：17.8×9.6。每本前有目录。首册为杜颖陶旧藏，有“杜颖陶捐赠”印。

头本目：叙亲、储忧、谒权、题扇、邪怨、扮逅、诗契、倭衅、擒倭、互挑；（二本十一至二十出佚）三本目：买充、奇换、窘索、献俘、毒计、诳纵、巧逮、闹监；四本目：毒劫、脱井、刑阻、反投、复擒、明冤、强赘、合圆。述明时海瑞外甥张鸾幼时多病，故常着女装。成年后奉母命去庙中还愿，打算此后恢复男装。烧香时，张鸾遇财主田硕耕之妹玉香与田家轿夫束得进妹飞瑶。他见二女才貌双全，便约两月后重会。二女不知其为男子，欣然同意。再见面时，张鸾实情以告，并以祖传黄金蝠为聘，与二女私订终身。恰此，严世藩家丁抢人，二女躲进轿中逃回，张鸾被苦苦追赶。张家婢女谢飞琼奉夫人命着男装寻找公子。见此便自称是海瑞之子海晏，“张小姐”乃自己未婚妻，叫众人不得无理。东宫太监冯保过此，喝退严府家丁。田硕耕以金银贿世藩求官，后又以妹许之。玉香闻此投河，为冯保所救，收为义女。张鸾之父张经因破倭寇，擒倭首徐海，被封太子太保、兵部尚书。严嵩父子平日嫉恨海瑞、张经，便私放徐海，并向圣上进谗言加害二人，使之入狱。冯保探监，后将情况告知太子。皇帝终知实情，乃释放众人擒严世藩。张鸾在浙西任所听说家事，急急赶回。途遇徐海聚寇。他改姓潜入贼中，探得严世藩派人送信，约徐海在上元观灯之际潜入京城，打开牢笼救严世藩，并杀进金銮殿。张鸾得世藩书信，进京城交与太子。皇上得太子密报，命冯保选羽林军五万，分布九城。徐海复被捉，与严世藩一起被处凌迟。张经、海瑞被提升，张鸾因此授锦衣卫都指挥使，并娶玉香、飞瑶、飞琼三女。（戴云）

《禅仙逸史》

禅仙逸史二十出　传奇。清无名氏撰。清内府抄本。二册。半叶十行，行二十五字左右。叶心高宽：19.5×16.8。卷端题："禅仙逸史"。钤"康生看过"、"归公"及其康生生肖印。正文用朱笔点板、增删。

《旧唐书》、《新唐书》载有杜伏威、薛举传，本剧与史实不符。事本明方汝浩《禅真逸史》第二十九回至第三十一回。出目为：作法退敌、传令攻城、庙擒苏朴、县令尽忠、延州聚会、议打朔州、沈兰议守、薛举感梦、截寨陷城、审问牛进、滴血祭先、樊将受擒、义释父仇、渔翁赏梅、太保按鹰、报得南安、摄琴成病、游弈回报、伏威除妖、议婚行聘。剧写隋末，僧人林澹然弟子杜伏威、薛举聚义，连破数座城池，又攻陷白土城，智擒县令苏朴。苏朴不肯归顺，触阶而死，杜、薛为之厚葬。伏威率兵攻陷朔州，杀牛进、周乾报杀父之仇。朔州武将樊武瑞被擒，薛举欲杀之祭父，伏威敬佩樊武瑞气节，劝薛举义释前仇。樊武瑞感恩，进献攻打南安良策，然后请辞归田。薛举攻破南安，南安太守班僖投城自尽，薛举以礼殡葬。伏威、薛举威名远震，成州诸郡不战而降。惠氏之女傅舜华，夜晚在花园对月弹奏古琴，妖神花花太保派遣手下小妖夺其祖传古琴，并摄其魂魄，使舜华受惊而癫狂。伏威应邀作法除妖，舜华病退苏醒。伏威得知舜华能弹奏全套《广陵散》，正好符合早先神仙对自己婚姻所作的预言，于是与军师查讷商议，向舜华行聘提亲。源于小说《禅真逸史》的戏曲作品，多侧重写林淡然或其另一弟子张善相，如明张琦《灵犀锦》传奇、清阙名《禅真逸史》、《育英才》传奇（以上今存），又如明徐胤佳《禅真记》、清初李玉《禅真会》，清阙名《双玉人》、《善恶报》等（以上均佚），内容与此剧不同。（刘效民）

《东吴记》

东吴记八出　传奇。一名《锦囊记》。明无名氏撰。《曲海总目提要》著录。清乾隆年间百本张抄本。一册。半叶五行，行二十字。叶心高宽：19.7×9.5。封面题：“东吴记全八出，全串贯。”钤：“别还价百本张”墨印一枚。书尾题：“锦囊记”。有人物上下场提示和简单动作提示，朱笔标弋腔演唱符号。

本事见《三国演义》。出目为：上寿、拈阄、说亲、谒乔、招亲、催归、追赶、二气。剧演三国时，刘备夺得荆州，又在诸葛亮的运筹之下，与张飞、关羽、赵云分别取得零陵、武陵、长沙和桂阳。关羽攻打长沙时，守将韩玄令老将黄忠出战，关羽将黄忠打于马下，但不忍伤害。黄忠飞身上马，射掉关羽盔缨，逃回城中。韩玄责黄忠通敌，欲杀之。魏延杀死韩玄，与黄忠共投刘备。赵云取桂阳时，打败守将赵范。赵范为麻痹赵云，欲将寡嫂许配赵云，遭到赵云痛骂。赵范又遣人行刺赵云，反被赵云赚开城门智擒。刘备占据荆州，周瑜用美人计赚刘备入吴。诸葛亮将计就计，授赵云锦囊妙计，令其随刘备过江。刘备以厚礼结好周瑜岳父乔元。乔元携礼向吴国太贺喜。国太不知就理，叫来孙权，才知孙权欲将胞妹新月假许刘备，赚其过江留质换回荆州。国太大骂孙权。在乔元劝说下，国太接受了刘备大礼参拜，应允下婚事。刘备成亲后乐不思蜀。赵云用锦囊中“走则留生，迟则受死” 之妙计，促使刘备决定立即回蜀。新月公主谎称陪刘备回乡祭祖，向国太讨来上方宝剑，逃出吴境。周瑜得知，带兵追出四十多里，眼看要追上刘备。赵云按锦囊妙计与刘备躲进芦苇丛中。周瑜被早已埋伏在此的张飞、黄忠、魏延打败。关羽对周瑜高喊：“军师送你两句话‘周郎妙计高天下，赔了夫人又折兵。’”京剧《龙凤呈祥》、《甘露寺》、《讨荆州》均演此事。该书与明人张翀作《锦囊记》所演故事不同。（吴秀慧）

《琼林宴》

琼林宴存二本二十四出　传奇。清无名氏撰。《曲海总目提要》著录。清百本张抄本。二册。半叶五行，行二十字。叶心高宽：20.5×10.5。下卷封面题："高腔总讲全本琼林宴下部"，有黑戳，云："百本张，世传，言无二价，童叟无欺"；又有红戳，云："住西直门大街高井胡同张姓行二。"卷端钤"惜华所藏戏曲文献"、"满州富察氏宝泉惜华"、"碧蕖馆藏"三枚印记。正文有弋腔演唱符号。

本事见《三侠五义》第二十三回至二十七回。上本目：范氏开场、闻诏、卖驴、思女、打围、逼婚、指示、被害、认甥、逢樵、暗杀、遇舅；下本目：祝寿、诬陷、放走、勒死（正文作"追命"）、诉祠、告状、现尸、判断、捉拿、明镜、锁拿、堪问。剧写宋神宗年间，延安书生范仲虞变卖家中黑驴换取路费，携子范锦进京赶考，妻子陆玉贞也一同前往。途中，范锦被虎叼走，陆玉贞被国舅葛登云抢去，仲虞不知所措。关帝显圣，指示仲虞先去赴试。仲虞试毕，未等揭榜就到葛府寻妻，被葛登云率家奴打死，又装入木箱连夜抬到荒野。时值朝廷报录人寻找新科状元范仲虞而路过荒野，葛府家奴急忙弃箱而去。仲虞复苏，出箱后疯狂不省人事。樵夫陆荣从虎口救出范锦，并带回家为他养伤。陆母问及范锦身世，始知范锦是自己的外孙。陆荣被葛登云陷害入狱，陆母带范锦到开封府喊冤，恰遇疯癫而至的范仲虞，范氏父子公堂相认。包公知范仲虞即失踪多日的新科状元，令送往太医院调治。陆玉贞在葛府得知丈夫被杀而失声痛哭，惊动葛登云的妻子、女儿，葛氏母女私放陆玉贞逃生。葛登云闻讯，怕走漏风声，派恶仆赶上陆玉珍，将其勒死后埋在路边。陆玉贞魂魄到土地庙诉冤，土地化作老汉来到开封府，向包公暗示土地祠中有隐情。早年，恶棍穆伦图财害命，杀死陆母的仆人陆可福。穆伦家黑驴原属范仲虞，穆伦之子赶驴拉脚行至开封府，黑驴挣脱绳索三闯公堂鸣冤。王朝、马汉奉命跟踪黑驴，在土地庙附近掘得女尸，又随黑驴捉到穆伦，了结穆伦公案。包公夜设公堂，传土地为女尸招魂，陆玉贞还阳诉冤，葛登云罪行败露，女尸公案亦得了结。范仲虞病愈，朝廷仍赐其以甲第。葛登云本应被铡，因西宫娘娘保奏被贬为庶民。黑驴因替主鸣冤，被封为仁兽养在相国寺。此剧案中套案，情节曲折跌宕。同题材剧目有京剧《琼林宴》、《范仲禹》、《打棍出箱》（一名《问樵闹府》）、《黑驴告状》，豫剧《铡国舅》、《双头驴》（一名《阴阳错》），汉剧、徽剧、秦腔、湘剧、滇剧、桂剧、河北丝弦等剧种也有此剧目。（刘效民）

《雅观楼》

雅观楼六出首一出　杂剧。清无名氏撰。《古典戏曲存目汇考》著录。清百本张抄本，一册。半叶五行，行二十字。叶心高宽：20×12。朱笔点板。封面题："雅观楼，六出，总本"。卷首有："此至二九年拾月初三添本日重"数字。并钤"惜华所藏戏曲文献"、"满州富察氏宝泉惜华"、"碧蕖馆藏"印。

本事见《压关楼迭挂午时牌》杂剧及《残唐五代史演义》第十四至十五回。出目为：吊场、赌带、活擒、夺带、追温、尽节、抢粮。述五代时，黄巢帐下大将孟绝海攻城。在雅观楼上，朱温与李存孝打赌，若存孝生擒孟绝海，朱温便将圣赐玉带献出；若擒不到，存孝提头来见。战场之上，存孝果擒孟绝海，但朱温不肯交出玉带。在与存孝口角厮打过后，朱温反出东门直奔汴梁。京、昆及花部戏曲中有同名剧目。（戴云）

《白罗衫》

白罗衫传奇十二折　传奇。清无名氏撰。《今乐考证》著录。清嘉庆二十三年（1818）维扬蒋韵兰抄本。一册。半叶八行，行二十八字，朱笔圈点。叶心高宽：29.5×17.5。封面题目录，并题："嘉庆戊寅冬月廿六日书于停琴伫月之馆，白罗衫传奇，维扬蒋韵兰"。卷首有"惜华所藏戏曲文献"、"满州富察氏宝泉惜华"、"碧蕖馆藏"印章。

本事见《太平广记·原代记》，明《警世通言·苏知县罗衫再合》亦述此事。出目为：榄载、拜别（正文失目）、设计、杀舟（正文作"劫舟"）、捞救、逼婚、释放（正文失目）、养子、拾子（正文失目）、赚盗、重圆、报冤（正文失目）。写苏云携妻赴兰溪县上任，途遇水贼徐能谋财害命，苏妻得救逃走，途中生子，用罗衫包裹，并附金钗，置于道旁。此子后被徐能收养，取名徐继祖。继祖长成中进士得官南下，逢苏妻告状，苏云当年被救，也到继祖处告徐能。继祖私访察明事实，乃杀徐能，与父母团圆。此剧清代盛演，常演的折子戏有《井遇》、《游园》、《看状》、《审陶大》。京剧、汉剧、湘剧、川剧、滇剧、茂腔、柳子戏、泗州戏均有此剧目（或云《罗衫记》）。（戴云）

《双铃记》

双铃记二本 传奇。清无名氏撰。清升平署抄本。为昆曲、皮簧轮演本。二册。半叶六行，行十八字，朱笔圈点。叶心高宽：20×14。钤“戎马书生”、“李瀛洲印”、“李营舟印”等章。

该剧取材于清代实事。剧叙王龙江在马思远茶馆掌灶，常不归家。其妻赵玉儿不甘寂寞，闲游海护寺，遇摇铃卖绒线之贾明，由调笑而私通。年终，龙江归家，途中大醉，遇旧识甘子千向其借贷。甘子千遭龙江拒绝，尾随龙江至家门，扒墙窥视，伺机入室行窃。玉儿见丈夫回家，慌忙将贾明匿于缸中，又乘龙江醉卧，抄刀将龙江砍死，并将碎尸匿于炕箱。玉儿恶人先告状，纠缠马思远要人。马思远因忙于生意，赠给玉儿一吊钱，欲将其打发走。不想反被玉儿抓住把柄，诬马思远害死其夫，遂将其告到官府。马思远被无罪拘押。思远之子得喜去狱中探父，途遇甘子千说出龙江死因。御史官严审贾明、玉儿，使案情大白。贾明、玉儿被收监。马思远感谢甘子千为其明冤，将“永福馆”赠子千永远为业。京剧《马思远》、《海慧寺》均演此事。（吴秀慧）

《平妖传》

平妖传存第一本二十出 传奇。清无名氏撰。《曲海目》著录。清升平署抄本。一册。半叶十行，行二十字，朱笔圈点。叶心高宽：22×19。

此本疑为清代宫廷大戏《如意宝册》析出本，本事出自小说《三遂平妖传》。出目为：元女遣仙传宝册、李遂寄寓说家门、规爱子圣姑训诫、戏美人左黜风流、打围射怪标英气、带箭回山说苦情、挂匾额医收神效、求灵丹狐吐实言、圣姑救子思求道、元昊怀奸大起兵、识英雄张公择婿、图匹配日霞遣蟾、井中蛙光腾惊众、城门榜醉揭除妖、赠宝剑李遂入井、引佳婿日霞成婚、议边防一番争论、明征讨八面威风、姊妹含酸争匹配、弹丸奏绩美团圆。叙九天元女娘娘发现一群妖狐向贝州进发，预料贝州将有兵燹之灾，遣弟子日霞带神臂弓一张下凡，助李遂灭寇除妖。圣姑姑为千年修炼人形的妖狐，膝下有一儿名胡黜、一女名媚儿。胡黜累扰猎户赵一之妻钱氏，被赵用箭射伤。圣姑姑向神医严半仙求治，被严医诊出人形兽脉，只好据实相告。胡黜伤愈，左腿残，改名左黜。李遂在郑州员外张俊家做典库主管，颇得主人赏识，被招婿入赘。刁家花园古井内突然大放金光，有人想近前看个究竟，俱被金光冲到，然后呕吐不止。州官无奈，出榜重赏捉妖之人。李遂因酒醉揭榜，下井后不见金光，却见别一洞天，豪华房舍与地上无二。蜂媒引李遂来见日霞，二人完婚。某日，李遂后宫游玩，被日霞之妹月霞撞见，月霞强迫李遂留下。日霞找到后宫，姐妹大战一场，最终日霞降服月霞。时西夏王李元昊犯宋边境，宋仁宗令文彦博为征西大元帅，征讨李元昊。剧情止于此。（吴秀慧）

《西游记》

西游记存十三出　传奇。清无名氏撰。清抄本。一册。半叶八至十行，行二十至二十三字不等。叶心高宽：19.6×15.1。卷首有“惜华所藏戏曲文献”、“满州富察氏宝泉惜华”、“碧蕖馆藏”印章。有表演动作提示。

该剧本小说《西游记》第二十八至三十一回，出目为：柏将军元旦合欢、宝象国赏灯失女、白骨妖说女成婚、三尸魔戏僧作幻、释圣僧柏氏传书、妖魔变像哄元戎、认假婿元装变虎、白龙马救师遭厄、美猴王重义下山、妖洞中匿真幻假、法场上反伪为真、奎木狼仍归原位、宝象国恭送西行（原剧末两出均标“第十二出”，尾出实第十三出）。述逢元宵佳节，宝象国大将军柏宪领全家观灯之际，其女百花羞被妖怪黄袍郎摄至黄金院，强与婚姻。孙悟空打死妖怪被师父唐僧赶回花果山后，唐僧率猪八戒、沙僧继续前往西天取经。途经宝象国地界，唐僧亦被黄袍郎抓住，此妖乃上界奎木狼星所变。百花羞趁黄袍郎不在洞中，私放唐僧。行前，她亲笔修书一封，托唐僧带给父亲。但妖怪变作书生模样，先行一步来到国中，骗取柏将军的信任，被认作女婿。唐僧到来时，黄袍郎往唐僧面上喷了一口水，使之变作老虎。黄便诬陷唐僧为妖怪，众臣上前拿住唐僧及沙僧，八戒趁机逃走，到花果山请孙悟空。孙悟空下山救师父，并救宝象国公主，打败妖怪使其重为奎木狼星归本位。国王感激悟空一行，设素宴款待之，又厚赠唐僧师徒，并亲自送其出关。《曲海总目提要》曾著录《西游记》，云“相传夏均正撰。今此刻曰陈龙光撰，或当有二本。”但此书原无剧名，该名乃图书分编者所定。小说《西游记》中百花羞乃宝象国公主，此剧改为宝象国柏宪（字慕村）大将军的女儿。此改动见清代宫廷大戏《升平宝筏》，此剧或为以后编写的《升平宝筏》之母本。（戴云）

《西游记》

西游记存三十三出　传奇。清无名氏撰。清抄本。四册。半叶十行，行十九至二十一字不等，叶心高宽：23.6×14。以朱笔点板。卷首有“惜华所藏戏曲文献”、“满州富察氏宝泉惜华”、“碧蕖馆藏”印章。

该剧本小说《西游记》，内容多见其第七十回以后，甚至有些回目名称也与小说相同。出目为：斗草妖仙传喜信、化斋老纳落迷津、盘丝洞七情迷本、黄花观百眼用毒、脱灾幸遇黎山母、破欲全凭菩萨针、庆长生灰婆巧说、谒三魔豹鼠同途、狮驼岭三妖防范（以上一册）、隐雾山柳生射狼、愤怒报仇兴豹怪、慈悲救苦伏鹦鹉、柳逢春献谋变戢、孙悟空救难除妖、心猿钻透阴阳窍、木母同降怪体真、释迦佛力伏三怪、老鼠精计玷清修、镇海寺心猿识怪（以上二册）、黑松林徒弟寻师、姹女育阳求配偶、元神悟道识丹头、给孤园问古谈因、天竺国求经遇偶、四僧宴乐御花园、一怪空怀情欲喜（以上三册）、广寒宫玉兔归本、布金寺父女团圆、宝幢光王乘接引、雷音寺里见如来、恭迎大藏福臣民、奏对山川邀帝佑、大佛会五圣成真（以上四册）。述唐僧率徒孙悟空、猪八戒、沙僧去西天取经，途经比丘国、灭法国、玉华州、天竺国等地，盘丝洞、黄花观、狮驼岭、隐雾山、无底洞等处藏匿的狼、豹、蜘蛛、蜈蚣、青狮、白象、大鹏、灰鼠、玉兔等妖怪精灵闻知唐僧取经过此，或设计擒唐僧欲食其肉以求长生不老，或欲强与成亲以求得其真阳。他们使出种种诡计，乔装变化骗唐僧入套。孙悟空凭火眼金睛识破妖怪面目，并多次在唐僧面临危险境地之时，身历险境解救师父。师徒一行跋山涉水历尽艰辛，最后终于到达雷音寺得见如来，取得真经。唐僧师徒回到东土大唐见太宗缴令，太宗对其师徒多有封赠。最后大佛会，唐僧师徒四人并白龙马俱在如来的指引下白日飞升，归真成佛。

此剧前半部佚，故原剧名阙失。现名乃图书分编者据其内容而定。书中比丘国前威远将军之子柳逢春箭射折岳山连环洞妖怪豹艾文之徒狼精的故事不见于《西游记》小说，但在清代宫廷大戏《升平宝筏》中可找出相关内容。另，“释迦佛力伏三怪”一出结尾有【红绣鞋】曲：“一声炮响青霄，青霄；升平齐唱今朝，今朝。敲金镫铠（凯）歌高，清四境野烟消，今日方表英豪、英豪。”据此，剧本产生年代似应是清康熙二十二年平定三藩之后，或为以后编写的《升平宝筏》剧本之母本。（戴云）

《后西游记》

后西游记存十二出　传奇。清无名氏撰。《古典戏曲存目汇考》著录。清抄本。一册。半叶八行，行十八至二十一字不等。叶心高宽：22.7×15.2。以朱笔点板。有表演动作及砌末提示。卷首有“惜华所藏戏曲文献”、“满州富察氏宝泉惜华”、“碧蕖馆藏”印章。原书未标书名，将此本与《读曲小识》卷一著录《阴阳二气山》（一名《后西游记》，清雍正二年咏风堂沈氏抄本）出目及内容核对，完全相同。剧名据此定。

该剧本事或见清初天花才子评点之《后西游记》。出目为：指路、凿山、摆阵、陷井（阱）、变蝶、挂剑、出匣、寻师、求助、跳圈、脱套、送行。述唐半偈率孙小行者履真、猪守拙一戒、沙弥致和去西天求取经解，途经一山挡住去路。问樵夫得知此山东名阳山，西名阴山，合称“阴阳二气山”，分别由阳大王与阴大王把守。阳大王能偷天换日，阴大王能翻江搅海。要过此山，不得违拗二大王。师徒一行向东走赤日炎炎，向西行阴风飕飕。众人俱冷怕热，于是小行者、猪一戒欲凿孔以通气。凿东山而火发，凿西山而水涌。众人登高望远，见有石碑，刻文曰：“左山右泽，于焉闭塞；亿万千年，阴阳合得”。小行者推到石碑，只见阴阳二气结在空中变成一阵灵雨，不冷不热，酿出温和气象。二王查山，见山头镇山碑倒，大惊，遂命手下孤阴、独阳二将捉拿唐半偈师徒。二将与战不能取胜，二王设八卦阵以待，终将唐半偈与猪一戒捉住，遣手下送往造化山。小行者先后变蝴蝶、苍蝇、蜈蚣、蝎子等打探师父消息，先到阳大王处，见其熟睡，便拔毫毛变宝剑一口，悬于睡榻前使之醒悟；又到阴大王处，见其吓得藏匿于石匣，便变作其手下寒透骨模样，云小行者要砸石匣。二王惧小行者法力，商量对策，决定将其引入造化山，乞师造化小儿小天公以其神圈将之套住。次日小行者到造化山， 小天公出酒色财气贪嗔痴爱八圈均奈其不得，最后出好胜圈将其套住。小行者携圈而逃，遇太上老君授跳圈之法，遂得以脱套 。小行者还圈与小天公，小天公放唐半偈师徒送至山下，并命众小儿持幡幢随行一程。卢前谓 “此盖神仙教化剧也，以阴阳二气名山，以好胜名圈；虽隐喻点化，终伤庸腐，且结构平常，文词亦多不可取，聊足供场头热闹博噱笑之资而已”。（见《读曲小识》）京剧有《造化山》一剧，系据此改编。（戴云）

《后西游》

后西游十本存第十本二十四出 传奇。清无名氏撰。清升平署抄本。一册。半叶九行，行二十字。叶心高宽：21.5×17。卷首有“后西游第十本总目”。有朱笔圈点，并舞台动作、穿戴提示。

该剧本事或见清初天花才子评点之《后西游记》，目录为：有缘来佛地、失路问村童、往来船可通、生克神能显、坐船河水竭、驰马火烟迷、遇风难立足、送帽指迷津、共谒五真观、同登云渡桥、无佛万法空、假佛一心显、到山逢我佛、得解识真诠、辞佛下西天、驾云来东国、归朝复圣旨、加职奖贤劳、赐宴荷皇恩、开经知佛力、漆禅暗生妒、颠僧昼升空、上幡隆圣眷、成佛结前因。剧写唐僧取经归来百余年后，生有禅师在洪福寺讲说三藏金经，轰动一时。后元奘法师同孙大圣突然白日显圣，云其谬解经书之意，并指点说西天有三藏经解。唐宪宗派生有禅师往西天求解，生有得知，吓得连夜逃走。大颠禅师唐半偈挺身而出，表示愿去西天求取经解。皇帝准奏。于是他告别东土，直往西天而来。途中，他收了小行者孙履真、猪守拙一戒、沙弥致和三徒弟，十多年来，大颠一行历尽千辛万苦，终于到了天竺国界。旃檀功德佛奉如来法旨化作牧童，指点迷津。师徒四人来到通圣河畔，按石碑所指，乘船直往灵山而去，肝、脾、肺、肾四神奉法旨为四人洗刷身心，使之惴入虚空地面。四人在玉真观走云渡桥来到灵鹫山雷音寺，如来升殿，命迦叶、阿难到珍楼检点大藏经解目。看经童子示意二佛让大颠给些小费，二佛让他做个顺水人情，便将经解取回。大颠一行告别如来，带着三十五部经解，回朝交旨。元和天子下旨，命将梵书经解付与礼部翻译进呈御览，大颠一行送洪福寺候旨。后差官传旨，诰赠大颠父母，并封大颠为正觉禅师，三徒也有所封赠。天子还特地在礼部设宴，款待大颠一行。四月初八日，大颠正觉禅师要在洪福寺讲经说法，乌漆禅师纠集一帮无赖到此搅乱，孙小行者将闹事者赶走。观音菩萨因大颠行满功成，授其清静喜佛，并奉佛旨引渡其白日飞升。（戴云）

《定太平》

定太平六出　传奇。清无名氏撰。清升平署抄本。二册，半叶八行，行二十字。叶心高宽：18×12。封面题："十五段定太平八出"。钤"旧外二学"墨印。

出目为：宋主遣将、邪术反戈、转战四门、探病设谋、金定斗法、焚妖灭寇。剧叙五代时，赵匡胤亲率三军伐南唐，误中于洪奸计，被困泗州。高怀德等四将迎战，被于洪施法擒去。于洪劝四将投降遭拒，便以迷魂药使他们反戈。怀德之妻刘金定闯杀四门，探得于洪伎俩，遣冯茂夜盗摄魂瓶。赵匡胤令怀德之子君保接引其父改邪归宋。怀德同君保大战。冯茂当场将摄魂瓶摔碎，四将当即昏倒，被抬回营中。刘金定单骑与于洪交战，连破其法术。于洪被迫钻入竹林，在林边写上可使刘金定化为脓血的咒语。金定见之，招来火神，将于洪烧为灰烬。疑此本为宫廷大戏《盛世鸿图》析出本。京剧《杀四门》、《竹林记》、鼓词《三下南唐》亦演此事。（吴秀慧）

《渔梦》

渔梦串关　传奇。清无名氏撰。清升平署抄本。一册。半叶八行，行二十一字。叶心高宽：21×11。以朱笔点板。封面红条题："渔梦串关"。卷首有"惜华所藏戏曲文献"、"满州富察氏宝泉惜华"、"碧蕖馆藏"印章。

全剧仅一出。述苏州沈恩长少时清苦，靠着一支渔笛唱渔歌度日。后入内苑，做了梨园班长，受皇恩二十余年后回乡养老。一日，他在柳树下睡去，梦自己一般梨园旧友找他，云要到西园承应王爷寿诞之戏。于是生、旦、净、丑各行演员分别将自己所会之戏名报出。大家又谈起少时苏州情景种种，而如今家乡鱼昂米贵，许多老友均已辞世，即使健在者也都不再唱戏，当日戏班作鸟兽散。沈恩长猛然惊醒，见一小沙弥远远走来，便请他圆梦。沙弥言渔者愚也，有一点愚忠，便有一场渔梦，系以今证昔。沈恩长想起当年初进西园，演的第一出戏便是大渔翁，方知自己前因后果。（戴云）

《曾头市》

曾头市总本六出　传奇。清无名氏撰。清升平署安殿本。一册。半叶八行，行十八字。叶心高宽：17.8×13。朱笔点板。封面黄皮红签，签题："曾头市总本，六出"。有表演提示。

剧本小说《水浒传》第五十九回，出目：较猎、回军、祭旗、探路、打市、中箭。述曾头市曾家五子与梁山作对，特聘请教师史文恭传授武艺，想有朝一日扫平梁山。一日，曾家五虎去郊外游猎，遇段景柱牵得一匹能日行千里的好马照夜玉狮子，便想强买下来献与史文恭。段景柱不卖，声言要献与梁山的晁天王。五虎闻听，命手下将马抢去。段景柱上梁山报信，并说曾家扬言要踏平梁山云云。首领晁盖大怒，决定亲自下山打曾头市。在祭旗时，一阵大风将大纛旗刮倒，吴用认为此兆不详，劝其择日下山，晁盖不听。神行太保戴宗扮作卖杂耍人的小贩，先行下山探路。从当地小孩口中得知，庄中防守相当严密。晁盖领兵冲进山寨，一天下来未分胜负。法华寺二沙弥以巧言骗梁山军队在旷野安营，并建议其半夜进兵偷袭山寨。然后又偷跑出来给庄里报信。晁盖轻信沙弥之言，三更进兵，进入曾家的包围圈，梁山军大败。晁盖面门中史文恭一毒药箭，他仰天长叹，悔恨交加。清花部有此剧目，见《庆升平班戏目》。（戴云）

《温泉会》

温泉会总本七出　传奇。清无名氏撰。清升平署抄本。一册。半叶四行，行十七字，唱词附蓑衣式宫谱，朱笔点板。叶心高宽：17×10。书衣红签题："温泉会总本七出"。出目包括：预定佳会、入秦赴约、骊山暗伏、筵前争胜、浴泉赚马、派将布兵、四路解围。叙春秋时，秦王在龙舟会上被齐国娘娘钟无艳羞辱而损兵折将。为报此仇，秦王在军师周公梦谋划下，于骊山建造温泉宫，欲借温泉会加害齐王夫妇。温泉宫竣工之际，秦国备好表文，连夜去请齐王夫妇。齐王明知是秦王所设全套，有心不去，又恐怕被诸侯耻笑，只好如期赴约。秦国龙棚结彩，肉山酒海大摆宴筵。席间，秦王有意难为齐王，提出秦国偶得三宝，齐王若能解破，秦国甘愿称臣，年年进奉，反之，齐国将向秦国称臣进贡。秦王首先亮出白玉九环，不料被钟无艳几下解开。秦王又叫来在秦国设擂未遇敌手的小将白起，让他与钟无艳小试身手。钟无艳遣子田丹与白起交手，不出几个回合就把白起摔倒在地。秦王请齐王夫妇进温泉宫洗浴，暗中将兵将埋伏在四周，欲等齐王夫妇进去之后，再遣章邯去赚钟无艳的刀马，以为齐王夫妇本事再大也插翅难逃。章邯曾被钟无艳搭救，因此敬佩钟无艳的武艺。为报恩，章邯将秦王计谋透露给齐王。钟无艳选式样相同的刀马交给章邯交令。秦国炮声一响，伏兵四起。钟无艳按照与章邯约定，带齐王向东南杀去，与章邯假打数个回合，使齐王冲出突围。钟无艳大展神威，单枪匹马，杀退东路陈乾、北路姜坎、南路白起，杀死西路刘巽，直奔齐国而去。（吴秀慧）

《棘阳关》

棘阳关一出　传奇。一名《龙凤翔》。清无名氏撰，清道光元年（1821）抄本。半叶七行，行三十字左右，叶心高宽：19.7×9.5。封面题："龙凤翔，道光元年九月望日订"。卷端题："棘阳关"。正文有弋腔唱法注记。

本事见《东汉演义》。《后汉书·岑彭传》载有岑彭归汉事。写东汉时，棘阳关太守岑彭，奉王莽旨意出兵捉拿刘秀。刘秀喜爱岑彭才干，派王霸劝其归降。王霸知岑彭大孝，遂向其母闻氏说明此意。闻氏知刘秀正直扶汉是顺天心民意，遂命人把自己绑在阵前。岑彭到刘营叫阵被擒，闻氏阵前劝子，岑彭归降。京剧、莱芜梆子、河北梆子、河北丝弦、湖北越调、秦腔、淮调有此剧目，桂剧有《龙凤翔》。（刘效民）

《吹箫引凤》

吹箫引凤二折 杂剧。清无名氏撰。清道光三年（1823）抄本。一册。半叶九行，行二十四字。叶心高宽：24×14。朱笔圈点。封面题："陆号，道光三年八月初四日校订，吹箫引凤总目"。卷端钤"惜华所藏戏曲文献"、"满州富察氏宝泉惜华"、"碧蕖馆藏" 印三枚。

本事出自刘向《列仙传》。剧叙春秋时，秦穆公之女降生后有人献璞，琢之成玉。试周时，其女专取此玉，摆弄不舍，故起名弄玉。弄玉长大，喜欢吹笙，穆公令人将玉琢成笙。弄玉整日持笙习不释手。某日，弄玉在凤台吹笙，隐约似有箫声配合。穆公遣孟明前往华山探访，果有一人，名萧史，善吹箫，箫声能使珍禽翔集庭前。穆公将弄玉许萧史为妻。洞房花烛，萧史、弄玉同吹《来凤曲》，宫娥手持花卉翩翩起舞，引来百鸟齐鸣，如同蓬莱仙境。一曲未了，凤台前左现赤龙，右现彩凤。弄玉问何故，箫史告之，他本是仙界之人，玉帝以人间史籍紊乱命其下凡，五月五日降生萧氏之家，取名萧三郎。周宣王末年，史官失职，萧三郎连缀本末修典籍之遗漏，因有功于史，周人称其为萧史，现任华山之主，与弄玉有夙缘，故以箫声引合，即成姻好，不能久恋人间，今夜龙凤来迎。说完二人跨凤乘龙，腾空而去。（吴秀慧）

《月中兔》

月中兔全卷存十三出 传奇。清无名氏撰。清乐安湘筠稿本。一册。半叶九行，行二十四五字左右，叶心高宽：23.2×14.7。书衣朱笔题："串本月中兔"。封面题："月中兔全卷"，"十二月，小春月，绿月"，"乐安湘筠记订"。卷首有题记："此目被吴兆修十一月十二夜同后男得风饭叙，酒醉失落，四觅，□若二日二夜赶完。湘筠试。"剧中偶有点板谱。

出目为：护月、急报、交锋、婚变、传书、闺祖、易窜、截尉、失陷、接应、投效、宵媾、破法。述明宣德登基，计都星曜欲下凡扰乱中原，玉兔也不甘寂寞下凡。月阴星主命吴刚引赵英梦魂到广寒宫，赐丹桂一枝，云其高中后，尚有一番磨难，只要忠心报国，就会遇难呈祥。汉王朱高熙起兵十万谋反，直抵寿州。寿春镇守赵文彩乃宋国公赵得胜之后，他与叛军激战不胜，退守城中上本告急。文彩子赵英离家到京赴考，得中状元。琼林宴中，被英国公张辅在君前请旨入赘。赵英心中不愿，但君命不可违。入赘日，张府张灯结彩，准备迎亲。赵英突接家信，知寿春被叛军所围，父命火速返乡。于是赵英不去就亲，骑马直奔家乡。华答头、华风姐兄妹本开国功臣华云龙之后，其父不愿为官，带一家人隐居德州城外。华答头得文昌帝君所赐天书秘籍，云参透文意可驱鬼神。华本不识字，魁星以彩笔点其心窍，并赐墨汁命其饮下，华答头果将书中内容全部记下。张辅之女丽贞听后母说父亲恼怒赵英逃婚，请旨拿回赵英正法，情急之下她盗得龙牌，又穿上父亲外衣，到后园选良驹去追赵英，终将赵英追上。赵英说明缘由，丽贞情愿与之同往。途经啸虎山，张辅领兵马也追到。啸虎山寨主傅如花领兵将官军杀退，将赵英、丽贞擒上山寨。如花本明初大将傅友德孙女，傅友德得罪燕王，反上啸虎山落草。如花父不受招安，终老山上，如花便做了寨主。今见赵英才貌双全，如花大胆向他求爱。赵言已有原配，如花情愿作如夫人，于是三人同拜天地后，一起去寿春。此时汉王之女朱赛花以法术破寿春南门，文彩突围而去。华答头看天书破赛花邪法，汉王手下抓住一乡间女子，自称华氏，因兵乱，家中老父不知去向。赛花怜其身世，留在帐中让侍女素兰陪她。二人对话后才知，此女乃状元赵英假扮，为救被困父亲便乔扮女装。赛花终知内情，欲杀二人。素兰说明缘由，并从中撮合，赛花乃与赵英订盟。剧情止于此。（戴云）

《异妖传》

异妖传存前段　传奇。清无名氏撰。清道光十一年（1831）乐安湘蓝丝栏稿本。一册。半叶九行，行二十二字左右，版框高宽：19.6×13。封面题：“异妖传前段，中段另有一本”，“道光拾壹年，乐安湘记”。有穿戴、砌末提示，有些唱词附有点板谱。卷首有“惜华所藏戏曲文献”、“满州富察氏宝泉惜华”、“碧蕖馆藏”印章。

全剧演白蛇传故事，未标出数，除少数如“家门、游湖、盗库、赠银、开店”外，大部分未标出名。述浙江严州府桐庐县许仙字晋贤，清明时节游西湖，与变幻成美女的白蟒蛇及其侍女，修炼千年的青蛇相遇，许仙与白氏相互爱慕。白氏盗库银事发，许仙避祸他乡。后他听信一野道人之谗言，接受其所赠盗符，要除妖免灾。白氏怒将野道人赶走。剧情止于此。（戴霞）

《倭袍》

倭袍三十二出存一至七出 传奇。清无名氏撰。《曲考》著录。清乐安湘记抄本。一册。半叶九行，行十八字左右。版框高宽：18.4×12.8。卷端钤“惜华所藏戏曲文献”、“满州富察氏宝泉惜华”、“碧蕖馆藏”三枚印记。正文有穿戴提示。

本事见清随园主人小说《绣戈袍全传》。此剧主要叙述刁南楼公案，出目包括：宗因、付袍、拜辞、告游、索袍、劝从、遇美、（以下佚）结义、听琴、打院、园会、劝夫、设谋、算账、设计、服毒、托梦、魂诉、私吊、写状、官吊、委审、庙鞫、赠袍、逼反、前探、遣婆、后探、监绑、羞辱、斩刁、旌圆。剧写明代，刁南楼有妻妾刘、李二氏。刘氏与监生王文私通，唆使婢女春兰用毒馒头害死刁南楼。巡按毛龙，夜得刁南楼托梦，遂微服私访勘得刘氏与王文的奸情，并代李氏写状为刁南楼申冤。刘氏、春兰、王文招供，游街后被处死。此剧流传较广，《昆曲大全》选有《听琴》、《园会》、《服毒》、《斩刁》四出。同题材曲艺作品有弹词《倭袍传》（一名《果报录》，又名《荆襄快谈录》，《丁日昌查禁小说书目》著录），宝卷《倭袍》、《果报录》（专述刁南楼被害一事），温州鼓词《果报录》。戏曲作品有明传奇《南楼记》，绍兴高腔全本《倭袍》，婺剧《刁南楼》，莆仙戏《刁颜楼》，川剧《刁南楼》（内含《大佛寺》、《情书报》、《闹都堂》三集），滇剧《刁南楼》（亦名《情书报》），越剧、沪剧、锡剧《刁刘氏》，扬剧《三审刁刘氏》。（刘效民）

《天豹图》

天豹图二卷存下卷十一出 传奇。清无名氏撰。《古典戏曲存目汇考》著录。清乐安抄本。一册。半叶九行，行二十二至二十五字左右。以朱笔点板。叶心高宽：22.3×16。封面右行题："第肆佰零贰号"，中行题："乐安记"，左行题："天豹图，下卷"，有"□□□心希（？）惟爱惜"印记。卷端钤"惜华所藏戏曲文献"、"满州富察氏宝泉惜华"、"碧蕖馆藏"章。卷尾末行题："周三（多）福□□"。

其情节取材于小说《天豹图》，出目为：（失名）、打夫舟继、改妆、鸣冤、（失名）、官（宦）游、大审枷游、赴奸缚奸、（失名）、（失名）、旌表豹圆。述宰相花锦章之女赛金，因撞见嫂嫂与拳师通奸，故遭陷害，幸得青年陶天豹相救。二人逃出家门后，路遇上任途中的江苏巡抚田俊卿。俊卿乃收赛金为螟蛉义女，并请天豹与之同赴江苏。原总兵之子施必显与妹碧霞被奸人所逼占据盘蛇山，听说恩人李春芳因己之故被锦章之子花子宁囚禁 。碧霞情急，改扮为男子下山。赛金侍女红花拦田俊卿轿喊冤，告知春芳被囚花府。俊卿设计，嘱天豹夜探花府。次日一早，田俊卿假意到花府拜望，并提出要参观花园。子宁不知就里，以为巡抚大人要抬举自己，固欣然应允。一行人来到玩花楼上，子宁见楼上捆着妻子并拳师，大窘。在大堂上，二人被迫招供通奸一事。俊卿命人将牢中受屈的春芳释放，将通奸二人游街示众。子宁又羞又恨，他修书一封给京城的父亲，诬告俊卿无事生非，囚禁自己妻子。花锦章接到家人送来画图一轴，打开一看，知为女儿赛金所画，并有题诗："邯郸一枕遇恶狼，南柯天豹救奴行。蝴蝶双飞奇姻事，华胥定在少年郎。"他正不解其意，忽接儿子书信。于是便假传圣旨，差三千羽林军星夜赴维扬捉拿田俊卿沿途处决。俊卿一家被押赴市曹。天豹找春芳并施氏兄妹共劫法场。圣上得知此事，释俊卿，并授其吏部尚书。春芳原为尚书李茂之子，暂授中郎将，命到盘蛇山招安施家兄妹一同进京授职。并赐陶天豹与花赛金为百年之好。现京剧、粤剧的《天宝图》、闽剧《天豹图》、高甲戏《大闹花府》以及闽西木偶戏《闹花府》等均为同题材戏曲作品。（戴霞）

《青石山》

青石山八出　传奇。清无名氏撰。《古典戏曲存目汇考》著录，云："演海瑞事”，实误。清道光二十年（1840）抄本。一册。半叶八行，行约三十字。叶心高宽：23×12。封面题：“青石山总本，道光二十年六月望日抄录”。卷端钤“惜华所藏戏曲文献”、“满州富察氏宝泉惜华”、“碧蕖馆藏”三枚印记。正文朱笔点板，有弋腔演唱符号。此剧为昆弋轮演。

出目包括：群狐上寿、拜扫偶（遇）精、相会摄婴、染病惊骇、卖符请师、点兵防范、洞宾请神、天兵收妖。剧写书生周信，清明为父母祭扫，路遇青石山九尾白狐幻化的胡家小姐，两人相约夜晚花园相会。自此，白狐夜来昼走，使周信神情恍惚枯瘦如柴。周家老仆请法师王道通除妖。王道通除妖不成反被群狐戏辱，于是请师傅吕洞宾相助。吕洞宾也难以降服白狐，请来值日功曹召托塔天王降妖。托塔天王率二郎神、巨灵龟大战群狐，降服九尾白狐。舞台常演的折子戏有《关公斩妖》、《请师斩妖》。同题材曲艺作品有石派鼓书和牌子《青石山》，以及鼓书《青石山狐仙传》。戏曲作品有京剧《青石山》（一名《捉狐斩妖》，又名《请师斩妖》、《狐狸缘》），山西北路、中路梆子有《青石山》。（刘效民）

《卖脚鱼》

卖脚鱼一出 传奇。一名《脚鱼》。清无名氏撰。清咸丰元年（1851）施小莲、徐松泉抄本。一册。封面题：“脚鱼，咸丰元年杏月吉立，施小莲记，徐松泉记”。卷端题：“卖脚鱼”。半叶十一行，行十八字。叶心高宽：23.5×16.5。剧写卖鱼婆王阿大，自幼嫁给赵璧为养媳。赵璧整日吃酒赌铜钱，靠阿大夜间捕鱼早上挑卖生活。南濠街货栈伙计杨阿香，看见阿大挑担卖脚鱼，假意买鱼挑逗阿大，又骗她到货栈取钱，企图伺机调戏。此剧为用苏白表演的艺人演出剧本。（刘效民）

《富贵双全》

富贵双全六出 传奇。清无名氏撰。清咸丰五年（1855）燕翼堂抄本。一册。半叶十二行，行二十四字。叶心高宽：22.5×15。封面题：“燕翼堂咸丰五年秋月吉日重抄富贵双全全本”。卷端钤“惜华所藏戏曲文献”、“满州富察氏宝泉惜华”、“碧蕖馆藏”印。

故事情节与《凤凰台》相近。出目为：神聚、听卜、含媒、迎婿、阅卷、恩诏。剧叙郭定公，字子儒，家境贫寒，年七十六岁仍鳏居一人。除夕夜，定公去元贞观听卜，张道长欲修建元贞观，请定公为随缘簿作序。冯太史喜爱定公之序文，决定以文为交，将十八岁女儿冯和鸾许配定公。婚后三日，定公进京应试。皇上欲从考生中为义女瑞云择一八字相合的佳婿。按规定，考卷上只写生辰八字，不写年龄。定公因文章作得好，且与公主八字相合，被当作十六岁少年封为翰林学士，娶瑞云并得家产万贯，可谓富贵双全。事甚荒唐，殆为祝寿之剧。剧情开始由福、禄、寿、财、喜各吉星及四季花神上场，歌颂四海升平、国泰民安的景象。第六出内有排仙图一张。（吴秀慧）

《百花亭》

百花亭新剧　传奇。清无名氏撰。《明清传奇综录》著录。清光绪十一年（1885）稿本。一册。半叶七至八行，行二十二至二十六字左右。叶心高宽：26.5×14。封面题："百花亭新剧"。卷首题："前接铁头段，此系续编者"；剧尾题："乙酉秋日偶书"；末页有题记："六老爷可谓好学之士，看聊斋而撰异记录瞧，太爷所编之百花亭而编昆腔，好学之士故如是乎。光绪六年七月七夕书"。有"惜华所藏戏曲文献"、"满州富察氏宝泉惜华"、"碧蕖馆藏"印章。

该剧作于光绪六年（1880），据明传奇《百花记》改编。不分出。述安西王之女百花公主文武双全，暗恋丫鬟幼花之弟海俊。逢王爷赴宴未归，公主到宣政殿等候，吩咐幼花收拾寝帐。幼花到公主床榻，忽听呼噜之声。掀开帐帘一看，见兄弟海俊睡在其中。幼花忙将其唤醒，问其故。海俊言巴拉铁头存心陷害，用酒将之灌醉后使人抬至此。说话之间，百花公主回房。海俊忙匿于床下。公主不思就寝，与幼花闲聊。话语之间，谈起终身大事。幼花故意问及公主对海俊的看法，公主羞而不答。幼花又谈起巴拉铁头与海俊不睦事，公主不以为然。海俊突然从床下跳出跪下，表达对公主爱慕之情，并将巴拉铁头存心陷害事告之。公主劝其放宽心，二人遂对月相拜，私订终身。拜罢，准备明日练兵演将。（戴云）

《锁阳关》

锁阳关总本六出 传奇。清无名氏撰。清光绪二十二年（1896）升平署抄本。一册。半叶八行，行二十字。叶心高宽：22.5×19。封面题：“锁阳关六出，总本，即骂城”，“光绪廿二年七月十五日纯一斋伺候，七刻十”。系昆弋轮演，朱笔点板。昆曲标宫谱，弋腔标谱号。

该剧出目：点将复仇、兴兵饯别、截路订姻、投诚突寨、闯营回报、金定尽节。述唐时西凉国元帅苏海将唐室君臣围困在锁阳关数月，粮草近绝，太宗皇帝假言献表投降，苏海信以为真，被程咬金诈出重围，到长安搬兵。西凉国王命李道符调取各路将帅，复将锁阳关围困。樊家庄樊员外之女金定文武双全，十七年前与绛州汉子薛礼成亲，后薛礼从军，杳无音信。金定后生一子，取名景山，七岁时到长眉老祖处习武，十年后回到家乡。樊员外听说唐王被困锁阳关，其驾下元帅名薛礼，便让金定、景山挑选精壮庄丁，前去救驾认亲。途中经鸾凤山结识窦义虎、窦金莲兄妹，景山与金莲结为夫妻。后薛景山、窦义虎领兵突进重围来到关下。景山自称是平辽公薛礼之子，现招聚义兵，前来解围，并将十几年前薛礼过樊家庄入赘樊门，与母樊金定成亲之事讲述。薛礼听后，惧怕难逃停妻再娶之罪，便一口否认此事。徐茂公劝景山请其母前来对质。景山、义虎只得冲出重围回到自己大营。金定闻之，万分悲痛，便领兵亲到锁阳关下。薛礼还是死不承认。金定乃将当年薛礼从军前所留亲笔书信以筐系上城头。薛丁山见真是父亲所书，乃劝之认下樊氏。但薛礼不但不认，反而出言不逊，将书信扯碎。金定气愤之下，抽剑自刎全节。景山、义虎大怒，声言要去投奔西凉。唐王命将薛礼捆绑，并好言劝二人杀退敌兵解锁阳之围，并以高官许之。景山依言，与义虎杀退西凉兵后进城。传奇《三皇宝剑》亦叙此事，现京剧《樊金定骂城》或据以改编。（戴云）

《螭虎钏》

螭虎钏存三段六出 传奇。清无名氏撰。《曲海目》著录。清道光间陈金雀重订稿本。半叶六行，行二十三至二十五字不等，部分唱词附以宫谱。叶心高宽：23.5×10.8。头段首页有目录，并有“敦伦堂张”字样，背叶有题记：“严先生见字，今将此本付来，望驾可急抄写一□驾元将此本还交朱先生带回，勿误。三月初六日”；二段首页题：“庚子冬至□朔日编完”；三段首页题：“予以一己之见重定曲文，工谱、串头、穿戴、关目未知可使得否，万望更正。岁在庚子十日望后二日吴下陈金雀录于燕都宣武坊观心室中”。卷端钤“惜华所藏戏曲文献”、“满州富察氏宝泉惜华”、“碧蕖馆藏”章。

据书中题记，可知该剧重订于清道光庚子（二十年，1840）。共详梦（正文作“君臣详梦”）、寄书、玩景、接书、遣神、救驾（正文作“打围救驾”）诸出。剧述宋帝梦七星皂旗下，有女子三拜而去。醒后他召群臣详梦后，决定去武当微服降香。太师庞燕青早存不轨之心，他寄书与儿子庞洪，让其结天下好汉扮作强人模样，到武当山刺王杀驾。庞洪依计，待要劫持皇帝君臣，遇洪焰山寨主孙遇虎妹秀英在此打围。秀英杀退贼寇救驾。剧情止于此。（戴云）

《黄袍郎》

黄袍郎二十出 传奇。清无名氏撰。《明清传奇综录》著录。清光宣间观心室陈嘉梁抄本。半叶八行，行三十二字左右。叶心高宽：24.7×11.8。唱词带工尺谱。封面题：“西游记”、“黄袍郎”、“至德书屋”。目录处题：“观心室记”、“嘉梁”，有“惜华所藏戏曲文献”、“满州富察氏宝泉惜华”、“碧蕖馆藏”印章。末叶书“掌礼”二字。

本事见《西游记》第二十七至三十一回，出目为：妖衅、看灯、摄羞、除妖、赶逐、报信、捉僧、释放、遇徒、宴婿、变虎、四弟、龙斗、重皈、智伏、破法、擒妖、送饯、酹恩、出关。写上界奎木狼星尘念未绝，潜形在碗子山波月洞，化为黄袍郎兴妖作怪。听说唐僧取经路过此地，便与义妹白骨夫人商议要食唐僧肉。元宵佳节，黄袍郎与白骨夫人到宝象国游玩，黄袍郎看中了宝象国的公主。白骨夫人自告奋勇，要成其好事。宝象国国王、王后与公主在城头观灯，一阵怪风吹来，公主百花羞不知去向。国王急令手下臣子挨户寻找，却杳无踪迹。在白骨夫人的操办下，百花羞成了波月洞的压寨夫人。白骨夫人又跑到树林之中，几次诱惑唐僧师徒，均为孙悟空识破。最后，白骨夫人被孙悟空一棍打死。唐僧误以为悟空打死好人，将之赶回花果山。黄袍郎知义妹被杀，怒擒唐僧，要食其肉，为义妹报仇。百花羞得知经过，乃修书一封，请唐僧在取经路上过宝象国时，将书信带给父母，告之自己下落，后放唐僧从后门逃走。唐僧途中遇八戒、沙僧，师徒三人日夜兼程来到宝象国。黄袍郎知公主放走唐僧，捎回家书，就变作书生模样，先一步来到宝象国。见到国王，谎称公主被妖摄走，是自己搭救云云。国王见他相貌堂堂，又是女儿救命恩人，便招之为婿。唐僧到来，将公主书信呈上，黄袍郎却说唐僧一行是妖怪。国王不明真相，取净水将唐僧变为老虎。八戒到花果山请孙悟空，搭救师父。悟空变作公主模样，将黄袍郎修炼多年的宝贝骗走，八戒将百花羞背到宝象国。二人闯法场，将师傅变回人形，又将百花羞送到国王面前。国王方知上当。悟空回波月洞大战黄袍郎，待要将其打死，太白金星捧玉旨到，云罚与老君处看守丹炉。国王感激悟空，在宫中设素斋款待唐僧师徒。又赠其金银、僧衣、僧帽等物，并亲自送他们出关。现京剧《黄袍怪》（一名《宝象国》）即叙此事。（戴霞）

《双龙剑》

双龙剑存前部九出　传奇。又名《双鹤配》。清无名氏撰。《古典戏曲存目汇考》著录。清保庆班抄本。半叶八行，行十八字。叶心高宽 17×10.5。书衣题：“串本双龙剑前部”。封面题：“保庆班，双鹤配，双龙剑前部”。

该剧出目为：龙现、赠剑、之任、雨涉、祷雁、挫叛、失机、酬愿、乡浑。剧叙羊鹍、周鹏为辅、弼二星下凡，二人均胸怀大志，浪迹天涯，四处访求名师学艺。羊鹍、周鹏途经黄河，总摄江河的金龙大王亲授他们神艺。金龙大王还将双龙神剑赠与二人，令他们日后成就大事。羊鹍遇江州刺史陈霸先之女起凤，顿生爱慕之情，遂将传家宝双玉鹤相赠。河南王侯景思图帝业，兴师起兵。周弘正为平北大将军，与其女丽玉战败侯景。侯景挑选五百精兵，扮作周军模样，混入城中，里应外合，攻破睢阳。周弘正阵亡，丽玉女扮男装逃出城。剧情止于此。（吴秀慧）

《双忠记》

双忠记四出 传奇。无名氏撰。清巩连元抄本。一册。半叶九行，行二十八字左右，朱笔圈点。叶心高宽：24.5×16。封面题："双忠记"、"巩连元置"、"八号"，卷端处钤"惜华所藏戏曲文献"、"满州富察氏宝泉惜华"、"碧蕖馆藏"印章。此剧为昆弋合演，正文附有点板谱及弋腔谱号，多处注有道具、服饰等舞台提示。

该剧本事见《明史通俗演义》第二十五、二十六回。目录：起兵、烧宫、(失名)、荩谏。述燕王朱棣以清君侧为名，兴兵南下。其妹庆成公主前来劝阻，未果。曹国公李景隆投降燕王，献出南京金川门。燕王攻下南京，放火烧宫殿，建文帝朱允炆妻马皇后投火自焚，建文帝绝望之余，来到奉先殿欲自尽，被吏部尚书程济等老臣劝阻。他忽想起高皇帝临终前曾言，有一箧藏于奉先殿，危急时可开箧，自有解救之法。于是他命人开箧，内有僧衣、僧帽、僧鞋，并剃刀一把、白银十锭，及朱书一纸，上写"应文从鬼门出"，暗指从地下水道可以逃出。朱允炆剃度，穿上僧人服饰，扮作佛门中人，与程济由地道逃出，乘早已安排好的船只逃往吴江村。燕王攻进南京，谷王朱穗、安王朱楹均俯首称臣，文武百官也多迎谒马前。御史连楹不愿降服燕王被杀，魏国公徐辉祖抵抗燕王军队未果，兵败而走。该剧部分情节与李玉《千忠录》同，明姚茂良有《双忠记》，写唐代张巡、许远抗击安禄山之事，内容与此剧不同。(申文)

《摇钱树》

摇钱树三十五出存一至十四出 传奇。清无名氏撰。《古本戏曲剧目提要》著录。清晟吉抄本。一册。半叶十行，行二十四字左右。叶心高宽：24.5×16。目录叶末行题："晟吉，店号大发"。正文朱笔点板。卷端钤"惜华所藏戏曲文献"、"满州富察氏宝泉惜华"、"碧蕖馆藏"三枚印记。

本事源于鼓词《摇钱树》。出目包括：降财、庆子、劝饭、法化求乞（正文"作法化引会"）、招亲、接姑、女围、种树、豪衅、夸宴、看树、瞻众、设诞、庆寿、劫饷、唆陷、路获、思究、拘抗、奏朝、合战、斗法、神游、化遁、禅助、听琴、释□、(失名)、忝元、指圆、推本、仙度、(失名三出)。剧写宋仁宗时，书生崔文瑞穷困潦倒以乞讨为生，上天西王母之侍女张四姐，因爱慕文瑞而私携法宝下凡，幻化豪宅招文瑞入赘，与他结为夫妻。四姐种摇钱树使文瑞骤然而富，邻人王百万见四姐姿容绝世，想霸占为己有，遂向官府诬告文瑞盗窃，致使文瑞被捕入狱。四姐施用法术，打败官军救出文瑞，又用吸魂瓶连收包拯派来的数员大将。哪吒、四天君、孙悟空等诸天神下界相助亦不能取胜。孙悟空到昆仑山请西王母相助，西王母携众仙女临界点化，四姐始归仙位，文瑞亦被度化成仙。同题材戏曲作品有清无名氏传奇《天缘记》(今佚)、弋腔《摆花张四姐》、京剧《摇钱树》、桂剧《四仙姑下凡》、河北梆子《端花》等。(刘效民)

《蝴蝶梦》

蝴蝶梦八出　传奇。清无名氏撰。一说为清初严铸撰(见《花朝生笔记》)。《今乐考证》著录。清同乐堂抄本，一册。封面题：“蝴蝶梦总本”。半叶五行，行二十一二字，朱笔点板，行间有弋腔谱号。叶心高宽：19.5×10.5。每出首叶有“同乐堂”标志，并题“全串贯”。有“言无二价”长方章及“惜华所藏戏曲文献”、“满州富察氏宝泉惜华”、“碧蕖馆藏”章。

该剧据《庄子休鼓盆成大道》话本敷衍，明谢弘仪、陈一球均有同名传奇。出目为：幻化、扇坟、撕扇、病幻、吊孝、说亲、成亲、劈棺。述庄周与妻田氏隐居南华山，一日下山，遇寡妇扇坟。问之答曰，其夫逝前嘱坟干方可再嫁。庄周施法术使新坟即干。他向寡妇讨要扇子归家，向田氏言及此事，并言他死后也可用此扇扇坟。田氏大怒，扯碎扇子，且信誓旦旦。几天后，庄子诈死，逝前嘱不要将其埋葬。其魂飞出棺外变作楚王孙。楚以吊孝为名见田氏，还百般以言语挑逗她。田氏见其风流潇洒，不禁心动，答应与之成亲。拜堂日，楚王孙忽晕倒，称有心痛病，取人脑髓冲酒，服下即好。田氏劈棺，欲取庄周脑髓。却见庄周坐在棺中，责问田氏所为。田氏无地自容，乃自尽。庄子撇却田园，寻访长桑公子去也。后世同一题材作品颇多，《昆曲大全》、《缀白裘》、《集成曲谱》、《六也曲谱》等分别收录《扇坟》、《毁扇》、《成亲》、《劈棺》等折子。(戴云)

《如意针》

如意针十二出 传奇。清无名氏撰。《古本戏曲剧目提要》著录。清从道斋纯如氏抄本。一册。半叶九行，行二十七字。叶心高宽：17.5×11。朱笔点板、标注弋腔演唱符号。封面题："如意针，从道斋纯如氏抄"。钤"集英雅韵"、"惜华所藏戏曲文献"、"满州富察氏宝泉惜华"、"碧蕖馆藏"印记。

本事见小说《五毒全传》，出目包括：诏取、辞家、下凡、求配、成亲、投庵、惊吓、染病、阻舟、拿问、赐宝、刺蟒。剧写明嘉靖年间，赵国胜诬陷张捷天师兴妖作乱，嘉靖皇帝命陆炳、薛保宣张天师进京面质。金花娘娘令蟒精在张天师将要路过的江边潜伏，伺机与张天师斗法。蟒精看见渔夫傅老汉在江边打鱼，遂化作落难女子向其求救。傅老汉想到儿子傅年尚未娶妻，遂带其回家做儿媳。不料，傅年因被蟒精吸取身上的阳气而身体日渐羸弱。一次，蟒精不慎在帐中露出原形，致使傅年受惊一病不起。张天师从水路而至，蟒精用阴阳桶舀尽江水阻船行驶，张天师命随行法官上岸巡视，法官用掌心雷击打江边汲水的红衣妇人，江水逐渐回升。傅老汉到江边寻找儿媳，被法官绑至大船，于是将为儿子娶媳，儿子染病，以及村中闹妖之事一一禀告。张天师赠傅老汉灵符和如意金针法宝，并教其如何镇妖。傅老汉遵嘱，用灵符使蟒精显现原形，又用如意金针将蟒精斩作数段抛入江中。此剧曲牌套数及曲词多与清传奇《混元盒》第二本六至十五出相同。剧中《下凡》（一作蟒凡）、《求配》常单折演出。影戏、祁剧、京剧《混元盒》，以及昆曲、京剧《阐道除邪》中有此故事内容。京剧《金针刺蟒》，一名《刺红蟒》，专演此段故事。（刘效民）

《窃兵符》

窃兵符四本存一、二、四本二十七场 传奇。无名氏撰。清尚记亨元堂抄本。半叶六至八行，行十七至二十二字左右。叶心高宽：24.3×11.8。每册书衣处有"尚记亨元堂"长方印记。有些唱词附有点板谱。

该剧本事见《战国策》、《史记》等。头本目：催战、办口、遣代、（失名）、（失名）、暗箭、会阵、（失名）、（失名）、坑卒（十一至十七场目佚）；二本目：惊报、（失名）、（失名）、势倾、（失名）、时衰；四本目：求援、盗符、讯符、合符。述战国时秦韩交战，韩以十七城池献赵，得赵增援。秦王得知大怒，转而伐赵。秦国散布谣言，言廉颇年事已高不堪为将。赵王上当，改派赵括御敌，结果赵国惨败。赵王复命苏代退秦，苏代使反间计胜。王翦率大军围困邯郸，赵平原君赵胜散尽家产，以充军资。赵国向魏国求援，魏王惧秦不敢出兵。魏信陵君无忌，托王妃如姬盗取兵符，解了邯郸之围。同题材作品有：明张凤翼《窃符记》以及近代京剧《窃兵符》（又名《信陵君》、《窃符救赵》）；川剧、滇剧《铜符令》等。（申文）

《三笑姻缘》

三笑姻缘四十四出　传奇。清无名氏撰。《今乐考证》著录。清抄本。一册。半叶七至九行，行二十余字。叶心高宽：23.8×13.5。封面题："三笑姻缘，场面用"。朱笔点板。卷端钤"惜华所藏戏曲文献"、"满州富察氏宝泉惜华"、"碧蕖馆藏"三枚印记。

本事见《泾林杂记》，又见《警世通言》第二十六卷《唐解元一笑姻缘》。出目为：开宗、结盟、筹愿、劝夫、游山、庵遇、买舟、追笑、计鬻、堂见、值馆、巧诱、议醮、猜谜、亭会、建醮、下凡、化斋、情诉、代课、窘友、上寿、赌妆、试灯、强亲、楼晤、问情、报喜、花烛、得信、谒相、闺谑、续诗、愁配、合卺、猜诗、回家、索见、认女、货郎、访友、盟聚、赠嫁、笑圆。剧写明姑苏才子唐寅，因迷恋无锡华宏山府中的婢女秋香，以至甘愿卖身华府做书童，不料却屡屡被秋香捉弄。唐寅妻子陆昭容见丈夫数月不归，请唐寅好友祝枝山代为寻找。几经周折，祝枝山在无锡华府找到唐寅，向华宏山讲明华府书童的真实身份，并说服华宏山同意让唐寅点选秋香为配，唐寅终于与秋香成为眷属。剧因秋香的一笑、二笑和三笑引出两人姻缘而得名。剧中穿插祝枝山到武陵寻找唐寅，来到才子周文彬家。周文彬受祝枝山怂恿，于元宵夜改扮女装上街观灯，被王兵部之子王老虎当作美女抢回府中。当夜，王老虎令周文彬与妹妹月娥同住，准备次日回禀母亲后成亲。闺房中，周文彬向月娥说明真相，两人私订终身。王母得知此事，将错就错，请祝枝山为媒，使月娥、文彬喜结良缘。同题材曲艺作品有弹词《三笑姻缘》、《三笑新编》，宝卷《九美图》（一名《三笑缘》），子弟书《三笑姻缘》。戏曲作品有明杂剧孟称舜《花前一笑》、卓柯月《花舫缘》、史槃《苏台奇遘》，清传奇朱㿥《文星现》、无名氏《桂花亭》，以及京剧《花舫缘》、《笑笑笑》，锡剧《三笑姻缘》，秦腔《三笑缘》，川剧《三笑姻缘》、《虎丘寺》，越剧《三笑姻缘》、《三笑点秋香》，评剧《唐伯虎点秋香》，莆仙戏《唐伯虎》，闽西木偶戏《翠花缘》，越剧、黄梅戏《王老虎抢亲》等。（刘效民）

《大吉庆》

大吉庆曲谱二卷二十七出 传奇。清无名氏撰，一说清朱㿥撰。《曲海目》著录。清抄本。二册。半叶十一行，行二十字左右。叶心高宽：21.5×16.3。卷端题："大吉庆曲谱"，而正文并无曲谱。钤"惜华所藏戏曲文献"、"满州富察氏宝泉惜华"、"碧蕖馆藏"三枚印记。

本事见《史记·张丞相列传》、《汉书·蒯通传》、《西汉演义》。剧写汉朝丞相张苍治国、治家有方，以至家族兴旺，妻贤妾慧，子孝孙贤，一生风波不涉，爵位弥升。百一十岁时，三代封侯，御赐寿筵令合家宴饮。此剧以上述内容贯穿始终，又因张苍的孙子夜梦对句"福禄寿三星拱照日日报平安，父子孙五代峥嵘时时大吉庆"而得名。此剧另一主要内容是写蒯通故事。韩信在楚地兵马日增，威权日盛，汉帝开始对他怀有戒心。萧何怕韩信日后连累自己，与随何设计伺机除掉韩信。汉帝驾游云梦，萧何传诏书命韩信接驾。韩信麾下辩士蒯通力阻，韩信不听，蒯通料他此行必死，请求为他烧纸生祭。韩信见驾，果以谋反罪被擒。萧何欲斩草除根杀蒯通，蒯通为避祸而装疯，不料被前来刺探虚实的随何看出破绽。随何把蒯通赚至都城，萧何已架好油锅等待行刑。蒯通见状，扑向油锅请求速死，并慷慨陈词为韩信直言辩解，众人为之感动，牢子暂停行刑，将蒯通押到金亭公馆听命。匈奴冒顿起兵进犯中原，连破汉家数座城池，汉帝苦无良将，只得御驾亲征。蒯通得丞相张苍保奏被释，请求随驾出征立功，帝允。汉帝被冒顿用计围困在白登，粮草将尽而群臣无计。蒯通自荐冲出重围，亲往匈奴阏氏营盘，用陈平离间之计，激阏氏发令连夜撤回冒顿四十万精兵，为汉帝解围。汉帝平安回京，为蒯通封侯。蒯通不知当初被释是张苍保奏之功，反怪张苍坐视不救而耿耿于怀。他自恃功高位显，到张苍府上冷嘲热讽，而张苍笑而不答。蒯通在张苍桌案上发现保奏文稿，惭愧万分，急忙向张苍谢罪。同题材戏曲作品有元杂剧《赚蒯通》，京剧《蒯彻装疯》，川剧、滇剧《油鼎封侯》，汉剧、滇剧《烹蒯彻》，秦腔、河北梆子《蒯彻扑油锅》等。（刘效民）

《千秋鉴》

千秋鉴存上卷一至十七出　传奇。清无名氏撰。《曲考》著录。清萃雅堂抄本。一册。半叶七行，行二十四字至二十七字不等。叶心高宽：25.5×10。卷端钤“惜华所藏戏曲文献”、“满州富察氏宝泉惜华”、“碧蕖馆藏”三枚印记。

本事见小说《英烈传》，剧中人物李文忠、常遇春、徐达等人事迹见《明史》本传。剧写元末明初，上帝降旨驱除金陵的山妖狐魅，以帮助朱元璋在此建都。钟山狐无处安身，化作美女混入都城，在明将李文忠的花园藏身。李文忠之子玉麟，被钟山狐幻化的美女迷惑，身体日渐羸弱，以至昏迷不醒。铁冠道人观测星象，得知钟山狐在李府作祟，于是到李府救醒玉麟，并赠送镇妖法宝，传授镇妖秘诀，帮助玉麟除掉钟山狐。明将徐达、李文忠、常遇春等人，兵分五路扫北灭元。常遇春攻破古北口，占领八达岭，不幸在柳河川与元将白颜驼作战时阵亡。朱元璋得到噩耗，传谕比武选将，发兵扶常遇春灵柩归葬。校场上，李玉麟和常遇春之女瑞凤夺得先锋，奉旨同朱亮祖一起挂印出征，与徐达、李文忠等人会合兵力击败白颜驼。瑞凤扶灵柩回京，其余人攻入元朝都城。元顺帝出逃，在红罗山下被北海挡住去路。追兵将至，铁冠道人掐算，元运虽然已去，但人间杀运不可太重，于是遣神兽于北海献桥，助元顺帝逃脱。灭元功成，御赐李玉麟、常瑞凤成婚。剧因铁冠道人赠送李玉麟镇妖法宝“千秋鉴”得名。同题材剧目有京剧《八达岭》（一名《常遇春大战伯颜图》）、《北海献金桥》，同州梆子、甘肃秦腔《柳河川》（一名《常遇春大战伯颜图》）。另有同名传奇，演商末武王伐纣事，内容与此剧不同。（刘效民）

《千秋鉴》

千秋鉴二十四出　存一至十一出　传奇。清无名氏撰。《曲考》著录。清抄本。一册。半叶八行，行二十四左右，叶心高宽：23×15。有穿戴提示。函套书签题："旧钞千秋鉴残帙二十四出"。本事见小说《英烈传》。现存出目：开宗、赏雪、逐狐、朝贺、先兆、宣谕、灯遇、交媚、画判、分兵、破岭。剧写元末明初李玉麟故事，详细剧情参见萃雅堂抄本《千秋鉴》。（刘效民）

《千秋鉴》

千秋鉴存二十一出至三十一出　传奇。清无名氏撰。《曲考》著录。清抄本。一册。半叶八行，行二十余字。叶心高宽：25.2×15。封面题："千秋鉴末段终"。卷端钤"惜华所藏戏曲文献"、"满州富察氏宝泉惜华"、"碧蕖馆藏"三枚印记。正文有穿戴提示。本事见小说《英烈传》。出目包括：报讣、（失名）、武场、奠灵、浸宫、（失名）、遣艑、献桥、（失名）、功臣、团圆。剧写元末明初李玉麟故事，详细剧情参见萃雅堂抄本《千秋鉴》。（刘效民）

《双珠凤》

双珠凤三卷存下卷二十七至三十九出　传奇。清无名氏撰。《曲海目》著录。清稿本。一册。半叶八行，行二十四字左右。叶心高宽：24.5×14.7。封面题："双珠凤三段"，卷端题："双珠凤末卷"。朱笔点板，有穿戴提示，个别唱段附有工尺谱，正文删改处较多，为艺人舞台演出剧本。

本事见弹词《双珠凤》。现存出目包括：计救、法场、考试、起兵、相会、大战、辞任、私行、正刑、山会、见岳、请旨、团圆。剧写明正德年间，洛阳才子潘必正奉母亲之命到南阳计文生家索债，因计文生进京赴任而不遇。回家途中，在莲花庵遇霍天雄之女定金，于是卖身霍府为奴，与定金私订终身。正欲行聘，闻母亲身亡而回家奔丧，不料家中财产已被恶叔闻平章鲸吞。闻平章欲用药酒加害潘必正，反而害死自己的儿子。他与恶仆来富合谋，买嘱赃官状告潘必正投毒，潘必正被屈打成招问成死罪。禁子林德为报潘家救命之恩，让儿子林三代替潘必正去死，而放潘必正出逃。潘必正出狱，在湖广孝感被李之甫收留。李之甫以爱女相许，潘必正用霍定金所赠珠凤作聘礼，代为他日行聘的凭证。当初，潘必正离开霍府以后，霍定金得知父亲将自己许配给周兵部之子，于是携婢女秋华改扮男装连夜出逃，途中被刘廷侯收留。刘廷侯不知定金是女儿身而许以爱女，定金以珠凤为聘，代未婚夫潘必正缔结良缘。潘必正、霍定金各自进京赴试，分别得中状元、探花，霍定金到状元府拜望潘必正，两人相聚。闻平章欲霸占潘必正的未婚妻秋环，秋环假意应允，成亲之日在洞房刺死闻平章，为潘必正报仇。闻平章死后，其妻与恶仆来富私通，霸占闻家产业，两人公然为夫妻，并将秋环告到官府问成死罪。二龙山山寨主金擒虎、张赛金夫妇是秋环的兄嫂，冒死劫法场救出秋环。自此，官兵屡屡征剿二龙山，山寨再无宁静之日。金擒虎夫妇决定，乘山寨兵精粮足，与官府对抗厮杀。他们起兵之后，遇州州破，遇郡郡降，官府束手无措，刘廷侯奉旨督师征剿也不能取胜。潘必正与金擒虎有一面之交，知其为人英雄慷慨，为此草疏上陈，特请前往招安。金擒虎夫妇闻妹丈潘必正亲自来到山寨，于是打开山门欣然投诚，秋环、潘必正也因此而相聚。潘必正班师回朝，御赐与霍定金、金秋环等六女完婚。剧中穿插以下情节：计文生之子明贤，赴试得中榜眼，官授河南巡按。他微服私访，查明闻平章、来富图财害命，霸占他人家产之公案。同题材戏曲作品有京剧《卖身投靠》、《送花楼会》、《堂楼详梦》，越剧、锡剧、闽剧、庐剧、淮剧、五音戏《双珠凤》，高甲戏《珠凤钗》。（刘效民）

《双奇侠》

双奇侠传奇二本三十八出　传奇。清无名氏撰。清抄本，一册。半叶九行，行三十六字左右。叶心高宽：24×10.8。卷端钤“惜华所藏戏曲文献”、“满州富察氏宝泉惜华”、“碧蕖馆藏”印，有“词句虽有，全要重改”、“此剧取义侠奇观，对改可行”批语。

剧述大名人铁中玉，性行豪侠，父亲铁英官拜都御史，时朝中奸党用事，铁生知道父亲生性刚介，放心不下，决意赴京相助。兵部侍郎水鉴，妻子早逝，女儿水冰心，颇爱诗书，且尚侠气。水鉴与权奸不合，被左迁镇守珠池，冰心无奈与父亲相别。清明节时，冰心去祭奠母亲，遇权贵沙利之子沙乔。沙乔见之貌美，欲娶之，被冰心拒绝。沙乔送水鉴之弟水润厚礼，唆使其将侄女出嫁。水润强为侄女做主嫁与沙家，冰心移花接木，将水润之女嫁出。沙乔一计不成，乘中元节冰心为母亲追荐亡魂之时，再次强娶之，又误将韩愿之女韩霜筠抢入府中。韩愿上京告状，铁英替韩愿鸣冤，反获罪入狱。中玉助父亲鸣冤，铁英终被释放，奉旨查找韩愿父女。中玉入府找到韩愿父女，使沙利受惩。沙乔再次强娶冰心，被中玉阻挡。沙乔下巴豆害中玉性命，又不果。冰心感谢中玉相救，邀其入府饮酒，二人互敬侠气。边疆乱军贿赂沙利，令其陷害水鉴，铁英为水鉴开释。水鉴与铁中玉奉旨平乱成功，沙利父子被惩，沙利后被老虎吓死。水鉴、冰心父女团圆，后铁中玉与冰心、霜筠二女结为夫妻。（王学锋）

《双剑圆》

双剑圆十六出　传奇。清无名氏撰。《古本戏曲剧目提要》著录。清抄本。一册。半叶八行，行二十四字。叶心高宽：20.5×12.2。此剧原失题名，今人根据剧中施全、卜飞霞因天降干将、莫邪神剑而结良缘事而拟名。

出目包括：登场、劫路、坠剑、拜府、寻词、告状、捉拿、勘问、赐剑、回山、夜会、送饭、卖子、连桥、盗剑、交令。剧写四川施恩，清明携子祭扫祖茔，路救富商寿星长，结交好汉萧空空，并得天降干将神剑。寿星长不图报恩，反而为了霸占施恩妻子梁氏，勾结讼棍将施恩诬陷入狱待斩。为了解救丈夫，梁氏卖掉儿子施全，换得盘缠到四川府衙为丈夫申冤，施恩被改判发配边关。天降莫邪神剑，为峨眉山山大王卜望报所得。卜望报下山寻访流落人间的干将神剑，途中买得施全，从施全口中得知干将神剑今在四川府衙，其父施恩因此神剑而蒙罪。卜望报久慕施恩侠义，派萧空空下山相救。寿星长逼迫梁氏改嫁，梁氏正欲上吊自尽，被赶来的萧空空救下。萧空空杀死寿星长，又在通往边关的道路上，从被寿星长买通的解差刀下救出施恩。而施恩拒绝随萧空空上山，萧空空只得盗出干将神剑，带梁氏回山复命。卜望报进兵边关，施恩向御林总兵卞仁雄请战，在阵前招安卜望报归顺朝廷。施恩、卜望报各得封赠。施恩一家团聚，其子施全与卜望报之女卜飞霞结为婚配。（刘效民）

《玉宝瓶》

玉宝瓶五集三十八出 传奇。清无名氏撰。《北平国剧学会图书馆书目》著录。清抄本。五册。（傅惜华旧藏第四集，今补入梅兰芳旧藏一、二、三、五集，傅、梅两家所藏合为完璧。）半叶七行，行二十四字，叶心高宽：23×13.8。朱笔点板。第四集卷端钤“惜华所藏戏曲文献”、“满州富察氏宝泉惜华”、“碧蕖馆藏”印。

该剧一集目：朝贺、藏容、途旨、谏激、院谏、商陷、假刺；二集目：守宝、嘱窃、糕律、夜诨、日窥、娇纵、猎遇；三集目：耍赠、露合、邀拒、妄托、明接、暗亏、归愤、劝赘、夺窃；四集目：巧屈、煽愚、晉变、被逮、惊行、审急、狱聚；五集目：阻戮、议弑、奏功、诛佞、遇娇、说破、反亲、诧圆 。剧写北宋宣和年间，谏议大臣潘某有一妻一妾。妻专横跋扈，且嫉妒成性。潘某因罪被贬他乡，行前妾将生产。妻扬言，养女当留，生男必杀。妾果生一男，取名潘胜。为蒙骗大娘，潘胜只得男扮女装。某日，潘某与枢密使张叔夜相遇，二人语言相投。张言家有一男名凤，愿与潘家结秦晋之好。张家有稀世宝瓶名玉堂春，能自然调温，花枝插入，不枯不烂，四季常发。枢密院副使朱勔有一子一女，子德进欲购张家宝瓶献皇上，遭到张家拒绝，遂遣惯偷莫黑去窃，未遂。潘胜男性不改，专爱舞刀弄枪。一日，潘胜邀时大姐外出打猎，路遇朱家兄妹，四人同行。德进将潘胜误作红颜，欲与亲近。潘胜故作轻浮，遭时大姐指责。潘胜只好向时大姐诉出真情。时大姐仰慕潘胜才貌，愿以身相许。张叔夜征辽大捷，便道归家，告妻已为爱子订婚，将择吉日入赘。妻大恐，无奈道出赶走其妾，令女改扮男装的实情。叔夜大怒，执意从速令女成婚，并以宝瓶玉堂春作聘礼。此时潘家也乱了方寸，正手足无措，时大姐突生妙计，盗走玉堂春，使潘张两家婚期拖延。由于奸佞朱勔谗言，潘张两家遭满门抄斩。

正欲行刑，皇上传旨，念潘张二人征辽有功，免罪释放。朱勔被革职查办，因此而怀恨在心，与妓女李师师密谋弑君另立，并收买时大姐与莫黑行刺皇上。时大姐与潘胜一同护驾，挫败了朱勔阴谋。朱勔被斩首示众，其子女贬为庶民。时大姐因护驾有功，被封一品夫人。皇上将时大姐与潘胜，同赐张凤为妻。潘妻无奈道出真情，张家大喜。潘张阴阳倒置，与时大姐喜结良缘。（吴秀慧）

《扬州鹤》

扬州鹤传奇十三出　传奇。清无名氏撰。《古本戏曲剧目提要》著录。清抄本。一册。半叶八行，行二十字。叶心高宽：21×14。卷端钤“惜华所藏戏曲文献”、“满州富察氏宝泉惜华”、“碧蕖馆藏”三印。

该剧出目为：嘱鹤、鹤媒、情痴、微行、追谏、强引、情兜、娼谏、索衅、观堂、缘遘、订获、窘断。剧叙明正德皇帝性喜出游，沉溺女色，不理朝政。大理寺副卿王介多次进谏，触怒龙颜，被贬为扬州刺史。王介有子名大禄，二十一岁，喜风流，爱拈花惹草，被父亲拘禁衙内。大禄整日放情花鸟，寄兴诗歌，饮酒作乐，虚度光阴。延绥总督马昂失误战机，罪当斩，因将嫡妹献给皇上而免罪，并被封为锦衣卫指挥。马昂后因强抢民女，连伤数人，激起民愤，被削职为民。王介曾多次裁抑马昂，为得到王介庇护，马昂欲将女儿兰馨许王介之子大禄为妻，不想被王介一口回绝。王家养了一只仙鹤，名唤凌霄，颇解人意。大禄闲中无聊，对凌霄说欲访一美女为终身伴侣，奈拘在衙内不得出去。凌霄听后，飞到马昂家。兰馨作得一首好诗，写在扇上自赏。凌霄飞进来，叼起扇子飞走。大禄见扇上字迹秀丽，诗也落笔不凡，便对扇主起仰慕之心。大禄偶然从茅皂吏女玉凤口中得知，此扇是马昂之女兰馨之物，极为兴奋，立即在扇上和诗一首，交给玉凤，求玉凤请兰馨与他见面。茅皂吏得知大禄为人，不愿让玉凤与之来往，遂引大禄到山下。大禄结识了猎户包出丑之妹玉珍。玉珍喜欢大禄风流倜傥，并留其在家吃饭喝酒。酒后大禄装醉，睡在包家堂屋。深夜，包出丑卖完兽皮归家，将大禄误作贼人揪到王介衙内。王介无奈，只得答应玉珍与大禄婚事。上海图书馆存旧抄本《扬州鹤》，署“三元双生编著”，凡三卷四十出，叙杜子春得道飞升事，与此本事不同。（吴秀慧）

《庆丰年》

庆丰年存第三本十四出 传奇。清无名氏撰。清抄本。一册。半叶九行，行二十四至三十多字不等。叶心高宽：21×12.5。卷首有目录，题："庆丰年第三本"。卷端处有"惜华所藏戏曲文献"、"满州富察氏宝泉惜华"、"碧蕖馆藏"印记及"养志堂珍赏图书"、"宁府"、"观其妙"、"游戏"等章。

该剧出目：各道家门（正文作"开宗"）、万家贺师、奏朝拜将、天宠起兵（正文作"起夷"）、祝符上任（正文作"接任"）、行军破敌（正文作"破岭伏蜀"）、诸葛梦召、遣将伏兵（正文作"遣将埋伏"）、起吸铁石（正文作"起吸石板"）、遣冲庙祝（正文缺目）、天宠拜庙、众官送行、圣访义农、恩赐团圆。述蜀主孟昶进犯大宋边界，双方交战金牛岭。宋将王全斌累战不克，宋太祖得神指迷，下旨命人到荆州安乐乡请状元田嘉乐牵红牛火速进京。嘉乐面圣，被封为征西副将军，与丞相赵普共领兵十万，即刻起程直奔金牛岭。向日，嘉乐受连襟刁符诬陷，害得妻出逃子充军，自己改齐姓为田姓。刁符因作坏事败露，改名竹符，任陕西游击，后奉调来到嘉乐手下。二人营中相见，嘉乐认出是仇人，以点卯不到为名杀之。嘉乐以红牛破对方白牛，大获全胜。班师回朝后，又奉旨征剿洞蛮。洞主孟天宠是三国时孟获后人，他为报祖上七擒七纵之仇，便拥兵谋反。嘉乐苦思破蛮之计，夜梦诸葛武侯，告之与天宠交战时佯败，将之引入诸葛庙中。庙门左侧有磁石琢成的拜板一块，天宠进庙后必将参拜武侯塑像，其铁甲会被磁石吸住。天宠必疑为被鬼神所缚，三军无主帅大乱时可劝说其归降。他若同意，可亲为解甲，并将铁甲与拜板埋在原处，勒石以表其功，达到警示蛮夷后人之目的。次日，嘉乐依梦中计而行，果然获胜。孟天宠心服口服，表示愿岁岁上贡，永不谋反。以前嘉乐一门被人陷害时，被荆南老农万钟禄所救。太祖知此事后，与赵普微服私访到荆州，见到万钟禄后，许其官职，不受。嘉乐得胜回朝，圣旨下，复其原姓，并封其为镇国大将军，太宁侯，妻张氏封英国襄毅夫人，子齐万言授翰林院大学士，媳万氏封为恭人。并赐万钟禄庆农坊匾牌，以示旌奖。《曲海总目提要》卷四十五著录《庆丰年》剧，云“一名《三多记》，述郭子仪多子多福，年八十，七子八婿俱显贵事”，与此本事不同，当为两本不同剧作。（戴云）

《沉香池》

沉香池三卷二十四出 传奇。清无名氏撰。《明清传奇综录》著录。清抄本。三册。半叶九行，行十八字。叶心高宽：14.2×9.8。卷首有“满州富察氏宝泉惜华”、“碧蕖馆藏”朱文印二。每册封面题书名并卷数。

该剧上卷目：束装、扎寨、盼夫、泣别、晚妆、忆女、仙游、闺难；中卷目：疏池、忿暴、秋诘、妒闻、池影、狮残、埋香、惜玉；下卷目：旅愁、园荐、之官、察恶、京思、婢叹、魂逢、冥断。述书生长文彬旅居姑苏，纳才貌双全、性格温柔的俞玉兰为侧室，后带其返乡。原配钱氏生性歹毒，见丈夫姑苏纳宠醋意大发。文彬新买一座浣花别墅，让园工疏通园内沉香池后，便率全家搬到此处。文彬接友人书信外出，钱氏侮辱责打玉兰。玉兰自沉于沉香池中。文彬回府闻之大悲，将钱氏遣回娘家，终生不与见面，又厚葬玉兰，收拾行装进京赴职。在京中，他苦苦思念玉兰。逢安期生下凡，化为道士进京。文彬求道士为亡妾玉兰招魂。安期生施法术使之睡去，他魂儿出壳，来到阎王殿前，见阎王正在审理钱氏逼死玉兰一案。钱氏被打入十八层地狱永世不得超生，玉兰被封为沉香夫人，与洛神为伍，职掌人间闺中善恶。文彬醒后，安期生对其讲述世间情思种种弊端，并要点化他超升天界。（戴云）

《奇美缘》

奇美缘传奇六出 传奇。清无名氏撰。清抄本。二册。半叶七行，行二十字。叶心高宽：19.5×10。

剧叙秦末，天齐庙会，虞姬带妹妹虞姜至庙烧香。项羽、孙心同至此游玩。飞龙激虞姬举千斤鼎。项羽速为虞姬解围，只手举鼎过头，绕场一周。虞姬上前拜谢，二人结为兄妹。天色已晚，虞姜与姐姐走散。孙心带虞姜回家取灯，孙母见虞姜胸前玉坠，认出己女。孙心本为楚王世子，楚王夫妇被秦军所掳，遂将世子托付当时太宰孙迭，并取两块玉，一块系在世子身上，另一块系在孙迭之女身上。孙夫人带女儿与世子过江避难，为保全船人性命，孙母忍痛将女儿丢进江中，其女后为虞少田救养。财大势壮的飞龙将虞姜抢去做妾，虞姬带张耳、陈涉在项羽帮助下抢回虞姜。孙家骨肉团圆，孙心、虞姜喜结良缘。（吴秀慧）

《金兰谱》

金兰谱头本总纲存十六出 传奇。清无名氏撰。《明清传奇综录》著录。清抄本。系昆弋轮演。一册。半叶八行，行二十一字左右，叶心高宽：21×15。封面题："水浒金兰谱头本总纲，穆家庄"，卷首有"惜华所藏戏曲文献"、"满州富察氏宝泉惜华"、"碧蕖馆藏"印章，末叶有"岐周氏记"朱印。

本事见《水浒传》三十五回。出目为：仙山演法、穆庄赏花、水泊饯送、朱雷奉差、探父被获、审问减等、发配嘱别、埋伏劫夺、遭危契结（十至十五出缺目）、元女赐宝。述梁山首领宋江下山探父，被官兵拘捕，因当年杀阎婆惜事刺配江州。解差押宋江到梁山附近，被刘唐领人劫住。刘唐要杀解差请宋江重坐交椅。宋江请求放之去江州，以全忠义。解差押宋江至揭阳岭，进李立酒店打尖。李立在酒中放蒙汗药，使众人昏睡过去。浔阳江好汉李俊、童威、童猛久慕宋江，闻其发配至此，想去结交。他们走进酒店，恰遇此事。李俊看过解差批文，知是宋江一行，忙唤李立取来解药，将宋江等救醒。众人入席，推杯换盏，结为异姓兄弟。现京剧《揭阳岭》，即叙宋江与李俊结交之事。（戴霞）

《延五关》

延五关存末段九出 传奇。清无名氏撰。清抄本，一册。半叶十行，行二十三字。叶心高宽：20.5×16。卷端钤"惜华所藏戏曲文献"、"满州富察氏宝泉惜华"、"碧蕖馆藏"印三枚。剧本多处修改，少数地方点板眼，有简单动作提示。

本事见《封神演义》第八十、八十一回。出目包括：授宝遣徒、路援四俊、海外瞻云、荡涤邪氛、赤心捐命、潼关抵抗、暮夜生非、限至归神、庆功团圆。剧叙商纣王时，杨任因谏君招祸，遇师傅保救，名山学道一载。时周室兴，武王伐纣，子牙兵临商境，吕岳在临关布阵还击。黄飞虎等四大将被擒，子牙兵陷多时。杨任用师傅所授五火神焰扇，帮子牙攻破邪阵，救出四员大将，命他们隐居临关城内，以便翌日里应外合攻破临关。雷震子飞进临关城内，打开城门，接应人马进关。守将徐芳不降被斩。临关攻破，子牙带兵攻至潼关。潼关守将余化龙及四子余达、余兆、余光、余先个个武艺高强。经过激烈奋战，周将太鸾被余达用撞心杵撞死，苏获被用杏黄幡隐身的余兆暗杀。杨戬放出哮天犬，咬伤余化龙。四子余先救父逃命。余化龙五子余德外出学艺三载，得五色葫芦，秘炼毒痘，撒在周营。子牙兵将人人发烧，身出痘疹，头昏眼花，不能站立。杨戬向神农求来仙草治愈兵将。子牙重振军威，攻取潼关。余化龙父子俱被杀。姜子牙连夺数关，大获全胜。京剧《攻潼关》、秦腔《战潼关》均演此事。（吴秀慧）

《欣见太平》

新编欣见太平存第八本二十四出　传奇。清无名氏撰。清抄本。二册。半叶八行，行二十二字。叶心高宽：20×17。朱笔点板。函套签题："残抄本欣见太平，仲蔚所藏"。封面题："八本，欣见太平"。卷首有目次，卷端题："新编欣见太平，八本"。

出目为：开场大意、宋王拆柬、擒住文姬、告禀母氏、唐兵接应、宋王失利、卸甲得病、众神送魂、关帝显灵、惊死高母、别母出战、美容射敌、符完见后、群臣接驾、中途接本、回宫见后、冲营入城、灵前哭母、相见宋王、大败唐兵、史魁见帝、驾临帅府、御祭高母、君臣回都。述八月十六，宋王赵匡胤拆苗军师留下的柬帖，知南唐太师杜瑶父子劫驾而走，高怀德、高怀亮兄弟前往救驾。众将大惊，准备随匡胤前往救驾。高氏兄弟在东青山挡住杜瑶一行，救了圣驾。杜之长子阵亡，次子被俘。匆忙之中，杜瑶来到赵匡胤的地盘，被之劫杀兵败，拔剑自刎。杜瑶女文姬被捉，无奈中供出了自己奉南唐君主及父命蛊惑柴王，挑拨其君臣不和以及如何协助父亲入宫劫驾等事。匡胤手下大将史魁听罢，怒杀文姬。南唐泗水王宋继秋、大元帅林文豹得报，知杜瑶全家被杀，乃领兵攻打归德。赵匡胤领兵御敌，身负重伤。回营后卸甲受风寒，一病不起。南唐继续攻城，高怀德之母受惊吓而死。怀德妻赵美容乃匡胤之妹，自幼受神人传授武艺，此时见城池危在旦夕，便披挂上阵出城迎敌。宋继秋中美容毒箭，败走。太师符完、司马赵普得知柴皇被救，便赶往东青山迎驾。高氏兄弟奉旨前往归德宣召宋王，二人冲进南唐包围，进城后方知母亲去世。于是二人出城，将林文豹打死，宋继秋吐血而逃。柴皇下罪己诏，宣布史魁、石横等官复原职，并到归德看望赵匡胤，以安抚众臣，又亲自祭奠高母。办完丧事，众将随柴皇同返帝都。（戴云）

《忠烈图》

忠烈图存第五段十出 传奇。清无名氏撰。清抄本。一册。半叶八行，行十八至二十二字左右，叶心高宽：22.5×15.2。有点板谱，并动作提示。封面题："忠烈图，五段"。

卷首有目录：殿封、赏春、飞剑、访要、定策、断臂、筑城、监放、斩妻、刺庆。剧演要离刺庆忌事。述春秋时伍子胥荐专诸刺杀吴王僚后，拥公子光登位，改国号曰"阖闾"。新主登基，大宴群臣。但吴王僚之子庆忌领兵在外，阖闾甚忧。相国伍子胥保奏要离刺杀庆忌。楚平王之子昭王继位，一日，他与母亲在章华台赏春，后身体困乏，不觉睡去，梦神人赐剑，不禁惊醒。他见手中握剑一把，好生奇怪，便召群臣详梦。除费无忌外，众臣均言此乃吴国欧冶子所造湛卢宝剑，藏于吴王宝库，无故飞来，必有不祥之兆。楚昭王便命新筑麦城一座，嘱严加把守，以防吴国进兵。伍子胥带要离见阖闾，阖闾见要离身材瘦小，不相信他能刺杀庆忌，要离将自己定下的苦肉计与阖闾说明，阖闾将信将疑。楚兵犯境，要离请兵伐楚，吴王不准。要离指责吴王不为伍相国报仇。吴王大怒，将其胳膊砍断后投入监牢。伍子胥探监后，嘱狱官私放要离。吴王闻之大怒，将要离妻、子一并斩首。要离出逃后，来到庆忌营中。此时庆忌派出的探马归来，将要离断臂，妻子被杀事禀明。庆忌信以为真，将要离留在身边，要离趁机将庆忌刺死。庆忌死前长叹要离如此英勇，表示不愿一日之间天下死两位勇士，并嘱手下放他逃生。要离虽杀庆忌，但觉得自己杀妻求名乃不仁，行刺庆忌乃不义，残身破家乃不智。有此三恶，有何面目立于人世，于是自尽。（戴云）

《珍珠旗》

珍珠旗十八出 传奇。清无名氏撰。《今乐考证》著录。清抄本。二册。半叶六行，行二十二字，叶心高宽：23.5×15。正文有朱笔圈点，附蓑衣式工尺谱、穿戴提示等。

本事见小说《五虎平西演义》，出目为：示因、换降、纳妃、虎遇、寺引、认姑、聚胜、秋千、结义、奸衅、遣徒、檄助、合兵、接战、回营、阻封、密嘱、比武。剧演北宋景祐时，狄太妃之侄狄青少年壮志，精通百般武艺，独自离家去皇都投军。途中，狄青与张忠、李义结为异姓兄弟。太白星将此事托梦与狄太妃。潞化王扮作书生，在相国寺找到狄青，将他带回府中。狄太妃见到狄青分外高兴。太尉孙秀之子孙葵，依仗权势独霸一方，在城外建造大庄园，招纳勇士演兵习武。某日，孙葵举办盛会，狄青与义兄前往观看被挡在门外。狄青等人大闹盛会，孙葵怀恨在心，伺机报复。当时国事衰败，邻邦安定国与罕东国联合，靠珍珠喷雪旗和珍珠灭火旗打败宋兵。潞化王见狄青武艺高强，为其请授官职。奸臣庞洪、孙秀因与狄青有隙，二人在皇上面前极力阻挠，并设计让强将王天禄与狄青比武，欲借机杀害狄青。狄青凭借自身武艺，战胜王天禄，粉碎奸臣阴谋。（吴秀慧）

《秋景寿》

秋景寿存第三段六出 传奇。清无名氏撰。清抄本，一册。半叶八行，行二十五字。叶心高宽：21×14。卷端钤“惜华所藏戏曲文献”、“满州富察氏宝泉惜华”、“碧蕖馆藏”印三枚。书内对人物扮相、所用砌末等有简单的提示。

剧叙渔夫牛八老年近八十尚未娶妻。八月十五，八老酒酣睡在船上，半夜醒来，见船未系缆绳随风漂至湖心。他忽然发现湖面有一明珠耀眼，似传说中千年老蚌孕结成的定风玄珠。八老得定风玄珠，再不怕大风大浪。伍员外辞荣归隐，带长女玄珠遍游山水寻访禅宗，一心想皈依佛门。玄珠容颜似玉，但双鬓如霜令她感到自卑。她曾发愿，必遇白头才肯结发，否则便皈依佛门。某日，他们父女来到洞庭湖，伍员外去岳阳楼观赏，仆人上岸买鱼，玄珠留在船内。忽然狂风大作，吹断揽绳，船被吹到湖中心，十分危急。八老冒着生命危险，将玄珠搭救上岸。伍员外为报答八老救命之恩，将玄珠许八老为妻，自己则到峨眉山出家。（吴秀慧）

《独占鳌头》

独占鳌头六本三十七出　传奇。清无名氏撰。《明清传奇综录》著录。旧抄本。六册。半叶八行，行二十五字左右。叶心高宽：22.8×15.5。正文有服饰穿戴、舞台调度等提示。剧中个别地方采用倒板、摇板西腔等板式唱腔。卷首有题为“独占鳌头总题程霁拔”之目录。

本事根据清王懋昭《三星圆》传奇改编，头本目：降气、析爨、拗媒、擒猩、疏兰、挟奸、放熊、纵虎；二本目：侵疆、弹相、定刑、立嗣、御寇、□战、罢兵；三本目：携妾、启妻、闹阃、惊逃、噬凶；四本目：遣猿、证果、赠丹、度魂；五本目：占鳌、下蛊、颁诏、谮截、合战夺标；六本目：恩锡、心许、义劫、营会、降伏、求降、献俘、封赠。剧写唐朝，钱塘陈祖德世为商贾，广有田园。其胞兄祖功，生性迂腐，因奋志功名而寡情，致使妻子高氏抑郁而亡。高氏死后，祖功不以无嗣为虑，鳏居多年不肯再娶。祖德为使兄长有后，求母舅做主与其分家，迫其娶兵部尚书郭文龙之女兰英为妻。新婚之夜，祖功令兰英独自安寝，自己则到书房读书，并告知兰英，不得功名誓不与其同衾共枕。兰英遭到冷落，终日郁郁寡欢。数年之后，祖功取得功名，官授吏部主事，旋即因弹劾奸相卢杞而被施以宫刑罢黜官职。祖德念及兄长尚无子嗣，遂将长子宗勉送其为后。兰英之婢女秀莲，深夜至账房挑逗张炳，因被张炳严词以拒而恼羞成怒。张炳恐秀莲日后生事，以替祖功做药材生意为由外出避祸，途中用钱财从猎人手中换得熊、虎性命，然后放归山林。由于经营有方，张炳赚钱而归。祖功见其办事忠诚，遂将秀莲赠其为妾。洞房中，秀莲骄横吵闹，张炳责其当日之淫荡，怒而离去。秀莲与应天报私奔，张炳追至红树岭，被应天报用剑砍断右臂。熊、虎报恩，赶至相救，立噬奸夫淫妇。时清心寺法惠禅师至，用锡杖喝退熊、虎，并为张炳剃度，令其皈依佛门。祖功赠张炳银两修缮清心寺，张炳不受，劝其将银两转送河南赈济荒民。观音大士知张炳本具仙根，遂遣白猿赠其仙丹，令服之开悟，又亲临点化为其证果。祖功积有舍财行善之功德，观音大士命张炳赠其灵丹，使其数年残躯骤然完新，一年之后喜得贵子。陈宗勉与母舅郭有威、张炳之子继良结伴进京赶考，三人分别得中状元、榜眼和探花。卢杞恐三人日后对己不利，欲乘三人拜相之际以毒酒加害。不料，三人得神护佑，毒酒被打翻在地。时扶余国公主虬鸾哆率兵进攻中原，郭文龙奉旨征讨多年不能取胜。卢杞欲除眼中钉，遂借机举荐三鼎甲到边关助郭文龙退敌。虬鸾哆的左右先锋邬瑞、郝珠，本为天界玄武二仙下凡，具有神鬼不测之勇，大唐官兵难以匹敌，以致郭有威被擒。虬鸾哆属意郭有威，对其不忍加害。独臂僧人张炳，在蟠龙峪设坛收服玄武二仙，使扶余国因失去先锋而兵败。虬鸾哆退回大营，向郭有威表示，此次征战是因卢杞向扶余国索取私财而引起，现在兵败，甘愿投降大唐。郭文龙班师还朝，众人各得封赠。御赐郭有威与虬鸾哆，陈宗勉与卢杞之女凤眉为婚配。（刘效民）

《射红灯》

射红灯八出　传奇。清无名氏撰。《升平署题纲、串头、排场目录》著录。清抄本，与梆子腔《辕门斩子》等剧同函。半叶九行，行二十字。叶心高宽：20.2×13.8。朱笔点板。

本事见《水浒传》第四十六回，以及清宫大戏《忠义旋图》。出目包括：奋发兴师、乡民报信、施法警雄、宋江激秀、教师定计、卖柴探路、石秀回报、箭射红灯。剧写宋朝，宋江率兵攻打祝家庄，祝氏兄弟听从铁棒教师栾廷玉的安排，趁其兵马未稳夜间偷营。不料，梁山公孙胜早有准备，略施法术将其击退。祝家庄失利，三日按兵不战，在庄内布阵设伏兵备战。石秀改装入祝家庄打探，从钟离老人口中探得暗号和标记。宋江夜间入庄，栾廷玉以红灯为号指挥作战，致使宋江被困。花荣箭射红灯，使祝家庄失去控制，石秀趁乱引路，众人始得突出重围，攻破祝家庄。同题材戏曲作品有清刘百章《祝家庄》传奇（今佚），京剧、徽剧《探庄射灯》，川剧、京剧《三打祝家庄》，秦腔《祝家庄》，湘剧《打祝家庄》等。（刘效民）

《莲花塘》

莲花塘二本　传奇。清无名氏撰。《明清传奇综录》著录。清抄本。一册。半叶五行，行十五至十七字不等。行间带宫谱，朱笔点板。叶心高宽：21.2×16.2。卷端题“莲花塘二本”。钤“惜华所藏戏曲文献”、“满州富察氏宝泉惜华”、“碧蕖馆藏”印记。

剧述竹溪村金员外家财万贯，但新娶妻子日夜啼哭，员外命丫鬟秋江劝妻回心转意。赤发虬龙化身游玩，水淹曲江。他知闯下大祸，天庭将派兵捉拿于他，便去乌云潭求舅舅黑龙帮忙。途中，见花园中有两女子散步，便化作道士模样，走进花园。金妻主仆以邀讲经之名，将之请至内宅。员外得知，责问道士。道士强词夺理，员外怒命家人责打。一道红光，员外化为脓血而亡。道士谎言员外乃妖孽，金妻将家财交道士，命众仆听他驱使。玉帝派天兵捉拿赤发虬龙，孙悟空路遇达摩，知虬龙隐居竹溪村，便领天兵天将来此。道士闻讯，对金妻说明自己原本是龙，便匆忙逃走。悟空追至莲花塘，擒赤发虬龙。达摩带之到天庭，玉帝降旨，言赤发虬龙水淹曲江，伤害万万生灵，命押斩龙台问罪。并封曲江知府为当地城隍，众多冤魂多有封赠。京剧有同名剧目，与此本事同。（戴霞）

《倒铜旗》

倒铜旗四出　传奇。清无名氏撰。《曲海目》著录。清抄本，与梆子腔《镶门斩子》等剧同册。半叶九行，行二十字。叶心高宽：20×13.8。

本事见《隋唐演义》三十八至四十回，及清宫大戏《兴唐外史》。出目为：阅报、倒旗、斩了、全义。写隋将杨龄在泗水关设八门铜锁阵，阵内铜旗上设有吊斗，吊斗内藏有神箭射手瞭望各处人马，旗倒则阵破，因此铜旗是此阵之关键。勇将东方旺奉命守旗，无数好汉欲倒铜旗均死于乱箭之下。李密部下秦琼、尤俊达、齐国远、程咬金等亦前往倒旗。杨龄闻讯，传檄勤王兵马协助保旗护阵，燕山罗艺遣子罗成前往。罗成是秦琼表弟，阵前暗助秦琼倒旗破阵，杀死东方旺。罗艺得知罗成反戈而大怒，赚其回家绑缚刑场，欲用乱箭射死。民女王婉儿曾得罗成救助，闻讯赶赴刑场舍死相从，以报救命之恩。此举感动恰巧路过此地的沙陀国公主静旋。静旋用飞铙挡住乱箭，击败罗艺救罗成出逃。清李玉《麒麟阁》传奇中有此故事情节。同题材戏曲作品有京剧《倒铜旗》，又名《东岭关》，秦腔《铜旗阵》，豫剧也有此剧目。（刘效民）

《琉璃塔》

琉璃塔二卷二十一出　传奇。清无名氏撰。《今乐考证》著录。清抄本。一册。半叶十行，行三十三字。朱笔圈点。叶心高宽：22×11。卷端钤“惜华所藏戏曲文献”、“满州富察氏宝泉惜华”、“碧蕖馆藏”印三枚。

剧叙明太祖时，金光舍利佛登坛说法，云西方有三座宝塔，即金塔、银塔、五色琉璃塔。其中五色琉璃塔，可免兵刑水火之灾，福庇众生。仙人北帝子听到此言，自荐愿降落人间建造此塔。北帝子来到人间，托生于明太祖朱元璋家为四子，取名朱棣。某日，朱元璋在文华殿批阅奏折，忽觉一时困倦，遂隐几而卧。朦胧中，见黑黄二龙互争日月。醒来见朱棣与长孙允炆在争夺一张雕弓。只见朱棣将允炆推倒在地，一把抢过雕弓，扬长而去，恍如梦中之状。朱元璋想长子现已去世，长孙懦弱单纯，自己百年之后继承皇位者为谁。想到此，朱元璋遂叫来马皇后一起商议。马后素与朱棣之母翁妃不合，恐朱棣与允炆争夺皇位，于是进言，让朱棣到燕京镇守北方边陲。朱元璋应允。朱棣与母亲洒泪告别，踏上北去征程。夜晚船过长江，朱棣忽见三塔：金塔、银塔、五色琉璃塔，遂当即发誓，若能南还，愿造五色琉璃塔，免刀兵水火之灾，福庇众生。刘基辞朝，朱元璋久病不愈驾崩。马后向翁妃发威，言太祖晏驾是因翁妃献媚，酒色过度所致，遂令人用皮鞭、棍棒抽打翁妃，并将其打入冷宫。允炆登基，帝号“建文”。某日，建文帝去后宫为皇太后请安，忽闻惨痛哭声，询问太监，得知翁妃遭遇。建文怕皇叔朱棣得知怨恨自己，便跪门求太后饶过翁妃。马太后非但不听，且令翁妃头顶天灯，身穿铁裙为朱元璋殉葬。朱棣至燕十余载，养精蓄锐，国富兵强。刘基辞朝后观天象知王气在燕地，遂云游至燕北。相士一眼看出刘基应为侯，近期有大遇。朱棣因思念父母，找相士问卜。相士袁柳庄见朱棣大惊。剧情止于此。杂剧有同名剧目。（吴秀慧）

《梅玉配》

梅玉配四本三十二出　传奇。一名《单柜缘》。清无名氏撰。《北平国剧学会图书馆书目》著录。清抄本。一册。半叶十二行，行二十七字左右，叶心高宽：26×20.5。封面题："梅玉配"，目录叶首行题："总讲目录，卷一至卷四"。钤"惜华所藏戏曲文献"、"满州富察氏宝泉惜华"、"碧蕖馆藏"三枚印记。

本事见清兰茗馆主《里乘·姮儿》。头本目：辞朝接印、遇盗、宿店询问、求签拾帕、遣媒说亲、详帕诉情、帕惊定约、过礼藏柜；二本目：庆寿、戏兰、梳妆用膳、冯喜捉奸、送花探信、追节改日、荐医看病、漏情识破；三本目：火灵遣神、借居自缢、吵闹染病、问情设计、冤魂诉告、谋父降灾、医生骗银、焚宅释放；四本目：幽冥判断、许亲分别、夫妻思女、白仙闹宅、定元考试、金殿乞假、行路、拜师团圆。剧写明朝，四川举子徐廷梅进京赴试，路遇吏部尚书苏旭的妹妹玉莲，并拾其诗帕。回到旅店，徐廷梅思慕玉莲致病，央求旅店黄婆引荐当面奉还诗帕。玉莲将聘于周琪芳，黄婆助廷梅在周府过礼之日混入苏府，并潜入玉莲闺房。廷梅正要奉还诗帕，玉莲惊闻有人将至，急忙将其锁进柜子。自此，廷梅被困闺房数日，玉莲唯恐事情泄露焦急万分。事为玉莲嫂嫂韩氏所知，廷梅、玉莲将实情相告。韩氏见两人清白，愿成全此事，于是让黄婆把两人接走，又放火烧掉玉莲闺房，诈称玉莲已死。周琪芳寻花问柳、谋杀亲父，得怪病而死。廷梅进京赴试，得中状元。韩氏接回玉莲，令与廷梅完婚。剧中夹杂梆子腔。鼓词、京剧、闽剧均有《梅玉配》。其中京剧《梅玉配》，一名《柜中缘》。（刘效民）

《混元盒》

混元盒总纲四部六十九出　传奇。清无名氏撰。《重订曲海总目》著录。清抄本。八册。半叶七行，行二十字。叶心高宽：20.1×11.1。除首部外，后三部卷端有目录。卷端题："混元盒总纲×部"，有"惜华所藏戏曲文献"、"满州富察氏宝泉惜华"、"碧蕖馆藏"印章。有扮相及舞台动作提示。

该剧首部目：开宗始末、喜得兰孙、房山遇道、国胜行路、陶谦遭骗、张李首告、金殿试术、星官奏事、道陵赐宝、金花聚妖、陈生嗟叹、二妖设计、月下摄韩、得信伤心、全节剖腹、寅（夤）夜吞丹、巡天遇怪；二部目：起程失印、二妖献印、求印生嫌、回京诬奏、神惊召使、蟒精求配、洞房花烛、辞家起程、傅年染病、蜈蚣投庵、夫妻叹子、邪法阻舟、法官缚怪、长兴诉苦、金针刺蟒；三部目：花前家宴、村郎闹庙、书斋详扇、诘子问情、硃判降妖、失画被责、白狐附体、鸣冤降妖、分身拒法、白狐求救、悟空奉牒、金花皈命、国胜访友、水中吞寿、三妖会盟、投井入窍、长寿摆索、厨役闹店、闯道追踪； 四部目：英府家宴、法官缚怪、后堂勘问、姐弟议盗、请神伏妖、北门盗尸、金殿陈情、会审足案、法场脱逃、点化归山、火祖下凡、泄漏天机、天曹赦诛、火焚公寓、大悲救难、靖扫妖氛、妆楼验母、阖宅恩荣。首出下场诗可总括全剧："张天师正乙护道，赵国胜小忿忘家。吕纯阳终南度脱，嘉靖帝永享中华。"述明嘉靖皇帝好长生之术，闻术士陶谦能点石成金，便信其说以童女烧炼，民间怨气直冲九霄。天帝震怒，派凶神临凡，收取恶人。大孤山下水神金花娘娘与张捷真人有世仇，欲趁机兴妖灭法。于是她会聚群妖，命盗取张捷祖传之九宫八卦五雷神印。群妖领命，遂分散民间危害百姓，并俟张真人出，拟截路杀之。张捷祖道陵闻知此事，降升仙台，授张捷以太乙图、九龙神帕、琢妖金簪、信香盒、如意金盒等宝物：如遇危急，可用信香盒中香焚之；如意金盒即混元盒，可用它降妖伏怪。将门之后赵国胜偶登奎星阁，见一美妇，知为妖狐，便邀之饮酒。妖狐醉后口吐一珠，被国胜吞服，妖狐含恨而去。国胜赴试得中，擢为御史，巡按江西。有二妖将韩寿妻子炼为人皮纸，盗取国胜印信，后又变为道人来到国胜处，谎称代为寻觅官印。并将人皮纸给赵，让转求张天师符印，意在以血光破天师宝印。事被张捷识破，召火神烧死二妖。国胜羞惭之下，反诬张捷使用邪法。嘉靖皇帝知此事，命召张捷进京。途中，张捷将诸多妖孽收入混元盒中。后金花娘娘亲自出战，将张捷法宝收去。张道陵奏请玉帝，命天王率十万天兵天将并请二郎神、孙大圣讨之，均不能取胜。后女娲责元君贬金花，收服众妖。张捷到京后奉旨捉妖，又降服蝎子精、蜈蚣精、壁虎精等。世宗知张捷法力，乃降罪赵国胜，国胜逃走。世宗得知张捷有混元盒，乃令之出盒现群妖，张捷一一使群妖出现，而后又将之尽收盒中。从此，天下太平，张捷便辞京回归龙虎山。京剧《阐道除邪》系据以改编。（戴云）

《游龙传》

游龙传存头本七出　传奇。清无名氏撰。《明清传奇综录》著录。清抄本。一册。封面题："游龙传头本"，卷端无题名。半叶八行，行二十五字左右。叶心高宽：24.5×16。 钤"惜华所藏戏曲文献"、"满州富察氏宝泉惜华"、"碧蕖馆藏"三枚印记。

此剧实为清无名氏传奇《紫微照》的前七出，现存出目包括：预兆、遣赘、唆逼、押当、宁寿、游幸、救驾。写明正德年间，江西宁王不甘为臣，与朝中都督江彬勾结，趁正德皇帝私巡之际，买通贼寇在富阳山劫驾谋反。江西巡抚孙燧之子孙绩，奉父亲之命往姑苏成亲，恰巧从富阳山经过，因见有人遇难，遂挺身相助，打散贼寇后扬鞭而去，正德皇帝始得脱险。（以下内容残缺）孙燧将宁王谋反之事密疏朝廷，王守仁奉旨前来割藩。宁王闻讯，捕获孙燧父子欲行斩首。姑苏书生杨春，从师王守仁，被宁王胁迫做军师。杨春暗放孙绩，两人投奔王守仁，助王守仁擒获宁王，杀死江彬，立功得封赠。剧因正德私巡游幸而得名。（刘效民）

《游龙传灯戏》

游龙传灯戏脚本五出　传奇。又名《正德观灯》。清无名氏撰。清抄本。一册。封一题："正德观灯"，封二题："游龙传灯戏脚本"。详注穿戴、砌末。半叶八行，行二十五字左右，小字双行。叶心高宽：21.5×13.3。钤"惜华所藏戏曲文献"、"满州富察氏宝泉惜华"、"碧蕖馆藏"三枚印记。

《明武宗正德实录》、明陈洪谟《继世纪闻》、清毛奇龄《武宗外纪》

等书均载正德纳太原妓女刘氏为妃事，此剧据以敷衍。出目包括：星瑞、嘏寿、物阜民康、幸跹、迎驾。剧写明正德年间，时值上元佳节，正德皇帝携义子江彬微服私出大内，到居庸关赏玩花灯，访勾栏院名妓刘倩倩，并将其接入宫中纳为妃子。此剧情节简单，以展演各种花灯为主，花灯种类包括：山峰、牌楼、桥、笏板、礼壶、果盒、龙凤鼓、西洋画屏、褡裢、水烟袋、账簿、弓箭、令箭、眼镜、鼻烟瓶、榻床、琴桌、脚炉、衣架、帐子、绣鞋等等，约200多种。剧中间杂“姑娘腔”、“乱弹调”的演唱。清李渔《玉搔头》传奇中有正德巡幸太原，纳名妓刘倩倩为妃的情节；清无名氏传奇有《刘倩倩》；1924年朱琴心根据《玉搔头》编演京剧《刘倩倩》（一名《玉簪恨》）。（刘效民）

《喜团圆》

喜团圆 传奇。清无名氏撰。清抄本，不分卷。一册。半叶六行，行二十二字。叶心高宽：23×11。卷端钤“惜华所藏戏曲文献”、“满州富察氏宝泉惜华”、“碧蕖馆藏”印三枚。

剧叙隋末，秦琼奉命差解军犯到潞州，单雄信厚赠银两。途经皂角林，有人失盗，秦琼的银两被误作不明之物。客店主人张奇与捕人抢着去捉秦琼，不慎撞墙身亡。秦琼被诬陷为强盗、拒捕杀人，问罪斩刑。单雄信使费千金，打通关节，秦琼得免死罪，被发配幽州充军。幽州总管罗艺新得一将史大奈，十八般武艺皆通。罗艺欲将他提拔为旗牌官，又恐众将不服，遂设擂三个月。结果无人能敌。即将收擂，秦琼赶到。秦琼以更高强的武艺战胜史大奈。罗艺对秦琼的武艺感到惊奇，便问起家世，才知其为自己内侄。罗艺请出夫人，姑侄相认，喜得团圆。陕西汉调桄桄的《秦琼认姑》亦演此事。（吴秀慧）

《雄精剑》

雄精剑存二、三本十四出 传奇。清无名氏撰。《曲海总目提要补编》著录。清抄本。二册。半叶八行，行二十三至二十五字左右。叶心高宽：22.5×15.1。每册封面题：“雄精剑”，“弍亨（或叁利）”、“玖号、理清”，并钤“同仁字号”方章。卷端有“惜华所藏戏曲文献”、“满州富察氏宝泉惜华”、“碧蕖馆藏”印记。

该剧二本目：起兵、议揭、围洞、探穴、垒洞、会战、中毒；三本目：救龙、伪报、赠宝、破奸、龙救、双投、险限。述宋靖康后，樵夫石情凭雄精剑斩杀妖魔，救助公主，后被乡民所害，困在山洞之中。他于无意之中又救了龙王三太子敖明。龙王送如意珠以表感激之情，此珠佩之可避水火刀枪。后石情得龙王暗示，上太湖助岳家军破戚方义军。剧情止于此。《古本戏曲存目汇考》沿袭《曲海总目提要》之说，著录同名剧目，云演张巡、许远、雷万春、南霁云征讨安禄山事，与此本事不同。（戴霞）

《御果园》

御果园三十八出　传奇。清无名氏撰。《古本戏曲剧目提要》著录。清抄本。不分卷，二册。尾残。半叶十二行，行二十四字。叶心高宽：21.3×16.8。封面题：“御果园，卅八”。卷首有目录，共二十出：王王起兵、拿寇回朝、二妃游园、尉迟夸功、借槊差庄、御园比识、定计看宝、花园行刺、平阳辨情、逃狱回生、远镇洛阳、暗书假诏、裴寂泄机、操演接诏、见驾诉情、秦王挂带、假情反误、君臣计议、武门交兵、贞观即位。正文实三十八出（首出“开道家门”不计），未列出名。卷端有“惜华所藏戏曲文献”、“满州富察氏宝泉惜华”、“碧蕖馆藏”三章。

其情节取自《说唐演义》及《大唐秦王词话》。述秦王李世民领兵伐东郑王世充，遇单雄信苦苦追赶。尉迟恭单鞭夺槊救主，世民得胜回朝。世民弟元吉嫉妒二哥功劳，便到李渊处说尉迟恭假冒战功。李渊决定在御果园重新演习，叫勇士黄庄与尉迟恭比武。元吉与太子建成私下嘱黄庄先杀尉迟恭，再杀世民。结果黄庄被尉迟恭一鞭打死。元吉多次陷害世民未遂，便以重金贿张、尹二妃，假传圣旨除掉世民，也未得逞。李渊病重，建成、元吉借探病为名，进宫与张、尹二妃私混，被世民发现。他怕父亲得知病体更重，便在宫门挂玉带以警之。平阳公主路过，见此亦怒。建成、元吉出宫见世民玉带大惊，便唆使二妃在李渊面前告世民调戏之罪。李渊大怒，要杀世民。平阳公主上殿作证，说亲眼目睹建成、元吉与二妃之苟且事。李渊将二妃打入冷宫。建成、元吉知大祸降至，在玄武门埋伏三千铁骑，想除掉世民。一场厮杀之后，二人死于非命。李渊传旨让位，李世民终登大宝。现京剧中《御果园》、《宫门带》即演此事。据其中部分情节改编的剧目还有：桂剧《假演奇功》、河北梆子《宫门挂玉带》、湘剧《宫门挂带》、同州梆子《十道本》及昆腔、高腔、湘剧、秦腔《御果园》和汉剧、徽剧、桂剧《宫门带》等。（戴云）

《富贵图》

富贵图十四出 传奇。清无名氏撰。《古典戏曲存目汇考》著录。清乌丝栏抄本。二册。半叶九行，行二十字，四周双边。正文前有目录，以“轴”代出，共十四轴。版框高宽：17.1×12.6。目录残阙一叶。板框之外标曲牌名称。有“满州富察氏宝泉惜华”、“碧蕖馆藏”朱文印二。

该剧共开宗、付图、闻隽、山遘、寨婚、聚图、赠图、定元、战山、遇女、访图、返图、诧图、图圆诸出。述新野书生倪俊与傅金莲自幼定亲，后丧父家境贫寒，金莲父傅钦遂有悔婚之意。金莲将自己所积碎银二十两及亲手所绣富贵图一幅送交倪母，以助倪俊赴试之用。傅钦知此，指控倪氏母子刁拐民女，倪俊因此入狱。金莲亲写诉词，与倪母到辕门喊冤。安节度问明缘由，责令傅钦出银三百两，以完倪俊、金莲婚事。婚后，倪俊告别家人赴试，途经少华山。大寨主袁龙曾与倪俊结拜，邀倪俊上山叙旧。县令臧昂欲强娶都监尹怀仁之女碧莲。怀仁不愿女儿落贪官之手，便卖掉家产，带女儿出逃，过少华山被劫。袁龙深恨臧昂为人，知此女乃其未婚妻，欲杀之。倪俊劝阻，袁龙命他娶碧莲，否则还要杀之。夜深，倪俊和衣而坐，展富贵图观看。天刚放亮，倪俊告辞下山，碧莲随往。二人分别时，碧莲以学绣为名，向倪俊索借富贵图，答应赴试归来还他。怀仁知女儿有意倪俊，带她到新野倪家。碧莲告倪母前事，又出示富贵图。倪俊中探花后星夜赶奔家中，见堂前悬挂富贵图。倪母、金莲以话套倪俊，倪俊将少华山事和盘讲出。得母亲首肯，他与傅金莲、尹碧莲共会花烛之期。现京剧少华山（一名《富贵图》）、晋剧、蒲州梆子《烤火》、《下山》等剧目均叙此事。（戴云）

《雷峰塔》

雷峰塔二卷 传奇。清无名氏撰。清抄本。二册。该书两卷不是同一版本，乃拼凑而成。上卷半叶八行，行十九字，叶心高宽：18.5×9.7。以朱笔点板；下卷半叶九行，行三十字左右，叶心高宽：23.2×10。无点板。

该剧为艺人演出本。上卷十六出，无出目名；下卷目为：回坑、相会、付钵、合钵、斫塔、描容、升天、观画、考试、奏朝、扫塔、团圆。上卷写白氏、许宣（有时写作“许仙”）相爱，后二人避祸苏州遇法海；下卷从许宣听信法海之言写起，白氏、青儿到临安寻找许宣，腹中疼痛产子。后白氏被法海镇在雷峰塔下。二十年后，新科状元许士林衣锦还乡，奉旨祭母扫塔。白蛇传故事被许多剧种改编上演，近代昆剧舞台中常演的折子戏有《收青》、《借伞》、《盗库》、《端阳》、《盗草》、《水斗》、《断桥》、《合钵》、《祭塔》等，《昆曲大全》中收有《盗库银》，《六也曲谱》收有《烧香》、《水斗》、《断桥》、《合钵》等折子。（戴霞）

《翡翠园》

翡翠园传奇二卷 传奇。清无名氏撰，《曲海总目提要》著录为朱𨱑撰。清抄本。二册。半叶七行，行二十六、七字。叶心高宽：22.9×9.5。此为梨园演出本，以朱、墨笔点板眼，有诸多舞台表演提示。封面题：“翡翠园传奇”，并标卷数，钤“树德堂记”朱文印章。

上卷目：（首出目佚）、说房、切脚、释放、投到、前审、后审、盗令、误戕；下卷不分出。述明时南昌秀才舒德溥返乡途中，遇曾当过皂吏的王馒头卖妻还债，他将自己所挣银两悉数拿出，替王赎回妻子，归家后与妻卫氏、子舒芬苦度年关。宁王朱宸濠府中长史麻逢之与舒家相邻，他欲造翡翠园，便想强买舒家祖传宅基，以使花园成方。舒德溥不满宁王专横跋扈，便以祖业不能易人拒绝。麻逢之怀恨在心，见卫氏舒芬在宁王家坟附近挖野菜，便以“盗掘王陵，砍伐家树”为由向宁王告发。宁王大怒，差人将舒德溥治罪。差役王馒头念及前恩，乃私放德溥父子逃走。途中父子走散，舒芬被人拐骗，卖与卢大诰家为书童。卢曾为德溥学生，问明情况后，他将舒芬改名为卢绅，认作族弟带入京城读书，准备应考。德溥丢子，无心避祸，乃自行投案。南昌府胡世宁秉公审理，知德溥冤枉，便向宁王申诉。宁王听信麻逢之谗言，将胡革职，德溥一案转交麻逢之处。麻将德溥施酷刑后投入监狱，又将卫氏赶走，强占舒宅营造翡翠园。为绝后患，麻逢之请得宁王令牌，要将德溥处死。后在麻女翡英的帮助下，王馒头持令牌从狱中提走德溥一同连夜逃走。麻逢之将翡翠园造好后又怂恿宁王造反，朝廷起用胡世宁为御史，与王守仁率军平叛。舒芬在京应试，得中状元，奉旨至江西寻父。适逢叛乱已平，宁王兵败被杀，麻逢之被擒。朝廷封赏平叛有功人员，将翡翠园划归舒氏所有，德溥一家得以团圆。此剧清代盛演，《预报》、《拜年》、《谋房》、《谏父》、《赴审》、《盗令》、《杀舟》、《游街》等均为昆剧舞台上经常演出的折子戏。（戴云）

《碧玉串》

碧玉串八出 传奇。即《碧玉钏》。清无名氏撰。《曲海目》著录。清抄本。一册。半叶八行，行三十余字。叶心高宽：21.5×14。卷端钤“惜华所藏戏曲文献”、“满州富察氏宝泉惜华”、“碧蕖馆藏”三枚印记。书内夹有原书封面残片，上书“碧玉串”，又夹有后人用铅笔书写的纸条，上面题有“串本碧玉串”字样。无总书名，仅第七出出目为“审问”，其余均无出名。此为艺人舞台演出本，正文有表演提示，多处有删改痕迹。剧情参见《碧玉钏》。（刘效民）

《碧玉钏》

碧玉钏存下卷十七出至三十出 传奇。又名《碧玉串》、《巧姻缘》。清无名氏撰。《曲海目》著录。清抄本。一册。半叶九行，行三十字左右。叶心高宽：21. 5×12。封面标书名及目录，书名题：“碧玉钏卷下”。卷端钤“惜华所藏戏曲文献”、“满州富察氏宝泉惜华”、“碧蕖馆藏”三枚印记。此为艺人舞台演出本，正文有表演提示，多处有删改痕迹。

本事源于明冯梦龙小说《醒世恒言·乔太守乱点鸳鸯谱》，及其明沈璟撰《四异记》传奇。内容包括：园遇、通信、闯房、传信、拷婢、相骂、

（失名，疑为审问）、（失名，疑为逐婿）、拜别、拜神、窃听、考试、（失名）、亲圆。剧写宋朝，武陵孙寡妇的女儿与书生刘梦卿定有婚约，梦卿病重，刘母到孙家催婚冲喜。孙寡妇怕女儿过门守寡，让儿子孙润改扮女装代姐出嫁。迎娶之日，梦卿卧病不起，刘母命女儿改扮男装替兄拜堂，当晚又让新过门的"儿媳"在女儿闺房休息。闺房中，孙润"儿媳"身份败露，与刘家小姐私订终身。刘母发现弄巧成拙，赶走孙润，到官府状告孙家骗婚。县官得知真情，见木已成舟，便出面代作冰人，令孙刘两家作交门婚姻。冲喜之后，梦卿身体日渐好转，遂邀孙润一同进京赴试，两人高中回乡。刘梦卿与孙小姐，孙润与刘小姐完姻。剧因刘小姐赠孙润碧玉钏做表记而得名。同题材戏曲作品有清信天斋癯道人撰《如意缘》传奇、京剧《太守乱点鸳鸯谱》等。（刘效民）

《豳风献瑞》

豳风献瑞一折　杂剧。清无名氏撰。清抄本。一册。半叶五至六行，行十八字。叶心高宽：19.4×9.5。封面、卷端题："豳风献瑞"。有扮相提示。有"惜华所藏戏曲文献"、"满州富察氏宝泉惜华"、"碧蕖馆藏"印章。

述当今圣主巡幸，位列瑶宫职司花籍的阆苑花神奉东华帝君法旨，带领众花神前去迎接。十二花仙手执稻穗、麦穗、棉桃等恭迎花神，花神问之以何物献瑞。众花仙云当今天子敦稼穑，重农桑，秀麦纪两歧之瑞，嘉禾呈九穗之祥，春耕秋敛，妇织男耘，此太平景象是天子所盼望的。于是众花仙以手中稻麦棉等献瑞，共唱采莲歌以祝皇恩无边。（戴云）

《轻清雅韵》

轻清雅韵　戏曲剧本集。清无名氏编撰。锦绣丛朱丝栏旧稿本。原书册数不详，现存三册。半叶八行，行十七至二十多字不等。版框高宽：17×11.5。上书口题："锦绣丛"。每册封面签题："轻清雅韵"，并有标号及所收剧目，或题"坤瀛之本"。有眉评。每册卷首有"惜华所藏戏曲文献"、"满州富察氏宝泉惜华"、"碧蕖馆藏"印章。首册封面标"又叁号"，收《犯相》、《衫襟会》、《争寿》三剧；二册封面标"又叁"，并题："螭虎传，结义至结亲为止，后有搬兵”，收《螭虎传》、《搬兵》二剧；三册封面标“伍号”，收《报恩缘》（后）、《玉蜻蜓》、《祭芦江》三剧。

《犯相》，不分出，《轻清雅韵》之一。述洛阳城中有乞儿名孙降儿，祖上本诗礼传家，到他这一辈已经家产荡尽。闻得朝中范老丞相退归林下，便到相府乞讨。由于他能说会道，经常讨得粮米。吕蒙政在募兰寺修斋读书，听说范丞相回到故里，便修下名帖，后赘荣归诗一首，到相府拜谒他，想求些资助，赴京赶考。谁知范丞相见他穷酸模样，不但不资助他，反而对他冷嘲热讽。孙降儿见此，将自己讨得的白米送给吕蒙政，聊作燃眉之急。并开玩笑说他日若高中，自己要跪在他游街的马前叩头讨赏云云。

《衫襟会》，四出，《轻清雅韵》之一。出目为：较棋、治邳、衫襟、相会。述大学士高崇本年逾四十无子，同窗陈循经常劝他纳妾。一次下棋之间，二人又谈起这一话题，恰被躲在门外的高妻邳氏听见。邳氏破门而入，大骂陈循。高崇本在旁劝说，不听。陈循早想教训一下这个“河东狮”，于是将她抓住，声称要去面圣，奏本夺其官诰。邳氏顿时软下来，答应崇本纳妾。邳侄少川在外赌输，便来到邳氏房中，借看望为名，将邳氏头上花簪偷去翻本。邳氏发现后大怒，也为自己无子而伤悲。安庆府推官顾俞亦为崇本同窗，曾断强徒欺柳新莺一案。审案中发现，柳新莺原是高崇本科举南都时之旧好，并留有一子，已然七岁。顾俞惩治强徒，但听说年嫂厉害，也因其子幼小，故没有将这消息告诉年兄崇本，而是将她母子二人留在故庵，让望江县按月送粮米布匹。蒙圣恩，顾俞到京任职，便将新莺母子也带到京中。顾俞先将事情原委告诉陈循，二人定计请崇本喝酒，席间，出示当初崇本送新莺作为表记的一小块衫襟。崇本惊问原故，方知始末。在陈、顾二人的帮助下，崇本、新莺得以圆房。次日清早，崇本、新莺到邳氏处，邳氏见二人对她彬彬有礼，又见儿子出来见礼，也就承认既成事实，合家得以团圆。

《争寿》，不分出，《轻清雅韵》之一。述陈抟在华山睡了几百年后，被人惊醒，便与童儿来到蓬莱山顶仙桃树下的芝草之中，铺上枕席又睡去。青鸟公自得师父彭祖真诠，入华阴山中修仙得道，后到蓬山顶上眺望，见陈抟在仙桃树下睡得正香，便叫醒他。陈抟很不高兴，问毛头小子何故。

青不满陈抟这样称呼，要与之比寿，云长者为师坐在上首，少者为徒站在旁边。他说自己唐朝降生，宋朝得道，已然120岁。陈云之只118岁，而自己当初在华阴学道，然后成仙，已然471岁，此事《列仙传》中早有记载。彭祖过此，见二人争论，问清原委后，言自己已然800岁，应坐上座。李紫阳到，说《列仙传》记载彭祖只700多岁，而自己身列夏商周三朝，年满800岁，人称“李八百”，应坐上座。安期生也来此，云自己寿登千年，他班中的白石生还长他千岁云云。这时一个声音道，还有大寿者，与天同生日，与日月同老。大家一看，原来是南极仙翁。他说自己正在西池赴蟠桃大会，忽有白鹤传书，说列仙在蓬山之顶比寿，于是手捧蟠桃，身携琼浆，特来赴此长生盛会。于是众仙联诗赞蓬山，然后饮琼浆以乐。

《螭虎传》，存九出，《轻清雅韵》之一。出目为：结义、献策、看灯、定婚、献图、说亲、行聘、归家、改妆。述孙遇虎与赵昆、鲍青结为兄弟。遇虎妹秀英（有时写作秀云）杀退海贼，被王尚书收为义女。王尚书赴任河南前，将女儿玉真许以外甥赵昆，昆以祖传螭虎钏为聘礼。皇亲赵王借元宵节看灯物色美女，要强娶玉真。遇虎、秀英决定杀奸王救玉真。众人乔装成送亲队伍，进王府杀赵王。为不连累他人，在王府壁上题诗后直奔红野山寨。陈金雀有改订本《螭虎钏》，两本所述为同一故事，《轻清雅韵》本剧情在先，陈金雀订本在后。或孙遇虎兄妹杀赵王后在红野山做了山大王，后又救驾立功。红野山与洪焰山当指同一地方。

《搬兵》，不分出，《轻清雅韵》之一。述北宋时杨令公兵败两狼山后，孟良回天波府求救。佘太君派烧火丫头杨排风前往。后杨排风杀退番兵，得胜回朝。

《报恩缘》，存三出，《轻清雅韵》之一。出目为：空访、闻惧、艳戏。该剧原为清沈起凤所作，此为改编本，仅录后半部分。写谢兰高中状元，敕赐玺书，巡视江宁，并给假完婚。他先取道来在泰安，准备换巾服见袁老丈，打探紫箫、绿琴消息，未果。谢兰怅然离去，前往镇江，欲寻已与自己定亲的白丽娟小姐。向日，谢兰与白丁之女丽娟定亲，后白丁嫌贫爱富，将谢兰逐出家门，并雇人在半路截杀他，幸得丽娟资助，又得神人帮助，使谢兰逃过此劫。丹徒知县闻此事，忙到白府报信，白丁陪笑相迎。

谢兰听说丽娟、绿琴同嫁书生杜子虚，大怒。待杜子虚出来与见，谢兰方知杜生乃紫箫假扮。原来，紫箫奉袁老丈之命，到镇江救下了欲寻短见的白小姐。绿琴助谢兰高中后，也到镇江，以杜子虚原配之名入赘白府。至此，一夫三妇大团圆。

《玉蜻蜓》，《轻清雅韵》之一。该剧仅录一回的二至五场，仅二场存有出目“游庵”。述书生申贵身娶宰相之女张氏为妻，新婚两月后，张氏归宁父母，行前，以缀有玉蜻蜓的扇子相赠。张氏走后，申生不耐寂寞，在游法华庵时，慕小尼志贞美貌，便与之幽会，使志贞有孕。庵中众尼见申郎翩翩美少年，也争相与之相约，申生来者不拒，常去庵中赴约。日久天长，申生恹恹而病，乃至不起。在病榻之上，申生嘱志贞将玉蜻蜓送至张府，叫妻子张氏速来与之相见。话犹未了，申生已逝。后由当家尼姑做主，将申生埋在韦驮殿旁。剧情止于此。

《祭芦江》，不分出，《轻清雅韵》之一。述交趾国正载、正仪姊妹二人统领十万蛮兵，进犯中原，后被伏波将军所灭，二人双亡。其冤魂不散，盘踞芦江岸边，经常兴风作浪。往来人等过江，定要有人首做献，方能平安渡江。否则，连人带船均被卷入江心。当地百姓在江岸修建一猖神庙，过江前定要祭拜供献。二百年后，诸葛亮七擒孟获，平定南方，班师还朝途中，来到芦江边。众将见江水咆哮，向导告知当地习俗，云过江前，要用七七四十九颗人头并童男童女各一对供献。诸葛亮认为杀生祭鬼之法为冤上加冤，实不可取。他决定以纸糊画像替代童男童女，以面包肉馅塑成人首，替代活人之首，并将之取名为馒首。随即，诸葛亮命在江岸结坛，列灯四十九盏用以招魂。在夜静时分，诸葛亮亲临祭坛，蛮歌几曲后，兵士跳舞迎神送神。祭奠完毕，芦江果然风平浪静，于是诸葛亮率队过江。此剧后列有该剧演出时所用服装砌末等物。（戴霞）

《百子图》

百子图二卷二十四出　传奇。清无名氏撰。《曲海目》著录。《曲海总目提要》卷三十称此本为“近时人作”。《曲考》将之列入“词曲佳”之列。民国古吴莲勺庐朱丝栏稿纸抄本。一册。半叶十行，行二十四字。版框高宽：15.7×10.5。稿纸下书口题："古吴莲勺庐钞存本"。有穿戴提示。

本事见《晋书·邓攸传》、《东晋演义》。史载邓攸弃子全侄，后竟无子，时人以邓攸无儿，为天道之憾，此剧反演其事。上卷目：开宗明义、别弟之任、渔色设谋、局写婚书、朋谋激怒、解官抵罪（正文作"解官拟罪"）、舟次抚孤、原情恩释、赵藩移镇、攀留夜遁、之任被擒、矫旨释忠、更装巧脱、渔色疏防；下卷目：弃子立信、拾孩得镜、义遣归宗、报喜迎赘、野人遗粟、进图予告、负恩逐伯、投溪遇故、见镜思儿、百子团圆。剧写东晋邓攸携家眷赴任，被后赵石虎擒获。石虎随从强思萱认出邓攸是救命恩人，遂私放邓攸出关。石虎发觉急追，邓攸夫妇携子侄无力逃脱追兵，因念亡弟乏嗣，于是弃子携侄而归。强思萱亦逃离石虎军营，途中拾一小儿，取名邓金，带回中原抚养成人。邓金读书聪明，历官司徒、太傅。邓金有子、孙、曾孙盈百数，元帝以为奇事，令绘"百子图"记盛。邓攸因侄子不尽孝养而潦倒，欲投溪自尽，恰被强思萱救起，强思萱令邓攸与邓金父子相认，一门团圆。同题材戏曲作品有元李直夫的《邓伯道弃子留侄》杂剧，仅存残曲；明无名氏《邓伯道弃子抱侄》传奇，今佚。京剧有《桑园寄子》，一名《黑水国》。徽剧、川剧、湘剧、滇剧、河北梆子等剧种亦有此剧目。此外，同名不同故事的剧目有京剧《百子图》，演殷末姬昌有九十九子又得雷震子凑足百子的事；陕西中路秦腔《百子图》，演赵子川求子大闹武庙事。（刘效民）

《落金扇》

落金扇传奇二卷二十八折 传奇。清无名氏撰。《古典戏曲存目汇考》著录。民国古吴莲勺庐朱丝栏抄本。一册。版框高宽：15.3×10.5。半叶十行，行二十余字。稿纸的下书口处题："古吴莲勺庐钞存本"。

该剧上卷目：扇引、家叙、下山、游山、得扇、叫扇、改妆、卖身、寻子、识踪、演剧、催归、私媾、取像；下卷目：奸谋、献图、拾扇、订盟、双颁、梦示、落院、斗宝（存目）、捉拿（存目）、店遇、保驾、赐配、醋告、恩圆。剧写明正德年间，洛阳书生周学文出游，拾得陆府小姐卿云抛落的传情金扇，于是乔装成女子卖身陆府为奴，与卿云私订终身。卿云之父为求官职欲将女儿进献正德皇帝。为了阻挡此事，周学文赶往京城，欲求官居宰相的舅舅顾鼎臣相助。宁王图谋篡位，江彬、刘瑾在宫内接应。刘瑾向正德皇帝进献陆卿云画像，又怂恿正德皇帝游幸大同，以便趁机中途劫驾。正德皇帝微服私往大同嫖妓，被兵部王尚书之子王龙看破行藏，只得连夜策马返京，途中与周学文相遇同行。江彬派遣心腹张豹、薛彪在爱花山埋伏劫驾，周学文与闻讯赶来的爱花山寨主朱瑛奋力相救，使正德皇帝得以脱险。周学文救驾有功，被封武状元，并赐与陆卿云完婚。同题材文学作品，有清吹竽先生所编弹词《绣像落金扇》，宝卷《落金扇宝卷》（一名《金扇宝卷》，又名《王龙斗宝宝卷》），京剧有《新落金扇》，演正德皇帝游江南，收周元为义子，使周元持金扇与瑞芳成婚之事。（刘效民）

《庆有余》

庆有余传奇二卷二十七出　传奇。清无名氏撰。《曲海总目提要》著录。民国间饮流斋绿色丝栏抄本。一册。半叶十行，行二十四字，版框高宽：15.7×11.3。卷首有民国十五年（1926）许之衡手叙，署："丙寅十一月许饮流记"，并目录。叙后钤"饮流"朱文印记。

许之衡叙谓，该剧作于康熙年间或之前，本事取自《宋史》丁谓、吕夷简等人本传，但与史书所叙稍有不同。上卷目：开宗、赴任、蠲租、敲扑、代偿、交纳、课子、断狱、忤奸、入寇、劾荐、化顽、召贤、攀留。下卷目：超擢、访寿、却馈、信巫、闹坛、伏寇、拒托、神助、计诬、廷试、训女、成亲、庆圆。述北宋时，吕蒙正侄吕夷简任绛州推官。他平冤狱，调民事，政绩甚著。逢荒年，夷简父拿出数千两银赈济灾民。朝臣鲁宗道闻其贤，向朝廷举荐，得重用。时西夏元昊欲反，吕夷简派人陈说利害，元昊遂纳款来降。太师丁谓嫉吕之才，闻夷简之子公著得中状元，便与门生寿州知州韩渎上殿奏本，云公著本无才学，因鲁宗道献媚作弊得以高中。宋帝金殿试才，公著对答如流。皇帝大喜，封以高官，并赐与鲁宗道女成婚。丁谓、韩渎因诬陷而被罢官，发往崖州充军。许之衡谓此剧"文笔倜傥，英英露爽，绝无庸腐之气。曲律尤极当行。"（见剧前叙）（戴霞）

《永庆升平》

永庆升平四本四十二场 传奇。清无名氏撰。民国曲龕朱丝栏抄本。一册。半叶八行，行十七字。版框高宽：11.6×9.5。有穿戴、舞台调度提示。钤“浮槎氏所藏曲”印记。此剧为昆曲、皮黄两下锅，是老四喜班演出的剧目，其中以皮黄为主。

本事见无名氏撰通俗小说《永庆升平前传》五十七出至六十出。剧写清康熙年间，苏州顾焕章助文华殿大学士依哩布查办黄河、扫灭流寇有功，被封靖远侯爵，赐名倭克金布，并赏假半年回家乡祭扫。马孟太、马成龙奉依哩布之命到苏州给顾焕章送信，遇聚泉山公道大王王天宠手下张大虎，三人结伴同游虎丘。独龙口总兵张广太的妻子胡赛花和韩红玉到虎丘进香，被天地会会总曹太率人马追杀，马孟太、马成龙、张大虎出手相救。张广太闻讯率官兵赶来，曹太败退到福建会馆。张广太、姜玉叔侄闯福建会馆报仇被擒，张大虎、马孟太救人也被围困，直至顾焕章赶来才将众人救出。马成龙迟到，独自闯入福建会馆，杀死曹太及其党羽五百余人。顾焕章怕伤及无辜酿成大祸，张大虎取出公道大王王天宠的书信，证明所杀均为聚众谋反的天地会、八卦教教徒。张广太向总督吴连报告剿灭福建会馆天地会教徒之事，不料，吴连也是天地会中人，张广太被投入监狱。顾焕章到总督府询问张广太下落，马成龙化装成仆人随行，识破吴连身份，吴连仓皇出逃，张广太得救。顾焕章从吴连手下口中得知，天地会已聚集人马即将兵分五路进攻苏州、汝宁两地，于是决定立即进京奏闻圣上，请求调遣精兵剿匪。临行，命马成龙挂帅掌管苏州的军务。同题材戏曲作品有京剧《山东马》、《虎丘山》（一名《二马下苏州》）、《闹苏州》（一名《夜闹福建会馆》）、《定苏州》等。（刘效民）

《酒色财气》

酒色财气二本二十七出 传奇。清无名氏撰。《中国曲学大辞典》著录。民国间红格抄本。二册。正文半叶八行，行二十二字。版框高宽：17.8×12。稿纸叶心下方印“松古斋”。书衣题：“酒色财气全本”。卷端有“惜华所藏戏曲文献”、“满州富察氏宝泉惜华”、“碧蕖馆藏”印章。

该剧述学士高阳、富户雷士春因酒醉惹下杀身之祸，柳衣因慕裁缝之妻江氏之色被误抓进监，贺金兰为四锭元宝被诬摊人命官司，义士养素路见不平拔刀相助，杀死炼丹害人的骗子海东青而身陷囹圄。此四起酒色财气之案，在包公巡视临安时，均被一一破获。孙楷第谓此剧：“四案始末，坊间《龙图公案》小说亦未载，盖扭合他事，以意为之……戏曲假设事端固无不可，唯关目牵强构合，终未惬人意耳。”（见《戏曲小说书录解题》）（戴霞）

《翠屏山》

翠屏山十四出　传奇。清无名氏撰。民国间绿色丝栏抄本。一册。半叶十行，行二十四字。版框高宽：15.6×11.1。此书书名页已佚，现名乃分编者据书中内容而定。

剧情本《水浒传》四十四至四十六回，明沈自晋有同名传奇。出目为：瞯私、愤诉、巧谮、诒别、负荆、惊变、除淫、闻讯、海仙、判事、旅叹、途逢、斗法、招安。述石秀与杨雄结拜为兄弟，后受杨雄之托，代其打点铺子。无意间，石秀发现杨妻潘巧云与和尚裴如海私通，便告知杨雄。但潘巧云反诬石秀曾调戏于她，由此兄弟疏远。后石秀待潘、裴又幽会时，将裴杀死，并将证据示杨雄，杨雄方知冤枉了石秀。于是二人将潘巧云诳至翠屏山，审出实情后，将之杀死，但因之摊官司遭官府通缉。后二人投奔梁山，在三打祝家庄时，二人立下大功。最后以扈家庄一丈青扈三娘降梁山，与矮脚虎王英结亲为结。剧中插入一段【三字令过十二桥】的弋阳腔唱段。清花部亦有此剧目，见《庆升平班戏目》、《春台班戏目》。（戴云）

《麒麟》

麒麟二卷二十七出　传奇。清无名氏撰。民国间红格抄本。一册。半叶九行，行二十字。叶心高宽：19.6×14。

该剧据明张四维《双烈记》传奇改编，述北宋时陕西延安人韩世忠，胸怀大志，与秦州三阳县人张伯英往江南从军，投靠杭州制置使兵马大元帅王渊手下。韩世忠运粮有功，被封为先锋。东京教坊人梁氏，有一女梁鸿玉才貌双全，出身风尘，却不肯迎门接客。鸿玉与韩世忠邂逅于甘露寺，一见倾心，鸿玉赠玉麒麟与世忠，二人喜结良缘。殿前统制苗付、刘正彦，废主立幼，妄杀大臣，胁持太后临朝。苗刘二人的心腹方腊作乱，王渊派韩世忠平息战乱，惹怒苗、刘。二人假传圣旨，引王渊入京，杀之。韩世忠决意为王渊报仇。韩世忠之子彦直在金山伏击金兀术，因一时疏忽，被金兀术用金蝉脱壳之计逃走。韩世忠一气之下欲辕门斩子，被鸿玉劝阻。鸿玉披挂上阵，擂鼓相助，大败金兀术。韩世忠一家受封。同题材传奇作品有明陈与郊《麒麟罽》（一名《麒麟坠》）等。（申文）

《双红丝》

双红丝传奇二卷二十四出　传奇。清无名氏撰。《古典戏曲存目汇考》著录。民国钢笔红格抄本。二册。半叶十行，行二十六字。版框高宽：20.2×13。目录处有“惜华所藏戏曲文献”、“满州富察氏宝泉惜华”、“碧蕖馆藏”印章。正文多处注有道具、服饰、角色等舞台提示。

该剧上卷目：宴月、堕尘、书讹、闹订、忖奸、侦捷、避横（正文作“避祸”）、赚娇、逼花、点草、寿蓉、拒桂；下卷目：谑酒、典琴、乞锅、题塔、墨愁、钗诱、鸱谋、蚁聚、豸访、虎筹、蜂歼、鸾成。述王母侍女石公子、段安香、王子登被贬下人间受苦。常州秀才秦谦，与段太守之女香碧早有婚约。贾濬欲谋占香碧，派人告知秦谦，香碧已死。秦谦悲，到江宁县乡试，遇王尚书之子王绂，王绂应允将妹妹弹云许配于他，后又反悔。月老下到凡间，为秦谦布下两条红线。原来秦谦乃石公子转世，与香碧、弹云各有段姻缘。贾濬要娶香碧，香碧不肯，与奶娘逃走，被擒。秦谦为筹会试盘缠卖琴，弹云花重金买下此琴，心系秦谦。秦谦得盘缠考试，中了解元，任湖广巡按。贾濬煽动众愚被捉，香碧误作贾家奴婢，被发配充军。（申文）

《武香球》

武香球存八出　清无名氏撰。一名《乌龙山》、《五香球》。《今乐考证》著录。清抄本。原剧六十三出。叶心高宽：22.2×11.7。此本带工尺。

民 国 戏 曲

夏仁虎

《碧山楼》

碧山楼传奇十二折 传奇。夏仁虎著。《中国近代传奇杂剧经眼录》著录。民国十五年（1926）排印本。一册。半叶十一行，行二十四字。版框高宽：18.3×12.5。书衣签题："碧山楼传奇，无竞题"，印有"无竞"印章。封面题："丙寅三月，碧山楼传奇，玉庵题"。板心题："碧山楼传奇"。卷首录有《吴梅村集，过东山朱氏画楼有感并序》，并有作者1925年跋，署："乙丑长夏啸盦氏自识"。目录题："碧山楼传奇，江宁夏仁虎啸盦制曲"。卷端题："江宁夏仁虎尉如制曲"。有"谈国桓印"章。

夏仁虎（1874—1963），字尉如，号啸盦、枝巢，江宁（今江苏南京）人。近现代著名学者、诗人，在经学、史学、文学、民俗学、戏剧学中均有成就，曾为北京师范大学教授。著有《旧京琐记》八卷、《玄武湖志》八卷、《枝巢文稿》十卷、《枝巢四述》四卷、《秦淮志》、《绥远通志》等著作四十余种，撰《碧山楼》传奇一种，传于世。

该剧目录：楼隐、侠宴、劝杏、赠姬、清游、湖船、窥宴、豪索、泣遣、酹杏、闭楼、题楼。述金钩李髯乃江湖大侠，半生浪荡，名满江湖。他到处扶危济困，无意间收下侍儿红杏。后自觉已至暮年，欲归心释氏，见朱碧山慷慨多情，便把红杏终身托付与他。抚院衙门李不将游湖时见红杏娇姿国色，他欲讨主子欢心，便设巧取豪夺之计，令碧山交出红杏与纹银一万两，即可平安无事，否则便以其私通大盗李髯为名治罪。红杏为不使碧山为难，想坠楼而死，但又恐连累碧山。为让碧山摆脱纠缠，只得随官差而去。红杏走后，碧山一病不起，悲伤而亡。其身边诸姬十二金钗中，只有紫云眷恋旧情，守志不嫁，每日在碧山楼供奉遗容。（戴霞）

许之衡

《霓裳艳》

霓裳艳传奇二卷二十出 传奇。许之衡撰。《古典戏曲存目汇考》著录。民国十一年（1922）刊本。二册。半叶九行，行二十字。白口，四周单边。版框高宽：16.2×12。有界栏，有眉批。书衣题：“霓裳艳二卷，二册，守白兄惠，湖楼”。首叶有许之衡题记：“此为己未岁初学试作，壬戌因刻他书之便，并付枣梨。一时游戏，未免魏收轻薄，旋深悔之。原拟毁板，久已秘不示人，嗣续作颇多，拟汇刻成《曲学丛书》一部，附《饮流斋传奇》数种。此本尚合曲律，遂姑存之，以见初作面目，不脱康乾后曲家词藻习气也。检呈刚甫道丈教之，藉博解颐。甲子十月之衡持赠。”封面题：“霓裳艳，若雨题，壬戌冬月刊成，翻刻必究”。卷首有周梦鸳序，并螺江张树青、秀水徐云槎、秣陵何鸥客、富春朱静夫《题词》。卷端题：“曲隐道人填词，借园居士评点”。

许之衡（1877—1935），字守白，号饮流，广东广州人。曾任北京大学、北平师范大学、北平女子文理学院国文系教授。著有《曲律易知》、《曲律通论》、《戏曲史》等戏曲理论著作，戏曲作品有《玉虎坠》、《锦瑟记》、《霓裳艳》。

庄一拂《古本戏曲存目汇考》称：“谱北京女艺人刘喜奎事。情节虚实参半。剧中阮心存，即作者自况。按刘初习艺天桥，至民初名始噪，刘少少、易实甫捧之最力。张勋思娶之不果。嗣嫁崔承炽，崔本任职某部，因娶刘而落职云。”该剧上卷目：订曲、娱亲、绳艳、征歌、舞筵、逼娶、潜放、宵遁、述美、钗慰；下卷目：诗诨、进表、题影、拒客、撮会、合歌、打媒、远游、扇梦、幻圆。剧述士人阮心存与蒲后轩以研习昆曲为乐，阮心存欲觅佳人，蒲后轩为之推荐天津女优刘喜娘。喜娘陪伴母亲韩氏，韩氏劝其早寻终身伴侣，喜娘志在寻觅真正心仪之人。单作梅在滁州节度蒋奇府下当差，受命为蒋寻觅第九房姬妾，他看上喜娘，于是蒋奇决定在当月寿诞之日请刘喜娘唱堂会戏。堂会戏后，蒋奇派单作梅逼娶，被喜娘拒绝。喜娘被强留蒋府，幸被王琴阁放走，喜娘遂避迹天津。伪名士尤士恭、文伯坛等捧喜娘结成“刘党”，封喜娘为“武艳亲王”，并作上尊号表文。喜娘赴冼灵芝处串门，遇尤士恭、文伯坛等，二人赠表文被拒。蒲后轩对阮心存讲述刘喜娘之节气，心存决定亲赴剧场观看喜娘之戏。蒲后轩赠其喜娘照片，阮心存心生爱慕，题诗六首。应心存之恳求，蒲后轩为之引荐喜娘，准备让心存串戏《凌波影》。应蒲后轩之邀，杨韵吾带徒弟喜娘赴会，心存与喜娘上台合演，而后心存赠诗喜娘。尤士恭、文伯坛被喜娘所拒，心有不甘，去伶人杨紫香宅，劝娶喜娘，被杨妻打走。心存因串戏遭人嫉妒，被逼走。喜娘母丧，所受遭遇一一入梦。得老郎神之助，阮心存、刘喜娘二人结成幻缘。（王学锋）

章鸿宾

《冲冠怒》

冲冠怒传奇残稿十二出一楔子　传奇。章鸿宾著。《古典戏曲存目汇考》著录。民国九年（1920）排印本。一册。半叶十三行，行三十四字。白口，四周双边，单鱼尾。版框高宽：20×13.3。板心题：“冲冠怒传奇残稿”。封面题：“冲冠怒传奇残稿，樊山书面”。卷首有樊增祥、王蕴登、黄濬、侯毅、王式通、黄福颐、梅光达、孙保圻、王蕴章、章鸿远等人序文及题词。并附有吴伟业所著《圆圆曲》。有舞台动作提示。目录署：“梁溪章履平著”。卷端署：“无锡章鸿宾履平遗著”。

章鸿宾（1878？—1918），字履平。江苏无锡人。曾于上海经商，后郁郁返回故里。钻研声律。撰该传奇，未竟而卒。

该剧取材于明末吴三桂与陈圆圆事，演至吴三桂闻陈圆圆被掠，怒发冲冠为止。目为：楔子、荐镇、脱籍、虚聘、宫遣、藩倖、圆宴、闹饯、畿警、移防、陷京、絮劫、冲冠。述明末李自成领导农民起义军直逼燕都，使崇祯皇帝日夜不安。国舅田藩往江南觅得色艺双绝的姑苏名妓陈圆圆，护送进京，想以此博得皇帝欢心。田国舅为自己的利益，设宴结识总兵吴三桂，并让美女招待。崇祯把圆圆许给三桂，并为其饯行。三桂深爱圆圆，新婚之际，想更改行期。圆圆以功名前途为重相劝，三桂遂将圆圆留在京城。李自成之义军所向披靡，很快攻入皇城，宫中大乱。崇祯皇帝走投无路，在煤山自缢，义军将陈圆圆抢入宫中。新帝欲将圆圆纳为贵妃，圆圆誓死不从。宫中使人说服圆圆，顺从新主，且图受用。圆圆苦心思索，设计使三桂闻此事。吴三桂闻陈圆圆被掳宫中将做贵妃，冲冠而怒，誓杀李自成。剧情止于此。（戴霞）

郭则沄

《红楼真梦》

红楼真梦传奇八折　传奇。郭则沄撰。《中国近代传奇杂剧经眼录》著录。民国三十一年（1942）石印本。一册。半叶十二行，行三十字（曲文部分：半叶四行，行二十字，行间标有宫谱）。白口，左右双边，单鱼尾。版框高宽：14.8×10.8。封面印有壬午（1942）仲秋王季烈题写之书名，并标目录。卷首有壬午中秋俞平伯、王季烈二叙，卷端署："孑厂填词，螾庐制谱"。有穿戴提示。

郭则沄（1882—1947），字啸麓，号孑厂，别署龙顾山人。福建闽侯人。光绪二十九（1903）年进士。善书法，著有《十朝诗乘》。撰《红楼真梦传奇》一种，传于世。

该剧出目：斗猿、廷荐、安江、仙宴、擒寇、闺话、献俘、仙祝。述贾宝玉秋闱试毕，在毗陵驿拜别父亲后，悄然远行，随茫茫大士、渺渺真人径投青埂峰无稽洞居住，被茫茫大士收为徒弟。柳湘莲已先他拜渺渺真人在此学道。一日，二位师父出外云游，宝玉不耐寂寞，乘兴出游，湘莲到洞外舞剑。师父归来，大士云当今圣上封宝玉为文妙真人，并说将他过与渺渺真人门下，虔修道术。贾珍自海疆立功后，仰蒙恩赦，来到南阳。有些邪匪扰乱地方，北静王招朝堂会议，一般大臣相互推诿，贾珍建议金陵镇守周琼发兵解围。北静王命贾珍为参赞军务大臣，即日赴前敌。百姓传说九江省垣失陷，府衙护道李守带印潜逃。乱民听说此事，便聚劫府前，欲哄抢衙中金银细软。九江兵备道贾兰速命李管带坐镇府衙，劝走百姓。宝玉出家后，偶见宝钗、黛玉等，云老太太要开团栾会，大家便同去赴会，十分热闹。贾珍新授钦差大臣后，督队南征，直往荆门，将城门团团围住，击毙匪首江魁，生擒卢学义、童惠明。江西学政贾兰超升阁学，奉诏回京，途遇周琼子周铭押卢、童进京，便一路同行。到北静王府，众人交差。北静王命将匪人斩首，并命新任刑部左侍郎贾兰前往监斩。贾宝玉修炼成仙，与林黛玉结成仙偶。逢王夫人七十寿诞，贾府阖家欢庆。后道士麻姑并四仙女也来献寿，众仙舞到王夫人前下拜后，竟自离去，只留一纸花笺，上书四句藏头诗，暗嵌“宝玉来也”四字。大家方才明白，道士麻姑是宝黛二人，四仙女是晴雯、紫鹃、麝月、金钏。宝钗云宝玉还要送仙丹给老爷、太太，将来一同拔宅飞升。（戴霞）

吴　梅

《落溷记》

落溷记杂剧一折　杂剧。吴梅撰。《古本戏曲存目汇考》著录。民国间敬苍水馆校刻本。一册。半叶十行，行十九字。上下黑口，四周双边，单鱼尾。版框高宽：15×11.7。封面左栏题：“敬苍水馆校刊”，中栏题：“落溷记”，右栏题：“长洲吴梅撰”。板心鱼尾下标“落”字。卷首有宣统三年(1911)及民国元年(1912)作者题记，卷尾有栽芝评语及民国五年(1916)张士樑识语。天头处标曲子的平仄四声及唱曲说明，并有眉评。卷端署：“奢摩他室第三种曲，长洲吴梅臞安”。

吴梅（1884—1939），字瞿（或“臞”、“癯”）安，又字灵鳷，号霜厓，别署逋飞、厓叟，江苏长洲（今苏州）人。清光绪三十一年（1905）后，先后任教于东吴大学、苏州存古学堂、南京第四师范、东南大学、广州中山大学、上海光华大学、北京大学、南京中央大学、金陵大学等，培养出任半塘、卢前、钱南扬、王玉章、唐圭璋、王季思等一批著名曲家。著有戏曲多种，传奇作品主要有：《风洞山》、《绿窗怨记》、《东海记》、《血花飞》、《义士记》（后两种未刊）；杂剧作品有：《轩亭秋》、《暖香楼》、《湘真阁》、《落溷记》、《双泪碑》、《无价宝》、《惆怅爨》。戏曲论著有《中国戏曲概论》、《顾曲麈谈》、《词余讲义》、《南北词简谱》、《元剧研究 ABC》

等多种，并辑有《奢摩他室曲丛》初、二集。

该剧系《落茵记》（载《小说月报》四卷一号）之定本，作于清宣统三年（1911）冬。述名门之女刘素素自幼许配王家，素素进新式学堂受新思想影响，不愿屈身于旧式婚姻，与一姓曾青年相爱。就在王家准备择期迎娶她时，她与曾逃往申江躲避，三年后二人又逃往日本。然而曾青年是有家室之人，其妻寻夫至日本，将其押解回国，素素却被遗弃他乡，后幸被同乡送至回国。回到家后，素素知理认错，不料父母竟以其有辱门庭，将其赶出家门。素素投奔乳娘，却被乳娘卖入妓院，沦为烟花女子。素素自觉受婚姻自由之坑害，后悔当初失足。（戴霞）

《霜厓三剧》《霜厓三剧歌谱》

霜厓三剧　霜厓三剧歌谱　杂剧剧本集。吴梅撰。《清代杂剧全目》著录。民国二十二年（1933）刻本。六册。半叶十行，行二十字，上下黑口，左右双边，双鱼尾。封面总题："霜厓三剧"，每剧均有封面题写剧名，板心题各剧剧名首字。卷首有张茂炯序及1933年作者自序，后有《霜厓三剧总目》，题："《湘真阁》，南曲，计一出；《无价宝》南曲，计一出；《惆怅爨》北曲，计五折"。

《湘真阁》，《霜厓三剧》第一种。版框高宽：17.5×11.4。卷首有高祖同序及作者自序，并朱锡梁、沈修、张采田、邹福保、张茂炯、曾源题词。卷端标名"湘真阁"，下注"计一出"，署："长洲吴梅"。该剧系《暖香楼》之改本。述明时文士姜如须与秦淮名妓李十娘十分相爱，住在湘真阁，终日避客。姜之好友孙临、方以智来此数月，未见其踪影。于是半夜二人扮作盗贼，持刀闯入其宅，戏弄姜如须，使之虚惊一场。

《无价宝》，《霜厓三剧》第二种。版框高宽：17.1×11.4。首有民国六年（1917）孙德谦叙，民国五年（1916）除夕作者自叙，并曹元忠、王德森、叶德辉、朱锡梁、邵瑞彭、罗惇曧、朱祖谋、陈世宜、许之衡题词。卷端标名"无价宝"，下注"计一出"，署："长洲吴梅"。述黄丕烈以藏书为乐，他于嘉庆八年（1803）年购得南宋陈道人书棚本《鱼玄机集》一书，二十三年后的道光五年（1825），黄丕烈请周云岩绘成《玄机诗思图》，并将此画征人题咏，将其视为无价之宝。

《惆怅爨》，五折一楔子，《霜厓三剧》第三种。版框高宽：17.3×11.5。首有民国十九年（1930）中秋作者自序。卷端标名“惆怅爨”，下注“计五折”，署：“长洲吴梅”。全剧除楔子外，其余四种系仿《四声猿》分演四事，共香山老出放杨枝妓、湖州守乾作风月司、高子勉题情国香曲、陆务观寄怨钗凤词四种。《香山老出放杨枝妓》，一折。取材于白居易《不能忘情吟》并序及《尧山堂外纪》，述唐时，晚年多病的白居易自觉已到风烛残年，不愿再误姬人樊素的年华，让相伴十年的佳人离己而去，另寻好姻缘。樊素大哭不愿离去，白居易也难以割舍，不能忘情。《湖州守乾作风月司》，二折。述唐时杜牧过湖州，拜访刺史崔元亮时，看中少女绿叶。绿叶年仅十二，父亲早逝，靠母亲养蚕度日。杜牧送一双白玉杯为聘礼，约定十年功成名就时来娶绿叶。十四年后，杜牧就任湖州太守，本以为绿叶母女见到自己定会惊喜万分。没有想到绿叶因杜牧未守约期，不得已嫁他人，并连生二子。杜牧讨回白玉杯后，不禁惆怅。《高子勉题情国香曲》，一折。述宋代诗人黄山谷旧友田子平新得侍姬，在得知她曾与山谷为邻后，特邀山谷旧友高子勉及其表弟王性之前来相叙，并询问新姬往事。新姬曾得山谷赏识，后嫁与贫民，山谷曾为其题写《水仙花》诗，有“可惜国香天不管，随风流落小民家”句。山谷病故宜州，小姬也因荆地饥荒，被丈夫卖到此地，所生二子也不知去向。大家用酒遥祭山谷，并将新姬取名“国香”以纪念山谷。高子勉将此编成《国香曲》，由国香率众姬演唱。《陆务观寄怨钗凤词》，一折。述南宋诗人陆游与夫人唐氏感情恩爱，但陆母却不喜欢唐氏。无奈之下，陆游只得舍弃爱妻，后唐氏与赵士成结亲。一日陆游在沈家园与唐氏偶遇，酒后醉题《钗头凤》于壁上，唐氏见此，不禁伤心，亦和作《钗头凤》。

《霜厓三剧歌谱》，版框高宽：17.3×11.3。封面印1932年吴梅自题书名，署：“壬申十月，瞿安”。卷首有作者自序，据此，可知谱曲者分别为吴梅、刘富樑、吴粹伦、徐镜清。《无价宝》剧后有民国八年（1919）屈爔识语三则。所收各剧均仅有曲文，旁详注宫谱，无宾白。（戴霞）

黄剑莽

《江夏剑莽二种曲》

江夏剑莽二种曲 传奇剧本集。黄剑莽撰。《古典戏曲存目汇考》著录。民国间稿本。四册。半叶九行，行三十字，朱笔圈点。卷首有民国十七年（1928）霜厓居士吴梅“江夏剑莽二种曲叙”，卷端题：“古茂苑江夏氏剑莽填词”，下钤“虚一生白室主”、“江夏剑莽氏章”朱文印二。有眉批及吴梅夹批。每剧末有“戊辰五月霜厓弟吴梅加墨校读”字。并钤“霜厓手校”白文印记。

黄剑莽（清末民初人），别署虚一生白室主。茂苑（今属苏州）人。与吴梅友善。撰传奇《情环劫》，并《江夏剑莽二种曲》，包括《东艳祸》、《南冠血》传奇二种。

《东艳祸》，三十二出首一出，《江夏剑莽二种曲》第一种。叶心高宽：21.8×12.8。该剧作于1928年之前，影射袁世凯派往朝鲜史事。出目为：传概、远谋、家哄、庙算、党议、纵王、宫思、内召、秽宫、私宴、乞师、旁醋、婢合、谒宫、误婚、二醋、伏小、计赚、代替、发兵、诳美、盘兴、双和、归国、围闹、秘迎、誓众、警报、杀妃、赚城、东旋、贿权、家聚。述大唐军官方旋赴百济国平息内乱，到后与王妃及其婢女私通。百济国王不敢得罪方旋，将王妃堂妹许之。但方旋仍与王妃旧情不断。百济新党恶方旋丑行，杀王妃、婢女，并攻大唐使馆。方旋仓皇逃回国内，后以重金贿总管太监木雄及福亲王，得以升官。

《南冠血》，三十二出首一出，《江夏剑莽二种曲》第二种。叶心高宽：21.9×12.8。该剧影射戊戌变法史事。出目为：传概、撤帘、驿扰、还朝、练兵、说羊、契合、进书、私会、宵旰、召对、合誓、闹院、醉语、误卯、议计、敲竹、纳宠、醋波、鞭妾、变政、投党（目录作“入党”）、密议、钦召、探报、入都、宸谋、泄机、囚簳、脱逃、贬相、碧血、贺冬。述方旋指使心腹袁中区收买维新派头目平无能，混入保国会，得以知晓会中机密。皇上信任方旋，命其在津海除太后死党富寿，再领兵进京围南宫软禁太后。方旋接旨后围富寿府，却密告让他连夜进京报太后。太后杀保国会变法诸人，方旋因此而连升数级。（戴云）

冷　佛

《吴桥狱》

吴桥狱传奇四卷十六出存首二卷八出　传奇。冷佛著。民国四年（1915）爱国白话报排印本。一册。曲文大字，半叶十行，行二十二字，曲白等小字双行。白口，四周双边，单鱼尾。版框高宽：16.2×11。封面右题："冷佛著"，中题："吴桥狱传奇"，左题："爱国白话报刊"。板心题："吴桥狱传奇，冷佛著，不许翻印转载"。卷首有署"中华民国四年甲寅十二月小除大兴金梦年叙于北京爱国白话报馆"之序。卷端题："吴桥狱传奇，冷佛著"。

冷佛（清末民初人），姓字、里居、生平皆不详。曾著小说《春阿氏》，有民国二年（1913）排印本。撰《吴桥狱》传奇一种，传于世。

该剧以义和团运动为背景，一卷目：闻警、避灾、遇仇、逢救（正文作"遇救"）；二卷目：投亲、联好、送母、逼亲（正文作"通婚"）；三卷目：露□（此字不清，疑为"函"字）、探病、赚匪、欺官；四卷目：冤判、刎昭、移文、雪狱。首、二卷开始有诗曰：葛主教惊闻噩耗，彭秀才急避飞灾。遇拳匪竟蹈杀机，逢救星脱离苦难；赴临津母女避祸，报恩惠姑舅联姻。议和后送母归家，仗势力逼贞改嫁。述吴桥县彭秀才信奉洋教，携女儿在教堂读书。义和团焚毁教堂，彭氏父女在避难回家途中，遇义和拳首领张元等人。张以彭秀才曾用语言欺辱自己为由，将其杀死，并将其女儿秀美掳去，欲与成婚。张元令赵婆在坛服役，看管规劝秀美。赵婆可怜秀美，与其一起逃回秀美母亲家中。为躲避张元追杀，张婆又与秀美母女逃奔至秀美舅母家中。彭妻恐信教之人不得安生，于是由赵婆做媒，将秀美许配给舅母之子陈义。义和团被联军所灭，彭妻回家埋葬丈夫。张元改名吴德，摇身一变成教士。他对彭妻谎称曾秉神父之意，应与秀美联姻，并以陈义不是教友，与教规不合，威逼彭妻解除秀美与陈义之婚约。剧情止于此。剧中对义和团运动多有贬词。（戴霞）

俞剑华

《翩鸿记》

翩鸿记传奇十出　传奇。俞剑华撰。《中国曲学大辞典》著录。民国抄本。一册。半叶十行，行二十五字左右，曲文小字，行三十五字左右。叶心高宽：18×12.9。封面有廉贞题写的书名。卷首有翩鸿记传奇目次。卷端题："翩鸿记传奇，娄东俞剑华制曲，吴淞李老虬补白。"有"猫龕"、"猗阑室主人"、"冯壮公"、"庸庵珍藏"、"尊文室"、"冯印"等印记。

俞剑华（1886—1936，一说1887—1938），原名侧，后改名锷，字剑华、又作建华，号侧人，别署老剑、一粟、无著、懒残、江东老虬、太仓一剑、高阳酒徒等。娄东（今江苏太仓）人。1902年留学日本，在日加入同盟会。1906年回国后在上海《民国时报》、北京《民国新闻》、《七襄》杂志从事编辑工作。1909年组织并加入南社，研究文学，鼓吹革命，与傅屯艮（君剑）、高天梅（钝剑）、潘飞声（剑士）并称"南社四剑"。1912年民国成立后，任临时政府秘书。1913年二次革命失败后奉孙中山命前往印尼爪哇，以执教华侨中学为掩护继续办报宣传革命。1918年回国后，任福建省立图书馆馆长、教育局长、暨南大学南京分校文史系教授等职。1927年后归隐家园。著有《中国民族史》、《南社俞剑华先生诗文集》、《蜚景诗选》、《娄东俞剑华诗词选》等，译著有《考古学通论》，戏曲作品仅《翩鸿记》传奇一种。

该剧目为：钗叙、酒廛、社哄、谒秋、告陵、闺思、征梦、劝妆、写笺、投荒。述出身于巴东望族的虞纫秋严亲早逝，与母亲及妹佩秋、畹秋寓居申江。她听说荆襄一带烽火连天，便想效仿古代女英雄梁红玉、花木兰报效祖国。四川嘉定人白云游沪，在新丰酒肆遇凌若水、孙虎臣（有时写作"人"），三人谈起国事，慷慨激昂。次日，智园举办民众集会，纫秋姊妹以及白云、凌若水、孙虎臣等群英均到场。朱皋在会场演说，号召大家团结起来，推翻满族统治。纫秋深表赞同。流氓魏无知在旁唱反调，还对纫秋轻薄。此行引起公愤，无知遭众人斥责、痛打后抱头鼠窜。纫秋在会场的言谈给白云留下深刻印象，他决定登门拜访。谈起国事，二人十分投机。白云对纫秋萌生爱慕，向其求婚。纫秋以国事未平推辞。后孙虎臣在孙大总统麾下任行军司马，凌若水任参军。逢天气晴好，大小三军随孙大总统赴孝陵祭告。光阴荏苒，一天，纫秋在整理琴弦时，忽见白云名帖，想起白云造访情景。而今新贵上台，国事依旧，想此，纫秋心中十分惆怅。虞老夫人见女儿年已及笄，托人说媒，被纫秋拒绝。因时政故，老夫人带全家北上。客店之中，纫秋想起临行前接白云书简，字间流露恳挚之情，便提笔写回信，言及从此天涯海角，相见无期，附小影一枚，聊为永念云云。而此时白云已看破红尘，出家为僧。云游天下。（戴云）

顾　随

《苦水作剧》

苦水作剧三种附录一种　杂剧剧本集。顾随撰。《古典戏曲存目汇考》著录。民国二十五年（1936）排印本。一册。半叶十行，行二十五字。四周单边，有界栏，书口题剧名。版框高宽：13.4×9.5。卷前有目录叶，标剧目简名及题目正名。每种卷端均题“顾随”，卷尾均有民国二十五年（1936）作者自跋。全书钤有“苦水填词”、“南海谭氏收藏”、“琢青”印记。

顾随（1897—1960），字羡季，号苦水，晚年号驼庵。河北清河县人。1920年毕业于北京大学，天津南开大学教授。撰有杂剧《垂老禅僧再出家》、《祝英台身化蝶》、《马郎妇坐化金沙滩》、《飞将军百战不封侯》四种，前三种合称《苦水作剧三种》，第四种为附录。

《垂老禅僧再出家》，四折，简名《再出家》，《苦水作剧三种》之一。题目正名：继缘和尚自还俗，垂老禅僧再出家。本事见南宋洪迈所撰《夷坚志·野和尚》条。剧叙临济二十八代嗣法和尚继缘，出家大名府兴化寺，靠十余亩庙地自种自给。继缘的乡亲赵炭头携妻什样景卖艺至此，不幸病倒在邻村，继缘时常带着钱米去接济，炭头非常感激，临终将什样景托付与继缘。赵炭头死后，继缘为其置办了棺椁衣衿，葬在兴化寺庙地。继缘劝什样景回乡，什样景言家中已无亲人，愿嫁继缘为妻，被继缘当场拒绝。继缘回去后，坐禅无法入静，夜里经常作恶梦，见什样景持刀找来，怪他见死不救，非要死在他的面前。继缘只好还俗，娶什样景为妻。婚后什样景为继缘生下一双儿女，儿子缘生、女儿景生。转眼间二十年过去，儿女都已成家，什样景重病身亡，继缘再次剃度，回到兴化寺。此时庙地已被人卖掉，只剩一座破庙。缘生、景生每月按时为继缘送去柴米，继缘依旧每日一粥两饭，破衣遮体，修炼自己。

《祝英台身化蝶》，四折，简名《祝英台》，《苦水作剧三种》之一。题目正名：碧窗下喜共读，绿水边愁送别。梁山伯墓生花，祝英台身化蝶。宋人词调有《祝英台》，元人白朴有《祝英台死嫁梁山伯》杂剧（今佚），均演此事。剧叙祝英台母亲已故，父亲膝下无子，遂将她打扮成男子模样，送入私塾读书。年方十七的祝英台听奶母说，母亲生前指腹为婚，已将她许配梁山伯为妻，恰梁山伯亦在同一私塾读书，二人朝夕相处，情投意合，以兄弟相称。英台借景说情，频频示意二人关系。山伯因父母早亡，不知此事，终不悟英台为女子。祝员外见梁家落魄，意欲悔婚，将英台闭至深闺，不见外客。英台闻山伯进京应举，瞒着父亲在河神庙备了酒果为山伯饯行。山伯落榜归家，路遇父亲挚友，提及早年与英台指腹为婚之事，山伯始恍然大悟，而此时祝员外已将英台许与马秀才。山伯忧思闷怀，一病身亡。祝英台夜梦山伯，山伯告诉她自己已不在人世，坟墓上开有一株红花，是从他心里生出，英台出嫁之日，花定是开得最好，请英台亲手去摘。出嫁之日，英台坐轿行至北山脚下，见山伯坟上果有一株红花，便要求亲自去摘，马秀才不得不允。英台摘下红花，坟墓突然开裂，英台跳进坟内，坟墓立即合上。正如梦中所现，梁山伯墓生花，祝英台身化蝶。

《马郎妇坐化金沙滩》，四折，简名《马郎妇》，《苦水作剧三种》之一。题目正名：柏林寺施舍肉身债，马郎妇坐化金沙滩。该剧据明代梅鼎祚小说《青泥莲花记》所撰。剧叙马郎妇因延州人不识大法，堕落迷惘，发誓要舍肉身，渡登觉岸。于是，她艳装打扮，以色为饵，诱人信法。她在街上勾引男人，遭砖瓦掷，到柏林寺勾引僧人，又遭乱棒击。马郎妇告知人们自己要远行，许多人为她送行，亲眼见她坐化金沙滩。

《飞将军百战不封侯》，四折，简名《飞将军》，《苦水作剧三种》附录。题目正名：因英豪弓矢空射虎，逞威势衣冠赛木猴。霸陵尉临阵先破胆，飞将军百战不封侯。剧叙汉孝武帝时，将军李广带兵出击匈奴，因寡不敌众被擒。他寻机夺得匈奴善马，射杀追骑，回到朝中，赎为庶民，屏居蓝田。颖阴侯招饮，李广赴宴醉归，时值深夜，见前方有一黑物，误以为是虎，遂搭弓射箭，前方顿时火光四溅。待走进一看，原来是将顽石射穿。路过霸陵桥，李广被霸陵尉胡来拦截，非要他拿出钱来为兵丁们买酒。李广没钱，只好将随身佩戴的千金宝剑相送。胡来认为宝剑无用，要吊打李广，时御史中丞手捧诏书赶来，言匈奴再次南犯，皇帝想起李广，令他为前将军，立即随大将军卫青统兵出塞。李广任胡来为前部先行官。出雁门关，李广遣胡来率兵打头阵。胡来临阵破胆，推托伤风未愈，不肯出战。李广威逼利诱，胡来不得已出战，旋即败阵。李广命将胡来推出斩首。卫青差长史传令，已击退单于，肃清沙漠，着前将军班师回朝。（吴秀慧）

卢　前

《饮虹五种》

饮虹五种　杂剧剧本集。卢前撰。《古典戏曲存目汇考》著录。民国二十年（1931）渭南严氏刻《渭南严氏孝义家塾丛书》所收本。一册。半叶十行，行二十四字。下黑口，左右双边，单鱼尾，有界栏。上书口题：“饮虹五种”，下书口题：“渭南严氏孝义家塾丛书”。封面题：“辛未夏四月渭南严氏刊行”。版框高宽：20.5×13.6。卷前有长洲同学吴梅之序，林思进之《罗兰度曲图序》，刘朴之《罗兰度曲图记》，林思进等人之《罗兰度曲图题咏》。卷端题：“金陵卢前冀野撰”。全书收《琵琶赚》、《茱萸会》、《无为州》、《仇宛娘》、《燕子僧》杂剧五种，每剧一折。

卢前（1904—1950），字冀野，号小疏，别署江南才子、饮虹园丁、饮虹簃主。江苏南京人。国立东南大学毕业，随吴梅治宋元乐府。历任金陵大学、暨南大学、河南大学、华西大学、成都大学教授。善度曲，曲学著作有《中国戏剧概论》、《明清戏曲史》、《饮虹曲话》。辑有《曲雅》、《续曲雅》、《饮虹簃所刻曲二十八种》，编选《元人杂剧全集》等。戏曲作品除有上述杂剧外，尚撰传奇《楚风烈》、《窥帘》等。

《琵琶赚》，《饮虹五种》之一。正目：琵琶赚蒋檀青落魄。剧叙清咸丰年间，宫中乐师蒋檀青因兵乱流落江南，身背琵琶四方流浪。某日，来到维扬已是夕阳西下，于是在廿四桥边一家客店落脚。由于异常疲惫，顿时困睡。朦胧之中听到喊声，随着喊声，见到圆明园火光冲天，宏伟的建筑顿时化为灰烬。又见大臣们个个狼狈不堪，仓皇逃命。醒来才知是一场梦。蒋檀青联想自己的命运就像一场恶梦，不知何时是了，后半生只能靠一面琵琶沿门叫唱，乞食为生。

《朱奥会》，《饮虹五种》之一。正目：茱萸会万苍头流涕。剧叙苍头老万至常府已二十八年，常家的生生死死、聚聚散散，老万全都看在眼里。九月初九重阳节，六爷差老万去请二爷、三爷、四爷、五爷，准备一起吃顿团圆宴。老万因六爷未请大奶奶而暗自伤心落泪。六爷问其缘故，老万说起常家因太爷、太奶奶过世早，三爷、四爷、五爷、六爷都未成人。大爷只手持门，幸有大奶奶外管柴米油盐，内管衣冠鞋履，每天天明而起，三更而眠，还要亲自哺乳两岁的七爷。而今，兄弟各自成家，而大爷因过早操劳，中途遽死。现在大奶奶已风烛残年，更须格外看承。六爷被老万一番话提醒，即刻请来恩嫂。

《无为州》，《饮虹五种》之一。正目：无为州蒋令甘棠。卷前有冯煦蒿庵之《蒋绍由先生传》，云："同治癸酉（十二年，1873）选拔贡生，光绪辛卯（十七年，1891）顺天乡试副榜，就职州同知，迁知州之安徽。凡知寿、凤阳、桐城三州县，所至有声。授无为知州，到官甫七月，以死勤事。"此剧为蒋绍由先生而作。剧叙上元人蒋绍由，熟读圣贤，日仰仁政，做官后时刻想着为民造福。他在寿州建团防，凤阳裁驿费，桐城人称他为蒋青天。绍由移任无为，无为百姓纷纷焚香祷告，前往迎接新知州。绍由一无箱囊，二无仆从。到任后施仁政，减赋税，办案分文不取，七个月使无为得到大治，百姓们安居乐业。由于勤政辛劳，绍由病重身亡，四城士绅集议建祠立嗣，树碑纪德，禀奏朝廷清国史馆立传。

《仇宛娘》，《饮虹五种》之一。正目：仇宛娘碧海恨深。卷前有陶降伟秀夫《仇宛娘题词》。剧叙仇宛玉自幼奉父母之命，媒妁之言与表兄杨柳孙订下婚约。订婚当年，表兄赴法国留学，一去十三年之久。姑母一人独居寂寞，把宛玉接到家中。宛玉替表兄朝夕侍奉姑母，盼望其早有音信。某日，杨柳孙托同学吴其仁从法国带来一封信，言他在法国一切安适，已与瑞典姑娘约瑟结婚。宛玉闻知当即昏死。她恨杨柳孙负心，恨自己命薄。

《燕子僧》，《饮虹五种》之一。正目：燕子僧生天成佛。卷前有唐大圆桀六《题燕子僧杂剧》。剧叙苏玄瑛感叹世态炎凉，看破红尘而出家为僧，取法号“曼殊”。曼殊虽做了僧人，但情根未断。为摆脱俗事的牵缠，他专门去拜访五指山遣凡师兄。通过与遣凡交谈，曼殊明白了许多道理，表示要收拾情场，立成正果。（吴秀慧）

冰泠外史

《学潮记》

学潮记传奇六出一楔子 杂剧。冰泠外史撰。《清代杂剧全目》著录。民国二十年（1931）排印本。一册。半叶十三、四行，行三十字左右（曲文大字，曲白小字）。版框高宽：14×10.5。卷首有民国二十年五月作者所撰作剧缘起、例言、自题诗。卷端题：“学潮记传奇，徐州冰泠外史造句”。有动作提示。

冰泠外史（民国间人），姓字不详。徐州人。生平不详。撰《学潮记》一种，传于世。该剧虽标“传奇”，实为杂剧，以震惊中外的“五四运动”为背景，目录：楔子、正 议、击贼、谋拯、危言、孽毒、外厄。述1919年美、英、法、日等国在巴黎和会上，非法决定德国在山东的特权由日本继承。这一消息传入国内，立即激起国人的强烈反对。学生咬破手指，写下血书，要求还我青岛，严惩卖国贼。1919年5月4日，以北京大学为首的各校大学生齐集在天安门广场，他们散发传单，举行演讲，示威游行，并且火烧卖国贼曹汝霖的住宅、打伤了章宗祥。学生们的爱国行为受到当局的镇压，却得到广大人民的支持。学生们罢课、工人们罢工、商人们罢市，百姓们以各种形式表示不愿做亡国奴的决心。（戴霞）

庄一拂

《十年记》

十年记传奇十出　传奇。庄一拂撰。《古典戏曲存目汇考》著录。民国二十五年（1936）石印本，一册。半叶六行左右，行三十二字左右。叶心高宽：18×13.6。封面书签题："十年记，一拂属蠙庐署"。卷首有目录，《例言》五则，民国二十五年（1936）作者《自序》。卷端题："古槜李人庄一拂著，上海朱尧文正谱，吴县葛绯甫校录"。唱词注工尺谱。

庄一拂（1907—2001），原名庄临，号南溪，别署古槜李人。浙江嘉兴人。能昆曲，曾从全福班名艺人陈凤鸣拍曲，并参加赓春、平声等曲社聚会，与王季烈、刘凤叔、徐凌云等曲家相唱和。曾主编《大成曲刊》。所著戏曲论著有《古典戏曲存目汇考》、《明清散曲作家汇考》等，并创作《十年记》、《鸳湖冢》等作品，今存。该剧出目为：蝶引、花因、玉病、携舟、聘镜、誓约、于归、离索、迎居、私情、同梦。剧述瑶台仙史、杜兰香、萼绿华三仙听金母指点因缘，分别化身严龙、谢冰玉、鲁雪华下界了却凡缘。谢冰玉与鲁雪华二人皆喜好文章，允称知己，结伴而居。鲁公阳欲将女儿鲁雪华许配妹妹之子严龙，结为姑表之亲。鲁雪华与谢冰玉愿效英皇，订下十年之约。嫁与严龙三载后，鲁雪华归省，严龙与谢冰玉移榻同梦。鲁雪华将谢冰玉接回己家，严龙、谢冰玉月夜盟誓情意不改。三人得遂初愿，幸灵根未泯，被广寒仙子接归仙班。（王学锋）

剧曲目笔画索引

剧曲目笔划索引

注：收录在《傅惜华藏古典戏曲珍本丛刊》的剧曲目所在册数用汉字数字“(一)”、“(二)”…等表示，放在《提要》页码阿拉伯数字后面。提要中无标注汉字数字的剧曲目为《丛刊》未收本。

一画

二画

三画

四画

五画

六画

七画

八画

九画

十画

十一画

十四画

十五画

十六画

十七画以上

剧曲目音序索引

剧曲目音序索引

注：收录在《傅惜华藏古典戏曲珍本丛刊》的剧曲目所在册数用汉字数字"(一)"、"(二)"…等表示，放在《提要》页码阿拉伯数字后面。提要中无标注汉字数字的剧曲目为《丛刊》未收本。

C

D

E

F

G

J

M

R

S

T

W

X

Y

Z

著者笔画索引

著 者 笔 划 索 引

二画

三画

四画

五画

六画

七画

八画

九画

十画

十一画

十二画

十三画以上

著者音序索引

著 者 音 序 索 引

H

J

K

L

M

N

P

Q

R

S

T

W

X

Y